복음서해석

서 중 석

대한기독교서회

Interpreting the Four Gospels

by

Joong-Suk Suh

The Christian Literature Society
Seoul, Korea, 1991

차　　례

약 어 표

AJBI	Annual of Japanese Biblical Institute
ASR	American Sociological Review
ATR	Anglican Theological Review
ATRSup	Anglican Theological Review Supplementary
BR	Biblical Research
BTB	Biblical Theology Bulletin
BibSacra	Bibliotheca Sacra
BibTr	Bible Translator
CBQ	Catholic Biblical Quarterly
CC	Cross Currents
CQR	Church Quarterly Review
CTM	Currents in Theology Mission
EvanRevTh	Evangelical Review of Theology
Int	Interpretation
IrBibSt	Irish Biblical Studies
JAAR	Journal of the American Academy of Religion

JBL	Journal of Biblical Literature
JETS	Journal of the Evangelical Theological Society
JRH	Journal of Religious History
JSJ	Journal for the Study of Judaism
JTS	Journal of Theological Studies
JTSA	Journal of Theology for Southern Africa
MIR	Missiology : An International Review
NTS	New Testament Studies
NovTest	Novum Testamentum
RelRev	Religious Review
RevQum	Revue Qumran
SJT	Scottish Journal of Theology
ScripBull	Scripture Bulletin
StudLit	Studia Liturgica
SwJT	Southwestern Journal of Theology
TS	Theological Studies
TZ	Theologische Zeitschrift
TwenCen	Twentieth Century
ZNW	Zeitschrift Für die Neutestamentliche Wissenschaft
ZTK	Zeitschrift für Theologie und Kirche

서 문

이 책은 신약의 복음서들을 주로 사회학적 전망으로 각각 해석한 논문집이다. 복음서 이해를 위해 어떠한 해석방법을 선택하느냐에 따라 복음서 저자들의 위치에 관한 설정이 달라진다. 지금까지 복음서 저자들은 대체로 전승의 '수집가들'(양식비평)이나, 신학적 '편집가들'(편집비평), 또는 문학적 '구성가들'(구성비평)로 설정되어 왔다. 그러나 사회학적 전망에서는 복음서 저자들의 위치가 어떠한 사회학의 종류를 택하느냐에 따라, 각 공동체의 '대변인들' 또는 각 공동체의 실제적인 '지도자들' 또는 '대변인들이자 지도자들'로 이동된다. '대변인들'로 이해된 경우에는, 복음서 저자들이 기본적으로 자신들의 일차 준거집단의 눈을 통해 글을 쓴다는 점이 강조된다. 곧 복음서들은 복음서 저자들의 개인적 신학사상의 결과라기보다는 그들이 속한 각기 다른 원시기독교 공동체의 사회적 산물로 이해된다. '지도자들'로 이해된 경우에는, 각 공동체들의 상황은 그 기자들의 제시에 의해 제어되거나 변경된다. '대변인들과 지도자들'로 이해된 경우에는, 복음서 기자들은 상황에 의해 통제받기도 하고 동시에 상황을 통제하기도 하는 인물로 부각된다.

사회학적 주석은 종교에 대한 사회의 역할을 강조하는 방향으로 진척될 수 있고, 사회에 대한 종교의 역할에 주목하는 방향으로 진행될 수도 있다. 또는 그 두 방향의 역할을 동시에 균형 있게 강조하는 입장에서 전개될 수도 있다. 그러나 어느 쪽이든 성서 본문과 그 본문의 '사회적 상황'을 서로 긴밀하게 관련시키려는 작업이 중시된다는 점에 있어서는 공통분모를 갖는다. 물론 역사비평학적 방법과 사회학적 방법은 상호 배타적인 것이 아니다. 둘은 관심과 전망을 달리하나, 원시기독교 공동체들의 삶을 규명하고 재건하는 데 각기 일익을 담당한다. 이 책은 두 방법 중 주로 후자의 방법에 따라, 본문의 사회적 차원, 곧 본문의 사회적 조건과 사회적 영향을 밝히는 데 주력한다.

이 책이 규명하려는 문제에는 다음과 같은 것들이 있다. 각 공동체의 멤버들은 누구였는가? 그들의 실제적인 세계와 사회적으로 구성된 세계는 각각 어떠했는가? 그들은 어떻게 스스로를 규정했는가? 그들은 어떻게 정치적 · 사회적 혼란과 핍박을 감내해 나갔는가? 그들의 내부 대립이나 외부 대립의 특징은 무엇이었는가? 그들의 최상의 동경은 무엇이었는가? 그들의 사상을 제어한 사회적 상황은 무엇이었고 동시에 그들은 그 상황을 어떻게 변경시키려 했는가? 이러한 질문들은 신학적인 전망만 가지고서는 적절한 대답을 이끌어 낼 수 없다. 이것이 사회학적 전망을 택한 이유이다. 질문의 내용에 따라 방법에 대한 선택도 달라지기 때문이다. 신약학과 사회학의 관계에 대한 보다 자세한 정보는 이 책의 부록으로 첨부한 "사회학적 신약 해석의 동향" 속에 제시되어 있다.

이 책은 이미 문제가 되어 온, 또는 장차 문제로 제기될 만하다고 판정된 복음서의 특정한 본문들을, 그것들을 산출해 낸 공동체와의 관련 속에서 재조명하거나 해석해 나간다. 이 책은 4복음서에 대한 교과서식 개괄서의 형식으로 기획된 것이 아니기 때문에, 4복음서의 본문 및 주제 설정이나, 연구 분량 및 범위 등에 대한 균형은 고려되지 않았다. 이 책의 출판을 위해 긴요한 조언을 해주신 연세대학교 신과대학 교수님들과, 원고 정리와 교정 작업에 힘써 준 연세대 대학원 박사과정의 김선정 조교와 석사과정의 현우식 군, 그리고 대한기독교서회의 남정우 편집국장 및 관계 직원들에게 깊이 감사드린다. 필자는 이 책을 학위논문의 주심이셨던 신약학자 하워드 키이(Howard C. Kee)와 부심 중 한 분이셨던 사회학자 피터 버거(Peter Berger)에게 헌정하고 싶다.

1991. 4.

연세대 아펜젤러관에서

서 중 석

제 1 장

마가복음서의 연대

제 1 장

마가복음서의 연대

I. 서 언

마가복음서의 기록 연대는 결정짓기 어려운 문제들 중의 하나이다. 이 문제에 관한 한, 학자들의 견해는 유대-로마 전쟁으로 야기된 예루살렘 멸망(주후 70년 8월)을 기점으로 하여, 그 이전을 주장하는 입장과 그 이후를 주장하는 입장으로 양분되어 있다. 막센(W. Marxsen), 슈바이처(E. Schweizer), 키이(H. C. Kee), 트로크메(E. Trocmé), 로빈슨(J. A. T. Robinson), 다가와(K. Tagawa), 테일러(V. Taylor) 등은 멸망 이전설을 지원하고 있고,[1] 반면에

---

1) W. Marxsen, *Mark the Evangelist*, tr. Harrisville et al.(Nashville, Tenn. : Abingdon Press, 1969) ; E. Schweizer, *The Good News According to Mark*(Richmond : John Knox Press, 1970) ; H. C. Kee, *Community of the New Age. Studies in Mark's Gospel* (Philadelphia : The Westminster Press, 1977) ; E. Trocmé, *The Formation of the Gospel According to Mark*(Philadelphia : The Westminster Press, 1975) ; J. A. T. Robinson, *Redating the New*

브랜든(S. G. F. Brandon), 켈버(W. H. Kelber), 위든(T. J. Weeden), 나인햄(D. E. Nineham), 페린(N. Perrin), 악테메이어(P. J. Achtemeier), 암브로직(A. M. Ambrozic) 등은 멸망 이후설을 지원하고 있다.[2] 유대-로마 전쟁과 그 참담한 결과를 다른 장들에 비해 뚜렷이 반영해 주고 있는 것이 마가 13장이다.[3] 멸망 이전설은 13장에 암시된 예루살렘 멸망을 '사전(事前) 예언'으로, 멸망 이후설은 '사후 예언'으로 간주한다. 이 소론의 목적은 이들 학자들 중 두 입장을 각각 대표하는 주도적인 학자를 선택하여 그들의 이론을 비판적으로 점검한 후, 어느 편이 보다 설득력 있는 가설인가를 양편 모두가 주목하지 못했던 마가복음서 13장의 두 구절에 대한 주석을 통해 결정하려는 것이다.

Testament(Philadelphia : The Westminster Press, 1976) ; 田川建三, 『마가복음과 민중해방』(김명식 역, 사계절출판사, 1983) ; V. Taylor, *The Gospel According to St. Mark*(London : MacMillan Publishing Co., 1963).

2) S. G. F. Brandon, "*The Date of the Markan Gospel*," *NTS* 7(1960−1961) : 126−141 ; W. H. Kelber, *The Kingdom in Mark*(Philadelphia : Fortress Press, 1974) ; T. J. Weeden, *Mark. Traditions in Conflict*(Philadelphia : Fortress Press, 1971) ; D. E. Nineham, *Saint Mark*(Philadelphia : The Westminster Press, 1963) ; N. Perrin, *The New Testament. An Introduction*(New York : Harcourt Brace Jovanovich, Inc., 1974) ; P. J. Achtemeier, *Mark* (Philadelphia : Fortress Press, 1975) ; A. M. Ambrozic, *The Hidden Kingdom*(Washington, D. C. : The Catholic Biblical Association of America, 1972).

3) 마가 13장의 사상에 관해서는 나의 소론, "마가복음서 13장의 묵시사상," 『현대와 신학』 12(1989) : 21−40을 참고하라.

Ⅱ. 유대-로마 전쟁과 예루살렘 멸망

주후 66년부터 70년까지 지속된 유대-로마 전쟁으로 인해 유대인들이 겪은 국가적 재난의 비참한 상황이 마가복음서의 역사적·사회적 배경이다. 요세푸스(Josephus)는 그의 『유대전쟁사』[4]에서 그 전쟁의 과정에 대한 상세한 정보를 제공해 준다. 물론 그의 정보가, 특히 그 자신의 행동이나 이익과 관련된 부분들에 있어서는 편향된 것이라 하더라도,[5] 그것은 그 전쟁의 파괴적이고도 비참한 국면의 윤곽을 그리려는 목적을 위해서는 적절한 사료로 평가될 수 있다.

주후 66년에 유대인들은 자신들에 대한 로마 행정관들의 납세 강요에 대한 항거의 일환으로 황제에게 제물을 바쳐온 관례를 거부했다.[6] 예루살렘에서 일어난 그 항거에 관한 소식과 예루살렘 경비를 담당한 로마 수비병이 살해되었다는 소식이 팔레스타인 전역에 급속히 확산되었다. 그러나 그 소식은 예루살렘, 알렉산드리아, 로마, 안디옥 등과 더불어 대규모의 인구집중 현상을 보였던 가이사랴에 주둔한 로마군 행정 본부를 자극했고, 결국 그곳에 거주하는 유대인들은 로마군에 의해 치명적인 재난을 겪게 되었다.

"가이사랴 주둔군은 그곳에 살았던 유대인들을 대량 학살했다. 한 시간 이내에 이만 명 이상이 살해되었고 유대인들은 가이사랴

4) Josephus, *The Jewish War*, ed. G. Cornfeld(Grand Rapids, Michigan : Zondervan Publishing House, 1982). 이하 Jos., *War*로 표기함.
5) F. Jackson, *Josephus and the Jews*(London, 1930), pp. 7-19.
6) 이러한 항거의 분위기를 위해서는 Jos., *War*, Ⅱ. p. 118 이하를 참고하라.

에서 완전히 제거당했다. 심지어 피신자들조차 플로러스에게 체포되어 사슬에 묶인 채 선착장으로 보내졌기 때문이다. 가이사랴에서의 그 참사에 대한 소식은 나라 전체를 격분시켰다."[7]

이 대학살에 자극된 유대인들은 빌라델비아, 헤스본, 거라사, 펠라, 스키토폴리스, 가다라, 히포스, 게데스, 톨레마이스, 구바, 아스글론, 안테돈, 가자 등의 여러 이방도시들을 공격했다.[8] 그 이방도시들은 유대인들에 의해 방화되거나 파괴되었고, 로마 수비병들은 여러 도시에서 살해되었다. 초기에는 유대인들이 팔레스타인의 일부를 로마의 통제로부터 해방시키는 데 성공했다. 유대 국가의 독립이 선포되기도 했다. 예기치 못한 이러한 승전은 유대인들 스스로에게도 감당하기 벅찬 일이었다. 한 무력한 작은 국가가 로마 제국의 강력한 힘을 제어한 듯이 보였기 때문이다. 유대인 전용 동전이 발행되기도 했다. 심지어 친-로마파 유대인들도 전쟁을 계속 승리로 이끌려는 그 국가적 노력에 가담했다.[9]

주후 67년에 예상된 로마의 보복군이 베스파시안(Vespasian) 장군의 지휘 아래 도착했다. 그러나 그 항거를 진압시키기가 쉽지 않았다. 유대인들이 자신들의 요새와 성을 방어하면서 훌륭히 싸웠기 때문이다. 67년에는 유대인들이 유대 지방 전체를, 68년에는 그 3분의 2를 통제했을 정도였다. 그 싸움은 베스파시안이 네로의 죽음 이후 로마 황제의 계승을 예상하여 팔레스타인을 떠날 때까지 계속되었다. 그러나 유대인들의 항거와 승리가 지속되리라는 희망이 무산되기 시작했다. 그 항거를 주도한 지도자들의 내분이 깊어졌기 때문이다. 엘리아자르에 의해 이끌린 젤롯 당원들은 결국 대제사장 안나스의 통제를 거부했다. 그들은 귀족적

---

7) Jos., *War*, Ⅱ. pp. 457-458.
8) Jos., *War*, Ⅱ. pp. 459-465.
9) Jos., *War*, Ⅱ. p. 562.

사제특권주의를 인정하지 않았다. 그들 스스로가 성전을 침범하기도 했다. 그 주도권 싸움에서 결국 젤롯 당원들이 승리했고, 안나스는 살해되었다.[10)]

주후 69년 말, 팔레스타인은 예루살렘과 사해 근처의 몇몇 요새를 제외하고는 다시 로마의 손에 들어갔다. 팔레스타인 군대를 총지휘하게 된 베스파시안의 아들 디도(Titus)는 70년 4월에 예루살렘을 포위하는 작전을 감행했다. 항거를 주도한 유대 지도자들끼리의 내분도 사라지고, 다급해진 유대인들은 자신들의 '연합전선'을 로마군에게 부각시키기도 했다.[11)] 그러나 그들은 전문적으로 훈련되고 조직된 육만여 명의 로마 군대를 견디어 내지 못했다. 결국 70년 8월 29일, 로마 군대는 유대인들의 자존심과 구심점의 상징으로 기능해 왔던 예루살렘 성전을 점령하고 불태워 버렸다. 유대인들의 재난은 엄청난 것이었다.

> "…그리고 그들에 의해 붙잡혔던 수많은 백성들이 살해되었다. 나이에 따른 동정심도 없었고 신분에 대한 고려도 없었다. 어린이들, 노인들, 평신도들, 사제들 모두가 참살되었다. …그 오래도록 지속된 포위의 초기부터 마지막에 이르기까지 백십만 명이 죽었다."[12)]

한편, 전쟁 중 극심한 기근이 그 나라 전체를 강타했다. 심지어

10) 반-젤롯당의 경향을 갖고 있었던 요세푸스는 안나스를 그러한 젤롯 당원들을 파멸시키기 위해 백성들을 선동하는 사람으로 묘사하고 있다. Jos., *War*, Ⅳ. pp. 172-174.

11) Jos., *War*, Ⅳ. pp. 318-325 ; S. G. F. Brandon, *Jesus and the Zealots*(New York : Charles Scribner's Sons, 1967), p. 141 참조.

12) Jos., *War*, Ⅵ. pp. 271-275, 420. 죽은 사람의 숫자가 당시 예루살렘 거주민들의 숫자를 훨씬 상회하는 것은, 많은 사람들이 무교절을 지키기 위해 전국에서 예루살렘으로 모여들었다가 갑자기 갇혀 버렸기 때문이다. *War*, Ⅵ. p. 421 참조.

어미가 자식을 잡아먹는 극단적인 사태도 속출했다.[13] 물론 요세푸스의 이러한 묘사가 부분적으로 다소 과장되었으리라는 가정을 받아들인다 해도, 그의 보도는 전쟁과 기근으로 인한 당시 유대인들의 상황이 극도로 비참한 것이었다는 결론을 도출해내기 위한 충분한 근거가 된다.

이러한 유대-로마 전쟁이 마가복음서, 특히 13장의 가정된 상황이다. 가령, "전쟁과 전쟁의 소문을 들을 때에 두려워 말라. 이런 일이 있어야 하되 끝은 아니니라. 민족이 민족을, 나라가 나라를 대적하여 일어나겠고 처처에 지진이 있으며 기근이 있으리니, 이는 재난의 시작"(13 : 7-8)이라는 구절에는 전쟁 상황에 대한 마가의 경험이 반영되어 있다. 그러나 문제는 마가가 예루살렘 멸망(주후 70년) 이전에 그 멸망을 예견하면서 기록했는가, 아니면 멸망 이후에 그것을 회상하면서 기록했는가에 있다.

Ⅲ. 예루살렘 멸망 이전설과 이후설

예루살렘 멸망 이전설을 지원하는 대표적인 학자들 중 하나인 막센은 마가 16장 7절을 주석하면서, 마가에 있어 제자들이 갈릴리에서 보게 될 것이 부활 현현이 아니라 파루시아였다고 주장하고 있다. 이것이 마가에 부활 현현이 보도되지 않은 이유라는 것이다.[14] 곧 "갈릴리로 가라!"는 그 명령은 주후 66년으로부터 멸망 직전 사이에 예루살렘에 거주했던 기독교인들의 도망을 반영

13) Jos., *War*, Ⅵ. pp. 201-213.

14) W. Marxsen, *Mark the Evangelist*, pp. 111ff.

한다는 것이다. 막센에 따르면, 마가 13장은 예루살렘을 버리고 갈릴리의 산들('펠라'를 포함한 넓은 의미)로 도망하도록 촉구하는 전단의 역할을 한다는 것이다. 이러한 막센의 주장은 마가복음서를 편집비평의 전망으로 연구할 수 있는 길을 본격적으로 열어 놓는 큰 공헌을 했다. 그러나 그 결과는 시도만큼 창조적이지 못했다. 16장 7절에 나오는 "너희가 볼 것이다"(opsesthe)라는 동사가 막센의 주장같이 파루시아에만 제한적으로 연결되어야 할 필요는 없기 때문이다. 오히려 마가복음서에 나오는 세 번에 걸친 수난-부활 예고들(8 : 31f. ; 9 : 31f. ; 10 : 33f.)은 파루시아가 아니라 부활을 언급하고 있기 때문이다. 곧 만일 마가가 파루시아에만 집중했다면, 그는 그 수난-부활 예고들 중 부활에 대한 언급들을 파루시아 언급들로 변경시켰을 것이기 때문이다. 더 나아가 전쟁시 예루살렘의 기독교인들의 피신장소로 마가가 갈릴리의 산들을 생각했으리라는 가정은 유지될 수 없다. 왜냐하면 전쟁은 바로 그곳 갈릴리로부터 시작되었고, 로마 군대는 그곳에서부터 예루살렘을 향해 차례로 함락시키면서 내려가고 있었기 때문이다. 따라서 사회적·역사적 고려없이 신학적 추측 일변도로 수행된 이러한 연구 결과에 의존한 그의 연대 추정은 그 근거가 빈약한 것이라 하겠다.

슈바이처는 마가복음서 13장 14-20절이 유대-로마 전쟁 직전의 시기와 같이, 전쟁이 예고된 시대를 전제하는 것처럼 보인다고 인정하면서도, 그 연대를 '60년대의 어떤 해'로 모호하게 설정한다.[15] 키이는 슈바이처보다는 훨씬 분명하게, 그 시기를 60년대 말로 가정한다.

"마가는 60년대 말에 그것의 현재 형태를 띠게 되었을 것이다.

15) E. Schweizer, *The Good News According to Mark*, p. 25.

예루살렘 도시의 파멸에 잇달아 올 대재앙의 임박성과 구원의 절실한 기대가 이러한 인상을 뒷받침해 준다. 바꾸어 말하면 마가의 분위기는 그 기대되었던 대단원의 막이 아직 오르지 않았기 때문에 그 도시 멸망 이후의 시기를 위해서는 적절하지 않다. 그 공공연한 기대감—그것과 함께 원래의 본문이 16장 8절에서 끝을 맺고 있는 바—을 채워주기 위해 그 복음서에 여러 가지 결론들이 부가되기 시작했던 것은 아마도 이 재난 이후였을 것이다."[16]

이러한 키이의 추정은 마가 13장 전체의 분위기에 어울리는 자연스러운 추론일 뿐 아니라, '60년대의 어떤 해'라는 슈바이처의 막연한 답변을 넘어선 것이라 하겠다. 그러나 키이는 그 추론을 본 소론의 다음 장에서 다루게 될 결정적인 단서들과의 관련 속에서 부각시키지 못했다.

예루살렘 멸망 이전설을 주장하는 학자들 중 트로크메의 가설은 독특하다. 그는 원마가복음서가 1—13장뿐이었다고 전제하면서, 그 가장 이른 연대를 바리새파와 주후 44년에 사망한 헤롯 아그립바의 공모가 기독교인들에게 위협이 되었던 주후 40년으로 설정하고, 그 가장 늦은 연대를 누가가 가이사랴에서 옥중에 갇힌 바울과 함께 두 해 동안 지내면서 원마가복음서를 발견하고 사용한 주후 57년으로 설정한다. 마가 14—16장은 85년 경에 산출된 재편집판으로 추정된다는 것이다.[17] 이른 연대에 관한 한 50년대의 가능성을 제시하는 다가와나 45—60년경으로 추정하는 로빈슨도, 이와 비슷한 입장이다.[18] 그러나 마가복음서에 대해 그토록 이른 연대를 가정한다는 것은 마가 13장의 구체적인 보도가 유대—로마 전쟁의 사건들과 밀접하게 관련되어 있는 듯한 긴급

16) H. C. Kee, *Community of the New Age*, p. 101.
17) E. Trocmé, *The Formation of the Gospel Tradition*, pp. 80ff.
18) 田川建三, p. 41 ; Robinson, *Redating the New Testament*, pp. 14ff.

한 분위기를 철저히 외면한 것이라 하겠다.

그렇다면 예루살렘 멸망 이후설은 무엇을 근거로 내세우고 있는가? 멸망 이후설을 지원하고 있는 대표적인 한 학자인 브랜든은, 마가복음서가 반란을 일으켰던 유대인을 로마 정부가 극도로 경계하게 되었던 유대-로마 전쟁 직후의 상황을 반영하고 있다고 주장한다.

"…결국 유대인들에 대한 증오심이 확산되었다. 유대인들과 관련된 모든 기관은 그 정부의 의심을 받게 되었으며, 사람들의 미움의 대상이 되었다. 특히 그 도시[로마]에 사는 이방 기독교인들의 처지는 대단히 곤혹스러운 것이었다. …그것[기독교]과 유대교 사이의 어떠한 구분들도 대체로 알려지지도, 인정되지도 않았을 것이다. 따라서 그러한 기독교인들은 잠재적으로 위험한 처지에 놓여 있었다. …그들 스스로를 유대교로부터 공개적으로 분리시켜야 할 필요가 있었고, 그 필요는 그들 스스로를 보증해야 할 필요와 병행되어 있었다."[19]

브랜든에 따르면, 마가는 주후 71년경 로마에 거주했던 기독교인들을 로마인들의 의혹으로부터 변호하기 위해 자신의 복음서를 기록했다는 것이다. 이 목적을 위해 마가는 이들 기독교인들을 유대교인들과 분리시키면서 이들이 로마인들과 팔레스타인에 거주하는 로마의 대표들에게 결코 위험한 사람들이 아님을 주지시키려 했다는 것이다.[20]

로마인 백부장의 고백 곧 예수의 신성에 대한 인간의 첫 인정에 대한 보도(막 15 : 39)도 기독교인들과 로마인들은 서로 적대적이 아님을 보여주기 위해 소개되고 있다는 것이다.[21] 마가가 주

19) S. G. F. Brandon, "The Date of the Markan Gospel," *NTS* 7 (1960-1961) : 129.

20) *Ibid.*, 130f. 참조.

後 70년의 예루살렘 멸망에 관해 침묵하고 있는 것은 예수와 초기 기독교인들이 젤롯당에 동조했다는 점을 감추기 위해서였다는 것이고,[22] 로마에 세금을 바치라는 권고는 기독교인들이 젤롯 당원들과 다르다는 것을 강조하기 위해서였다는 것이다.[23] 따라서 브랜든에 따르면, 마가복음서 전체에 반－유대주의 사상이 면면히 흐르고 있다는 것이다. 빈터(P. Winter)와 같이 브랜든도 마가는 예수 처형에 대한 로마의 책임을 경감시켜 주고, 그 비난을 유대인들에게 돌리려고 함으로써 예수의 수난사를 왜곡시켰다는 것이다.[24]

이러한 브랜든의 주장은 몇 가지 난제에 부딪치게 된다. 우선 마가가 로마에 거주하는 기독교인들을 유대인들과 분리시키기 위해 반－유대주의 사상을 전개시켜 나갔다는 그의 주장은 납득하기 어렵다. 왜냐하면 마가가 자신의 복음서에서 공격하는 대상은 유대인 일반이 아니라, 수난－부활 예고들이 보여주듯이, 대제사장들과 서기관들과 장로들 등 주로 유대인 지도자들이기 때문이다. 또한 로마인 백부장의 외침 장면(막 15 : 39)도 예수에 대한 로마인의 우호적인 자세를 보여주기 위한 마가의 전략이라는 브랜든의 주장 역시 설득력이 부족하다. 이것은 오히려 예수를 처형한 자들의 지휘관이 그 처형이 잘못된 것이었음을 스스로 시인하는 장면으로 이해되도록 고안된 것이다. 곧 로마 백부장의 외침은 로마 정부의 패배의 외침이라는 인상을 간접적으로 제공하기 위한 것이다.[25] 더 나아가 마가가 예수 처형에 대한 로마의 책

---

21) *Ibid.*, 139 참조.
22) S. G. F. Brandon, *Jesus and the Zealots*, pp. 221ff. 참조.
23) *Ibid.*, pp. 224f. 참조.
24) *Ibid.*, pp. 275－279.
25) J. Pobee, "The Cry of the Centurion - a Cry of Defeat," in *The Trial of Jesus*, ed. E. Bammel(London : SCM Press, 1970), pp. 91－103.

임을 경감시켜 주고 그 책임을 유대인들에게 전가시키려 했다는 브랜든의 가정이 부분적으로 받아들여질 수 있다 해도, 그 점 때문에 마가의 연대가 주후 71년으로 고정될 필요는 없다. 왜냐하면 그 연대를 예루살렘 멸망 이전으로 잡는다 해도 그러한 가정은 여전히 큰 변경없이 지속될 수 있기 때문이다. 오히려 마가가 예루살렘 멸망에 대해 침묵하고 있는 이유는, 브랜든의 주장과는 달리, 그 사실을 몰랐기 때문이라는 단순한 가정이 보다 설득력 있는 추측이 될 것이다. 더구나 마가복음서는 시리아-팔레스타인의 농경, 가옥, 고용, 세금 등과 관련된 관례 등을 정확히 반영하고 있기 때문에[26) 브랜든의 로마 기원설보다는 시리아-팔레스타인 기원설이 본문상의 더 큰 지원을 받을 수 있다.

예루살렘 멸망 이후설을 주장한 페린(N. Perrin)[27)의 제자였던 켈버와 위든도 페린의 입장을 지지하고 있다. 두 학자의 차이는 켈버가 마가를 예루살렘 멸망 이후에 유포되었던 거짓 종말론을 반격하는 논쟁가로 보고 있는데 반해, 위든은 마가를 '신-인' (*theios aner*) 사상을 기조로 삼았던 거짓 기독론을 반격하는 논쟁가로 보고 있다는 점에 있다. 마가의 대적자들로 설정된 예수의 열두 제자들은 켈버에게 있어서는 예루살렘 기독교를 상징하고 있고, 위든에게 있어서는 '신-인' 기독론을 주장하는 그룹을 대표하고 있다.[28) 켈버는 70년의 멸망 직후가, 위든은 80년대가 마가복음서의 기록 연대라고 주장한다.[29) 두 학자의 신학적 구성은 각각 독특한 짜임새를 보여주고 있으나 그 연대에 관한 한, 둘 다 충분한 설득력이 부족하다. 마가복음서에 친-갈릴리 사상, 반

26) H. C. Kee, *Community of the New Age*, p. 102.
27) N. Perrin, *The New Testament. An Introduction*, p. 163.
28) W. H. Kelber, *The Kingdom in Mark*, pp. 132ff. ; T. J. Weeden, *Mark Traditions in Conflict*, pp. 20ff., 70ff.
29) W. H. Kelber, *ibid.*, pp. 138ff. ; T. J. Weeden, *ibid.*, pp. 159f.

-예루살렘 사상이 명확하게 드러난다고 해서, 그것이 켈버와 같이 예루살렘 멸망 직후를 상정해야 할 이유는 될 수 없다. 막센도 그 주제를 부각시켰으나, 그는 멸망 이전설을 주장했기 때문이다. 켈버는 멸망 직후설을 전제하고 13장을 주석하나, 13장은 멸망 직전설을 전제해도 무리없이 주석될 수 있다. 한편 반(反)신-인 기독론의 경우에도, 위든처럼 반드시 80년대를 전제할 필요가 없다. 게오르기(D. Georgi)도 그 주제를 부각시켰으나, 그것을 70년보다 훨씬 이른 바울의 시대를 분석하는 도구로 사용할 수 있었기 때문이다.[30)]

Ⅳ. 연대 추정을 위한 두 단서

한 학자가 예루살렘 멸망 이전 상황을 반영하는 것으로 설정한 13장의 똑같은 단락들이 다른 학자에 의해 멸망 이후 상황을 반영하는 것으로 이해되기도 한다. 그것은 학자들이 13장의 단락들을 각기 다른 신학적 전망에 따라 해석해온 불가피한 결과이기도 하다. 그러나 다음의 두 구절은 예루살렘 멸망 이전설에 유리하게 작용하는 단서가 된다.

13장 9b : "사람들이 너희를 공회들(*sunedria*)에 넘겨줄 것이다."

이 구절은 멸망 이후설을 불리하게 해준다. 왜냐하면 예루살렘 멸망과 함께 산헤드린은 물론 지방 공회들도 사람들을 체포하도

30) D. Georgi, *The Opponents of Paul in Second Corinthians*(Philadelphia : Fortress, 1986). 여기서 게오르기는 바울의 대적자들의 정체와 활동의 성격을 고후 2 : 14-7 : 4와 10 : 1-13 : 14의 본문을 중심으로 분석하고 있다.

록 명령하거나, 생사 문제를 판결할 수 있던 권한을 완전히 상실하고 오직 하나의 학교와 같은 기구로 되어 버렸기 때문이다.[31] 따라서 예루살렘 멸망 이후에 자신의 복음서를 기록한 누가는, 그 멸망 이후의 자신의 시대를 기준으로 볼 때, 이 부정확한 마가의 표현인 '공회들'—그 멸망 이전에는 정확했던 표현—을 '감옥들'(*phulakas*)로 변경시키고 있다(눅 21 : 12). 그 멸망 이후에 자신의 복음서를 기록한 마태 역시 마가의 '공회들'을 '환난'으로 수정하고 있다(마 24 : 9). 따라서 마가 13장 9b절은 예루살렘 멸망 이전의 시기가 전제된 사전 예언으로 보는 것이 보다 더 설득력이 있다.

13장 18절 : "이 일이 겨울에 일어나지 않도록 기도하라."

이 구절은 마가복음서의 연대를 예루살렘 멸망 이후로 추정하는 가설에 심각한 타격을 준다. 이미 본 소론의 Ⅱ장에서 살펴본 것처럼 예루살렘 멸망은 겨울이 아니라, 주후 70년 8월 29일에 일어났기 때문이다. 만일 마가가 그 멸망 사건 이후에 기록했다면 이러한 부정확한 보도는 생략했을 것이다.

마가 13장 14−20절은 로마 군대가 유대지방으로 진군해 들어오는 긴박한 분위기를 전달하고 있다. 이 진군은 69년 말 혹은 70년 초에 일어났다. 그러나 마가에는 예루살렘 멸망에 대한 누가의 암시적인 보도에 해당되는 구절이 없다. 누가 21장 20절에 보도된 내용, 곧 "너희가 예루살렘이 군대들에게 에워싸이는 것을 보거든 그 멸망이 가까운 줄을 알라"는 구절은, 예루살렘 '포위'라는 디도 장군의 작전과 그로 인한 예루살렘 멸망을 누가가 이미 상세히 알고 있었다는 것을 전제할 때 이해가 가능하다. 이러한 정보가 마가에 나타나지 않는 것은 마가가 그 전쟁의 마지막 시기들에 관해 모르고 있었다는 추정을 가능하게 해준다.

---

31) *Harper's Bible Dictionary*, 1973 ed., s. v. "council".

그 멸망 이후에 자신의 복음서를 기록한 누가는 그 사건을 겪은 자신의 입장으로 볼 때, 마가의 이 '겨울'이 부정확했기 때문에 그것을 삭제했다. 역시 그 멸망 이후에 자신의 복음서를 기록한 마태도 이 부분을 수정했다. "너희의 도망하는 일이 겨울이나 안식일이 되지 않도록 기도하라"(마 24 : 20). 마태의 이 구절은 외견상 마가의 것과 유사해 보이나, 권고의 내용과 사건의 시기에 있어서 큰 차이를 보이고 있다. 마가의 '이 일'은 마태에서 '도망하는 일'로 그 종류가 제한되고, 마가의 '겨울'은 마태의 '겨울이나 안식일'로 변경된다. 곧 마태는 예루살렘 멸망과 '도망하는 일'을 구분함으로써 겨울이라는 멸망의 시기에 대한 마가의 부정확한 보도를 완화시킨다. 더 나아가 마가의 엄격하게 지정된 시기, '겨울'을 '겨울이나 안식일'과 같이 선택적 대안을 하나 더 마련하는 방향으로 수정함으로써, 마가의 보도가 지닌 문제의 크기를 축소시킨다. 곧 '겨울이나 안식일'은 그 멸망이 어느 계절에 일어났어도 문제가 될 것이 없는 폭 넓은 변경이다. 마태의 이러한 대안은 안식일을 엄격하게 지키기 위해 그날에는 싸움을 피하다가 패배했던 유대인들의 극단적인 전통 고수의 뜻 깊은 역사를 회상시켜 주는 기능을 수행한다.[32] 동시에 그것은 유대-로마 전쟁에서의 치욕적인 패배의 원인을 그러한 안식일 고수의 관계 때문으로 돌리려는 그의 숨은 의도와 희망을 반영해 준다.[33] 따라서 누가나 마태가 삭제하거나 수정한 마가의 이 부정확한 '겨울' 예

---

32) 특히 안식일을 골라 집중적으로 공격했던 시리아의 안티오커스(마카비상 2 : 40ff.)나 로마의 폼페이우스(Jos., *War*, I. p. 146 : "로마 군단들은 만일 폼페이우스가 안식일을 이용하지 않았다면 결코 그 과업을 완수할 수 없었을 것이다.")에 의해 패배한 사건을 상기시켜 주었을 것이다.

33) 이러한 안식일 준수로 인한 유대인들의 패배의 역사는 후에 아그립바의 연설 속에서 다시 회고되고 있다. Jos., *War*, II. pp. 390-396, 특히 392를 참고하라.

언은 '사전(事前) 예언'으로 보는 것이 더 적절하다.

브랜든, 페린, 켈버, 위든, 암브로직과 같은 예루살렘 멸망 이후설을 주장하는 대표적인 학자들이 자신들의 가설에 치명적이고도 성가신 이 마가 13장 18절을 자신들의 논의에서 완벽하게 생략해 버린 것은 무엇을 뜻하는가?

V. 결 어

마가복음서 연대에 관해 예루살렘 멸망 이전설과 이후설을 주장하는 학자들은 극소수를 제외하면 자신들의 신학적 상상력을 먼저 확정한 후에, 그 상상력을 마가 본문에 각각 강요하고 있다. 물론 상상력은 대단히 중요하다. 훌륭한 가설은 훌륭한 상상력에서 나오기 때문이다. 그러나 그 어떠한 상상력도 성서 본문을 강요할 수는 없다. 한 상상력은 본문에 의해 지원될 수 있고, 동시에 제어 또는 포기될 수도 있다.

이 소론은 예루살렘 멸망 이전설을 지원한다. 그러나 멸망 이전설을 주장해온 주도적인 학자들이 주목하지 못했던 단락(13 : 9, 18)에서 이 지원근거를 확보하고 있다. 멸망 이전설이라 해도 주후 68년보다 이른 연대는 13장의 긴급한 분위기에 걸맞지 않는다. 왜냐하면 유대인들은 주후 67년에는 유대지방 전역을, 68년에는 그 3분의 2를 장악하면서 독립에 대한 희망을 어느 정도 지속시키고 있었기 때문이다. 곧 68년 이전은 긴급한 상황이 아니었다는 뜻이다. 따라서 로마군이 주도권을 잡고 예루살렘을 향해 진격하기 시작한 주후 69년 말부터 70년 초 사이가 마가복음서의 가장 적절한 연대라 하겠다.

제 2 장

메시아비밀이냐 비밀공동체의 자기이해냐
—W. 브레데의 「메시아비밀」 가설 비판

제 2 장

메시아비밀이냐 비밀공동체의 자기이해냐
—W. 브레데의 「메시아비밀」 가설 비판

I. 서언 : W. 브레데의 '메시아비밀'

'메시아비밀'이라는 용어는 브레데(W. Wrede)가 1901년에, 자신의 저서[1]에서 복음서, 특히 마가복음서에 나타난 한 독특한 현상을 설명하기 위해 처음으로 주장한 하나의 가설에 대한 이름이다. 브레데 이후 그 가설이 마가복음서 연구 방향에 끼친 파급효과가 지속적이어서 이제 '메시아비밀'이라는 용어는 하나의 신학적인 전문용어로 뿌리깊게 정착한 듯한 분위기가 되었다. 콘첼만(H. Conzelmann)과 같은 학자는 '메시아비밀'을 복음서 연구에 있어서 반드시 거쳐야만 하는 '해석학적 전제'[2]라고 명명했을 정

1) *Das Messiasgeheimnis in den Evangelien : Zugleich ein Beitrag zum Verständnis des Markusevangeliums* (Göttingen : Vandenhoeck und Ruprecht, 1901) ; *The Messianic Secret*, tr. J. C. G. Grieg(London : Jamei Clarke, 1971).

도였다.

브레데의 '메시아 비밀' 가설에 따르면, "예수의 메시아직은 그 자신의 지상 생애 기간에는 완전히 하나의 비밀이다. … 그러나 부활과 더불어 그 비밀이 밝혀지기 시작한다. 실제로 이것이 마가의 시도 전체에 깔려 있는 결정적인 사상이고 기본적인 주장"[3] 이라는 것이다. 브레데는 그 저서를 통해 예수가 자신이 메시아임을 비밀로 했다는 것은 역사적인 사실이 아니라고 주장했다. 브레데에 의하면, 역사적인 예수는 결코 자신을 메시아로 생각하지 않았다는 것이다. 오직 부활 이후, 교회의 신앙고백에서 비로소 예수가 메시아로 되었다는 것이다. 브레데에 따르면, 예수를 메시아로 주장하고 있지 않은 부활 이전의 전승과, 예수를 메시아로 주장하고 있는 부활 이후의 전승의 차이를 조화시키기 위해 고안된 것이 바로 부활 이후의 교회가 만들어낸 '메시아비밀'이라는 것이다. 곧 교회는 예수가 애초부터 자신이 메시아임을 알았으나, 그것을 자신의 지상 생애 기간에는 비밀에 붙인 것으로 주장하기 시작했다는 것이다.[4] 따라서 브레데에 의하면, '메시아비밀'은 역사적 사실이 아니라, 교회의 신학적 산물이요, 이미 예수를 메시아로 부각시키고 있었던 전승 자료들에 대한 마가의 해석학적 편집작업의 결과라는 것이다. 그러나 마가가 자신의 이야기를 전개시키는 데 있어서 상당한 모순과 상충을 그대로 보여주고 있기 때문에 브레데는 마가를 하나의 빈약한 편집가로 평가하고 있다.[5]

---

2) H. Conzelmann, "Present and Future in the Synoptic Tradition," *JTC* 5(1968) : 43.
3) Wrede, *Secret*, p. 68.
4) *Ibid.*, pp. 113-114.
5) 브레데의 이러한 입장은 R. 불트만에게 큰 영향을 끼쳤다. 불트만 역시 마가복음서 기자에 대해 소극적인 평가를 내렸다. "마가는 자신의 자료를 조직적으로 다룬 사람이 못된다. …" *The*

브레데는 마가복음서에 나타난 모든 비밀 요소들을 '메시아비밀'이라는 하나의 전망으로 통일하여 설명하려 했다. 그는 그 비밀 요소들을 몇 가지 종류로 구분했다.

1. 귀신들에게 명한 예수의 침묵 요구(막 1 : 25, 34 ; 3 : 12)

2. 다른 기적들을 행한 후 관련된 사람(들)에게 명한 예수의 침묵 요구(1 : 43-45 ; 5 : 43 ; 7 : 36 ; 8 : 26)

3. 베드로 및 세 제자들에게 각각 명한 침묵 요구(8 : 30 ; 9 : 9)

4. 예수가 스스로 자신의 신분을 숨기려 한 의도적인 행위들(7 : 24 ; 9 : 30 이하)

5. 다른 사람들이 바디매오를 침묵시키려 한 시도(10 : 47-48)

6. '메시아비밀'을 유지하기 위해 제자들 외에 다른 사람들에게는 그 뜻을 모호하게 한 예수의 비유들(4 : 10-13, 33-34)

브레데는 역사적 예수에게로 소급될 수 없는 이러한 '메시아비밀' 사상이 마가의 보도 방향에 결정적인 영향을 끼쳤다고 결론지었다.

Ⅱ. '메시아비밀' 논쟁사

브레데의 이러한 '메시아비밀' 가설은 상당한 학문적 파문을 일으켰다. 적어도 마가복음서를 연구하려는 학자들은 좋든 싫든 이

History of the Synoptic Tradition (New York : Harper & Row, 1963), p. 350. Frank Kermode는 이들의 평가와는 대조적으로 마가를 정교한 편집가로 보고 있다. 그의 주저 *The Genesis of Secrecy : On the Interpretation of Narrative* (Cambridge, Mass. : Harvard Univ. Press, 1979)를 보라.

가설을 짚고 넘어가야 했다. 이 가설은 영국보다는 독일 쪽에서 훨씬 더 좋은 반응을 얻었다. 불트만(R. Bultmann)은 브레데의 이론 중 세부적인 것 몇 가지는 변경시켰지만, 그 이론 대부분을 전폭적으로 지지했다. 불트만은 브레데의 이 가설을 역사적 예수가 메시아 의식을 갖고 있지 않았다는 자신의 주장을 뒷받침하기 위해 중요하게 이용했다.[6] 불트만이 브레데의 가설을 변경시킨 것 중 현저한 것이 있다면, 브레데가 그 '메시아비밀'이 이미 마가 이전의 전승에로 소급되어 올라갈 수 있다고 본 반면, 불트만은 그것이 마가 자신에 의한 것이라고 주장한 것 정도였다. 디벨리우스(M. Dibelius)도 브레데의 가설에 동의했다. 그러나 디벨리우스는 그 가설을 다소 수정하면서도 불트만과 같이 '메시아비밀'은 마가 자신의 고안에 의한 것으로 보았다. 그러나 그는 그 이유를 불트만과는 다르게 해석했다. 디벨리우스에 따르면, 마가가 '메시아비밀'을 사용한 이유는 왜 예수가 사람들에 의해 메시아로 인식되지 않고, 오히려 배척을 받고 결국은 처형당하게 되었는가를 설명하기 위해서였다는 것이다.[7] 슈바이처(A. Schweitzer)도 브레데와 같이 마가의 비밀 모티프가 통일된 도그마적 요소로 구성되어 있다고 보았다. 그러나 결정적인 차이점은 브레데가 그 도그마적 요소들을 모두 비역사적인 것들로 본 반면, 슈바이처는 그것들이 역사적인 기원을 갖고 있는 것으로 보았다는 데 있다.

---

6) "Die Frage nach dem messianischen Bewusstsein Jesu und das Petrus Bekenntinis," *ZNW* 19(1919/20) : 165－174 ; Bultmann, *History*, p. 347.

7) *From Tradition to Gospel*(New York : Charles Scribner's Sons ; London : Iror Nicholson & Watson, 1934), p. 230. 이런 식의 해석을 흔히 '변증적 해석'이라 하는데, 버킬(T. A. Burkill)이 이런 입장의 대표자라 할 수 있다. 그의 "The Hidden Son of Man in St. Mark's Gospel," *ZNW* 52(1961) : 189－213과 *Misterious Revelation* (New York : Cornell Univ. 1963), pp. 319－324를 참조하라.

더 나아가 브레데와는 달리 슈바이처는 예수의 생애 중 여러 모습들이 메시아적이었다고 주장했다. 곧 슈바이처는 예수의 비밀 요구의 기원을 예수 자신의 생애 속에서 찾을 수 있다고 생각했다. 그러나 예수가 자신의 메시아 정체를 숨긴 이유는 자신의 메시아직이 하나님의 왕국이 나타날 미래에 완전히 성취될 수 있으리라고 보았기 때문이라는 것이다.[8)]

슈바이처 이후에는 브레데의 '메시아비밀' 가설에 관한 논쟁에 별다른 뚜렷한 진전이 없었다. 그러나 이십여 년 후 퍼시(E. Percy)가 이 문제를 다시 집중적으로 취급했다. 퍼시도 브레데처럼, '메시아비밀'은 두 갈래 전승들을 종합하려는 의도에서 나왔다고 주장했다. 그러나 퍼시는 그 전승들 중 한 갈래는 예수의 생애를 비메시아적으로 보았다는 브레데의 주장에는 반대했다. 오히려 '메시아비밀'은 예수의 생애를 메시아로 본 견해와 부활의 의미를 보다 중대하게 인식한 견해를 종합하려는 의도에서 창출되었다는 것이다.[9)] 마가복음서 9장 9절의 설정에 따르면, 비밀 기간은 예

8) *The Quest of the Historical Jesus* (London : Black, 1954), pp. 344f.

9) 퍼시는 마가복음서가 바울의 케리그마와 유사하다고 분석하고 있다. 퍼시에 따르면 바울이 예수의 생애를 '수치와 낮춤'의 생애로 보고 예수의 참영광은 오직 부활로부터 시작되었다고 보았다면, 마가는 바울의 이 '수치와 낮춤'을 '비밀'로 대치했을 뿐, 그 기본적인 사상 구조는 마가나 바울이 똑같다는 것이다. *Die Botschaft Jesu* (Lund : Gleerup, 1953), S. 299. 이러한 입장은 마가의 목적이 "그리스도에 관한 헬라적 케리그마 — 그 본질적 내용은 바울에게서 볼 수 있는(특히 빌 2 : 6 이하 ; 롬 3 : 23) 그리스도 신화로 구성되어 있는 바 — 를 예수의 이야기 전승과 결합"시키려는 데 있다는 불트만의 주장과 매우 유사하다. Bultmann의 *History*, pp. 347ff.를 참조하라. 그러나 마가와 바울이 이용하고 있는 전승들 자체의 강조점이 다르고, 또 그 전승들에 대한 이들의 편집 목적과 방향이 각기 다르기 때문에 마가와 바울을 동일선상에 놓고 처리하는 것은 부당하다. 이

수의 생애에 국한되고 있는데, 이것은 마가 기자의 시좌에서 보면 이미 과거라는 것이다. 슈트레커(G. Strecker)도 퍼시의 이러한 견해와 유사한 입장을 취하고 있다.[10] 이러한 견해가 지닌 결정적인 난점 중 하나는 소위 그 '메시아비밀'이 이미 부활 이전에도 제대로 유지되지 못했다는 데 있다.[11] 한편 '메시아비밀'을 마가의 십자가 신학과 연결시킨 일군의 학자들이 있다. 이들에 따르면 '메시아비밀'은 마가가 자신의 십자가 신학을 발전시키기 위해 고안한 신학적인 장치라는 것이다. 다알(N. A. Dahl), 슈바이처(E. Schweizer), 케엑(L. E. Keck), 렘브레히트(J. Lambrecht), 그리고 로빈슨(W. C. Robinson Jr.) 등이 여기에 속한다.[12] 이와는 다른 방향으로 더언(D. G. Dunn)은, 오직 부활 이후에야 비로소 예수는 메

주제에 관한 서론적 개요로는 H. C. Kee의 "The Different Perspectives of Mark and Paul," in *Jesus in History* (New York : Harcourt Brace Jovanovich, Inc., 1977), pp. 130－132를 참조하라.

10) G. Strecker, "The Theory of the Messianic Secret in Mark's Gospel," in *The Messianic Secret*, ed. C. Tuckett(Philadelphia : Fortress Press, 1983), pp. 49－63.

11) 막 1 : 45 ; 7 : 36. 퍼시나 슈트레커와는 달리 콘첼만은 그 비밀이 과거에만 국한되는 것이 아니라, 마가 기자의 시좌로 볼 때 현재에도 지속되는 것으로, 믿는 자들에게만 파악될 수 있는 것이라고 주장하고 있다. *An Outline of the Theology of the New Testament* (London : SCM ; New York : Harper & Row, 1969), p. 139.

12) N. A. Dahl, "The Purpose of Mark's Gospel," in *Jesus in the Memory of the Early Church* (Minneapolis : Augsburg, 1976), pp. 52－65 ; E. Schweizer, "The Quest of the Messianic Secret in Mark," in *The Messianic Secret*, ed. C. Tuckett(Philadelphia : Fortress Press, 1983), pp. 65－74 ; L. E. Keck, "The Introduction to Mark's Gospel," *NTS* 12(1966) : 352－370 ; J. Lambrecht, "The Christology of Mark," *BTB* 3(1973) : 256－273 ; W. C. Robinson, "The Quest for Wrede's Secret Messiah," *Int* 27(1973) : 10－30.

시아가 되었다는 브레데의 주장을 비판하면서, 예수는 실제로 그 자신이 지상 생애 동안에도 메시아였으나, 그의 메시아직은 미완성적인 것이어서 불가피하게 오해를 받게 되었다고 주장했다. 결국 예수의 메시아직은 십자가와 부활을 통해 이루어졌기 때문에, 마가에 나오는 비밀 모티프들은 '예수의 메시아 직분의 발전적인 성격'을 마가가 독자들에게 전하려는 의도 외에 다른 것이 아니라고 주장했다.[13)]

레이제넨(H. Räisänen)과 페쉬(R. Pesch) 역시 비밀 모티프들을 소위 '메시아비밀'이라는 단 하나의 주제로 설명하려는 브레데의 입장을 거부했다. 레이제넨은 비밀 모티프들 각각의 경우에 각기 다른 설명들이 주어져야 한다고 보고, 소위 '메시아비밀'로 불려질 수 있는 경우란 오직 예수의 정체에 관계된 것들(1 : 34 ; 3 : 11f ; 8 : 30)뿐이라고 주장했다.[14)] 레이제넨의 이러한 입장에 전적으로 동의하면서 페쉬는 한 걸음 더 나아가, 3장 11절 이하와 8장 30절까지도 마가 이전의 전승에로 소급시킬 수 있다고 보고, 오직 1장 34절만이 마가의 편집 결과라고 주장했다.[15)] 키이(H. C. Kee)도 브레데의 가설을 비판하면서 마가에는 적어도 다섯 종류의 비밀 주제들이 담겨져 있다고 분석했다. 1. 예수에 대한 비공개적인 폭로, 2. 예수의 추종자들을 비밀 그룹으로 묘사하려는 마가의 의도, 3. 예수의 참정체를 밝히지 못하도록 귀신들을 금지시키는 명령, 4. 예수가 자신의 행위들이 폭로되는 것을 금지시키는

---

13) J. D. G. Dunn, "The Messianic Secret in Mark," in *The Messianic Secret*, ed. C. Tuckett(Philadelphia : Fortress Press, 1983), pp. 116–131, esp. pp. 129ff.

14) H. Räisänen, "The 'Messianic Secret' in Mark's Gospel," in *The Messianic Secret*, ed. C. Tuckett(Philadelphia : Fortress Press, 1983), pp. 132–140.

15) R. Pesch, *Der Markusevangelium* II (Freiburg : Herder, 1977), S. 36–45.

것들, 5. 제자들에게만 왕국의 비밀을 파악할 수 있는 통찰력이 주어지고 있는 것으로 그리려는 의도들 등이 그것이다. 키이는 다양한 이런 것들을 마치 통일성이 있는 양 전제해 놓고, 이를 소위 '메시아비밀'로 채색시키려는 것은 설득력이 없다고 보고, 오히려 그 비밀은 마가 그룹의 희망과의 밀접한 관련 속에서 이해되어야 한다고 주장했다.[16)]

지금까지 살펴본 것처럼, 브레데의 '메시아비밀' 가설에 대해 학자들은 다양한 입장들을 취해 왔다. 마가복음서에 나타난 모든 비밀 요소들을 브레데처럼 소위 '메시아비밀'이라는 하나의 통일된 주제로 설명할 수 있는지의 문제, 만일 설명할 수 없다면 그 비밀 요소들 중 어느 정도가 소위 '메시아비밀'에 속할 수 있는지, 또 그것들 중 다시 어느 정도가 역사적 예수에게로 소급될 수 있는지 등등의 문제들에 관해 학자들은 아직도 의견 일치를 보지 못하고 있는 실정이다. 그러나 브레데가 주장한 내용에 액면 그대로는 동의하지 않는다 해도, 또 그 가설의 적용 범위에 대해서는 각기 다른 다양한 견해들이 제시되고 있다 해도, 학자들은 브레데의 '메시아비밀' 가설을 적어도 부분적으로는 인정하고 있다. 문제는 지금까지 대부분의 학자들이 '메시아비밀' 가설 자체가 과연 성립될 수 있는 것인지에 관해서는 집중적인 관심을 기울여 오지 못했다는 점이다. 이제 그 가설 자체의 정당성 여부를 면밀히 검토하기로 하자.

---

16) H. C. Kee, *Community of the New Age : Studies in Mark's Gospel* (Philadelphia : The Westminster Press, 1977), pp. 165－175.

Ⅲ. '메시아비밀' 가설 비판

1. '메시아비밀'이냐 '비밀주제'냐

브레데는 마가복음서에 나타난 다양한 비밀 모티프들을 소위 '메시아비밀' 가설 하나로 지나치게 축소시켰다. 브레데는 예수가 문둥병자, 회당장의 딸, 귀머거리 겸 벙어리를 치유한 후, 이 세 경우와 관련된 사람들에게 아무에게 아무 말도 하지 말라고 비밀 준수 또는 침묵 요구를 명한 것(막 1 : 43－45 ; 5 : 43 ; 7 : 36)을 자신의 가설을 위한 주요 근거들로 제시하고 있다.[17] 그러나 마가복음서에 나오는 열세 개의 기적 이야기들[18] 가운데, 이미 언급한 세 경우를 제외한 나머지 열 개의 경우에는 예수가 기적을 행한 후 사람들에게 침묵을 요구하지 않고 있다는 점이 중요하다. 심지어 자신을 메시아(다윗의 자손)로 부른 소경 바디매오를 고친 후에도 예수는 그에게 비밀 준수를 요구하지 않았다(10 : 43－52). 따라서 예수의 침묵 요구가 예외적인 것이지 결코 그 반대가 아니다.[19] 규칙적인 열 가지 경우를 무시해 버리고 예외적인 세 가

17) 브레데가 이 범주를 위해 한 군데 더 제시한 막 8 : 26은 엄격한 의미에서 침묵 요구와는 관련이 없다.

18) 1 : 29－32 ; 1 : 40－45 ; 2 : 1－12 ; 3 : 1－6 ; 4 : 35－41 ; 5 : 21－24, 35－43 ; 5 : 25, 34 ; 6 : 32－44 ; 6 : 45－52 ; 7 : 31－37 ; 8 : 1－10 ; 8 : 22－26 ; 10 : 43－52.

19) E. Trocmé, "Is there a Markan Christology?," in *Christ and Spirit in the New Testament*, ed. B. Lindars and S. S. Samalley (Festschrift for C. F. D. Moule, Cambirdge Univ. Press, 1973), pp. 3－13. Trocmé는 더 나아가, 브레데의 '메시아비밀' 이론에 근본적인 비판을 가하고 있다. 그러나 그는 '메시아비밀'이 아니라, '비밀 모티프들'이 마가복음서에 반영되어 있다는 사실과 그것들이 마가공동체가 당면한 사회적·정치적 시련과 직접, 간접으로 깊이 관련되어 있다는 결정적인 사실을 놓치고 있다.

지 경우를 들어 소위 '메시아비밀' 가설을 위한 주요 근거로 삼으려는 것은 설득력이 없다. 더구나 예외적인 세 경우에도 예수의 침묵 요구는 '메시아비밀'과는 관련이 없다.[20] 왜냐하면 예수가 공개적으로 기적을 행했다고 해서 사람들이 예수를 곧바로 메시아로 인정하지는 않았다는 사실을 마가가 잘 알고 있었기 때문이다.[21] 실제로 나사렛 사람들은 예수의 기적을 보고도, 또 그의 "지혜"와 "권능"을 보고 "놀라기까지" 하고도(6 : 1−2), 그를 메시아로 생각하지는 않았다. 오히려 그들은 "이 사람이 마리아의 아들 목수가 아니냐. 야고보와 요셉과 유다와 시몬의 형제가 아

20) 디벨리우스는 기적을 행하기 위해 예수가 병자들을 무리를 떠나 따로 데리고 간 것(막 5 : 40 ; 7 : 33 ; 8 : 23) 역시 기적 이야기의 표준이 될 만한 특징일 뿐, '메시아비밀'과는 상관이 없다고 주장하고 있다. Dibelius, *ibid.*, pp. 93f.

21) L. Keck, P. Achtemeier, 그리고 T. Weeden은 마가가 오히려 예수의 메시아됨을 *theios-aner*(divine man)로서의 기적 수행가의 모습에서 찾으려 했던 '거짓 그리스도론'과 대립하고 있다는 것을 밝혀내고 있다. L. Keck, "Mark 3 : 7−12 and Mark's Christology," *JBL* 84(1965) : 341 − 358 ; P. Achtemeier, "Toward the Isolation of Pre-Markan Miracle Catenae," *JBL* 89 (1970) : 265−91 ; T. Weeden, *Mark. Traditions in Conflict* (Philadelphia : Fortress Press, 1971). Dieter Georgi에 의해 집중적으로 사용되기 시작한 이 '*theios-aner*'의 용어와 그 범위의 적용 시도에 관한 자료로는 H. D. Betz, "Jesus as Divine Man," in *Jesus and the Historian*, ed. F. F. Trotter(Philadelphia : Westminster Press, 1968), pp. 114−133을 보라. 반면, 이 '*theios-aner*'의 범주 사용을 통해 초대 그리스도인들의 예수 이미지를 분석하려는 시도에 부정적인 입장을 취한 것으로는 H. C. Kee, "Mark's Gospel in Recent Research," *Int* 32 (1978) : 353−368, esp. 360 ; D. L. Tiede, *The Charismatic Figure as Miracle Worker*(SBL Dissertation Series 1, Missoula, Mt. : Scholars Press, 1972) ; C. Holladay, Theios Aner in Hellenistic Judaism : A Critique of the Use of this Category in New Testament Christology(SBL Dissertation Series 40, Missoula Mt. : Scholars Press, 1977) 등을 참조하라.

니냐. 그 누이들이 우리와 함께 여기 있지 아니하냐 하고 예수를 배척했다"(6 : 3-4). 예수의 기적 소문을 들은 헤롯은 예수가 행한 기적 때문에 그를 메시아로 보기는커녕, "세례 요한이 죽은 자 가운데서 살아난"(6 : 14) 것으로 보았고, 또 다른 사람들은 엘리야로, 또는 다른 예언자로 보았다(6 : 14이하 ; 8 : 28). 바리새인들도 예수가 행한 기적 때문에 그를 메시아로 보기는커녕, 바알세불에 의해 귀신들린 자로 판단했다(3 : 22).[22] 따라서 기적 수행 후 예수가 요구한 비밀 준수는 '메시아비밀'과는 관련이 없다고 보아야 할 것이다. 예수의 비밀 준수 요구가 '메시아비밀'과 관련이 없다는 이런 입장은 예수의 귀신 축출 기사들의 경우에 의해 보다 더 강화된다. 마가 5장 1-20절과 9장 14-27절에 나오는 귀신 축출 기사들에는 예수가 귀신을 축출한 후 관련된 자들에게 침묵을 요구했다는 보도가 전혀 없다. 오히려 그 사실을 "알리라"고까지 한다(5 : 19-20).

브레데는 비유들의 사용에 관한 예수의 말씀 — 곧 비유의 목적은 "하나님 나라의 비밀"을 외인들에게는 보기는 보아도 알지 못하게 하고 듣기는 들어도 깨닫지 못하게 하기 위함이라(4 : 11)는 설명 — 역시 자신의 '메시아비밀' 가설을 뒷받침하는 근거로 사용하고 있다. 그러나 이는 '메시아비밀'과는 전혀 관련이 없는 구절로 보아야 한다. 제자들에 대한 예수의 비공개적인 교훈에는 그리스도론적이라고 할 수 있는 내용이 전혀 담겨 있지 않기 때문이다. 이런 종류의 말씀들은 비유의 기능에 관한 것이고, 그 기능은 '메시아비밀'이 아니라, 비밀공동체의 내적 결속력을 다지기 위한 사상적인 전략과 관련되어 있음직하다.[23]

---

22) 심지어 어떤 경우에는 예수 자신이 기적 수행 자체에 어려움을 겪기도 했다. "거기서는 아무 권능도 행하실 수 없어…" (막 6 : 5).

23) 막 4 : 11은 마가공동체와 다른 공동체('외인')와의 갈등 관계

2. '메시아비밀'이냐 '휴식을 위한 시간 확보'냐

브레데는 마가가 무리를 피하는 예수의 모습을 그리고 있음을 주목한 후, 이런 현상 역시 '메시아비밀' 가설로 설명하고 있다. 물론 마가가 본 예수가 때때로 무리를 피한 것은 사실이다(7 : 24 ; 9 : 30-31). 그러나 이렇게 예수가 무리를 피한 현상은 '메시아비밀' 때문이 아니라, 단지 휴식할 수 있는 시간을 확보하기 위한 것으로 보아야 한다.

> 이르시되 너희는(사도들) 따로 한적한 곳에 와서 잠깐 쉬어라 하시니 이는 오고 가는 사람이 많아 음식 먹을 겨를도 없음이라(6 : 31).
>
> 집에 들어가시니 무리가 다시 모이므로 식사할 겨를도 없는지라(3 : 20).

이런 종류의 휴식을 위한 몇몇 경우를 제외하면 예수는 결코 무리를 피하지 않고, 오히려 무리들에게로 나아가 그들을 연민의 정으로 대하고 있음을 볼 수 있다.

> 예수께서 나오사 큰 무리를 보시고 그 목자 없는 양 같음을 인하여 불쌍히 여기사 이에 여러 가지로 가르치시더라(6 : 34).

를 반영해 주고 있다. 갈등의 적극적인 기능을 지적하고 있는 사회학자 L. A. Coser에 따르면 "다른 그룹과의 갈등은 그룹 아이덴티티의 설정과 강화에 기여한다"는 것이다. *The Functions of Social Conflict* (Glencoe, Ill. : The Free Press, 1956), p. 38. 그룹간의 갈등 주제에 관한 보다 자세한 연구는 그의 *Continuity in the Study of Social Conflict* (New York : The Free Press, 1967)와 종교 사회학자 B. Wilson의 "Them Against Us," *Twentieth Century* 27(1963) : 6-17을 참고하라.

> 내가 무리를 불쌍히 여기노라. 저희가 나와 함께 있은 지 이미 사흘이매 먹을 것이 없도다. 만일 내가 저희를 굶겨 집으로 보내면 길에서 기진하리라. 그중에는 멀리서 온 사람도 있느니라(8 : 2−3).

따라서 마가가 본 예수는 주로 무리와 함께 있었기 때문에 휴식을 위한 무리로부터의 일시적인 이러한 피신을 '메시아비밀'을 위한 근거로 사용한다는 것은 부당하다.

3. '메시아비밀'이냐 '메시아폭로'냐

이제 브레데가 자신의 그 가설을 뒷받침하기 위해 중요하게 사용했던 다른 항목의 본문들을 살펴보도록 하자. 여기에는 두 항목이 중요한데, 하나는 귀신들에게 명한 예수의 침묵 요구(1 : 25, 34 ; 3 : 12)이고, 다른 하나는 베드로와 제자들에게 명한 경계 요구(8 : 30 ; 9 : 9)이다.[24] 이것들은 일견 '메시아비밀'과 밀접히 관련되어 있는 듯하나, 면밀히 살펴보면 그것과는 무관한 것임을 발견하게 된다. 우선 귀신들에게 명한 예수의 침묵 요구들은 자신의 추종자들이 될 수 없는 자들로부터의 칭송을 거부하려는 예수의 의도와 관련된 것일 뿐, '메시아비밀'과 관련된 것은 아니다.

---

24) U. Luz는 마가복음서에 있어 예수의 침묵 명령을 크게 두 가지 종류로 대별하고 있다. 곧 자신의 기적에 관한 예수의 침묵 명령과 자신의 정체에 관한 예수의 침묵 명령이 구별되어야 한다는 것이다. 그는 후자의 경우, 예수의 참정체는 십자가와의 관련 속에서만 이해될 수 있다고 주장하고 있다. Luz는 브레데의 두 항목들을 한데 묶어 바로 이 후자의 범주에 소속시키고 있다. U. Luz, "The Secrecy Motif and the Marcan Christology," in *The Messianic Secret*, tr. C. Tuckett(Philadelphia : Fortress Press, 1983), pp. 75−96, esp. pp. 75−77.

마찬가지로 베드로에게 요구한 경계(8 : 30)도 예수의 메시아직에 관련된 것이 아니라, 예수의 메시아직의 역할에 대한 오해에 관련된 것이다. 베드로는 "하나님의 일"을 생각하는 것이 아니라, 도리어 "사람의 일"을 생각하는 것으로 여겨졌기 때문에(8 : 33b), 결국 예수는 베드로의 수난을 거부한 영광지향적인 이런 오해를 "꾸짖었다"(8 : 33a). 예수가 세 제자들에게 침묵을 요구한 것(9 : 9)도 영광만을 이야기해서는 안된다는 것일 뿐이어서, 결국 베드로나 베드로를 포함한 세 제자들에게 명한 예수의 경계 요구들은 '메시아비밀'과는 관련이 없는 것이라 할 수 있다.

마가복음서에는 예수의 메시아직에 관한 한 비밀이란 없다. 산헤드린 재판시 "네가 찬송받을 자의 아들 그리스도냐?"(14 : 61)라는 대제사장의 물음에 대해 마가가 본 예수는 그 메시아 칭호를 분명하게 받아들였다. "내가 그니라"(14 : 62).[25] 따라서 마가는 예수의 메시아직에 관해서, 브레데의 해석과는 달리, 예수의 생애기간 동안에도 비밀이 아니라 오히려 폭로를 하고 있다. 마가의 이러한 '폭로' 현상은 다음과 같은 일련의 사건들에 대한 그의 편집적인 평들에서 보다 분명해진다.

> 예수의 소문이 온 갈릴리 사방에 퍼지니라(1 : 28).
> 경계하실수록 더욱 널리 전파하더라(7 : 36).
> 예수께서… 한 집에 들어가 아무도 모르게 하시려 하나 숨길

---

25) '메시아'라는 용어를 로마식 동의어인 '왕'으로 바꾸면서 "네가 유대인의 왕이냐?"(막 15 : 2) 하고 물은 빌라도의 질문에 대한 예수의 대답("네가 그렇게 말하고 있다"—sù légeis)은 긍정으로도, 부정으로도, 중립으로도 해석될 수 있기 때문에, 여기서는 브레데의 가설에 대한 비판 근거로 사용하지 않을 것이다. 그러나 만일 예수의 이 대답을 '긍정'의 뜻으로 받아들일 수 있다면 '메시아폭로'를 위한 근거는 한층 더 강화될 것이다.

수 없더라(7 : 24).

예수께서 … 저에게 이르시되 집으로 돌아가 주께서 … 너를 불쌍히 여기신 것을 네 친속에게 고하라 하신대 그가 가서 … 전파하니(5 : 19-20).

특히 마지막의 예에서는 예수 자신이 직접 자신의 기적 수행에 관해 비밀이 아니라 폭로를 요구하고 있다. 더 나아가 '폭로'의 전망으로 보도된 치유 기적들도 적지 않다. 예수는 소경 거지 바디매오를 무리가 잔뜩 지켜보고 있는 가운데 '공개적으로' 치유했고(10 : 46 이하), 중풍병자도 '공개적으로' 치유했다(2 : 1-12). 더 나아가 혈루증 앓는 여인의 치료도 '공개적'이었다(5 : 24-34).

그러나 예수의 참정체에 관한 마가의 본격적인 '폭로'는 예수가 "땅에서 죄를 사하는 권세가 있는 줄을 너희로 알게 하려 하노라"고 선언한 구절(2 : 10)과 "죄인을 부르러 왔다"는 선언(2 : 17), 그리고 "인자는 안식일의 주인"이라는 선언(2 : 28) 속에 잘 반영되어 있다. 이러한 '폭로' 외에도 예수가 자신의 운명을 제자들에게 가르친 세 번에 걸친 소위 '수난 예고들'(8 : 31 이하 ; 9 : 31 이하 ; 10 : 33 이하)이 결정적인 폭로들이 될 것이다. 대체로 이 '수난 예고들'은 마가의 신학 사상의 핵이 잘 반영되어 있는 말씀들로 간주되고 있다. 자신의 수난과 처형 그리고 부활에 관한 내용으로 자신의 참정체를 뚜렷이 밝히고 있는 예수의 이 수난 예고들 속에는 아무런 비밀 준수나 침묵 요구가 제시되어 있지 않다. 따라서 예수의 메시아직에 관해 마가는 대체로 '비밀'이 아니라 '폭로'에 주력하고 있다고 할 수 있다.

4. '메시아비밀'이냐 '비밀공동체의 자기이해'냐

마가복음서에 반영된 마가공동체는 비밀공동체의 성격을 띠고 있는 것으로 묘사되어 있다. 예수가 예루살렘으로 타고 갈 나귀를 확보하게 하기 위해서 제자들 중 두 명만을 뽑아 보낼 때 그들에게 지시한 내용이 비밀스러운 분위기를 자아낸다.

> …맞은 편 마을로 가라. 그리로 들어가면 곧 아직 아무 사람도 타보지 않은 나귀 새끼의 매여 있는 것을 보리니 풀어 끌고 오너라. 만일 누가 너희에게 왜 이리하느냐 묻거든 주가 쓰시겠다 하라. 그리하면 즉시 이리로 보내리라 하시니…(11 : 2−3).

이러한 비밀스러운 분위기는 예수가 유월절 만찬을 예비시키려고 제자들 중 두 명만을 다시 뽑아 성내로 보내면서 그들에게 지시하는 내용에서 한층 더 고조되고 있다.

> …성내로 들어가라. 그리하면 물 한 동이를 가지고 들어가는 사람을 만나리니 그를 따라 가서 어디든지 그의 들어가는 그 집 주인에게 이르되 선생님의 말씀이 내가 내 제자들과 함께 유월절을 먹을 나의 객실이 어디 있느뇨 하시더라 하라(14: 13−14).

마가의 이러한 보도들은 예수가 미래의 일까지도 환히 예견할 수 있는 신비스러운 능력을 지닌 분이라는 것을 암시하기 위한 것이 아니다. 예수와 연관된 이런 과거의 이야기들에 대한 마가의 보도 속에는 현재 마가공동체의 자기 이해가 반영되어 있다. 곧 그들끼리만 통하는 계획을 비밀리에 교환하는 방법과, 그들의 모임의 비밀스러운 성격이 간접적으로 반영되어 있다. 우리는 여기서, 마가공동체의 멤버들이, 자신들이 지금 당면하고 있는 심각한 종교적·사회적·정치적 핍박으로 인해, 자신들의 모임과 확신을 비밀리에 진행시키고 있는 모습을 과거의 예수 이야기 속에 투영시키고 있는 분위기를 엿볼 수 있다. 마가가 과거의 예수 공동체를 비밀스러운 모습으로 그리고 있는 것은 바로 현재 마가 자신의 공동체의 비밀스러운 성격을 정당화하기 위한 것이다.

마가에게 '비밀'이 있다면, 그것은 브레데의 주장과는 달리 예수의 메시아직에 관한 것이 아니다. 지금까지 살펴본 대로, 마가에는 그런 종류의 '비밀'은 없다. 오히려 그 '비밀'은, 전통적인 메시아 기대와는 달리, 유대 종교 당국과 로마 정치 당국의 희생물로 처형당해야 했던 바로 그 예수가 전통적인 메시아 기대를 훨씬 능가하는 모습으로 다시 나타나서(14 : 62), 핍박과 처형의 위험에 직면해 있는 자신들을 변호해줄 것이라는 비공개적인 확신과 기대 그 자체였다. 따라서 고난과 위험의 수준이 아무리 심각해도 끝까지 견뎌야 한다는 권고의 말씀이 주어진다.

> 너희가 내 이름을 인하여 모든 사람에게 미움을 받을 것이나 나중까지 견디는 자는 구원을 얻으리라(13 : 13).

여기에다 힘찬 새 세대의 영광스러운 비전이 현재의 고난을 감내할 소망의 원천으로 제시되고 있다.

> 그때에 인자가 구름을 타고 큰 권능과 영광으로 오는 것을 사람들이 보리라. 또 그때에 저가 천사들을 보내어 자기 택하신 자들을 땅 끝으로부터 하늘 끝까지 사방에서 모으리라(13 : 26-27).

Ⅳ. 결 어

브레데의 '메시아비밀' 가설은 단지 하나의 가설에 불과하다. 그 가설의 일부가 부분적으로 문제되는 것이 아니라, 그 가설 전체가 성립되기 어렵다는 평가를 내리지 않을 수 없다. '메시아비밀' 가설은 마가복음서에 나타난 다양한 여러 비밀 주제들을 설명하기가 어려울 뿐 아니라, 그 가설은 마가복음서가 지닌 여러 문제들을 해결하기보다는 오히려 더 많은 다른 문제들을 야기시키는 이론이라 할 수 있다. 브레데의 가설과는 달리, 적어도 마가 기자에게 있어서 예수가 메시아였다는 것은 너무나 자명한 것이었고, 따라서 결코 '비밀'이 아니었다. 예수는 부활 이후에야 비로소 메시아가 되었다는 브레데의 주장과는 달리, 적어도 마가가 본 예수는 부활 이전에도 이미 자신이 메시아임을 비밀로 하지 않고 분명히 공개했기 때문이다.[26] '비밀'은 예수의 메시아직과 관련된 것이 아니라, 그 메시아직의 독특한 역할과 그 역할이 마가공동체에 갖는 기능과 관련된 것이었다 할 수 있다. 처형당한 무기력한 메시아, 조롱거리였던 바로 그분이 영광 중에 곧 다시 와서 처형에 직면한 자신들을 반드시 구원해 주리라는 것이다. 마가공동체의 대변자인 마가 기자의 설정에 따르면 그 비밀은 그 공동체 밖에 있는 사람들은 "보기는 보아도 알지 못하며 듣기는 들어도 깨닫지 못하도록" 되어 있다는 것이다. 마가공동체 멤버들은 객관적인 세계 속에서 여전히 극심한 핍박(13 : 9-13)을 당

26) 역사적 예수가 자신을 스스로 메시아로 의식했는지의 문제는 이것과는 다른 주제로서 본 소론에서는 취급하지 않았다.

하는 패배자들이었다. 그러나 이렇게 자신들이 구성한 사상적인 세계 속에서는 그들은 이미 승리자들이었다. 마가공동체의 멤버들은 바로 이러한 확신을 자기들끼리 '비밀리에' 교환하고 있었다.

제 3 장

마가공동체의 묵시사상세계
— 마가 13장

제 3 장

마가공동체의 묵시사상세계 —마가13장

I. 서 언

사회적인 불안과 국가적인 절망의 상황에서 산출된 마가복음서, 그중에서도 특히 13장에는 묵시사상적 분위기가 속속 스며들어 있다. 묵시사상적 세계관은 단순히 미래의 어떤 상태를 묘사하기 위한 신학적 개념에 불과한 것이 아니라, 유대-로마의 전면 전쟁의 참화 속에 처한 마가공동체를 격려하고 존속시킬 수 있었던 사회학적 개념이기도 하다. 흔히 묵시사상은 종말사상과 동의어로 취급되기도 한다. 그러나 이는 온당한 취급이 아니다. 두 개념이 서로 맞물리는 부분이 있으나 완전히 겹치는 것은 아니기 때문이다. 또한 묵시사상은 단순히 종말사상의 '한 종류'로 취급되기도 한다.[1] 그러나 한 종류의 종말사상은 묵시사상의 한

1) E. Käsemann, *New Testament Questions of Today*(Philadelphia : Fortress Press, 1979), p. 109.

부분에 불과하다.[2] 묵시사상(apocalyptic)은 한 특별한 종류의 문학적 장르를 표현할 수도 있고(소위 '묵시문학'), 한 종류의 종말론을 뜻할 수도 있으며, 한 종류의 사회-정치적 운동을 나타낼 수도 있다.[3] 'apocalyptic'이 기계적으로 '묵시문학'으로 번역됨으로써, 결과적으로 이 용어의 범위가 지극히 제한되어 왔다. 그러나 'apocalyptic'에 대한 번역 대응은 '묵시사상'이라는 포괄적인 개념이 가장 적절할 것이다. 이 용어를 묵시문학을 뜻하는 것으로 사용할 경우에는 '묵시사상적 문학'으로, 종말론의 한 종류를 뜻하는 것으로 사용할 경우에는 '묵시사상적 종말론'으로, 그리고 마지막 경우에는 '묵시사상적 운동'으로 세분해서 적용시킬 수 있을 것이다.

묵시사상은 주로 사회-정치적 박해나 절망의 상황에서 확산된다. 묵시사상적 전망에 따르면, 모든 지상의 악조건들은 거대한 우주적 재앙과 함께 신적 권능에 의해 임박한 장래에 제거되고, 이때 핍박받고 있는 선택된 자들에 대한 최후의 변호가 수반된다.[4] 예언자적 전망과는 달리 묵시사상적 전망은 사회-정치적 핍박자들을 악의 세력을 대표하는 대리인들로 상정한다.[5] 예언자

2) C. Rowland, "The Visions of God in Apocalyptic Literature," *JSJ* 10(2, 1979) : 137.

3) P. D. Hanson, *The Dawn of Apocalyptic : The Historical and Sociological Roots of Jewish Apocalyptic Eschatology* (Philadelphia : Fortress Press, 1979), p. 429.

4) 묵시사상적 특색에 대한 상세한 분류를 위해서는 Klaus Koch, *The Rediscovery of Apocalyptic*, tr. M. Kohl, Studies in Biblical Theology 2nd series 22(London : SCM Press, 1972), pp. 28-33을 참고하라.

5) 예언자적 전망과 묵시사상적 전망의 차이에 관해서는 Hanson, *The Dawn of Apocalyptic*, p. 432와 R. P. Carroll, *When Prophecy Failed : Cognitive Dissonance in the Prophetic Traditions of Old Testament*(New York : The Seabury Press, 1979), p. 205를 참고하라.

들과는 달리 묵시사상가들은 핍박자들과 직접적으로 싸우기보다는 그들의 배후를 조정하는 것으로 상정된 악의 세력과 맞선다. 이러한 강조점의 이동은 핍박의 강도가 극심할 때 핍박을 당하는 자들이 취할 수 있는 효과적인 상징화 작업 중의 하나이다. 마가 13장은 마가공동체가 처한 극심한 핍박의 상황을 극명하게 담고 있을 뿐 아니라, 이를 묵시사상적 전망으로 극복해 나가려는 마가 기자의 강렬한 소망도 담고 있다. 본 소론의 목적은 마가복음서 13장에 나타난 묵시사상의 특징을 살펴보고, 마가공동체에 대한 그 사상의 기능을 추출하려는 것이다.

Ⅱ. 마가 13장의 주요 연구들

마가 13장의 구성의 복잡성은 학자들에 의해 오래 전부터 인식되어 왔다. 편집비평이 확산되기 전까지는 주로 13장의 순수성 여부를 판가름하려는 방향으로 연구들이 진척되어 왔다. 그 순수성은 비슬리-머레이(G. R. Beasley-Murray)에 의해서는 긍정적으로 대답되었고,[6] 글라슨(T. F. Glasson)이나 로빈슨(J. A. T. Robinson)에 의해서는 부정적으로 대답되었다.[7] 후에 막센(W. Marxsen)의 연구[8]에 힘입어, 연구의 관심이 13장에 대한 마가의 편

6) G. R. Beasley-Murray, *Jesus and the Future*(London : MacMillan & Co., Ltd., 1954)와 그의 논문들 "The Eschatological Discoures of Jesus," *RevExp* 57(1960) : 165; "The Rise and Fall of the Little Apocalypse Theory," *ExpTim* 86(1974-75) : 349를 참조하라.

7) T. F. Glasson, *The Second Advent*(London : The Epworth Press, 1963); J. A. T. Robinson, *Jesus and His Coming*(Philadelphia : Westminster Press, 1957). 특히 pp. 121ff. 참조.

집작업과 그 의도에 기울어지게 되었다. 마가는 단순한 전승의 수집가가 아니라, 그 13장을 자신의 신학적 관심에 따라 현재의 형태대로 구성시킨 편집자로 이해되었다. 그러나 그 편집의 범위는 학자들에 따라 상이하게 제시되었다. 마가복음서 전체를 연구하면서 그중 부분적으로 13장을 취급한 저서는 많이 있으나, 그 자체만을 독립시켜 연구한 단행본은 흔하지 않다. 렘브레히트(J. Lambrecht)와 하트만(L. Hartman), 그리고 페쉬(R. Pesch) 등의 연구서들[9]이 마가 13장만을 집중적으로 다룬, 희귀하고도 대표적인 작품들이라 할 수 있다.

1. 렘브레히트(J. Lambrecht)

렘브레히트는 마가가 13장을 문학적으로 정교하게 배열시킨 것으로 보고 있다.[10] 그는 13장이 ABA′의 구조를 갖고 있다고 주장한다. 곧 중심에 위치한 인자의 파루시아(B : 24-27절)는 참화에 관한 경계와 교훈(A : 5b-23절)에 의해 예견되고, 파루시아 내림의 시기에 관한 설명(A′ : 28-37절)에 의해 확증된다고 설명한다. 그의 주장에 따르면, 병행들과 교차배열들이 보여주는 것처럼, 마가 13장의 주요 주제는 경계이고, 그 주요 특징은 권고적 경고와 위로라는 것이다.[11] 렘브레히트는 마가의 편집구조, 1, 2a,

---

8) W. Marxsen, *Mark the Evangelist*, tr. R. A. Harrisville et al.(Nashville, Tenn : Abingdon Press, 1969).

9) J. Lambrecht, *Die Redaktion der Markus-Apocalypse*(Rome : Pontifical Biblical Institute, 1967) ; L. Hartman, *Prophecy Interpreted* (Sweden : C. W. Gleerup, 1966) ; R. Pesch, *Naherwartungen* (Duesseldorf : Patmos Verlag, 1968).

10) Lambrecht, *Redaktion*, p. 256.

11) *Ibid.*, p. 274.

3f, 5a, 7f, 10, 13, 14, 17, 20, 23, 27절 등을 들고 있다. 그는 자신의 논의 전체를 통해 마가 13장이 로기아의 느슨한 수집물도 아니고 유대교적 묵시문학의 재구성물도 아닌, 편집자 마가의 의도와 기교에 따른 하나의 통일된 작문이라고 주장한다. 결과적으로 13장의 어떤 부분도 확실성을 갖고 예수에게로 소급시킨다는 것은 가능하지 않다는 것이다.

렘브레히트의 섬세한 분석에도 불구하고, 그의 관심은 지극히 제한되어 있다. 그는 마가 13장을 순전히 문학적으로만 분석하고 있다. 그러나 역사적 정황에 관한 물음으로부터 고립된 채 수행되는 그와 같은 문학적 분석 일변도는 마가 13장의 '사회적 생의 정황'을 밝혀주는 데는 거의 기여하지 못할 것이다. 따라서 렘브레히트가 마가는 복음서 기자라기보다 오히려 예술가로 보인다고 말한 것은 적어도 그로서는 당연한 추론이긴 하나, 그의 전망의 한계를 명백하게 드러낸 결론이기도 하다.

2. 하트만(L. Hartman)

하트만의 연구는 렘브레히트와는 매우 다른 흐름을 보여주고 있으나, 대체로 결론은 그의 것과 비슷하다. 하트만은 크게 두 부로 나누어 그의 연구를 진행시키고 있다. Ⅰ부는 유대교적 묵시사상적 본문들의 형성을 취급하고, Ⅱ부는 이를 근거로 마가 13장의 묵시사상을 다룬다. Ⅰ부에서 하트만은 몇 개의 묵시사상적 단락들의 구조를 자세히 점검하고 그 구조를 형성시키는 데 있어서, 가장 현저한 역할을 한 것으로 자신이 상정한 구약성서를 취급하고 있다.[12] Ⅱ부에서 그는 마가 13장과 마태 24장을 함께 다

12) L. Hartman, *Prophecy Interpreted*, pp. 23－141.

루고, 특히 마가 13장을 전승사적으로 분석하고 있다. 하트만은 마가 13장에는 구약, 그중에서도 특별히 다니엘서의 영향이 현저히 스며들어 있다고 보고, 이런 입장에 근거하여 마가 13장은 다니엘서에 대한 일종의 일관된 '주석'이라고 주장하고 있다.

> "마가의 그 담론은 일반적으로 가정되고 있는 것보다 훨씬 더 통일성 있는 구성단위이다. 그 담론을 작은 단편들의 혼합으로 보려는 견해는 지속될 수 없다."[13]

하트만은 마가 13장에 산재되어 있는 권고적인 요소마저 다니엘서에 기초되어 있다고 주장하면서, '주석과 권고는 하나'[14]라는 표어를 산출해 내고 있다. 하트만은 마가 13장의 주석적 요소의 흔적을 13:5b-8, 12-16, 19-22, 24-27절에서 찾고 있다. 지금의 이 형태는 '미쉬나'로 변형된 권고적 '미드라쉬'와 다른 말씀자료의 결합이라는 것이다. 또 이 '미드라쉬'는 예수의 가르침에로까지 소급될 수도 있다는 것이다.[15]

하트만은 렘브레히트가 사용하지 못한 전승사적 방법을 사용하고 있다. 그러나 하트만은 마가복음서 기자의 신학적 모티프, 의도, 목적 등을 거의 취급하지 않고 있다. 오직 원시 그리스도교에 하나의 전승학파가 있었다고 주장하면서, 마가 13장과 마태 24장을 한 전승에 대한 두 동격의 증언들로 같이 취급하고 있다. 그러나 마태 24장은 오히려 마가 13장에 대한 전승사적 발전으로 보는 것이 더 적절할 것이다. 결국 하트만은 전승사적 방법을 사용하긴 했으나 그 방법에 철저하지 못했다고 할 수 있다. 렘브레히트와 하트만은 마가 13장을 유대교적 묵시사상의 배경 속에서

---

13) *Ibid.*, p. 172.
14) *Ibid.*, p. 177.
15) *Ibid.*, p. 247.

분석하고 있고, 그것을 로기아의 단편적인 모음집이라기보다는 마가에 의한 하나의 통일된 구성(J. Lambrecht)으로, 또는 다니엘서에 대한 하나의 일관된 미드라쉬(L. Hartman)로 비슷하게 취급하고 있다. 그러나 두 학자는 마가 13장의 순수성 문제에 관한 한 다른 입장들을 취하고 있다. 곧 렘브레히트는 부정적인 입장을, 하트만은 긍정적인 입장을 각각 견지하고 있다. 한편, 이 두 학자는 마가 13장을 산출해낸 마가공동체의 외적 요인들에 대한 관심을 철저히 배제했다는 점에 있어서는 의견의 일치를 보여주고 있는 바, 바로 이것이 이들의 한계이기도 하다.

3. 페쉬(R. Pesch)

페쉬는 마가 13장의 목적은 주후 70년 예루살렘 멸망으로 인해 야기된 묵시사상적 기대를 수정하기 위한 것이라고 주장한다. 반-묵시사상적 색조를 띤 이 13장은 1-12장, 그리고 14-16장과는 독립된 장으로서 마가복음서의 그 두 큰 부문 사이에 적절히 삽입되어 있다는 것이다. 더 나아가 절들과 단락들을 측정해볼 때, 13장은 원마가복음서에는 담겨 있지 않았으리라는 것이다. 13장의 내용을 마가의 어휘와 주제를 중심으로 분석하면서,[16] 페쉬는 마가가 마가 이전 전승을 어떻게 재구성하고 재해석했는가를 밝혀내면서 이를 토대로 9장 1절에 따라 형성된 것으로, 페쉬에 의해 상정된 13장 30절을 포함하여 지금의 형태대로의 마가 13장은 예수의 담론이라기보다는 마가의 담론이라 주장한다. 페쉬에 따르면, 마가는 파루시아의 기대를 묵시사상적 현상으로부터 종말론적 현상으로 이전시키고 있다는 것이다.[17]

16) R. Pesch, *Naherwartungen*, pp. 83-202(제4장).

페쉬는 전쟁과 성전 모독에 관계된 전승에 대한 마가의 해석(13 : 4, 14)을 고려해볼 때, 마가복음서의 최종 연대는 주후 70년 이후일 것으로 추정하고 있다. 거짓 선지자들에 대한 경고(13 : 5; 6 : 21-22)와 경계를 위한 권고(13 : 28-37) 등은 유대-로마 전쟁의 결과 때문에 야기된 거짓 묵시사상적 기대에 대한 반격으로 사용하기 위해 제시되고 있다는 것이다. 페쉬는 마가 이전 전승을 네 가지로 구분하고 있다.

(1) 핍박에 관계된 어록(13 : 9, 11, 13a)

(2) 두 비유들(13 : 28b, 34)

(3) 두 독립된 어록(13 : 31, 32)

(4) 묵시사상적 전단(13 : 6, 7b, 8, 12, 13b-17, 18?, 19-20a, 24-27)

페쉬에 따르면 마가는 반-유대적 및 친-이방적 경향, 반-묵시사상적 및 친-종말론적 입장에 따라 바로 그 마가 이전의 전승 전단을 재구성하고 재해석했다는 것이다.

페쉬는 적어도 마가 13장의 구조에 관한 한 렘브레히트의 견해를 공유하고 있다. 렘브레히트와 마찬가지로 페쉬도 마가 13장을 크게 세 부분(5b-23, 24-27, 28-37)으로 분류하고 있다. 그러나 그 분류를 위해 렘브레히트가 사용한 근거(13 : 5b-6, 21-22)를 비판하면서, 페쉬는 그와 같은 근거가 렘브레히트에 의해 지나치게 과장되었다고 평가한다. 또 그 근거를 토대로 렘브레히트가 13장 28-37절을 13장 5b-23절과 연결시키는 것도 지나친 작업이라는 것이다. 이러한 페쉬의 주장은 렘브레히트의 주장의 제한된 관심과 범위를 넘어서고 있는 것으로 평가될 수 있을 것이다.

페쉬가 마가 13장의 핵으로 추정하고 있는 '전단'은 하트만의 '미드라쉬적 토대'의 많은 구절을 포함하고 있다. '미드라쉬적 토

17) *Ibid.*, p. 185.

대'가 어법상의 변화를 수반하면서 편집되고 있듯이(하트만), '전단'은 우선 교회에 의해 오용되다가 복음서 기자에 의해 다시 쓰여지고 재해석된다(페쉬)는 것이다. 그러나 하트만의 '미드라쉬적 토대'에 포함되어 있는 13장의 5b, 7a, 13a, 17, 20b-22절 등과 같은 구절들을 페쉬는 자신의 '전단'의 범위에서 생략하고 있다. 가령 페쉬는 13장 13a절을 다른 범주 곧 핍박 로기아로 분류하고 있다. 또 하트만의 '미드라쉬적 토대'는 그 성격상, 사람들로 하여금 도주하도록 촉구하려는 페쉬의 '전단'처럼 퍼져나간 것이 아니다. '미드라쉬적 토대'를 데살로니가전·후서의 내용과 직접 연결시킨 하트만의 주장과는 달리, 페쉬는 '전단'의 내용을 바울의 전승과는 독립시키고 있다. 이 점에서 페쉬의 견해는 하트만의 견해보다 더 설득력이 있어 보인다.

페쉬의 주장 가운데, '전단' 가설은 매력적인 것이긴 하나, 그것을 뒷받침할 만한 근거는 그다지 충분한 것이 아니다. 한편 마가복음서 전체에서 볼 때, 13장을 하나의 낯선 부분으로 간주할 만한 뚜렷한 이유가 없기 때문에 마가 13장이 그 구조상 원마가복음서의 한 부분이 아니라는 페쉬의 주장은 방어되기 어렵다.

Ⅲ. 마가 13 : 5-23/핍박

마가복음서 13장의 단락을 구분하는 작업은 다양하게 전개되고 있다. 막센은 13장 5-13절이 현재적 상황에 대한 묘사인 반면, 13장 14-27절은 임박한 미래의 상황에 대한 묘사라고 주장한다.[18)]

---

18) W. Marxsen, *Mark the Evangelist*, pp. 183ff.

이와는 달리 페쉬, 렘브레히트, 켈버와 같은 학자들은 13장내에서 주요 변화가 23절과 24절 사이에 있다고 보고, 13장 5절로 시작되는 상황은 23절까지 내려간다고 주장한다.[19] 곧 이들에게 있어서 13장 5－23절은 마가의 시점에서 현재적 상황의 묘사가 된다. 이러한 단락 구분의 상이성은 우선은 마가복음서의 연대 추정에 관한 학자들의 견해의 차이에 기인되고 있는 것으로 설명될 수 있다. 그러나 그 추정에 일치를 보인다 해도 단락 구분이 상이할 경우가 많은 이유는 그 구분을 결정짓는 요인들에 대한 선택이 다르기 때문이다. 만일 우리가 13장을 주제중심으로 단락짓는다면 그것은 크게 두 부분으로 나누어질 수 있다. 하나의 주제는 현재적 및 임박한 미래의 핍박(13 : 5－23)이고, 다른 하나의 주제는 변호(13 : 24－37)이다. 두 주제는 다시 각기 두 개의 소범주들로 세분될 수 있다. 곧 과거 또는 현재적 상황의 묘사(5－13절)와, 임박한 사건들에 관한 예언(14－23절), 그리고 파루시아(24－27절)와 파루시아의 임박성 및 권고(28－37절) 등이 그것이다.

마가는 자신의 공동체 멤버들로 하여금 유대와 로마의 전면 전쟁이 곧 종말을 뜻하지는 않는다는 것을 인식시켜 주고 있다 : "이런 일이 있어야 하되 끝은 아니다"(13 : 7b). 마가의 묵시사상적 구조에 따르면 지진이나 기근도 종말을 뜻하지는 않는다는 것이다. 그것들은 "재난의 시작"(13 : 8c)일 뿐이기 때문이다. 심지어 성전의 임박한 파국 자체도 종말과 동일시될 수 없는 이유는 "그때에 그 환난 후에"(13 : 24) 종말이 있게 될 것이기 때문이라는 것이다.[20] 13장 5－23절은 최후의 변호를 받기 위한 예비단계

---

19) R. Pesch, *Naherwartungen*, pp. 78－82, 139－147 ; J. Lambrecht, *Redaktion*, pp. 267－292 ; W. Kelber, *The Kingdom in Mark : A New Place and A New Time*(Philadelphia : Fortress Press, 1974), pp. 109－128.

20) 성전파괴가 마가의 시점에서 볼 때 이미 과거에 일어난 사건

로 설정된 현재적 및 임박한 미래의 핍박의 불가피성을 강조하고 있다. 전쟁과 지진과 기근 외에도 그 불가피한 핍박은 회당에서 매질당하는 일과 관장들과 임금들 앞에 서는 일(9절), 가족 유대의 파괴(12절), "모든 사람에게 미움을 받는 일"(13절), 임박한 성전의 파괴(14절), 파루시아에 관한 거짓 선전(21절), 거짓 그리스도들과 거짓 선지자들의 미혹(22절) 등을 포함하고 있다.

막센에 따르면, 임박한 성전 파괴시 크리스천들의 피신 장소로 마가가 "산"을 권고할 때(13 : 14), 그는 그곳을 갈릴리로 생각했으리라는 것이다.[21] 그러나 이러한 막센의 추정은 설득력이 약하다. 왜냐하면 갈릴리가 피신처로서 적절한 장소가 되지 못했으리라는 간결하고도 분명한 이유가 있기 때문이다. 그것은 그 전쟁이 바로 그곳 갈릴리로부터 시작되었고 로마 군대는 그곳으로부터 예루살렘 쪽으로 차례로 함락시키면서 내려가고 있었기 때문이다.[22] 이 점에서 막센의 연구는 사회적·역사적 고려 없이 순전히 신학적 가정만으로 사상 체계를 구성하는 것이 얼마나 위험한 것인가에 대한 하나의 선례가 될 것이다.

"그 환난 후에"라는 편집구(13 : 24)를 통해 마가는 임박한 성전의 파괴(13 : 14-20)와 인자의 도래 사이의 차이를 강조하고

이었는가, 아니면 임박한 미래에 일어날 것으로 예견된 사건인가를 결정하는 문제는 결코 쉬운 일이 아니다. 이 문제에 관한 학자들의 견해는 크게 둘로 나누어져 있다. 이 문제를 여기서 상세히 다룬다는 것은 우리의 논의의 범위를 넘어서는 것이다. 전자의 입장을 위해서는 S. G. F. Brandon, W. Kelber, T. J. Weeden, P. J. Achtemeier 등을, 후자의 입장을 위해서는 V. Taylor, W. Marxsen, J. A. T. Robinson, H. C. Kee 등의 이론을 참고하라. 그러나 어느 입장을 취하든, 그것이 마가가 성전파괴와 파루시아를 구분했다는 주장 자체에 영향을 주는 것은 아니다.

21) W. Marxsen, *Mark the Evangelist*, pp. 184ff.

22) Josephus, *The Jewish War*, ch. Ⅳ - Ⅵ.

있다. 곧 마가는 성전파괴를 포함한 임박한 사건들(14−23절)을 파루시아로부터 분명하게 구분짓고 있다. 임박한 성전의 파괴는 종말의 예비적 사건이라는 것이다(29절). 따라서 마가는 파루시아가 임박한 예루살렘의 멸망과 함께 이루어지게 될 것이라는 거짓 선전(24, 29절)을 거부하고 있다.

마가 자신은 임박한 파루시아를 기대했다. 그러나 그 파루시아는 성전 멸망과 '함께'가 아니라 그 '후에' 이루어질 것으로 보았다. 그럼에도 불구하고 마가의 주요 관심은 미래의 파루시아 자체는 아니다. 오히려 그의 의도는 자신의 공동체 멤버들로 하여금 주가 그 환난과 함께 돌아올 것이라는 거짓 선전에 집착하지 않도록 권고하려는 것이다. 그 환난과 '함께' 오도록 되어 있는 것은 인자가 아니라 "거짓 그리스도들"과 "거짓 선지자들"(22절)이다. 위든(T. J. Weeden)은 여기서 "거짓 그리스도들"과 "거짓 선지자들"을 예수의 제자들과 관련시키고 있다.

> "예수가 고난받는 종의 기독론을 단호히 주장하고 있는 데 반해 제자들은 *theios-aner* 기독론을 확고하게 고수하고 있다.… 마가가 예수와 제자들 사이의 기독론적 논쟁에 중요한 의의를 부여하고 있는 이유는 분명하다.… 마가의 가장 큰 걱정은 그의 공동체가 예수의 '순수한 신앙'을 거부하고, 대적자들의 이단에 굴복하는 것이다."[23)]

위든에 따르면 "거짓 그리스도들"과 "거짓 선지자들"이 *theioi andres*를 대표하는 것처럼, 제자들도 *theioi andres*를 대표하기 때문에, 제자들의 견해는 결국 "거짓 그리스도들"과 "거짓 선지자들"의 견해와 같다는 것이다. 이러한 위든의 입장은 심각한 문제

---

23) T. J. Weeden, *Mark. Traditions in Conflict*(Philadelphia Fortress Press, 1979), pp. 97−98.

에 부딪히게 된다. 우선 *theios-aner*라는 개념 자체가 원시 그리스도인들의 기독론 중 한 흐름을 파악하기 위한 적절한 범주가 아니라는 반격이 점증하고 있기 때문이다.[24]

설령 *theios-aner*라는 범주 사용이 가능한 쪽으로 판명이 난다해도, 여전히 본문상의 문제가 남는다. 왜냐하면 위든은 제자들이 외부로부터 마가공동체 내부로 들어온 대적자들을 상징한다고 가정하고 있으나, 이러한 가정은 마가 13장의 "주의하라"는 경고(13 : 5, 9, 23, 33)와 "깨어 있으라"는 권고(3 : 35, 37)가 일차적으로 제자들에게 주어지고 있음(13 : 5)을 설명할 수 없기 때문이다. 더 나아가 "거짓 그리스도들"과 "거짓 선지자들"을 경계해야 할 것도 오히려 제자들이기 때문이다.[25]

마가는 그의 멤버들에게 그 "거짓 그리스도들"과 "거짓 선지자들"을 경계시키면서, 주(主)는 성전파괴 '이후에' 곧 돌아오리라는 확신을 근거로, 신앙을 굳게 지킬 것을 권고하고 있다. 결국 임박한 파루시아에 관한 마가의 묵시사상적 세계관과 그 공동체를 위한 그의 현재적 권고는 서로 밀접히 결합되어 있다.

---

24) D. L. Tiede, *The Charismatic Figure as Miracle Worker*(SBL DS 1, Missoula, Mt. : Scholars Press, 1972) ; C. Holladay, *Theios Aner in Hellenistic Judaism : A Critique of the Use of This Category in New Testament Christology*(SBL DS 40, Missoula, Mt. : Scholars Press, 1977) 참조. 여기서 Tiede와 Holladay는 모두 그레코-로만 시기의 유대교적 문학 작품들에 대한 조사를 통해 인간적인 것과 신적인 것과의 분명한 차이를 강조함으로써 기독론을 위한 이 범주의 사용을 반대하고 있다.

25) 비록 마가공동체가 사도계 공동체와 대립하고 있긴 하나, 그 대립은 극심한 '전면대립'이 아니라, '부분대립'의 성격을 띠고 있다. 서중석, "마가공동체와 베드로공동체," 『신학사상』 58 (1987) : 531-547을 참고하라.

Ⅳ. 마가 13: 24－37/변호

마가가 선택한 13장 24－27절의 성격은 대체로 유대교적 묵시사상의 특징들을 갖추고 있다.[26] "해가 어두워지고 달이 빛을 내지 아니하며 별들이 하늘에서 떨어지며 하늘에 있는 권능들이 흔들리는"(24－25절) 징조들은 파루시아에 의해 수반되는 전통적인 묵시사상적 은유들이다. 그러나 마가는 전통적인 묵시사상적 특징들 가운데 결정적으로 중요한 요소 중 하나인 심판 사상을 제거함으로써, 자신의 묵시사상을 비심판적 분위기로 바꾸어 놓고 있다.[27]

"8장 38절은 참다운 의미에서 심판이 아니라 경고의 말씀이다. 그 말씀은 예수가 수난과 죽음으로 자기의 길을 따르기를 거부한 자들을 구원하러 오기를 거부하리라는 것이다. 14장 62절도 파루시아 때에 인자의… 입회와 그의 옴을 묘사하고 있다. 그의 도래의 목적은 흩어진 크리스천들을 모으기 위한 것이고, 이 목적을 위해 심지어 천사들도 그들의 천상의 거처를 떠나야 한다. 인자는 오직 '그의 택함을 받은 자들'(13 : 27)과 관련되어 있다."[28]

---

26) 특히 다니엘 7:13－14의 영향을 받은 흔적을 이 단락에서 찾아볼 수 있다. H. C. Kee는 다니엘서 외에도 막 13 : 26에 대해서는 이사야 19 : 1의 영향을, 막 13 : 27에 대해서는 스가랴 2 : 6, 10; 이사야 27 : 12; 에스겔 32 : 9f.; 39 : 27 등의 영향의 흔적을 보고 있다. Kee, "The Function of Scriptural Quotations and Allusions in Mark 11－16," in *Jesus und Paulus*, ed. E. E. Ellis and E. Graesser(Göttingen : Vandenhoeck and Ruprecht, 1975), pp. 169ff. 참조.

27) R. H. Lightfoot, *The Gospel Message of St. Mark*(Oxford University Press, 1952), p. 54 ; V. Taylor, *St. Mark*, p. 517; W. Kelber, *The Kingdom in Mark*, p. 123.

28) W. H. Kelber, *The Kindgom in Mark*, p. 124.

마가가 심판의 요소들을 제거시키고 있는 이유는 심판을 상징하는 임박한 성전의 멸망에 대한 그의 예견이라는 맥락으로 설명할 수 있다. 마가의 묵시사상적 구조에 따르면 심판은 파루시아 이전의 성전 멸망과 관련된다는 것이다. 파루시아에는 초점이 오직 택함을 받은 자들에게로 모아지고, 그밖의 다른 모든 요소들은 부각되지 못하리라는 것이다. 마가는 그의 공동체로 하여금 이미 수난당한 인자(8 : 31;9 : 31;10 : 33f.)를 회고하도록 할 뿐 아니라, 자신의 절망적인 공동체에게 강력한 소망을 주게 될 영광스러운 승리의 인자(13 : 24-27)를 기대하도록 촉구하기도 한다.[29] 13장 24-27절은 13장 22절과 조화를 이룬다. 만일 13장 27절이 13장 32절이나 13장 33절로 이어졌다면, 그 연결은 지금의 형태보다는 상대적으로 더욱 매끄러웠을 것이다. 만일 32절이 13장 24-27절의 결어 부분에 해당되리라는 추정이 가능하다면, 마가가 전통적인 묵시사상을 그대로 수용한 것이 아니라, 그것을 자신의 독특한 체계로 재구성해 놓았다는 주장의 정당성은 한층 더 강화될 것이다. 곧 여기에는 전통적인 묵시사상의 종말 예정일 계산 경향에 대한 마가의 거부가 뚜렷이 반영되어 있다.

13장 5-27절에 나타난 마가의 권고적 의도는 13장 28-37절에서 한층 더 분명히 드러난다. 13장을 구성하는 데 있어서 마가가 근본적으로 의도한 점은 깨어 있도록 권고하려는 것이다.[30] 28-37절을 구성하여 부가함으로써, 마가는 13장 전체가 자신의 공동체를 위해 어떻게 기여하고 있는지를 보여주고 있다. 그것은

---

29) 마가가 본 인자는 고통을 통해 영원한 권세를 얻게 되는 분이다. H. C. Kee, *Community*, p. 187.

30) A. M. Ambrozic, *The Hidden Kingdom : A Redaction Critical Study of the References to the Kingdom of God in Mark's Gospel* (CBQ Monograph Series Ⅱ, Washington, D. C. : The Catholic Biblical Association of America, 1972), p. 224;L. Hartman, *Prophecy Interpreted*, pp. 145-226.

인자의 도래를 위해 그 공동체를 준비시키고, 각성시키기 위한 것이다. 이러한 권고적인 특징들이 마가 13장에 산재되어 있다. "조심하라"(*blepete*)는 경고는 13장의 소단락들의 시작이나 끝 등 현저한 위치에 배치되어 있고(13 : 5, 9, 23, 33), "깨어 있으라"(*grēgoreite*)는 권고는 마지막 단락(13 : 28–37)의 중심과 끝 부분에 배치되어 있다. 따라서 13장의 기본적인 흐름은 권고적인 것이다.

> "마지막 일들에 관한 예수의 교훈 전체는 그 복음서 기자에 의해 "때"가 닥칠 그 순간을 위해 깨어 준비하게 하려는 권고로 마무리되도록 구성되고 있다."[31]

마가공동체 멤버들은 인자로서의 예수의 도래를 갈망했다. 13장 30절을 통해 마가는 그의 공동체를 위해 파루시아의 임박성을 더욱 고조시킨다 : "내가 진실로 너희에게 말하노니 이 세대가 지나가기 전에 이 일이 다 이루리라." 이 구절은 마가공동체로 하여금 9장 1절의 말씀을 재확인하도록 해준다. 9장 1절에서 마가가 본 예수는 자신이 택한 자들에게 그들 중 어떤 사람들은 죽기 전에 인자의 도래를 직접 볼 수 있으리라고 단언하고 있다. 13장 29절의 *tauta ginomena*는 13장 4a절의 임박한 성전 멸망에 관한 질문 중 *pote tauta*와 대응을 이루고 있고, 13장 30절의 *tauta panta genetai*는 임박한 성전 멸망과 종말 양쪽 모두에 관한 13장 4b절의 질문 중 *tauta synteleisthai panta*와 대응을 이루고 있다.[32] 렘

---

31) Ambrozic, *ibid.*, p. 225.

32) 이러한 현상은 이미 Pesch와 Ambrozic 및 Kelber 등의 학자들에 의해 파악되었다. 그러나 그들의 가설에 따르면 성전파괴는 마가의 시점에서 볼 때, 임박한 미래의 사건이 아니라, 이미 이루어진 과거의 사건이다. R. Pesch, *Naherwartungen*, pp. 179ff.; A. M. Ambrozic, *ibid.*, pp. 229ff.; Kelber, *The King-*

브레히트는 이러한 대응 가능성을 반대하면서 13장 29절의 병행 가능성을 오히려 13장 30절에서 찾고 있다(*tauta—panta, ginomena—genētai*).[33] 렘브레히트는 29절 및 4a절의 *tauta*가 성전파괴만을, 그리고 30절 및 41절의 *tauta panta*가 성전파괴와 파루시아 양쪽 모두를 언급한다는 주장을 거부하고 있다. 그 이유는 13장 5—22절에 묘사된 환난을 언급하고 있는 23절도 *panta*를 사용하고 있는데, 이 *panta*에는 파루시아가 포함되어 있지 않은 것으로 보아야 하기 때문이라는 것이다. 이러한 근거를 토대로 그는 29절의 *tauta*나 30절의 *tauta panta*도 파루시아 이전에 일어날 사건들만을 지시할 뿐, 파루시아 자체는 포함하고 있지 않다고 주장한다. 그러나 이러한 렘브레히트의 주장은 적절한 설득의 수준을 유지하지 못하고 있다. 렘브레히트는 4a절과 4b절, 그리고 29절과 30절이 각각 그 지시 대상에 있어서 차이가 없다고 주장해 놓고, 그 이유를 바로 그 해당 구절들 자체를 무시한 채 다른 단락에서 찾으려 하고 있다. 그러나 4절을 통해 제자들은 성전파괴(4a)와 성전파괴 및 종말(4b)에 관해 묻고 있고, 마가의 예수는 13장 전체를 통해 이 두 가지에 관심을 집중시키면서 대답하고 있음을 주목할 필요가 있다. 이런 흐름에서 볼 때, 29절의 *tauta*는 성전파괴를, 그리고 30절의 *tauta panta*는 성전파괴 및 종말 모두를 뜻하는 것으로 구분하는 것이 전체적인 맥락에 보다 잘 어울린다. 더구나 *tauta panta*(30절)는 24—27절의 성취에 대한 언급이라는 추정이 그것을 제외한 다른 것들에 대한 언급이라는 렘브레히트의 추정보다 더 자연스럽기 때문에[34] 30절은 결국 성전파괴와 파루시아 양쪽 모두를 언급하는 것으로 볼 수 있다.[35] 마가는 이

---

dom in Mark, p. 125를 보라.

33) J. Lambrecht, *Redaction*, pp. 207—208.

34) W. Marxsen, *Mark the Evangelist*, p. 187.

35) R. Pesch, *Naherwartungen*, pp. 179—187; E. Schweizer, *The Good*

30절을 마가공동체에 강력한 소망을 주기 위한 권고 부문(13 : 28－37)의 전반 단락(13 : 28－32)의 절정에 위치시키고 있다. 마가가 본 예수는 종말이 오기 전에는 이 세대가 사라지지 않을 것이라고 약속하고 있다.

마가는 예수의 말씀의 영원한 신실성을 강조함으로써 마가공동체에 대한 그 약속의 신빙성을 보증해 주고 있다 : "천지는 없어지겠으나 내 말은 없어지지 아니하리라"(31절). 여기서 마가는 곧 다가올 파루시아의 확실성은 임박한 성전파괴(인간사)에 의존되어 있는 것이 아니라, 오히려 예수의 말씀의 권위(13 : 31b)에 의존되어 있음을 암시하고 있는 것처럼 보인다. 종말은 곧 올 것이다. 그 예비적인 표지들이 그 긴급성을 지시하고 있다(29절). 그러나 누구도 그 정확한 시간을 계산할 수 없다 : "그날과 그때는 아무도 모르나니 하늘에 있는 천사들도, 아들도 모르고 오직 아버지만 아시느니라"(32절). 이러한 마가의 비계산적인 태도는 전통적인 묵시사상적 특징들 중의 하나인 계산적 경향과 날카롭게 대립된다.

> "그[하나님]가 시간들을 정했고, 그것들을 정확히 측정해 놓은 것은 인간으로 하여금 시대를 상상하고, 년, 월, 시간들 및 그것들의 흐름, 시작, 종말을 계산함은 물론 자기 자신의 삶을 시작으로부터 죽음에 이르기까지 계산하도록 하기 위함이다."[36]

시대의 분할들과 그것들의 지속 기간에 대한 계산은 묵시사상가들이 신의 목적을 규명하는 데 있어서 중요한 사항들이다.[37] 비

News According to Mark(Richmond : John Knox Press, 1970), pp. 280－282 ; L. Hartman, *Prophecy Interpreted*, pp. 225－226.

36) 제2에녹 65:3－4.

37) D. S. Russell, *The Method and Message of Jewish Apocalyptic* (Philadelphia : The Westminster Press, 1964), p. 208.

슷하게 다니엘도 세상의 종말까지는 오직 1290일 혹은 길어야 1335일이 남은 것으로 계산하고 있다(단 12 : 11f.). 「모세의 승천」 역시 종말 계산에 관심을 쏟고 있다.

> "이것이 이루어질 때 시간들이 끝날 것이고, 순식간에 두째 행로가 끝날 것이며, 4순간들이 오게 될 것이다"(7 : 1).

물론 여기서 "4순간들"은 아마도 기대된 신적 개입 이전의 짧은 네 기간들(4년 혹은 4달)을 뜻할 것이다.[38]

이러한 작품들과는 달리, 마가는 그의 공동체로 하여금 그 영광스러운 사건을 위한 시간 계산표를 작성하려는 유혹에 빠지지 않도록 경고하고 있다. 그와 같은 시간 계산표는 있을 수 없다는 것이다. 그 누구도 '그날과 그때'의 정확한 시간은 모른다(13 : 35). 천사들도 모르고 심지어 아들도 모른다. 오직 아버지만이 안다(32절). 그러나 어쨌든 그것은 대단히 빨리 올 것이다. 마가공동체 멤버들은 인자가 돌아와 자신들이 자는 것을 목격하지 않도록 늘 깨어 있어야 한다.

"그날과 그때는… 오직 아버지만이 안다"(32절)는 구절은 막센이나 코우사(C. B. Cousar)가 주장하듯, 임박한 기대를 완화시키려는 것이 아니다.[39] 그들의 주장과는 달리, 이 구절은 인간의 무능과 대조적인, 하나님의 위대한 주권을 선포하려는 마가의 묵시사상적 세계를 드러내 보여준다. 곧 32절은 임박한 기대에 대한 완화가 아니라, 아버지의 절대적인 주권을 밝히려는 것이다. 도대체

---

38) R. T. Beckwith, "Daniel 9 and the Date of Messiah's Coming in Essene, Hellenistic, Pharisaic, Zealot and Early Christian Computation," *RevQum* 11(4, 1981) : 521－542, 특히 529.

39) W. Marxsen, *Mark the Evangelist,* pp. 187ff.; C. B. Cousar, "Eschatology and Mark's Theological Crucis," *Int* 24(1970) : 328.

마가는 왜 '그날과 그때'를 예수마저도 모른다고 했는가? 예수마저 모르기에 마가공동체 멤버들이 안다는 것은 불가능함을 강조함으로써 종말 계산에 대한 어떠한 시도도 막기 위함이다. 그 순간을 계산하려는 시도 자체가 아버지만의 영역에 대한 모독임을 암시하기 위함이다. 바로 이러한 비계산성이 전통적인 묵시사상과 그 색조를 달리하는 마가의 묵시사상의 특색을 이루고 있다. 마가가 자신의 이야기를 이러한 전망으로 전개해 나가기 때문에 그가 그 멤버들의 가장 바람직한 자세를 종말 준비를 위한 경각심으로 설정한다는 것은 당연한 귀결이다. 이러한 권고는 현재적 및 임박한 인간사들을 근거로 종말을 계산하는 거짓 선전들을 효과적으로 거부하는 방어책이기도 했을 것이다.

마가는 묵시사상적 입장을 독특한 방식으로 견지하고 있다. 막센은 마가가 "묵시사상을 종말사상으로 전환시키고 있다"[40]는 새로운 표어를 만들어냈다. 그러나 이 표어는 고수되기 어렵다. 왜냐하면 이미 켈버가 지적한 것처럼,

> "마가는 묵시사상적 주제를 다른 조성으로 이조(移調)시키지 않고, 오히려 이 묵시사상적 주제를 정밀하게 그 똑같은 조성으로 유지시키기 위해 악보를 고치고"[41]

있을 뿐이기 때문이다. 더구나 막센의 표어는 마가가 임박한 기대의 날카로운 모서리를 부드럽게 다듬고 있다는 가정을 유도해내고 있으나, 이는 마가 13장에 대한 적절한 진단이 될 수 없다. 마가가 새롭게 구성한 종말기대는 여전히 임박한 것이기 때문이다. 마가가 줄곧 임박한 종말을 기대하고 있었다는 주장은 그가 즐겨쓰는 '곧'(*euthus*)이라는 단어의 빈도수에 의해 간접적으로 보

40) W. Marxsen, *ibid.*, p. 189.
41) W. Kelber, *The Kingdom in Mark*, p. 128.

강된다.

"마가는 [그 단어를] 42번 사용하고 있다.… 신약의 다른 곳 전체에 나오는 12번…70인역 전체의 6번 등과 비교될 만하다."[42)]

요컨대 마가 13장은 그것이 원래 마가복음서의 일부가 아니었으리라는 전제(R. Pesch) 아래서는 적절히 이해될 수 없다. 오히려 마가는 13장을 자신의 복음서 구성에 있어서 단지 이차적인 자료로서가 아니라, 가장 중요한 부분 중의 하나로 간주하고 있다. 13장은 마가가 사용한 그밖의 다른 전승들과 구별된 일종의 유별난 색조를 띠고 있는 것이 아니다. 마가는 자신의 복음서 전체 이야기가 이 묵시사상적 전승을 재해석할 수 있는 틀로 기능하도록 만들고 있다. 마가로 하여금 이렇게 묵시사상적 전승을 재구성하지 않을 수 없도록 만든 것은 처절한 유대-로마의 전면전쟁과, 그것의 결과로 예견되고 있는 임박한 성전파괴라는 사회적·정치적으로 절망스러운 정황 그 자체였다. 곧 마가 시대의 사회적·정치적 핍박과 불안정이 마가로 하여금 묵시사상적 세계관을 가장 긴급하고도 적절한 전망으로 선택하도록 하고 있다.

V. 결 어

마가는 파루시아가 임박한 성전파괴와 동시에 오리라는 묵시사상적 분위기를 '거짓'으로 규정하면서, 그의 공동체에게 그 임박

---

42) P. Ellingworth, "How Soon is 'Immediately' in Mark, " *BibTr* 29(4, 1978):414.

한 성전파괴 자체가 곧 종말을 뜻하는 것은 아니라고 확신시켜 주고 있다. 그가 재구성한 묵시사상적 기대 역시 임박한 성격의 것이다. 마가가 전통적인 묵시사상적 요소들의 일부를 제거하고 있는 이유는 그것들의 기대가 임박하기 때문이 아니라, 그것들이 종말 계산을 통해 하나님의 절대적인 영역을 침범하고 있기 때문이다. 마가가 "그날과 그때는 아무도 모른다"고 강조하면서 *blepete*와 *grēgoreite*를 통해 그의 공동체 멤버들에게 권고하고 있는 이유는 그의 종말 기대가 둔감해지고 있기 때문이 아니라, 오히려 더욱 고조되고 있기 때문이다. 이 점에서 묵시사상적 세계관과 공동체를 위한 권고는 적어도 마가에 있어서는 밀접하게 상호 통합되고 있다.

마가 13장에 반영된 이러한 묵시사상적 세계관은 몇 가지 주요한 기능들을 갖게 된다. 우선 그것은 "이적과 기사를 행하여… 백성을 미혹케" 하는 자들을 거짓 그리스도들과 거짓 선지자들로 규정함으로써, 그들의 선전으로부터 멤버들을 지켜주는 공동체 보호의 기능을 수행한다. 다음으로 그것은 로마라는 악의 세력에 의해 유발되는 공동체의 현재적 및 임박한 핍박의 상황을 파루시아 전에 있을 하나의 불가피한 단계로 설정함으로써, 그 절망적이고도 불합리한 상황을 납득할 수 있는 상황으로 전이시켜 주는 기능을 수행한다. 마지막으로 그것은 그 멤버들로 하여금 하나님의 최후의 승리와 소환이 인자를 통해 오직 '선택된 자들'에게만 주어질 것임을 확신시켜 줌으로써 공동체 변호의 기능을 수행한다.

마가의 묵시사상적 세계관은 그 공동체에게 현재적 핍박과 임박한 혼란을 견딜 수 있는 보이지 않는 강렬한 소망의 틀을 제공해 주고 있다: "너희가 내 이름을 인하여 모든 사람에게 미움을 받을 것이나, 나중까지 견디는 자는 구원을 얻으리라"(13:13). 이제 마가공동체 멤버들을 핍박하고 그들을 패배감에 젖게 했던 외적 요소들이 그들에게는 더 이상 문제거리가 아니었다. 이미 그들은 마가가 제공한 묵시사상적 세계관 속에서 최후의 승리를 보장받고 또 그것을 성취할 수 있게 되었기 때문이다.

제 4 장

마가공동체와 베드로공동체

제 4 장

마가공동체와 베드로공동체

I. 서 언

주후 70년경, 마가복음서 기자가 그의 시대로부터 40여년 전에 활동했던 예수와 그 주변 인물들에 관한 이야기를 하는 주요 이유 중 하나는, 자신이 처한 여러 가지 긴급한 문제들을 해소시킬 방안을 그 옛이야기 속에서 발견했기 때문이다. 마가에 의해 선택되고 해석된 그 이야기를 통해 마가의 현재 입장과 처지는 자연스럽게 정당화되고 있다. 그러나 마가복음서는 마가 기자의 개인적인 신학적 산물이 아니다. 마가가 의도적으로 전하는 그 내용은 마가 개인의 생각에 국한된 것이라기보다는 그가 속한 공동체의 입장을 대변해 주는 것이라 할 수 있다. 마가복음서는 마가공동체의 정황을 반영할 뿐 아니라, 더 나아가 마가와 그의 공동체가 공동으로 나누고 있는 생의 의미와 세계관의 구조까지도 드러내 주고 있는 것으로 볼 수 있다.[1] 따라서 마가복음서에는 40

1) 마가복음서에 대한 이러한 접근 방법은 Howard C. Kee, *Com-*

여년 전 예수의 이야기와 70년경 마가공동체의 이야기가 서로 분리될 수 없는 하나의 이야기로 굳게 얽혀 전달되고 있다.

본 논문의 목적은 마가복음서에 등장하고 있는 여러 인물들 중 누가 마가공동체의 멤버들을 위한 상징적인 역할을 하고 있는가를 규명하는 한편, 마가공동체의 눈에 비친 베드로공동체(베드로를 이상적인 모델로 삼고 있는 베드로 계열의 공동체)의 특징적인 모습들을 살펴보고, 더 나아가 베드로공동체에 대한 마가공동체의 대립적 관계의 특성을 밝혀 보려는 것이다.

Ⅱ. 베드로계 공동체

논의의 편의상, 마가의 눈에 비친 베드로계 공동체의 모습을 먼저 살펴보도록 하자. 이를 위해 마가가 묘사하고 있는 베드로를 중심으로 한 제자들[2]의 특징적인 모습을 크게 두 가지의 범주

---

munity of the New Age : Studies in Mark's Gospel(Philadelphia: The Westminster Press, 1977)을 통해 본격적으로 확대되었다. 마가복음서 연구의 최근의 동향에 관해서는 다음의 것들을 참고하라: J. D. Kingsbury, "The Gospel of Mark in Current Research," *RelRev* 5(2, 1979) : 101－107; W. L. Lane, "The Gospel of Mark in Current Study," *SwJT* 21(1, 1978) : 7－21; H. C. Kee, "Mark's Gospel in Recent Research," *Int* 32(4, 1978) : 353－368; N. Perrin, "The Interpretation of the Gospel of Mark," *Int* 30(2, 1976) : 111－124; B. G. Powley, "Revisiting Mark," *ScripBull* 12(2, 1981) : 40－45; Sean P. Kealy, *Mark's Gospel: A History of Its Interpretation*(New York/Ramsey: Paulist Press, 1982).

2) 마가복음서에서 "열둘"이라는 용어는 11번 나온다(3 : 14, 16; 4 : 10;6 : 7; 9 : 35; 10 : 32; 11 : 11; 14 : 10, 17, 20, 43). 한

로 분류하고자 한다. 두 범주 모두에 있어서 제자들은 우선은 긍정적인 모델로 묘사되다가, 차차 바뀌어 부정적인 모델로 묘사되어 가고 있음을 주목할 수 있다.

1. 특 권

무엇보다도 제자들은 예수의 비공개적인 교훈이나 비밀스러운 사건들에 접할 수 있는 특권을 누리고 있는 것으로 묘사되고 있다.[3] 제자들의 이러한 특권은 마가의 편집적인 평들[4]에 의해 더욱 현저하게 부각되고 있다. 제자들은 예수에 의해 여러 종류의 비밀스러운 특권을 만끽하도록 초대되고 있다. 그러나 결정적인

편 "제자들"이라는 용어는 예수와 관련자들에 대한 지칭으로는 42번 사용되고 있고, 세례 요한의 제자들을 지칭하기 위해 3번, 그리고 바리새인들의 제자들을 위해 1번 사용되고 있다. 마가에 있어서 "열둘"과 예수의 "제자들"은 상호 교환될 수 있는 같은 용어이다. Ernest Best, "Mark's Use of the Twelve," *Zeitschrift für die Neutestamentliche Wissenschaft* 69(1－2, 1978) : 11－35. 마가와는 달리, 누가는 "제자들"(*mathetai*)을 단순히 열두 제자들을 지칭하는 용어로 사용하지 않는다(행 6 : 7). 이 용어 속에 누가는 다메섹에 있는 멤버들(행 9 : 1, 19, 25)과 예루살렘(행 9 : 26), 욥바(행 9 : 36, 38), 또는 다른 도시들(행 13 : 52; 14 : 20, 21, 22, 28; 15 : 10; 19 : 1, 9, 30)의 멤버들을 포함시키고 있다. 따라서 사도행전에서 "제자들"이라는 용어는 모든 믿는 자들을 지칭하기 위해 사용되고 있다(행 9 : 26). 열둘을 비특정한 그룹으로부터 선택했다는 마가의 보도(막 3 : 13－19)와는 달리, 누가의 보도에 따르면 열두 사도들은 그의 "제자들" 중에서 선택되고 있다(눅 6:12 이하). 이런 사실은 누가공동체가 마가공동체보다 큰 규모의 공동체였으리라는 가정을 위한 근거가 된다.

3) 막 4 : 10;9 : 35; 10 : 32 이하, 41 이하 ; 14 : 17.

4) 막 4 : 34; 7 : 17; 9 : 30, 33; 10 : 10, 23; 12 : 43.

사건들에 대한 접근은 제자들 중 오직 핵심 인물들에게만 허락되고 있다. 베드로와 야고보와 요한만이 '야이로의 딸을 살리신 일'을 볼 수 있도록 허락되고 있다(5 : 37 이하). 또한 그들만이 '변모'에 대한 유일한 증인들로 초대되고 있다(9 : 2). 14장 33절 이하에서는 예수가 바로 이 세 사람만을 따로 떼어 데리고 가는 장면이 보도되고 있고, 13장 3절 이하에 나오는 '예루살렘 멸망 예고'에서는 이 대표적인 세 사람 외에 안드레가 포함되어서 네 명만이 그 강론의 청취자가 되고 있다. 여기까지는 제자들이 대단히 긍정적으로 묘사되어 있다.

그러나 제자들에 대한 부정적인 묘사도 확산되고 있다. 세 명의 대표, 혹은 네 명의 대표들을 포함한 제자들은 이러한 비공개적인 교훈이나 사건에 접할 수 있는 특권을 충분히 누리고 있지 못한 것으로 묘사되고 있다. 제자들은 빈번히, 이런 비공개적 교훈들과 사건들의 참뜻을 오해하고 있는 것으로 드러난다. 4장 13절에서 예수는 제자들의 몰이해에 실망한 후, 그들의 이해를 위해 보다 자세한 설명을 해주었다. 이러한 패턴은 7장 17—23절에서도 그대로 반복되고 있다. 또 9장 31절에서는 예수가 자신의 수난과 처형에 관해 제자들을 가르칠 때, 제자들은 그 말씀을 이해하지도 못했고 묻기도 두려워했던 것으로 보도되어 있다. 10장 23절 이하에서는 예수가 제자들에게 재물이 있는 자는 하늘나라에 들어가기가 심히 어렵다고 가르치자 제자들이 충격을 받는 장면이 묘사되어 있다. 여기서 제자들은 이러한 예수의 교훈에 대해, "그런즉 누가 구원을 얻을 수 있는가?"(10 : 26) 하고 항의하기까지 한다. 더구나 제자들의 세 대표들은 예수의 변모시 무엇을 말해야 좋을지 몰라 당황했다. 9장 6절에 따르면 그들은 "심히 두려워했다"는 것이다. 또 겟세마네에서 예수가 세 제자들을 따로 떼어 데리고 가는 특권을 부여하고, 그들에게 기도하기를 청했을 때 그들은 모두 실패한 것으로 그려져 있다(14 : 32 이하).

한때 제자들에게 부여되었던 비밀스러운 교훈이나 사건에 접할 수 있는 특권은 14장 42절까지로 제한되고, 제자들 대신 마가공동체의 멤버들이 그 특권을 누리고 있는 것으로 제시되어 있다.

2. 길(*hodos*)

마가는 제자들이 예수를 일정기간 동안에는 잘 따른 것으로 그리고 있다. 예수와 함께, 예수의 길(*hodos*)을 잘 걸은 것으로 보도하고 있다. 제자들은 예수가 자신의 고향으로 왔을 때 그분을 따랐다(6 : 1). 제자들은 예수를 따라 달마누다 지방으로 갔다(8 : 10). 제자들은 예수를 따라 여리고를 떠났고(10 : 46), 예수를 따라 베다니로 나가기도 했다(11: 1). 제자들은 예수와 함께 겟세마네로 갔다(14: 32). 여러 곳에서 마가는 제자들이 예수와 함께 "도상에" 혹은 "길 가운데"(*en tē hodō*) 있었던 것으로 보도하고 있다. 이러한 예들 속에서는 제자들의 모습이 대단히 긍정적으로 제시되어 있다.

그러나 제자들에 대한 부정적인 묘사도 서서히 고조되어 간다. "길 가운데"라 할 때, 그 길은 예루살렘을 향한 길이었다. 마가가 본 예수는 세 번에 걸친 수난 예고들을 통해 자신이 예루살렘에 의해 죽임을 당하리라는 것을 알고 있었음에도 불구하고 그 도시로 간다. 따라서 마가에게 있어서 '길'은 수난과 처형에 이르는 길 외에 다른 것이 아니었다. 마가가 본 예수는 제자들로 하여금 '길'의 이러한 성격을 분명히 알도록 해주었다. 그러나 제자들은 예수의 그 말씀을 이해하지 못한 것으로 되어 있다. 첫번째 수난 예고 직후 8장 32절 이하에서 제자들의 대변자인 베드로가 '길'의 이러한 어려운 성격을 반대하는 장면이 나온다. 개역성서에서 베드로가 예수에게 "간했다"로 번역되어 있는 이 똑같은 동사

(*epitimaō*)가 바로 그 다음 절인 33절에서는 예수가 베드로를 "꾸짖었다"로 번역되어 있다. 다시 말하자면 '꾸짖다'라는 똑같은 동사를 베드로와 예수, 두 사람이 서로 교환하고 있다는 말이다. 엄격하게 번역하면 '베드로는 예수를 꾸짖었다'는 뜻이다. 여기서 예수는 베드로를 준엄히 되꾸짖었을 뿐 아니라, 베드로를 "사탄"과 동일시해 버렸다. 예수의 두번째 수난예고 직후 제자들은 엉뚱하게 자신들 가운데 누가 가장 크냐 하는 문제로 서로 다투었다(9 : 31 이하). 그리고 세번째 수난 예고 직후, 야고보와 요한은 각기 좋은 자리를 차지할 수 있게 해달라는 수난의 분위기와는 너무도 동떨어진 요구를 예수에게 하고 있다(10 : 35 이하).

14장 22절 이하에 보면 예수가 최후의 만찬에서 떡을 떼어 제자들에게 주는 장면이 보도되어 있다. 떡을 '떼었다'로 번역이 되니까 우리말 어감은 자연스럽고 부드러운 분위기를 연상시켜 주지만, 떡을 '떼었다'는 *eklasen*이라는 동사의 원형은 '부서뜨린다'는 뜻이다. 곧 떡이 부서진다는 것은 예수의 몸이 부서질 것이라는 뜻이었다.[5] 결국 최후의 만찬은 처형에 이르는 예수의 길을 예고할 뿐 아니라, 그 길에 참여하도록 격려하는 의식이었다.[6] 그러나

5) D. G. Dix와 G. A. Michell과 같은 학자들은 떡이 부서진다는 것은 특별한 상징적인 목적이 없었을 것으로 보고 있으나, 다른 학자들(가령 D. Brown, V. Taylor, W. K. L. Clarke, J. A. T. Robinson 등)은 그것을 예수의 수난을 위한 상징으로 보고 있다. R. Otto는 떡이 부서진다는 것을 예수의 십자가형이라기보다는 석형(돌로 맞아 죽는 것)을 위한 적절한 상징으로 추측하고 있는데, 그 이유는 십자가형의 경우 탈진과 출혈은 동반해도 몸이 부서지지는 않는다는 것이다. 따라서 Otto에 따르면, 예수는 자신이 석형에 처해질 것으로 기대했다는 것이다. 이러한 주장의 타당성 여부에 관한 자세한 논의는 A. R. Winnett의 "The Breaking of the Bread : Does it Symbolize the Passion?," *ExpTim* 88(1977) : 181－182를 참조하라.

6) M. Douglas는 '제의'(rituals)는 사회적 실재를 반영할 뿐 아니라 창조한다고 주장하고 있다. Douglas, *Natural Symbols : Explo-*

14장 27절에서는 그 '결속력'이 약화될 것이 예고되어 있고, 14장 50절에서는 결국 제자들이 모두 그 길을, 자신들의 몸이 부서지기 전에 미리 포기한 것으로 제시되어 있다. 더구나 제자들은 예수의 마음이 "심히 고민하여 죽게 된" 괴로운 순간까지도 모두 잠에 빠진 것으로 기록되고 있다. 제자들 중 베드로와 야고보와 요한은 "깨어 있도록" 요구되고 있고(14 : 34), 베드로는 "깨어 있도록" 그리고 "기도하도록" 요구되고 있다(14 : 38). 그러나 모든 제자들은 예수의 명령을 어기고 세 번이나 잠에 빠진 것으로 되어 있다(14 : 37, 40, 41). 결국 유다가 예수를 배신하고(14 : 43), 충성을 맹세한 베드로가 예수를 부인하고(14 : 66 이하), "모든 제자"가 예수를 "버리고" 그리고 "달아난" 것으로 그려져 있다(14 : 50).

따라서 우리는 여기서 제자들이 예수를 따르기로 하긴 했으나, 오직 그 길을 출발만 했을 뿐이었다는 인상을 받게 된다. 예수가 십자가에 못박히기 전에 모든 제자들은 예수와 함께 떠났던 그 길의 여행을 완전히 멈추게 되었다. 그래서 14장이 끝나면서(50, 72절), 그동안 중요한 배역을 맡았던 베드로를 위시한 모든 제자들은 마가복음서에서 완전히 탈락하고, 그후로는 더 이상 무대위에 다시 등장하지 못하게 된다. 제자들에 의해 완결되지 못한 이 길의 여행은 마가공동체의 맴버들에 의해 계속 이어지는 것으로 보도되어 있다.

---

rations in Cosmology(2nd ed., London: Barrie & Jenkins, 1973), p. 78. 그러나 '성만찬 제의'는 이보다 더 구체적인 기능을 한다. 곧 성만찬 제의는 "그리스도교적 그룹의 내적인 결속력, 통일성…을 강화시켜줄 뿐 아니라, 다른 종류의 문화적 단체에 대한 그 그룹의 경계설정을 확고하게 해준다." W. Meeks, *The First Urban Christians: The Social World of the Apostle Paul*(New Haven and London: Yale University Press, 1983), p. 160. Meeks는 이러한 개념을 성만찬에 대한 바울의 사상에 적용시키고 있다. *Ibid.*, pp. 157-163.

Ⅲ. 마가공동체

1. 소경 바디매오(10 : 46－52)

소경 바디매오의 시력이 회복된 이야기는 마가에 의해 제자직의 주제들이 무리져 나오는 8－10장의 결론 부분에 위치되어 있다. 악테메이어(P. J. Achtemeier)가 이미 밝혀 놓은 것처럼, 이 이야기의 초점이 기적에 있다기보다는 제자직에 있기 때문에, 이 이야기는 '기적 이야기'라기보다는 '소명 이야기'로 불려져야 할 것이다.[7] 여기서는 이 이야기 전체를 다루지 않고, 본 소론의 주제와 밀접히 관련된 10장 50, 52 두 절만을 살펴보려 한다.

먼저 소경 바디매오가 "겉옷을 내어 버렸다"(50절)는 것은 시몬과 안드레가 그물을 버렸다는 것과 그 의미가 같다는 점이 중요하다. 그물이 어부에게 있어서 가장 절실한 생활수단의 전부인 것처럼, 가난한 사람에게는 겉옷이 그러하다. 그런데 46절에서 바디매오는, 소경이었을 뿐 아니라 구걸하는 가난한 사람으로 묘사되어 있기 때문에, 그가 외투를 벗어 던질 때 그 행위는 10장 21절 이하에 나오는 자신의 소유를 버리지 못하는 한 부자와 날카로운 대조를 이루었다.[8] 또한 바디매오의 외투 포기는 12장 44절에 나오는 "구차한 중에서 자기의 모든 소유, 곧 생활비 전부를" 바친 한 과부의 행위와 견줄 만한 것이었다.

---

7) P. J. Achtemeier, "'And He Followed Him' : Miracles and Discipleship in Mark 10: 46－52," *Semeia* 11(1978) : 115－145(특히 115).

8) 외투는 바디매오의 과거의 삶을 유지시켜 주고 있었기 때문에, 그가 외투를 벗어 던질 때, 그것은 "자신의 과거와의 과격한 단절"을 뜻한다고 볼 수 있다. R. A. Culpepper, "Mark 10: 50: Why Mention the Garment?," *JBL* 101(1, 1982) : 132.

바디매오 이야기 중 또 다른 한 구절은 그가 예수를 "길에서"(*en tē hodō*) "따랐다"(*akolouthei*)는 52절이다. 여기서 "길"이라 할 때, 그 길은 바로 그 다음 구절인 11장 1절로 미루어 보면, 예루살렘을 향한 길이고 십자가 처형을 향한 길이다.[9] 따라서 바디매오가 예수를 "따랐다"는 것은 예수의 길, 곧 예수의 운명에 참여하려는 것 외에 다른 것이 아니다.[10] 물론 바디매오 외에도 시몬, 안드레, 야고보, 요한 등의 어부들과 알패오의 아들 레위도 예수를 따랐다. 그러나 바디매오가 이 모든 사람들 곧 예수의 제자들을 능가하고 있는 이유는, 다른 이들은 예수가 그들을 부른 후에야 비로소 따랐으나(1 : 17−20; 2 : 14), 그는 예수가 자신을 부르기 전에 자발적으로 따른 것으로 보도되어 있기 때문이다.

마가는 이 바디매오의 이야기를 베드로와 제자들의 몰이해가 집중적으로 나타나고 있는 8−10장에 이르는 큰 문단 마지막 부분에 위치시킴으로써, 명확한 메시지를 자신의 공동체에 전하려 하고 있다. 곧 본다는 제자들은 예수가 가는 그 '길'의 성격을 보지 못하고, 보지 못하는 바디매오는 그것을 분명히 보게 된다는 것이다. 여기서 오히려 제자들이 아닌 소경 바디매오가 마가공동체 멤버들을 위한 중요한 모델로 부각되어 있다.

2. 어린이들(9 : 33−37; 10 : 13−16)

어린이들 이야기 중 첫번째 것은 누가 크냐 하는 제자들의 쟁

9) Earl S. Johnson, Jr., "Mark 10: 46−52 : Blind Bartimaeus," *CBQ* 40(1978) : 203.

10) *akoloutheo*의 명사형이 없기 때문에, '따른다'는 것은 "하나의 개념이 아니라 하나의 행동이다." D. Malone, "Riches and Discipleship : Mark 10: 23−31," *BTB* 9(2, 1979) : 78−88(특히 83).

론을 조정하기 위해 도입되고 있다는 사실이 중요하다. 곧 제자들이 오히려 어린이에게 배워야 한다는 것이다. 불트만(R. Bultmann) 이래로 어린이는 줄곧 '내적 순수성'이라든지, '철저한 의존성' 등의 상징으로 이해되어 왔다.[11] 그러나 악테메이어나 크랜필드(C. E. B. Cranfield)와 같은 학자들은 다른 입장을 취했다. 곧 이들은 어린이를 내적 또는 정신적이라기보다는 외적 또는 실제적 의미에서 가장 보잘것없고 힘없는 사람들에 대한 상징으로 이해했다.[12] 이런 입장을 가장 명확하게 대변해준 사람은 슈바이처(E. Schweizer)라 할 수 있다. 그는 여기서 어린이들은, 지나치도록 힘을 행사하는 제자들에 대해 자신들을 방어할 수 없는 약한 자들을 뜻한다고 주장했다.[13] 사실 이런 입장은 마가복음서의 전체적인 분위기에도 썩 어울리는 주장이 될 것이다.

어린이들에 관한 이야기 중 두번째 것인 10장 13–16절은 이런 대립을 보다 명확하게 보여주고 있다. 곧 어린이가 예수에게 오는 것을 금한 제자들의 이야기는 어린이의 순수성에 대한 어른의 비순수성을 보여주는 것이 아니라, 마가공동체와 베드로계 공동체의 관계를 보여주는 것이라 할 수 있다. 어린이의 접근에 대한 제자들의 거부는 부활한 주님에 대한 마가공동체의 직접적인 접근을 거부한 베드로계 공동체의 입장을 반영해 주고 있다. 곧 이 이야기는 마가공동체를 포함한 다른 모든 그리스도인 공동체들은 사도들의 지시와 방향에 따라야 한다는 사도계 주장을 반영해 주고 있다. 그리고 사도들의 '중개'(filter)를 통해야만 한다는

---

11) 이런 입장을 대변하고 있는 최근의 학자로는 Robert N. Brown을 들 수 있다. 그의 논문 "Jesus and the Child as a Model of Spirituality," *IrBibSt* 4(14, 1982) : 178–192를 참고하라.

12) Cranfield, *Mark*, p. 324; P. Achtemeier, "An Exposition of Mark 9: 30–37," *Int* 30(1976) : 182.

13) Schweizer, *Mark*, p. 206–207.

이러한 사도계 주장은, 마가가 본 예수의 명령 곧 "금하지 말라"는 말씀에 의해 반박되고 있다.

3. 여인들(7 : 24-30; 12 : 43-44; 15 : 40-41; 16 : 1-8)

6장 14절 이하에 나타난 헤로디아 여인을 제외하면 마가복음서에 나타난 모든 여인들은 마가에 의해 마가공동체를 위한 긍정적인 모델들로 제시되어 있다. 7장 24절 이하에 나오는 자기 딸을 위한 수로보니게 헬라 여인의 끈질긴 간청을 출발점으로, 배타적인 선교의 좁은 범위가 제거되고, 이방선교를 위한 정당화의 근거가 바로 이 이방여인을 통해 처음으로 제공되고 있다. 12장 43절 이하에 나오는 가난한 과부 역시 마가공동체를 위한 중요한 모델로 제시되어 있다. 물론 이 과부처럼 베드로를 위시한 몇몇 제자들도 자신들이 갖고 있던 것을 모두 버렸으나, 베드로가 자신이 포기한 것에 대한 보상을 암묵적으로 요구하고 있는 것(10 : 28)과는 대조적으로 여기 제시된 과부는 그런 보상을 전혀 요구하지 않고 있다.

예수가 운명하는 결정적인 장면 중 하나를 보도하고 있는 15장 40절 이하에서는 막달라 마리아와 마리아와 살로메 등 세 여인과 다른 많은 무명의 여인들이 소개되어 있다. 이 여인들은 예수를 따르던 사람들 중에서 예수의 십자가형에 대한 유일한 증인으로 등장한다. 여기서 특히 세 여인들은 예수가 갈릴리에 있을 때 예수를 "따른 것"으로 그리고 "섬긴 것"으로 그려져 있다. 이 세 여인들의 역할은 다른 모든 여인들보다 더 뚜렷한 것으로 되어 있다. 세 여인들은 예수를 따르는 다른 많은 여인들을 대표하는 핵심 멤버로 등장한다. 세 여인은 예수의 제자들 중 세 명의 핵심 멤버들을 상기시켜 준다. 특히 막달라 마리아의 위치는 베드로의 위치와 상응하고 있다. 쇼트로프(L. Schottroff)는 최근의 논문에서 신약성서 안팎에 나타난 여러 증거들을 제시하면서, 막달라 마리아는 팔레스타인에서 일어난 예수 운동의 출현에 있어서 베드로만큼이나 중요했던 인물이라고 주장하고 있다.[14] 이 주장의 타당성 여부를 여기서 상세히 검토한다는 것은 본 소론의 범위를 벗어나는 것이 된다. 그러나 마가복음서에서 세 여인들이 등장하는 모든 경우에 막달라 마리아가 항상 첫번째로 언급되고 있음은 결코 우연히 아닐 것이다.

이 세 여인들이 예수를 "따랐다" 할 때 마가는 *akoloutheein*이라는 동사를 사용하고 있다. 이 동사는 최초의 제자들이 예수를 "따랐다"는 것을 기술하기 위해 사용했던 단어였다. 또한 바디매오가 예수를 "따랐다" 할 때도 같은 단어였다. 바로 이 동사는 마가가 제자직을 기술할 때만 사용한 전문용어였음을 감안한다면, 세 여인들의 활동에 바로 이 똑같은 용어를 사용함으로써, 마가는 세 여인들의 역할을 무게 있게 만들고 있다.

이어서 마가는 이 세 여인들이 예수를 "섬겼다"고 말한다. 마가는 여기서 *diakonein*이라는 동사를 사용한다. 캐링톤(P. Carrington)은 이 여인들이 예수를 섬겼다는 *diakonein*의 내용이, 가령 베드로의 장모가 한 것 같은 가정적인 봉사(1 : 31) 정도의 간단한 일들이었을 것으로 과소평가하고 있다.[15] 그러나 *diakonein*은 적어도 마가복음서에서는 그 정도의 일로 제한될 수 없는 결정적인 용어 중 하나이다. 그 똑같은 동사가 예수의 지상 활동의 목적에 관한 예수 자신의 요약선언인 10장 45절에도 그대로 사

14) L. Schottroff. "Women as Followers of Jesus in New Testament : An Exercise in Social-Historical Exegesis of the Bible," in *The Bible and Liberation*, ed. N. D. Gottwald(Marynoll, N. Y.: Orbis Books, 1983), pp. 418-428(특히 419).

15) P. Carrington, *Mark*(Cambridge: University Press, 1960), pp. 33-34.

용되고 있기 때문이다. "인자가 온 것은 섬김을 받으려 함이 아니요 섬기러 왔다"고 선언할 때, 사용된 동사가 바로 이 *diakonein*이다. 따라서 여인들이 "섬겼다" 할 때, 그것은 다른 과제들에 비해 시시하고 주변적인 일로서가 아니라, 본질적이고 우선적인 일로 고려되어야 할 것이다. 더구나 이 중요한 단어가 제자들의 활동을 묘사하는 데는 단 한 번도 사용되지 않았다는 점을 감안한다면, 여인들의 "섬긴" 일은 더욱 무게를 지니게 될 것이다.

"다른 많은 여인들"뿐 아니라 이 세 여인들도 예수와 함께 예루살렘으로 올라온 것으로 암시되어 있다. 최초의 제자들과 함께 이 여인들도 무명으로 예수와 함께 길을 떠났다. 그러나 모든 제자들이 그 여행을 포기한 것(14 : 50)과는 대조적으로, 이 여인들은 큰 위험을 무릅쓰고 십자가 처형의 지점까지 그 여행을 계속한 것으로 묘사되어 있다.

마가는 15장 40절 이전에는, 오직 6장의 두 경우(6 : 3 이하; 6 : 14 이하)를 제외하고는 이름을 밝히지 않은 채 여인들을 등장시키고 있다. 그래서 먼로(W. Munro)는 마가 기자 자신이 남성 우위의 편견을 갖고 있었을 것이라고 주장하기도 했으나,[16] 이런 주장은 비적절한 것이라 생각된다.[17] 오히려 마가가 15장 40절 이전까지 익명으로 여인들을 등장시키는 것은 세 여인의 이름을 밝히는 바로 그 장면(15 : 40)을 현저하게 강조하기 위한 것이었으리라 생각된다. 주목할 만한 것은, 세 여인들의 이름은 제자들과 그들의 역할이 마가복음서에서 완전히 탈락한 다음에 나타나

---

16) W. Munro, "Women Disciple in Mark?," *CBQ* 44(2, 1982) : 255−241(특히 226).

17) 먼로에 대한 비판적 견해에 관해서는 M. J. Selvidge의 "And Those Who Followed Feared(Mark 10 : 32)," *CBQ* 45(3, 1983) : 369−400(특히 400)을 참고하라.

기 시작했다는 사실이다. 이러한 현상은 마가복음서의 주역들이 세 제자들로부터 세 여인들로 바뀌고 있음을 보여주려는 마가 자신의 의도를 반영해 주고 있다. 여기서 마가공동체가 베드로공동체를 대치하고 있다는 암시를 엿볼 수 있다.

이 세 여인들은 또한 16장 1-8절에서 부활한 예수의 소식에 대한 유일한 증인들로 제시되어 있다. 여기서 본 주제와 관련된 중요한 문제거리는 마가복음서의 마지막 구절인 16장 8절에 걸려 있다 : "여자들이 심히 놀라 떨며 나와 무덤에서 도망하고 무서워하여 아무에게 아무 말도 하지 못하더라." 여기서 일견, 여인들이 부정적으로 묘사되고 있는 듯이 보인다. 위든(T. Weeden)은 여인들이 아무에게 아무 말도 못했기 때문에 제자들은 결코 흰옷을 입은 청년(혹은 천사)의 메시지를 전해 듣지 못한 셈이고, 결과적으로 제자들은 자신들의 배신 이후 사도적 서열에 위임되지 못하고 마가복음서가 끝이 났다고 주장하고 있다.[18] 켈버는 더 나아가, 여인들이 아무에게 아무 말도 못했다는 것을 아예 중대한 실수라고 전제하고, 그 실수는 제자들의 실수에 버금가는 것이라고 주장하고 있다.[19] 문제는 위든이나 켈버가 모두 이 구절을 '문자적'으로 해석하고 있다는 데 있다. 정말 여인들이 무서워 떨며, 아무에게 아무 말도 하지 못했다는 구절을 문자적으로 취해야 한다면, 위든과 켈버는 이런 질문에는 속수무책이 될 것이다. "어떻게 마가 기자 자신이 이 사실을 알고 40여년 후에 기록했을까?" 어떤 경로를 통했든지 결국 여인들이 말을 했기 때문에 그것이 마가의 귀에까지 들어가게 된 것으로 보는 것이 더 타당할 것이다.

더구나 8절 전반부에 나타나는 여인들의 '두려움'과 8절 후반부

---

18) T. J. Weeden, *Mark. Traditions in Conflict*(Philadelphia : Fortress Press, 1971), p. 50.
19) W. Kelber, *Mark's Story of Jesus*(Philadelphia : Fortress Press, 1979), p. 84.

에 나타나는 여인들의 '침묵'은 둘 다 모두 거룩한 것과의 만남(Numinose-R. Otto의 용어)에 대한 표현으로 볼 수 있다. 위든도 8절 전반부의 두려움을 바로 그러한 경외심, 곧 긍정적인 두려움으로 인정했다. 그러나 그는 8절 후반절의 '침묵'을 부정적인 두려움으로, 곧 비겁한 두려움으로 규정함으로써 여인들의 행위를 비판적으로 처리해 버렸다.[20] 그러나 여인들은 16장 5절 후반절에 나타난 현현 자체에 대해서와 16장 6절과 8절 전반절에 나오는 말씀에 대해서 모두 적절한 반응을 한 것으로 되어 있다. 여기서 마가는, 바로 그러한 긍정적인 두려움이 한층 더 강화되도록 8절 후반절에서 그것을 한 단계 더 확대시킨 것으로 볼 수 있기 때문에, 8절 전반절은 물론 후반절에 나타난 여인들의 태도를 모두 누미노스한 경외심으로 이해할 수 있을 것이다.[21] 따라서 "여인들이 아무에게 아무 말도 하지 못했다"는 것은 그 순간에 그러했다는 것일 뿐, 그후로도 계속 그러했다는 것을 뜻한다고 볼 필요는 없을 것이다. 여인들은 결국 베드로와 제자들에게 주의 부활 소식을 전한 것으로 볼 수 있다. 16장 8절에 대한 이러한 이해는 여인들에 대한 부정적인 인상으로부터 그들을 구해낼 수 있을 것이다.

한편 그 소식을 제자들이 전해 받았다는 사실이 제자들의 실수가 마지막 그 순간에 회복이 되었다는 것을 뜻할 필요는 없을 것이다. 오히려 이 사실은 마가복음서에 나타난 제자들의 '몰이해'라는 주제를 마지막으로 한 번 더 강화시켜 주는 마가의 고안이 될 것이다. 곧 이 구절은, 14장 28절에서 이미 예루살렘이 적절한 장소가 아님을 예고했음에도 불구하고, 계속 그 주변에 남아 있었던 제자들에 대한 최후의 부정적인 묘사로 기능하게 된다.

---

20) T. J. Weeden, *ibid.*, p. 48.

21) D. Catchpole, "The Fearful Silence of the Women at the Tomb," *JTSA* 18(1977) : 3-10(특히 10).

부활의 소식이라는 가장 결정적인 사건에 대한 접근이 오직 세 여인들에게만 허락되고 있는 것으로 묘사한 것은 마가(혹은 마가공동체)의 특별한 전략에 기인한 것이다. 이런 묘사 속에서 여인들은 부활 소식의 직접적이고도 일차적인 증인들로 뚜렷하게 부각되는 한편, 제자들은 간접적이고 이차적인 증인들로 전락하게 된다. 제자들이 한때 만끽했던 비밀스러운 사건에 접근할 수 있는 특권이 이제 여인들에게로 넘어갔을 뿐 아니라, 제자들이 한때 걸어갔던 그 '길'의 여행도 이제 여인들이 대신 걸어가게 되었다. 한때 선교의 대리인들로 활약했던 제자들의 역할마저 이제 여인들에게로 넘겨진다. 여인들이 부활한 주의 소식 전파에 관한 유일하고도 특별한 대리인들이 된다. 이런 방식의 묘사를 통해 마가는 '제자직'의 정통성이 베드로계 공동체가 아니라, 자신이 속한 마가공동체에게로 이어지고 있음을 강력히 암시하고 있다.

Ⅳ. 마가공동체와 베드로계 공동체

그렇다면 마가공동체와 베드로계 공동체의 대립적인 관계의 특성은 무엇인지를 살펴보자. 마이니어(P. S. Minear)는 여인들을 위시한 주변 인물들은 마가공동체 안에서 평신도를 위한 모델로, 그리고 제자들은 같은 마가공동체 안에서 지도자들을 위한 모델로 제시되어 있다고 주장했다.[22] 그러나 이러한 해석은 제자들에 대한 마가의 비판적인 묘사의 강경도나 그 범위를 과소평가한 입

22) P. S. Minear, "Audience Criticism and Markan Ecclesiology," in *Neues Testament und Geschichte*(Oscar Cullmann zum 70. Geburtstag; Zürich und Tübingen, 1972), p. 89.

장이라 할 수 있다. 한 공동체 안에 공존한 두 분리된 그룹들보다는, 오히려 두 독립된 공동체들을 상정하는 것이 마가에 나타난 대립의 성격을 이해하는 데 있어 더 설득력이 있을 것이다.

한편 위든과 켈버는 마가에 나타난 베드로와 제자들에 대한 부정적인 묘사에만 자신들의 관심을 의도적으로 좁혀 버린 나머지 제자들에 대한 긍정적인 묘사에는 철저히 눈을 감아 버렸다. 그러나 마가복음서에는 지금까지 살펴본 것처럼, 제자들에 대한 긍정적인 묘사와 부정적인 묘사가 함께 나오고 있다. 마가공동체가 베드로계 공동체와 대립하고 있다면 제자들에 대한 긍정적인 묘사는 삭제되어야 하지 않을까? 그러나 이런 종류의 물음은 '대립'의 개념을 지나치게 단순화한 데서 나온 것이라 할 수 있다. 여기서 두 공동체가 서로 대립하고 있다고 할 때, 그 '대립'에는 크게 두 가지 종류가 있다. 하나는 '전면 대립'(dichotonomous conflict)이고, 다른 하나는 '부분 대립'(cross-cutting conflict)이다.[23] 마가복음서에 나타난 전면 대립이라면 대표적인 것으로 예수와 서기관의 대립을 들 수 있다. 12장 38절 이하에는 서기관들에 대한 예수의 혹독한 비판이 나온다 : "긴 옷을 입고 다니는 것과 시장에서 문안받는 것과 회당의 상좌와 잔치의 상석을 원하는 서기관들을 삼가라. 저희는 과부의 가산을 삼키며 외식으로 길게 기도하는 자니 그 받는 판결이 더욱 중하니라."

한편 서기관들은 예수의 새로운 가르침을 2장 6-7절에서 하나님에 대한 모독으로 규정짓고 있다.[24] 이런 식의 상호관계는 어떤

---

23) 이 용어는 사회학자 L. A. Coser로부터 빌려온 것이다. 그의 논문, "Conflict : social aspect," in *International Encyclopedia of the Social Sciences*, Vol. 3, ed. D. L. Sills(New York : MacMillan and Free Press, 1968), pp. 232-236을 참고하라.

24) 제자들에 대한 마가의 비판적인 입장에 관심을 집중하고 있는 Harry Fleddermann은 자신의 논문, "A Warning About the Scribes(Mark 12 : 37b-40)," *CBQ* 44(1982) : 52-67에서 "서

조그마한 일치도 보이지 않는 철저한 '전면 대립+'으로 볼 수 있다. 이미 3장 6절에서부터 일찌감치 시작된 예수를 죽이려는 음모가 14장과 15장에서 구체적으로 행동화되는 것을 보여줌으로써, 마가는 마가가 본 예수와 유대 종교당국 사이의 평화로운 공존의 가능성이 전혀 없음을 분명히 해주고 있다.

그러나 마가공동체와 베드로계 공동체의 대립은 이러한 '전면 대립'이 아니라 '부분 대립'이라 할 수 있다. 이 부분 대립은 한마디로 한 면에서 견해를 같이하는 두 그룹이, 다른 어떤 면에서는 견해를 달리하는 대립의 종류를 뜻한다. 곧 한 관계에 있어서 친구가, 다른 관계에 있어서 적으로 부각되는 대립을 뜻한다. 마가공동체와 베드로계 공동체는 어떤 면에서는 '입장의 일치'를, 다른 어떤 면에서는 '입장의 대립'을 보여주고 있다. 가령, '대립'을 보여주는 것들 중 대표적인 것은 9장 38절 이하에 나오는 이야기를 들 수 있다. 제자들 외에 다른 사람이 귀신을 쫓는 것을 보고 제자들이 금했다는 보고에 대해 예수가 금하지 말라고 명령했다는 장면이다. 베드로계 공동체는 마가공동체를 포함한 다른 그리스도교 공동체들의 독립적인 선교활동을 금지시킬 권위를 갖고 있었던 것으로 오해하고 있었다. 여기에 대해 마가는 자신이 속한 공동체의 독립적인 선교활동을 금하는 이러한 사도적 권위를 인정하지 않고 여기에 대립해 있다. 곧 "금하지 말라"는 것이다. 9장 41절 이하도 비슷한 갈등을 보여주고 있다. 여기에서는 예수를 믿는 "지극히 작은 자들" 중 하나라도 실족케 하지 말라는 경고가 제자들에게 주어진다. 이러한 구절에는 베드로계 공동체가

기관들"과 "제자들"은 서로 교환해서 사용할 수 있는 용어들이라고까지 주장했다. 물론 두 그룹 속에서 공통된 요소가 발견되는 것은 사실이다. 그럼에도 불구하고 이 두 그룹은 결코 상호교환될 수 없다. 왜냐하면 마가는 제자들을 부정적인 모델뿐 아니라 긍정적인 모델로도 등장시키고 있는 반면, 서기관들은 오직 부정적인 모델로만 등장시키고 있기 때문이다.

마가공동체를 소홀히 취급하고 있음이 간접적으로 드러난다. 여기에 대해 마가공동체는 베드로계 공동체의 그런 태도를 강경하게 비판하고 있다. 곧 마가공동체의 멤버들 중 하나라도 실족케 하는 자는 누구든지 "바다에 빠져 버리는 것이 낫다"는 것이다.

마가공동체와 베드로계 공동체의 대립적인 면은, 제자들이 약한 자들의 접근을 금한 구절에서 가장 분명하게 드러난다. 15장 38절에서 하나님과 백성 사이를 중개하려 했던 유대교 성전은, 성전 휘장이 찢어질 때, 그 권위를 상실하게 되었다. 이와 비슷하게 부활한 예수와 마가공동체를 중개하려는 사도들은, 예수가 그 제자들에게 분노했을 때, 그 권위를 상실하게 된 것으로 묘사되고 있다.

그러나 이러한 입장의 대립에도 불구하고 두 공동체는 입장의 일치를 보여주고 있기도 하다. 곧 둘 사이에 공통의 확신이나 공통된 행위도 있었다는 말이다. 가령 마가공동체와 베드로계 공동체는 예수가 그리스도임을 각각 고백하고 있다(1 : 1;8 : 29). 두 공동체들은 각기 귀신을 내쫓았다(6 : 13; 9 : 38). 두 공동체는 모두 비공개적인 교훈이나 비밀스러운 사건에 접근하기도 했고, 두 공동체의 멤버들은 각각 (때로는 함께) 예수의 그 '길'의 여행을 떠나기도 했다. 마가는 어떤 면에서는 베드로계 공동체를 부정적으로 평가했으나, 다른 면에서는 어느 정도 긍정적인 평가를 내렸다고 할 수 있다. 따라서 베드로계 공동체에 대해 마가공동체는 전면 대립이 아니라 부분 대립의 입장을 취했다고 할 수 있다.

V. 결 어

마가복음서에 반영된 마가공동체와 베드로계 공동체는 부분 대립의 관계로 부각되어 있다. 적어도 두 공동체는 그 확신에 있어서 겹치는 부분이 있었다. 그러나 마가는 베드로계 공동체가 아니라, 오히려 자신의 공동체가 제자직의 정통성과 본질을 이어받았다고 주장했다. 곧 마가는 마가공동체가 베드로계 공동체를 능가할 뿐 아니라, 대치까지 하고 있다고 보았다. 마가공동체의 멤버들은 스스로를 “목자 없는 양들”(6 : 34)로 규정했다. 곧 마가공동체는 사도들을 자신들의 목자로 인정하지 않았다는 뜻이다. 마가공동체는 스스로가 사도들의 지시나 인도나 중개 없이 부활한 주님에게 직접적으로 접근할 수 있다고 주장했다. 결국 마가공동체는 여인들의 역할이 현저했던 평신도 공동체였거나, 아니면 그런 공동체를 이상적인 모델로 삼았던 공동체였을 것이다.

한편 마가복음서에 반영된 베드로계 공동체의 모습은 신약성서에 나타난 그 공동체의 여러 모습들 중의 하나라 할 수 있다. 따라서 마가복음서 하나만 갖고 베드로계 공동체의 객관적인 모습을 추정하거나 확립하려는 일은 지나친 작업이 될 것이다. 왜냐하면 복음서만 해도 마가나 요한의 비판적인 견해와는 달리, 마태와 누가는 제자들에 대해 대단히 호의적인 견해를 갖고 있기 때문이다. 마태와 누가는 마가에 나타난 제자들의 실수 대부분을 약화시키거나 삭제하고 있기 때문이다. 더 나아가 예수의 처형 이후 바로 그 제자들이 전권을 위임받는 권위있는 인물들로 부각되고 있다. 이처럼 각 공동체의 입장과 모습이 저마다 다르게 나타나는 이유는, 각 복음서 기자들이 갖고 있는 독특한 신학적·사상적 전망의 차이에서 연유된 것이지만, 더 원초적으로는 각 복음서 기자들 혹은 각 공동체가 각기 처한 구체적인 사회적·역사적 정황의 차이들 때문에 비롯된 것이기도 하다. 지금까지 '공동체'에 관심을 집중해서 살펴본 이유는 현대 사회의 다양한 공동체들을 위한 파라다임을 성서 속에서 뽑아내기 위한 것이다. 이미 신약성서 자체가 다양한 공동체의 모델을 제공해 주고 있다. 신약에 나타난 여러 공동체가 각기 다른 크기와 정황과 전망을 갖고 있기 때문에, 단수의 의미로 흔히 사용되고 있는 '초대 교회'라는 용어는 이러한 다양한 현상을 하나로 묶기에는 다소 빈약하고 모호한 용어로 남게 될 것이다.

제 5 장

마태공동체의 형태

제 5 장

마태공동체의 형태

I. 서 언

이 논문의 목적은 마태복음서에 반영된 마태공동체가 어떠한 형태의 공동체였는지를 규명하려는 것이다. 이를 위해 마태공동체의 경제적 상태와 지리적 위치와 학문적 관심 등의 특징들이 분석될 것이다. 더 나아가 마태공동체의 형태를 반영하는 마태복음서의 특정 단락들과 마가공동체의 모습을 반영하는 마가복음서의 특정 단락들과의 비교가 제시될 것이다. 이 논문은 마태복음서의 종교적 측면보다는 사회적 측면을 부각시키는 데 역점을 두었다.

Ⅱ. 자립공동체

마태공동체는 마가공동체와 비교해볼 때, 상대적으로 부유한 공동체였던 것으로 추정할 수 있다. 이러한 추정을 가능하게 해 주는 근거들이 어느 정도 확보될 수 있는지 점검해 보자. 우선 "너희를 위하여 보물을 땅에 쌓아두지 말라"(마 6 : 19)는 산상수훈의 한 권고는 이 형태대로는 마태복음서에만 제시되어 있다. 이 권고는 마태공동체의 경제적 상태의 한 단면을 명료하게 반영해 준다. 마태공동체내에 보물을 땅에 쌓아둘 수 있을 정도의 재정적인 여력을 갖춘 멤버들이 있다는 것을 상정하지 않는다면, 이러한 권고는 전혀 의미가 없을 것이기 때문이다. 마태복음서에만 나오는 감추어진 보물과 값진 진주의 비유(13 : 44－46)도 같은 맥락에서 이해될 수 있다. 세계심판의 기준에 관한 연설(25 : 31－46)도 마태공동체 멤버들 중 부유한 자들을 향한 것이다. 이 단락은 부유한 멤버들에게 자신들의 부를 가난한 자들과 나누지 않을 때, 겪게 될 비참한 결과를 예시해 줌으로써 경각심을 일깨워준다.

누가 6장 20절의 "가난한 자"에 비해 마태 5장 3절은 "심령이 가난한 자"를 이야기한다. 이것 역시 마태공동체내의 부유한 멤버들을 염두에 둔 변경이라 할 수 있다. 곧 그러한 변경은 그들의 입장을 충분히 고려해야 했던 마태공동체의 내부 분위기를 반영해 준다.[1] "가난한 자"(*ptōxos*)는 마가와 마태에 각각 5번씩 나

---

1) R. H. Smith는 "심령이 (영에 있어서) 가난한 자"로 변경된 이유를 다른 측면에서 이해한다. 그에 따르면, "영에 있어서"가 부가된 것은 마태공동체내에서 영적인 부(카리스마)를 자랑하는 자들의 활동을 축소시키려는 노력의 일환이라는 것이다. 그의 "Were the Early Christians Middle Class? A Sociological Analysis of the New Testament," *CTM* 7(1980) : 270.

온다.[2] 마태의 경우 그중 세 번은 마가 자료로부터, 두 번은 큐(Q) 자료로부터 취한 것이다. 곧 마태 특수자료에는 그 단어가 한 차례도 나타나지 않는다.[3] 가난한 과부의 헌금 이야기(막 12 : 41－44 ; 눅 21 : 1－4)를 마태가 생략한 것도 비슷한 사정을 보여준다. 부유한 멤버들에게 소유에 대한 철저한 포기를 이상적인 모델로 제시하기는 현실적으로 어려웠을 것이다. "아리마대 요셉"을 마가나 누가와는 달리(막 15 : 43 ; 눅 23 : 50－51), "부자요, 예수의 제자였던" 사람으로 소개하고 있는 것(마 27 : 57)도 그 이야기를 마태공동체의 주도적인 분위기에 맞도록 변경시키려는 노력의 한 단면으로 볼 수 있다.

마태공동체가 마가공동체에 비해 부유한 공동체였으리라는 가정은 마태가 사용하는 화폐단위의 크기를 통해서도 보강된다. 마가가 본 예수는 제자 파송시 동전(*chalkos*)[4]을 금지시킨다(막 6 : 8). 그러나 마태가 본 예수는 금전(*chrysos*)이나 은전(*argyrion*)이나 동전(*chalkos*)를 금지시킨다. 마가의 경우에는 동전조차 도움이 될 것으로 예상하여 그것에 의존하지 못하도록 금지시키나, 마태의 경우에는 도움이 되지 않을 동전을 금지시킨다는 것은 어색하기 때문에 은전, 금전으로 확대시킨 후 그것들을 금지시킨다(마 10 : 9). 마가는 작은 화폐단위인 렙돈을 한 번 사용하고, 코드란테스 두 번, 데나리온 세 번, 동전 두 번(6 : 8 ; 12 : 41), 은전을 한 번(14 : 11) 사용하는 반면, 마태는 렙돈은 사용하지 않고 코드

---

2) 막 10 : 21 ; 12 : 42, 43 ; 14 : 5, 7 ; 마 5 : 3 ; 11 : 5 ; 19 : 21 ; 26 : 9, 11.

3) 마태 특수자료를 통해 마태공동체의 역사를 재구성하려는 최근의 저서로는 S. H. Brooks, *Matthew's Community. The Evidence of His Special Sayings Material*(Sheffield : Sheffield Academic Press, 1987)이 있다.

4) 개역성경에서 이것을 "돈"으로 번역한 것은 적절한 처리가 아니다. 돈은 동전, 은전, 금전을 포괄하는 총칭이기 때문이다.

란테스, 앗사리온, 데나리온, 디드라크마, 스테이터, 동전, 은전, 금전, 달란트 등을 사용한다.[5)]

보다 큰 화폐단위인 은전, 금전, 달란트로 제한시켜 이것을 다른 복음서와 비교해 보면 차이가 분명해진다. 마가와 누가의 가장 큰 화폐단위는 은전인데, 그나마 마가는 그것을 오직 한 번 사용하고, 누가는 4번 사용한다. 그러나 마태는 은전은 물론 금전, 달란트 등의 단위를 28번 사용한다.[6)] 누가의 므나 비유(눅 19 : 11-27)와 마태의 달란트 비유(마 25 : 14-30) 역시 두 공동체의 경제적 상태의 차이를 반영해 준다. 물론 므나는 약 20불에, 달란트는 약 1080불에 각각 해당된다는 킹스베리(Kingsbury)의 현대적 추정은 이것들이 이천 년 전에 갖고 있었던 구매력에 대한 추측이 어렵기 때문에 상당한 오차의 폭을 드러낸다. 하지만 여기서는 누가의 화폐단위나 마태의 화폐단위가 그 크기에 있어서 현저한 차이를 드러내고 있다는 점만을 지적하는 것으로 충분하다. 요컨대 마태공동체는 재정적으로 넉넉했던 자립공동체였다.

Ⅲ. 도시공동체

마태가 본 예수는 주로 도시를 배경으로 자신의 활동을 전개해 나간다. 마태가 본 예수는 "나사렛을 떠나 스불론과 납달리 지경

5) G. D. Kilpatrick, *The Origins of the Gospel According to St. Matthew*(Oxford : Clarendon Press, 1946), p. 125 ; J. D. Kingsbury, "The Verb *Akolouthein* ("To Follow") as an Index of Matthew's View of His Community," *JBL* 97 (1, 1978) : 56-73.

6) G. D. Kilpatrick, *ibid.*, p. 125 ; Kingsbury, *ibid.*, 68.

해변에 있는 가버나움에 가서 살았다"고 보도된다(마 4 : 13). 이것은 마태 특수자료에 속한다. 특히 "가버나움에 가서 살았다"는 구절은 도시가 예수 활동의 주 무대였음을 보여준다. 이러한 보도는 다른 복음서에서는 그 병행을 찾아볼 수 없다. 마태의 도시에 대한 관심의 강도를 알아보기 위해 마가의 도시에 대한 미미한 관심을 먼저 점검해 보자.

마가복음서에서는 예수의 활동 무대가 주로 농촌, 마을, 농가로 되어 있다. 짧은 마지막 일주일 정도를 제외하면 예수는 주로 이 마을에서 저 마을로 옮겨다닌다. 마가복음서에는 도시에 대한 미움의 분위기가 명료하게 천명된다. 마가가 본 예수는 주로 언덕 위에서 가르치고(막 3 : 13 ; 9 : 2 ; 13 : 3), 초원에서(6 : 39), 또는 바닷가에서(1 : 16 ; 4 : 1 ; 5 : 1, 21), 그리고 광야에서(1 : 12, 35, 45 ; 6 : 31f.) 활동한다. 마가는 편집구를 통해 도시들을 피하는 것으로 보도한다. 도시로 들어갔다가도 그는 저녁이면 그곳에서 나온다(11 : 19). 도시가 아니라, 산들이 유사시의 크리스천들이 도망해야 할 장소로 제시된다(13 : 14). 다락방에서의 비밀집회(14 : 5)를 제외한다면 마가의 예수는 예루살렘 밖의 촌락에서 활동한다. 도시는 예수를 부당하게 재판하고 처형한 곳으로 이해된다. 마가는 예수를 이 마을에서 저 마을로 이동하며 활동하는 사람으로 묘사한다. 마가의 예수는 자신의 선교를 갈릴리에서 시작하여(1 : 41), 예루살렘 도시 밖에 있는 골고다에서 끝맺는다(15 : 22, 24).

마가복음서에 나타난 이러한 반-도시적 경향이 마태복음서에서는 친-도시적 경향으로 변경된다. 예수의 말씀을 듣기 위해 예수에게로 나아온 사람들의 지역별 구성에 관한 소개 중 마가의 "유대와 예루살렘"(막 3 : 7-8 ; 참조. 눅 6 : 17)을 마태는 "데가볼리와 예루살렘과 유대"(마 4 : 25)로 수정한다. 곧 로마가 세운 요단강 동쪽에 있는 10개의 헬라풍 도시들로부터도 사람들이 예수에게 몰려왔다는 것이다. 마가는 예수가 예루살렘에 입성했다가 그 도시를 빠져나오는 행위를 11장 1−20절에서 두 번 반복하는 것으로 보도하고 있으나, 마태는 한 번으로 축소한다(마 21 : 1−22).

이러한 마태의 도시지향적 입장은 "도시"(polis)라는 용어에 대한 그의 관심을 통해 확인된다. 귀신들린 자가 보고하는 지역이 마가에서는 "도시와 촌"(막 5 : 14)으로 보도되나, 마태에서는 "도시"로 제한된다(마 8 : 33). 그 보고를 듣고 "그들이 예수에게 그 지방에서 떠나가기를 간구했다"는 마가의 보도(막 5 : 17)는 마태에 의해 "온 도시"가 간구하는 것으로 수정된다(마 8 : 34). 제자 파송 장면에서 마가의 예수는 "어느 집에 들어가거든 거기 머물라"(막 6 : 10)고 권고하나, 마태의 예수는 "아무 도시나 촌에 들어가든지 거기 머물라"고 권고한다. 마태만이 간직하고 있는 다른 예는 "예수의 부활 후에 저희가 무덤에서 나와서 거룩한 도시에 들어가 많은 사람에게 보였다"(마 27 : 53)는 구절이다. 여기서도 죽은 자들이 살아나서 다시 들어갈 곳은 "도시"로 설정되고 있다.

한 사람의 관심사가 무엇이냐 하는 것은 그가 빈번히 사용하는 용어가 무엇이냐를 통해 추정할 수 있다. 실제로 네슬−알란드 26판에 따르면 마가가 "도시"라는 단어를 8번 사용하는 데 비해,[7] 마태는 그것을 27번이나 사용한다.[8] 이것은 결코 우연이 아니다. 그렇다면 왜 마태는 "도시"를 부각시켰는가? 그것은 마태 자신의

---

7) 막 1 : 33, 45 ; 5 : 14 ; 6 : 33, 56 ; 11 : 19 ; 14 : 13, 16.

8) 마 2 : 23 ; 4 : 5 ; 5 : 14, 35 ; 8 : 33, 34 ; 9 : 1, 35 ; 10 : 5, 11, 14, 15, 23(2번) ; 11 : 1, 20 ; 12 : 25 ; 14 : 13 ; 21 : 10, 17, 18 ; 22 : 7 ; 23 : 34(2번) ; 26 : 18 ; 27 : 53 ; 28 : 11. Kingsbury는 그 단어가 26번 나온다고 밝혔으나, 그 근거 제시 없이 Kilpatrick의 잘못된 계산에만 의존하고 있다. 그의 "The Verb," 67 주 57을 보라.

공동체가 도시에 기반을 두고 있었기 때문일 것이다.[9] 곧 예수 전승을 자신의 공동체의 도시적 배경에 적용시키기 위해서였다. 예수 전승은 마태공동체의 도시적 배경에 걸맞게 수정되었다.

선교 파송시 예수가 제자들에게 허락한 품목도 이러한 정황을 반영해 준다. 마가복음서에서 허락된 품목 중 하나였던 "지팡이" (막 6 : 8)가 마태에서는 금지된다(마 10 : 10). 지팡이는 농촌을 배경으로 이곳저곳 떠돌아다닐 때에는 필수적인 품목이지만, 도시를 배경으로 할 때에는 불필요한 품목이 된다.[10] 지팡이 금지 규정은 결국 마태공동체가 그 기반을 도시에 두고 있었으리라는 추정의 개연성을 높여준다. 마태공동체를 도시와 연결시킬 수 있다는 가정은 마태의 특수자료인 10장 23절을 통해 보다 확고히 보강된다.

> "이 도시에서 너희를 핍박하거든 다른 곳으로 피하라. 이스라엘의 모든 도시들을 다 다니지 못하여 인자가 오리라."

이것은 마태공동체의 활동의 범위와 관심이 도시들로 엄격하게 제한되어 있었음을 반영해 준다. 여기서는 인자가 도래하기 전까지의 선교 대상도 도시들로 축소되어 있고, 심지어 인자가 도래할 장소도 도시임이 암시되어 있다. 이것은 마태공동체의 지리적

---

9) 도시에 대한 관심만 가지고 판정한다면 마태는 마가보다는 바울에 가깝다. 선교지역에 관한 바울의 관심 역시 도시 중심적이기 때문이다. W. A. Meeks, *The First Urban Christians : The Social World of the Apostle Paul* (New Haven : Yale Univ. Press, 1983), 특히 p. 49 이하를 보라.

10) 누가의 경우도 지팡이가 금지된다(눅 9 : 3). 그것 역시 누가공동체의 도시적 성격을 반영해 준다. 누가공동체의 도시적 배경에 관해서는 H. M. Conn, "Lucan Perspectives and the City," *Missiology* 13(4, 1985) : 409－428을 참고하라.

상황의 한 특성을 명료하게 드러내 보여준다.

킹스베리는 마태공동체의 카리스마적 활동이 이미 쇠퇴해 있었다고 보고, 그 쇠퇴의 이유를 그 공동체의 도시적 성격과 연관지었다.[11] 그러나 마태는 카리스마적 활동을 부분적으로 고무시켰고 부분적으로 축소시켰을 뿐, 킹스베리의 추정처럼 전적으로 축소시킨 것은 아니다. 가령 7장 21－23절이 축소의 경우라면, 10장 23절은 유지의 경우가 된다. 더구나 한 공동체가 도시에 기반을 두고 있다 해서, 그것이 곧 카리스마적인 활동에 대한 상정을 거부해야 할 이유는 될 수 없다. 도시공동체라 해도 킹스베리의 추정과는 달리, 카리스마적 활동을 지속하고 있는 예는 얼마든지 있다. 마태의 경우, 이미 언급한 10장 23절은 도시공동체로서의 마태공동체가 이 도시, 저 도시를 순회하며 선교활동을 해나가는 모습을 반영해 준다.

스트리터(B. W. Streeter)가 마태공동체의 지리적 위치(또는 기록장소)로 시리아 서북에 있는 도시 안디옥을 제시한 이래로 안디옥이나 안디옥을 포함한 보다 넓은 지역인 시리아가 개연성이 높은 장소로 부각되어 왔다. 그러나 킬파트릭(G. D. Kilpatrick)은 안디옥보다는 페니키아(Phoenicia) 도시들을 마태공동체의 위치로 내세운다. 킬파트릭은 시리아의 안디옥은 그 도시가 헬라적으로 세워졌고, 헬라어를 공용어로 사용하고 있었을 뿐 아니라, 유대교 공동체와 기독교 교회가 일찍 세워졌고, 팔레스타인이나 기독교의 다른 중심지들과도 빈번히 접촉한 중요한 도시였다는 점을 고려할 때에는 가능성이 높은 위치라고 일단 긍정적으로 평가한다. 더구나 팔레스타인에 관한 마태의 부정확한 정보는 안디옥이 팔레스타인으로부터 멀리 떨어졌다는 점을 염두에 둘 때, 안디옥설을 유리하게 해준다는 것이다.[12] 그 외에도 마태는 안디옥에서 현

---

11) J. D. Kingsbury, "The Verb," 66, 73.

저한 활동을 한 바 있는 베드로와 베드로 전승에 대해 깊은 관심을 갖고 있었다는 것이다.[13)]

그러나 킬파트릭은 안디옥에서 베드로와 함께 역시 현저한 역할을 담당했던 바울의 영향력이나 바울 서신과의 접촉의 흔적이 전혀 보이지 않는다는 점이 안디옥설을 지지하는 데 주저하게 하는 요소 중 하나라고 주장한다.[14)] 안디옥에서 마태가 바울 서신들을 사용하지 않은 이유가 시기적으로 안디옥에서 바울의 영향력이 감소되었기 때문일 것이라는 안디옥 지지설의 주장은 타당하지 않다는 것이다.[15)] 바울은 안디옥과 일찍부터 연관되어 있었고, 사도행전이 늦게 기록될 때에도 이러한 연관이 아직도 기억되고 있었기 때문이라는 것이다. 더구나 안디옥의 이그나티우스는 주후 115년쯤에도 바울 서신들을 이용했다는 것이다. 따라서 바울 서신에 대한 마태의 무지는 안디옥설을 어렵게 한다는 것이다. 킬파트릭에 따르면, 마가의 "수로보니게 태생의 여인"(막 7 : 24－30)을 "가나안 여인"(마 15 : 21－28)으로 변경시킨 마태의 수정은 안디옥이 아닌 '페니키아 도시들을 위한 증거'가 된다는 것이다.[16)] 마태공동체가 얌니아의 유대교와 깊은 접촉을 가진 공동체라면 안디옥보다는 가령 두로와 같은 페니키아 도시가 더 적합하다는 것이다. 실제로 킬파트릭이 제시한 수정된 가나안(페니키아) 여인 단락은 페니키아설을 유리하게 해주는 중요한 근거 중의 하나로 평가될 수 있다.

페니키아 도시들이 가장 적절한 대답인지의 여부와 상관없이, 페니키아설과 안디옥설, 둘만을 비교해 본다면 페니키아가 더 유

---

12) G. D. Kilpatrick, *Origins*, p. 133.
13) *Ibid.*, p. 134.
14) *Ibid.*, p. 130.
15) *Ibid.*, p. 131.
16) *Ibid.*, p. 134.

리하다고 볼 수 있다. 안디옥설이 담고 있는 문제점들이 페니키아를 설정할 경우에는 사라지기 때문이다. 더구나 안디옥설을 지지하기 위해 빈번히 도입되는 베드로 전승에 대한 마태의 관심은 오히려 안디옥설을 더 어렵게 만든다. 안디옥은 이방 기독교의 대표적인 중심지 중의 하나이고, 마태복음서에는 다른 복음서에 비해 상대적으로 유대교적 기독교 색채가 보다 강하게 드러나고 있기 때문이다. 그러나 이러한 추정은 안디옥보다는 페니키아가 다소 더 유리한 입지를 차지한다는 것일 뿐, 그것이 곧 페니키아로 확정될 수 있다는 것은 아니다. 왜냐하면 페니키아설은 "이스라엘의 모든 도시들을 다 다니기 전에"와 같은 팔레스타인설을 유리하게 하는 구절들을 희생시켜야 가능하기 때문이다.

이와는 다른 측면에서 데이비스(W. D. Davies)는 마태공동체의 위치를 얌니아(Jamnia)의 랍비 학파와 관련시켜 추정한다.[17] 마태복음서의 거의 모든 단락들이 얌니아의 랍비 학파의 도전에 대한 일종의 대답으로 기획되었다는 것이다.

> "우리는 그것[산상수훈의 구조]을 얌니아에서의 토론 및 활동과 확실하게 연결시킬 수는 없으나, 산상수훈의 형식이 그 영향력 아래서 형성되었을 가능성은 아주 높다. 산상수훈을 취급하는 효과적인 방법은 그것을 얌니아에 대한 기독교적 대답으로 간주해야 한다는 것이 우리의 주장이다.… 산상수훈은 그곳에서 나온 법령에 대한 기독교적·미쉬나적 대응의 한 종류이다."[18]

데이비스는 이러한 주장을 뒷받침하기 위해 직접적인 근거와 간접적인 근거들을 제시한다. 그는 직접적인 근거들을 세 가지

---

17) W. D. Davies, *The Setting of the Sermon on the Mount*(Cambridge University Press, 1964), pp. 256−315, 특히 p. 315.
18) *Ibid.*, p. 315.

종류로 나눈다.[19] 첫째, "유대인들"(28 : 15), "그들의 회당들"(4 : 23 ; 9 : 35 ; 10 : 17 ; 12 : 9 ; 13 : 54), "너희의 회당들"(23 : 34), "그들의 서기관들"(7 : 29) 등의 표현은 얌니아의 이단저주령으로 인해 발생된 교회와 회당의 급격한 분리를 암시해주는 것으로 간주될 수 있다는 것이다. 둘째, 5장 11절이나 10장 23절과 같은 핍박은 얌니아에서 나온 유대교와 기독교의 분리정책에 따른 기독교인들에 대한 학대를 반영한다는 것이다. 셋째, 23장 5－10절의 "랍비"라는 용어가 가르치는 권한이 공식적으로 허락된 학자들을 위한 호칭이 된 것은 얌니아에서였다는 것이다. 한편, 데이비스가 간접적인 근거로 제시하는 것들은 예루살렘에 대한 비판이 담긴 23장 37절이라든지, 예수의 부활에 관한 보도를 통해 예루살렘의 유대인들의 견해를 수정하려는 27장 53절이나 28장 11절 등이다.[20]

이러한 데이비스의 작업은 상당한 설득력을 지니고 있다. 또 그것을 뒷받침하기 위해 그가 제시한 근거들도 적절한 것이다. 물론 얌니아의 법령에 대한 대응이 얌니아라는 도시에서만 이루어진 것으로 추정할 수는 없다. 이 점을 인식한 데이비스는 마태공동체의 위치를 '시리아'로 설정함으로써 다소 후퇴한다.[21] 결국 데이비스는 마태복음서가 얌니아의 법령에 대한 하나의 대응임을 밝혔다는 점에 있어서는 공헌을 했으나, 마태공동체의 위치를 얌니아로 고정시키는 작업에는 주저한 셈이다.

슈텐달(K. Stendahl)도 어떤 한 장소를 구체적으로 지목하지는 않는다. 그러나 그는 마태공동체가 유대교 회당과 인접해 있었으리라고 가정한다. 곧 마태복음서에서 마태에 의해 격렬하게 비난받고 있는 서기관들과 비리새인들은 마태공동체 '길 건너'에 있었

19) *Ibid.*, pp. 296－298.
20) 보다 상세한 근거는 *Ibid.*, pp. 298－300에 제시되어 있다.
21) *Ibid.*, p. 296.

던 '회당의 대표들'을 상징한다고 주장한다.[22] 슈텐달에 따르면 마태시대에 이미 교회와 회당의 선이 분명하게 그어졌다는 것이다. 마태복음서는 기독교가 유대교에 대해서 모든 점에서 우월하다는 분위기를 보여준다는 것이다.[23] 이러한 슈텐달의 주장은 설득력이 있다. 이 점에 있어서 슈텐달의 주장은 데이비스의 주장과 유사하다. 그러나 그가 서기관들과 바리새인들에 대한 경고를 마태공동체의 외부대립만으로 제한시켜 이해하려는 것은 설득력이 없다. 심지어 슈텐달은 "우리는 내부-기독교적 논쟁의 증거를 거의 찾아볼 수 없다"[24]고까지 말한다. 그러나 서기관들과 바리새인들에 대한 비판은, 슈텐달이나 데이비스의 견해와는 달리, 마태공동체내에 있는 그들과 유사한 생각을 갖고 있는 사람들에 대한 것이기도 하다. 곧 마태복음서는 마태공동체의 외부 대립과 내부 대립을 모두 반영해 준다.[25] 말을 바꾸면 마태복음서가 외부 대립의 모습만을 반영하는 것으로 전제한 채, 마태공동체의 위치를 설정하는 작업은 전제 자체가 문제가 된다는 뜻이다.

비비아노(B. T. Viviano)는 마태공동체의 위치에 관해 색다른 설정을 하고 있다. 그는 그 장소로 가이사랴를 상정한다.[26] 물론 마태의 기록장소로 가이사랴를 고려의 대상에 포함시킨 것은 비비아노가 처음은 아니다. 스트리터(B. H. Streeter)가 이미 가이사랴

---

22) K. Stendahl, *The School of St. Matthew* (Lund : CWK Gleerup, 1968²), p. xi.
23) *Ibid.*, p. xi 이하.
24) *Ibid.*, p. xii.
25) 마태공동체의 내부대립의 이유와 특성에 관해서는 서중석, "마태공동체의 내부대립과 공존," 『신학사상』, 67(1989, 겨울) : 901-926을 참고하라.
26) B. T. Viviano, "Where Was the Gospel According to St. Matthew Written?," *CBQ* 41(1979) : 533-546.
27) B. H. Streeter, *The Four Gospels* (London : MacMillan, 1924), p. 502.

를 거명한 바 있다.[27] 물론 스트리터는 이미 언급한 대로, 안디옥을 가장 개연성이 높은 장소로 본 반면, 가이사랴는 개연성이 낮은 것으로 배제시켰다. 스트리터에 따르면, 가이사랴는 '사마리아의 입구에 있는 항구'인데, 마태 10장 5절은 "사마리아인의 도시로도 들어가지 말라"고 기록하고 있기 때문이라는 것이다. 스트리터는 가이사랴의 가능성이 낮은 것으로 보았으나, 일단 그 이름을 고려의 대상에 올려놓았다. 비비아노는 스트리터가 가이사랴의 개연성을 심각하게 고려하지 않은 것을 부당하다고 지적하면서, 가이사랴는 사마리아와 특별한 역사적 연관이 없었다는 것을 그 이유로 들어 그를 비판한다.[28] 비비아노에 따르면, 오히려 가이사랴는 유대지방에 대한 로마 총독들의 거주지였을 뿐 아니라, 그 항구는 욥바 및 아코와 더불어 팔레스타인 전체의 삶에 기여했다는 것이다. 이를 위해 그는 플리니(Pliny)의 작품을 인용한다.

스트리터와는 대조적으로 비비아노는 가이사랴를 가장 개연성이 높은 장소로 주장한다. 그는 가이사랴가 주후 189년부터 640년에 이르기까지 역사적으로 주요한 도시로 각광을 받았음을 밝혀내려 한다.[29] 가령 가이사랴는 주후 195년에는 데오빌로 감독이 알렉산드리아와 같은 이방교회들을 위해 부활절의 날짜를 결정한 중요한 회의의 장소였고, 222년에는 팔레스타인의 가장 주요한 교구가 되었고, 5세기까지 팔레스타인 교회의 실제적인 중심지였다는 것이다.[30] 그러나 비비아노는 바울의 죽음 이후 한 세기가 넘는 기간—마태공동체의 실제적인 활동기간을 포함한—에 대한 역사적 정보는 확보하지 못하고 있다. 이 기간을 "일반적인 정치적 및 지리적 사실들에 의해 어느 정도"[31] 메꿀 수 있

28) B. T. Viviano, "Where," 534.
29) *Ibid.*, 541−542.
30) *Ibid.*, 541.

으리라는 그의 희망은 그 자신이 제시한 몇 가지 고려에 의해 일견 실현될 듯이 보인다. 그가 고려하는 사항 중 주요한 것들은 이러하다. 우선 가이사랴가 128년에 지진으로 피해를 입었다는 제롬(Jerome)의 보도가 있다는 것이다. 그후 132–135년에 일어난 바 코흐바(Bar Cochba) 전쟁이 가이사랴 자체를 파괴하지는 않았다 할지라도, 그 기독교 공동체의 연속성을 방해했으리라는 것이다. 그의 고려 사항 중 다른 것으로는 가이사랴 기독교에 아마도 하나의 커다란 전환이 있었으리라는 것이다. 곧 그 전환은 주로 유대인 크리스천들로부터 주로 또는 전적으로 이방인 크리스천들로 그 기독교의 구성 멤버들이 바뀐 것과 관련이 있으리라는 것이다. 마태 역시 그러한 '전환기의 교회'를 위해 기록하고 있었다는 것이다.

그러나 이러한 비비아노의 구성은 심각한 난제와 부딪치게 된다. 먼저 128년의 지진이나 바 코흐바의 전쟁이 그 연속성을 방해했다는 가정 자체가 적절하다 해도 여전히 문제가 남는다. 왜냐하면 그것은 적어도 마태가 활동한 1세기 말의 정황을 구성하는 데는 아무런 도움이 되지 못하기 때문이다. 또한 마태공동체가 주로 유대인 크리스천들로부터 주로(또는 전적으로) 이방인 크리스천들로 바뀐, 일종의 멤버쉽의 전환기에 있었던 공동체였으리라는 가정 역시 설득력이 없다. 이러한 가정을 그는 마태 본문의 근거를 확보하지 못한 채 제시한다. 마태복음서가 공존의 윤리를 그의 복음서 여러 곳에서 강조한 것으로 미루어 보아, 마태공동체는 오히려 그 두 그룹이 공존하고 있었던 공동체로 가정하는 것이 더 적절할 것이다.[32)]

---

31) *Ibid.*, 541. 가점은 나의 것.

32) 공존의 윤리를 위한 자세한 근거를 위해서는 서중석, "마태공동체의 내부대립과 공존," 901–926과 C. W. F. Smith, "The Mixed State of the Church in Matthew's Gospel," *JBL* 82(2,

따라서 비비아노의 희망과는 달리 그 역사적 자료의 공백기간은 그의 상상으로는 메꾸어지지 않는다. 더구나 비비아노가 가이사랴를 마태복음서의 가장 적절한 기록 장소로 주장하는 근거는 제롬(C. 347-420)의 저술이다.[33] 그러나 1세기 말에 기록된 것으로 여겨지는 마태복음서의 장소 추정을 위해서는 마태 시대와 가까운 시대의 사람이 먼 시대의 사람보다 더 정확하리라는 것은 역사학에 있어서는 금기 사항 중 하나가 될 정도로 부당 전제의 오류에 속한다. 이것은 이미 콜링우드(R. G. Collingwood)에 의해 새롭게 조명된 이탈리아의 사가 비코(Vico)에 의해 명료하게 지적된 바 있다.[34]

슈바이처(E. Schweizer)는 마태복음서가 유대교가 그 통제력을 지속적으로 행사한 곳에서 쓰여졌을 것으로 추정하면서, 시리아와 갈릴리 인접지역으로 그 위치를 추정한다. 그는 마태공동체는 베드로 묵시록에 반영된 '지극히 작은 자'의 공동체와 유사하다는 것이다.[35] 슈바이처의 이 가설에 대해 비비아노는 '지극히 작은 자들'이 마태에서 중요한 역할을 한다 해도, 그들은 매고 푸는 권세가 주어진 제자들과 동일하지 않은 것 같다고 비판한다.[36] 실제로 마태공동체의 성격을 추정할 수 있는 지표는 마가 공동체와는 달리 '지극히 작은 자들'이 아니라, '제자들'이다. 이런 점에서 비비아노의 비판은 설득력이 있다. 그러나 슈바이처의 주장의 문제

1963) : 151-168을 참고하라.

33) 제롬의 저술에 관한 훌륭한 개괄서로는 J. N. D. Kelly, *Jerome : His Life, Writings, and Controversies* (London, 1975)를 참고하라.

34) R. G. Collingwood, *The Idea of History* (Great Braitain : Oxford Univ. Press, 1961, originally 1946), p. 69에 있는 5항을 참조하라.

35) E. Schweizer, "Observance of the Law and Charismatic Activity in Matthew," *NTS* 16(3, 1970) : 216.

36) B. T. Viviano, "Where," 538, 주 27.

점 중 비비아노가 지적하지 못한 것은 베드로 묵시록에 반영된 '지극히 작은 자'의 공동체의 위치가 시리아 지방으로 고정되어야 할 이유가 없다는 것이다. 더 나아가 슈바이처는 베드로 묵시록과 마태복음서가 유사점보다는 차이점을 보다 더 현저하게 드러내고 있다는 점을 간과하고 있다. 베드로 묵시록과는 달리 마태는 교회의 권위에 반대하기보다는 오히려 존중하는 입장을 견지한다.

지금까지 살펴본 대로 마태공동체의 구체적인 위치로는 안디옥, 페니키아 도시들, 가이사랴 등이 제시되었으나, 그 어느 것도 결정적인 추정은 될 수 없다. 이것이 구체적인 지명을 지목한 몇몇 학자들을 제외한 마태 연구가들이 팔레스타인이나 시리아 등 포괄적인 지역을 택하는 이유이다. 팔레스타인과 시리아만을 비교한다면 시리아가 보다 더 높은 개연성을 가질 것이다. 마태복음서가 헬라어로 말하는 유대인들과의 대면의 상황에서 형성되었다고 가정할 만한 충분한 근거가 있기 때문이다. 마태가 헬라어 마가복음서를 기본 자료로 하고 있다는 점과 구약 인용을 70인역에서 하고 있다는 점 등이 그러하다. 가령 마태 21장 16절에서 인용되는 시편 8편 2절은 히브리어 본문이 아니라, 70인역으로부터 빌려온 것이다.[37)]

우리가 갖고 있는 자료의 한계를 고려할 때, 마태공동체의 위치 설정을 위해, '시리아의 어떤 한 도시' 정도를 넘어서서 구체적인 하나의 도시명을 거론하는 작업은 이미 지적한 대로 난관에 부딪치게 된다. 시리아의 여러 도시들 중 구체적인 하나의 도시가 나머지 다른 도시들을 철저히 제압하고 뚜렷하게 선택된다는

---

37) H. C. Kee, *Jesus in History*(New York : Harcourt Brace Jovanovich Inc., 1977[2]), pp. 184f. 팔레스타인 배경설에 대한 비판을 위해서는 J. P. Meier, *Law and History in Matthew's Gospel* (AnBib 71 ; Rome: PBI, 1976), pp. 7ff.를 참조하라.

것은 현실적으로 가능하지 않다. 마태복음서를 제외한 어떠한 자료도 마태공동체의 위치를 추정하는 데는 결정적인 것이 아니다. 곧 마태복음서가 마태공동체의 위치를 추정할 수 있는 일차적인 자료가 된다. 바로 그 마태 자료가 어떤 한 특정한 도시를 위한 구체적인 정황을 명료하게 반영해 주지 않는 한, 하나의 특정한 도시를 거명하는 작업은 불가능할 뿐 아니라, 비생산적이라 하겠다.

Ⅳ. 학문공동체

마태공동체는 일종의 학문공동체였다. 마태가 자신의 복음서를 5부작으로 구성한 것은 그가 그것을 모세의 오경에 대립할 만한 기독교적 문헌으로 만드는 데 깊이 관여했다는 것을 보여준다. 이것은 그가 유대교의 학자들인 랍비들과 비견될 만한 학문적 식견을 가지고 있었다는 것을 암시할 뿐 아니라, 그러한 마태의 학문적 활동을 수용하거나 독려한 마태공동체의 학문적 관심의 일단을 반영해 준다. 베이컨(B. W. Bacon)은 이미 오래 전에 마태가 5부작으로 구성되었다고 주장했다.[38] 베이컨에 따르면 서론(1-2장)과 후기(26: 3-28: 20)를 제외하면, 마태복음서 5부의 각 내용은 다음과 같다는 것이다.

1부 : 3장 1절-7장 27절(7장28절-29절)

이야기 3장 1절-4장 25절

담 론 5장 1절-7장 27절

38) B. W. Bacon, *Studies in Matthew* (New York : Holt, Rinehart & Winston, 1930), pp. 80-82를 보라.

2부 : 8장 1절 – 10장 42절(11장 1절)
이야기 8장 1절 – 9장 35절
담 론 9장 36절 – 10장 42절
3부 : 11장 2절 – 13장 52절(13장 53절)
이야기 11장 2절 – 12장 50절
담 론 13장 1절 – 52절
4부 : 13장 54절 – 18장 35절(19장 1절)
이야기 13장 54절 – 17장 20절
담 론 17장 22절 – 18장 35절
5부 : 19장 2절 – 25장 46절(26장 1절 이하)
이야기 19장 2절 – 22장 46절
담 론 23장 1절 – 25장 46절

여기에 7장 28 – 29절 등을 포함하여 괄호 속에 있는 다섯 구절들은 "… 예수께서 (이 말씀을) 마치시매"(*kai egeneto hote etelesen ho Iēsous*)라는 공식이 반복되고 있는데, 베이컨은 바로 이 공식에 착안하여, 각 공식들이 각 부를 일단락짓는 지표로 보았다. 우선 이러한 베이컨의 가설에 대해 예수의 족보나 탄생 등이 소개되고 있는 서론(1 – 2장)과 수난(26 – 27장)과 부활(28장)을 담고 있는 후기를 5부작에서 제외시키는 것은 곤란하다는 비판을 할 수 있다.[39] 그러나 마태가 서론과 후기를 제외한 본론만을 5부작으로 나누었다는 베이컨의 가설은 다섯 번 반복되는 "예수께서 … 마치시매"를 우연으로 돌리려는 가설보다 더 적절하다. 다른 측면에서는 11장 7 – 30절이나 23장 1 – 39절에는 큰 단락이 끝났는데도 그 공식이 없다는 비판을 가할 수 있다. 그러나 그렇게 큰 단락이 끝났는데도 그 공식이 없다는 것은 무엇을 뜻하는가? 마태가

39) 5부작 가설에 대한 비판을 위해서는 F. V. Filson, "Broken Patterns in the Gospel of Matthew," *JBL* 75(1956) : 227 – 231을 참조하라.

그 공식을 다섯 번만 사용하기 위해서 의도적으로 거기서 그것을 생략한 것이 아닌가? 따라서 그러한 비판은 오히려 마태의 5부작 가설을 방해하기보다는 지원하게 된다.

오히려 베이컨의 문제점은 각 5부에 대한 그의 세분 작업에 있다. 가령 3부의 11장 2절－12장 50절과 13장 1절－52절은 이야기와 담론으로 각기 분명하게 가름되지 않는다. 11장 2절－12장 50절이 이야기로만 구성된 것이 아니라, 이야기와 담론으로 구성되어 있기 때문이다. 13장 1－52절도 비슷한 현상을 보여준다. 이러한 문제점은 베이컨처럼 5부를 각기 세분하는 작업만 하지 않는다면 해결될 수 있다. 곧 세분을 전제하지 않은 채 마태복음서는 5부로 구성되어 있다고 주장한다면 적절한 파악이 될 것이다.

이러한 5부작 가설에 대해 프랑케묄레(H. Frankemölle)는 마태는 오히려 오경보다 신명기에 더 영향을 받았다고 주장한다. 모세의 연설처럼 예수의 연설도 경고와 심판으로 끝을 맺는다는 것이다. 다만 모세가 행한 이스라엘을 위한 연설을 예수는 베이컨이 파악한 교회를 위해 행했다는 것이다.[40] 그러나 이러한 주장은 마태에 나타난 모세 주제를 베이컨과는 다른 근거에 기초하여 설명하려는 것에 불과하다.

엘리스(P. F. Ellis)는 마태가 교차대구법적 패턴을 사용했다고 주장한다. 13장이 정점인데, 이야기 1－4장은 26－28장에, 담론 5－7장은 23－25장에, 이야기 8－9장은 19－22장에, 담론 10장은 18장에, 이야기 11－12장은 14－17장에 상응한다는 것이다.[41] 엘리스는 11－12장을 이야기로 보았다. 그러나 11장 7－30절은 적

40) H. Frankemölle, *Jahwebund und Kirche Christi*(Neutestamentliche Abhandlungen 10 ; Münster : Aschendorff, 1974).

41) *Matthew : His Mind and His Message*(Collegeville : The Liturgical Press, 1974).

어도 담론으로 처리했어야 했다. 엘리스는 1-4장과 26-28장의 "이야기" 속에는 각기 3장 8-12절과 28장 18-20절의 작은 담론들을 담고 있다고 보고 있으나, 11장 7-30절은 3장 8-12절이나 28장 18-20절보다 훨씬 긴 분량의 담론인데도 불구하고, 11-12장을 취급할 때 지적하지 못했다. 그것을 지적한다는 것은 자신의 '이야기-담론-이야기-담론'의 기계적인 구성에 타격이 되리라고 예견했기 때문이었을 것이다. 주제에 있어서도 8-9장이 기적 담론이라면, 엘리스에 의해 그것과 상응하는 것으로 여겨진 19-22장은 오히려 여러 주제의 담론이다. 또한 10장이 선교 담론이라면 그것과 상응하는 것으로 그에 의해 주장된 18장은 오히려 공동체 담론이라 할 수 있기 때문에, 교차대구법적 패턴을 마태가 의도했으리라는 엘리스의 가설은 설득력이 없다.

킹스베리는 4장 17절과 16장 21절에 나오는 "이때로부터(*apo tote*) 예수께서 … 하기 시작했다"를 마태가 단락을 분리시킨 기점으로 보았다. 따라서 킹스베리는 마태를 세 부분으로 나눈다. 메시아 예수의 인물을 묘사하는 1장 1절-4장 16절, 메시아 예수의 선포를 소개하는 4장 17절-16장 20절, 그리고 메시아 예수의 수난, 죽음, 부활을 제시하는 16장 21절-28장 20절 등이 그것이다.[42] 그후 10여년 후에 나온 그의 다른 저서 『이야기로서의 마태』에서는 각 부분의 제목이 다소 다르게 제시되나, 3부의 단락 구분은 그대로 유지되고 있다.[43] 그러나 그의 논조에 결정적인 약점으로 작용하는 것은 26장 16절도 역시 '*apo tote*'를 사용했다는

---

42) *Matthew : Structure, Christology, and Kingdom*(Philadelphia : Fortress Press, 1975), p. x, 1-39.

43) *Matthew As Story*(Philadelphia : Fortress Press, 1986), pp. 41-94. 여기서 킹스베리는 1부는 예수에 대한 묘사로, 2부는 이스라엘에 대한 예수의 선교와 예수에 대한 이스라엘의 거부로, 3부는 예루살렘을 향한 여행과 그의 수난, 죽음, 부활 등으

것이다. 물론 그는 이것을 14장 17절과 16장 21절과 같이 고정된 공식이 아니라고 말함으로써 이 난재를 피한다. 그러나 만일 그 공식을 마태가 그토록 중요시했다면 26장 16절의 그 똑같은 '*apo tote*'를 다른 표현으로 바꾸었을 것이다.

최근에 마테라(F. S. Matera)는 마태복음서에서 여섯 가지의 대 사건들을 뽑아내고 그것을 중심으로 여섯 부로 나누었다. 1부는 1장 1절－4장 11절로 예수의 탄생(2장 1절a)을 담고 있고, 2부는 4장 12절－11장 1절로 예수의 선교의 시작(4장 12－17절)을, 3부는 11장 2절－16장 12절로 세례 요한의 질문(11장 2－6절)을, 4부는 16장 13절－20장 34절로 가이사랴에서의 예수의 대화(16장 13－28절)를, 5부는 21장 1절－28장 15절로 성전 청결사건(21장 1－17절)을 담고 있다는 것이다. 그리고 마지막으로 6부는 28장 16－20절인데, 그 전체가 대 위임사건(28장 16－20절)에 대한 소개라는 것이다.[44] 이러한 분류는 몇 가지 문제점을 지닌다. 가령 2부의 중심 사건은 4장의 '선교의 시작'이라기보다는 오히려 5－7장의 산상수훈으로 볼 수 있고, 3부는 세례 요한의 질문보다는 예수의 여러 비유들을 통한 지속적인 가르침의 사건들이 그 중심을 이루고 있다. 5부(21장 1절－28장 15절)에서도 예수의 수난과 부활이라는 대사건들을 제쳐놓고 성전 청결사건을 중심 사건으로 설정하는 것은 무리한 시도라 하겠다. 더구나 6부에서는 1－5부에서 마테라가 보여주었던 균형이 깨지고 있다. 1－5부에는 각 부 속에 중심 사건을 하나씩 포함시키는 형식으로 구성되었으나, 6부는 그 전체가 다 중심 사건으로 구성되었기 때문이다.

마태복음서는 유대교 랍비들과의 대면의 정황 속에서 형성된

로 재명명한다. 그러나 여기서도 킹스베리는 문학비평 방법 일변도로 마태를 해석하고 있기 때문에, 이 책 역시 그의 이전 저서에 비해 새로운 모습은 찾아볼 수 없다.

44) "The Plot of Matthew's Gospel," *CBQ* 49(1987) : 233－253.

흔적이 뚜렷하기 때문에, 엘리스, 킹스베리, 마테라의 구성은 이러한 정황에 대한 감각을 결여한 것으로서 마태복음서를 지나치게 문학적 관심 일변도에 따라 처리한 결함을 지닌 셈이 된다. 따라서 그들의 구성 속에는 마태복음서를 산출해낸 마태공동체의 모습은 거의 간과되고 있다. 오히려 베이컨의 5부작 구성이 세부적인 단락 구분을 제외한다면, 유대교에 대한 마태의 대면을 상정했다는 점에서 더 설득력이 있다.

마태공동체가 학문공동체였으리라는 가정은 마태 23장 8절을 통해 간접적으로 보강된다.

> "너희는 랍비라 칭함을 받지 말라. 너희 선생은 하나요, 너희는 다 형제니라."

이 구절은 마태공동체내에 서로 랍비라 칭함을 받으려는 분위기가 팽배해 있었음을 상정할 때, 이해가 가능하다. 곧 여기에는 토론과 논쟁과 교육을 수반한 랍비적인 학문 활동이 왕성했던 정황이 반영되어 있다. 물론 이에 대해 마태는 "너희 선생은 하나이다"라고 못박는다. 마태의 예수에 대한 묘사는 다른 복음서와는 상당한 차이를 보여준다. 예수에 대한 마태의 지배적인 이미지는 가르치는 교사로 제시된다. 율법학자들과 바리새인들의 형식주의적 율법이해를 비판하고 있는 5장 1절부터 7장 29절(산상수훈)은 물론, 23장(바리새인에 대한 저주)이 그러한 교사로서의 예수상을 부각시킨다. 물론 10장의 선교분부나 24－25장의 종말에 관한 연설들도 가르치는 자로서의 예수의 이미지를 강하게 드러낸다.

마태는 예수의 가르치는 역할이 제자들을 통해 계승되는 것으로 보았기 때문에(28: 20), 마가와는 달리, 제자들의 위치와 권한을 크게 확장시킨다. 모든 제자들에게 "매고 푸는" 권위가 주어지고(18: 18)[45] 베드로에게는 이 권위 외에 그 자신이 교회의 반석이 되는 특권이 주어진다(16: 18−19). 가르침에 대한 이러한 마태의 관심은 마태 자신은 물론 그가 속한 공동체 멤버들 가운데 기독교로 전향한 율법학자들이 많이 있었기 때문이다. 마태 13장 52절이 이러한 사정을 반영해 준다.

> "그러므로 하늘나라를 위해 훈련된 율법학자마다 마치 새것과 옛것을 그 곳간에서 내어오는 집주인과 같다."

여기에서 "하늘나라를 위해 훈련된 율법학자"는 기독교 율법학자를 뜻한다. 이들에 대한 적극적인 평가는 마태공동체내에서 이들의 위치와 권위를 엿볼 수 있게 해준다. 마태공동체는 이 기독교 율법학자들을 유대교 율법학자들에게 파송하기로 했으나, 그들은 빈번히 유대교 율법학자들에게 핍박을 당했던 것으로 암시된다(23: 4).

마태는 자신이 입수한 전승을 섬세하게 교정시키는 데 능숙하다. 마태는 마가 4장 35−41절에 나오는 폭풍진압 이야기를 자신의 복음서 8장 23−27절에 옮기면서, 본래 마가에는 없었던 의미를 부여한다. 마가에서는 기적이 먼저 일어나고 그 다음에 제자들이 꾸짖음을 당하는 데 반해, 마태에서는 이 순서가 뒤바뀌어 나타난다. 마가가 폭풍진압을 먼저 소개하는 것이 예수의 기적 행위를 부각시키기 위한 것이라면, 마태가 제자들에 대한 꾸짖음을 먼저 소개하는 것은 참다운 제자상을 부각시키기 위한 것이

---

45) 여기서 "매고 푸는" 권위를 사탄의 세력들을 극복하는 과제와 연결시킨 R. H. Hiers의 주장은 설득력이 부족하다. 그의 "'Binding' and 'Loosing': The Matthean Authorizations," *JBL* 104(2, 1985): 233−250을 보라. 18장 18절을 보다 더 큰 문맥인 18장 15−20절 속에서 고려한다면, 오히려 그 권위는 가르침을 통한 공동체의 치리로 해석하는 것이 더 적절할 것이다.

다.[46] 마태는 이를 통해 예수의 이미지를 기적 수행가로부터 제자들을 교육시키는 교사로 이전시킨다.

이런 점에서 마태 자신이 유대교로부터 전향한 기독교적 서기관이었으리라는 콥프(O. L. Cope)의 추정[47]은 개연성이 매우 높다. 콥프에 따르면 마태는 유대인 크리스천 저자로, 구약과 유대교 전통에 익숙한 사람이었다는 것이다. 특별히 그는 자신의 기독교 신앙과 구약의 관계에 대한 깊은 이해를 그 복음서를 통해 보여 주었기 때문에, 그를 "하늘나라를 위해 훈련된 율법학자"로 규정할 수 있다는 것이다.[48] 콥프의 주장은 그것을 위한 논리의 전개 과정이나 그 방법에 있어서 설득력을 지니고 있다. 그러나 그는 그 주장을 주로 마태 개인의 성격을 규명하는 일에 한정시켰다는 점이 비판될 수 있다. 오히려 마태공동체의 전체적인 성격을 규명하는 일에로까지 확장시켰다면 그의 저서는 더욱 빛났을 것이다. 이런 기준으로 본다면 마태의 구약의 사용을 눈여겨 보았다는 점에서는 콥프와 유사하나, 그것을 마태공동체의 학적 활동으로 확장시켜 이해한 슈텐달(K. Stendahl)의 주장은 더욱 설득력이 있다. 그는 마태복음서 배후에는 학적 활동이 활발했던 '마태 학파'가 있다고 주장한다.[49]

마태가 본 예수의 마지막 가르침은 모세가 아니라 "내가 너희에게 분부한 모든 것을 가르쳐 지키게 하라"(28: 20)는 것이다.

---

46) G. Bornkamm, "The Stilling of the Storm in Matthew," in *Tradition and Interpretation in Matthew,* ed. G. Bornkamm, G. Barth, and H. J. Held(Philadelphia : The Westminster Press, 1963), pp. 52–57.

47) O. L. Cope, *Matthew : A Scribe Trained for the Kingdom of Heaven* (Washington, D. C. : CBAA, 1976)을 보라.

48) *Ibid.*, p. 10.

49) K. Stendahl, *The School of St. Matthew*(Lund : CWK Gleerup, 1968). 특히 pp. 11–38을 보라.

이러한 가르침에 대한 분부는 누가가 본 예수의 마지막 분부에는 나타나지 않는다. 예수의 정신은 마태공동체의 "가르치는" 활동을 통해 계승된다는 것이 이 단락뿐 아니라, 마태복음서 곳곳에서 강조된다. 이런 점에서 마이니어(P. S. Minear)가 마태복음서의 저자를 교사로, 그 복음서를 '교사의 복음서'로 명명한 것은 정곡을 찌른 것이라 하겠다.[50)]

V. 결 어

마태공동체는 마가공동체에 비해 상대적으로 부유한 공동체였다. 마태는 자신의 공동체의 부유한 멤버들을 의식하고, 그들의 경제적 상태에 걸맞도록 예수 전승을 변경시킨다. 한편 도시를 의도적으로 피한 마가공동체와는 달리, 마태공동체는 도시에 기반을 둔 공동체였을 뿐 아니라, 도시에로 그 활동의 범위를 제한시켰던 공동체였다. 그 도시의 이름을 구체적으로 확정짓는 것은 현재 우리가 갖고 있는 제한된 자료로는 불가능하다. 그러나 '시리아의 한 도시'였으리라는 추정을 가능케 해줄 근거들은 충분하다. 마태공동체의 지리적 위치를 구체적으로 확정짓지 않는 한, 마태공동체의 구성과 규범, 교육수준이나 재정상태 등을 파악하는 작업이 불가능하리라는 가정은 빗나간 것이다. 그 가정이 빗나갔다는 이유는, 지리적 위치가 다른 측면들을 파악하기 위한 불가피한 전제 조건이 아니기 때문이다. 곧 마태공동체의 구체적

---

50) P. S. Minear, *Matthew : The Teacher's Gospel*(New York : The Pilgrim Press, 1982), pp. 3-28.

인 위치를 확정하지 못했을 때에는 문자 그대로 그 점만을 파악하지 못한 것일 뿐이다.

또 다른 측면을 살펴본다면, 마태공동체는 학문공동체로 명명될 수 있다. 마태공동체는 유대교와 논쟁하고 있었던 공동체였다. 마태 기자 자신이 기독교로 전향한 율법학자였고, 마태공동체는 유대인들의 비판을 논리적으로 반격하는 일에 관심을 기울였다. 마태공동체 멤버들은 스스로를 '랍비'로 칭하고 있었다. 이것은 마태공동체의 왕성한 학적 활동을 상정하기에 충분한 근거가 된다. 마태가 묘사한 예수에 대한 지배적인 이미지도 가르치는 교사이다. 마태공동체의 성격이 예수를 묘사하는 방향과 색깔을 결정했다면, 마태의 예수상은 마태공동체의 학문적 성격의 한 단면을 반영해 주는 셈이다.

마태의 예수상이 다른 복음서들의 예수상과 다른 이유에 대한 편집비평가들의 공식적인 대답은 마태의 신학사상이 다른 기자들의 신학사상과 달랐기 때문이라는 것이다. 그러나 마태의 신학사상이 독특하다는 것만을 제시하는 것으로는 충분하지 않다. 왜 하필이면 다른 신학이 아니라, 바로 그 신학을 전개했는가를 더 물어야 하기 때문이다. 그 물음은 신학적 관심 일변도의 전망만 가지고서는 적절히 대답될 수 없다. 오히려 그 대답의 첫 실마리는 마태가 속한 마태공동체의 형태와 성격이 타 공동체들과 달랐다는 점에서 찾아질 수 있을 것이다.

제 6 장

마태공동체의 내부대립과 공존

제6장

마태공동체의 내부대립과 공존

I. 서 언

본 소론의 목적은 마태복음서에 나타난 선교 범위, 율법 해석, 카리스마적 활동의 주제들을 마태공동체와 관련시켜 다루려는 것이다. 이것들이 문제가 되는 것은 마태복음서가 이 주제들 하나하나에 대해 서로 상반된 진술들을 각각 담고 있기 때문이다. 이 주제들을 집중적으로 다룬 학자들의 이론을 비판적으로 검토하고 논의해 나갈 이 논문의 전망은 각 주제에 대한 상반된 단락이 마태 기자의 관념적인 사상의 복합성을 드러낸다기보다는 오히려 마태공동체의 내부적인 대립상황의 복합성을 반영한다고 이해하려는 것이다. 마태가 제시하는 사랑, 낮춤, 결속 등을 포함한 윤리적 권고들의 주요 목적도 마태공동체의 이러한 내부대립의 완화를 모색하기 위한 것으로 이해하려는 방향이 제시될 것이다.

Ⅱ. 대립의 주제

마태복음서에 나타난 대립의 주제들 가운데 본 소론은 다음의 대표적인 세 가지만을 취급하게 될 것이다. 첫째는 선교 범위 설정의 주제로서 폐쇄적인 선교적 입장과 개방적인 선교적 입장의 대립이고, 둘째는 율법 이해의 주제로서 모세의 율법과 예수의 새로운 율법의 대립 및 율법에 대한 전통적인 해석과 새로운 해석의 대립이고, 셋째는 카리스마적 활동의 주제로서 참카리스마적 활동과 거짓 카리스마적 활동의 대립이다.

1. 선교 범위

마태가 본 예수는 열두 제자를 파송하면서 "이방인들(*ethnōn*)의 길로도 가지 말고 사마리아인들의 고을에도 들어가지 말고 차라리 이스라엘 집의 잃어버린 양들에게로 가라"(마 10 : 5-6)고도 하고, 또 자신이 "이스라엘 집의 잃어버린 양들 외에는 다른 데로 보냄을 받지 아니했다"(마 15 : 24)고 선언하기도 한다. 한편 마태복음서는 이러한 폐쇄적인 선교 분위기와는 상반된 진술도 담고 있다. 예수는 제자들에게 "모든 민족들(*ethnē*)로 제자를 삼아… 내가 너희에게 분부한 모든 것을 가르쳐 지키게 하라"(마 28 : 19-20)고 명령한다.

이 상반된 단락들의 상호 모순을 해결하려는 시도들은 크게 두 가지 방향으로 진척되어 왔다. 첫째는 슈트레커(G. Strecker)가 대변하고 있는 견해로, 마태가 이방교회의 관점에서 자신의 복음서를 기록했다고 전제하면서, 마태가 유대인들과 이방인들을 하나님의 구속사에서 각기 다른 단계에 위치시켰다고 이해하려는 입장이다. 곧 예수의 시대에는 선교가 이스라엘로 제한되었으나, 교회의 시대에는 선교가 이방세계로 확장되었다는 것이다. 따라서 마태가 서 있는 자리에서 본다면 유대인들만을 위한 폐쇄적인 선교는 이미 포기된 것이나 다름이 없다는 것이다.

> "마태는 그 복음서 마지막 부분이 분명히 해주고 있듯이 모든 나라에 대한 세계적 선교를 자명한 것으로 추구하고 있는 이방 기독교인 세대에 속하고 있다. 이스라엘로 선교가 제한되는 것은 … 그 편집자의 상황 속에서는 이해될 수 없고, 오히려 그의 역사적 회고로 볼 수 있다. 오직 예수에게만, 그리고 예수 시대의 제자들에게만 이러한 제한은 유효하다."[1]

마태는 이스라엘의 구원을 위한 미래의 어떠한 희망도 갖고 있지 않았다는 것이다.[2] 결국 상반되는 것처럼 보이는 그 단락들은 서로 모순되지 않는다는 것이다.

예수의 시대와 교회의 시대에 대한 이러한 구분은 결국 누가의 신학에 대한 콘첼만(H. Conzelmann)의 해석 계열을 따른 것으로,[3] 그 해석을 마태복음서에 그대로 적용시키는 것은 적절하지 않다.[4]

---

1) G. Strecker, "The Concept of History in Matthew," in *The Interpretation of Matthew*, ed. G. Stanton(Philadelphia : Fortress Press, 1983), p. 72.

2) *Ibid.*, p. 73 ; R. Walker, *Die Heilsgeschichte im ersten Evangelium*, FRLANT 91(Göttingen : Vandenhoeck & Ruprecht, 1967), p. 122.

3) 물론 슈트레커는 누가와 마태의 강조점이 다소 다른 것을 인정하고 있으나("The Concept of History in Matthew," p. 74), 마태가 세 가지 시대구분-그중 예수의 시대가 중간부분-을 시도했다고 이해한 것은 근본적으로 콘첼만의 누가 해석과 그 기조를 같이하는 것으로 볼 수 있다.

4) 이 점은 이미 다가와(Kenzo Tagawa)에 의해서도 지적된 바 있다. 그의 "People and Community in the Gospel of Matthew,"

왜냐하면 마태가 그와 같은 시대구분을 시도했다면, 그가 예수의 선교활동을 보도하는 목적은 오직 이스라엘의 예수 거부를 보여줌으로써, 이방선교의 정당성의 근거를 확보하기 위한 것에 불과하기 때문이다. 이런 해석에서는 예수의 선교활동의 의의가 반감된다. 더구나 마태가 예수의 시대와 교회의 시대를 구분했다는 어떠한 분명한 근거도 마태복음서에서는 발견되지 않는다. 오히려

> "그[마태]는 예수의 시대와 교회 시대의 동질성을 전제하고 있으나, 그는 결코 예수의 말씀을 예수의 시대에만 적용되는 것으로 고려하지 않고 있다."[5)]

둘째는, 다가와(K. Tagawa)가 대표하고 있는 견해로, 마태는 교회를 참이스라엘로 여겼기 때문에, 그에게 있어서 이스라엘은 결국 기독교인을 뜻했다고 보려는 시도이다. 기본적으로 다가와는 마태복음서가 유대교적 기독교인의 입장에서 기록된 것으로 전제하고, 그 전망에서 이방선교 단락들을 다루고 있는 킬파트릭(G. D. Kilpatrick)의 계열에 서 있다. 그러나 다가와는 킬파트릭의 입장[6)]을 부분적으로 비판하면서 부분적으로 발전시킨다.

> "마태는 교회를 옛 이스라엘과는 다른 그 무엇으로 구분하기

NTS 16(1970) : 157. 그러나 다가와는 콘첼만의 누가 해석을 아예 타당한 것으로 비판 없이 전제한 후, 그러한 시대구분은 '누가 신학에 독특한 것'으로 지적해 놓고 있는데, 그와 같은 콘첼만식의 시대구분 자체가 과연 누가의 역사관에 대한 적절한 해석인지의 여부가 문제가 된다. 이러한 콘첼만의 해석에 대한 비판을 위해서는, 서중석, "누가공동체의 구성과 선교적 역할," 『신학논단』 17(1987) : 115－134를 참조하라.

5) K. Tagawa, *ibid.*, 157.

6) G. D. Kilpatrick, *The Origins of the Gospel According to St. Matthew*(Oxford : Clarendon Press, 1946), pp. 101－123.

> 위해 '새로운 이스라엘'과 같은 표현을 사용하지 않는다. … 그에게는 교회 자체가 참이스라엘이다. … 그는 이스라엘과 기독교 교회가 직접적으로 동일하지 않다는 것을 분명히 인식하고 있으나, 다른 한편으로 그는 그 둘을 혼동하고 있는 바, 그 이유는 그 둘이 모두 그 속에서 자신의 실존을 발견하고 있는 환경이기 때문이다."[7]

다가와에 따르면, 교회가 참이스라엘인 한, 이방인이 되는 것은 죄이기 때문에 이방인들은 세리처럼 취급된다는 것이다. 교회가 이스라엘 국가 공동체와 동일시되는 경우에 마태는 '예수의 시대뿐 아니라 교회의 시대에도' 이방인들을 선교의 대상으로 삼을 수 없다고 생각했으리라는 것이다.[8] 그러나 동시에 교회가 그 국가 공동체와 구별된, 선택된 신앙의 공동체로 인식되고 있는 경우에, 마태는 모든 이방인을 제자로 삼을 수 있다고 생각했으리라는 것이다. 그 이유는 마태에게 있어서 이스라엘 국가 공동체와 교회는 부분적으로 겹치고 있기 때문이라는 것이다.[9]

이러한 다가와의 이론은 상반된 마태복음 단락들의 모순 해결을 위해 시대구분을 사용한 슈트레커의 이론보다는 훨씬 정교하고 설득력이 있어 보인다. 그러나 다가와의 이론은 마태가 때에 따라 자신의 공동체를 이스라엘 국가 공동체와 동일시하기도 하고, 분리시키기도 했으리라는 가정 위에 세워진 것이다. 결국 이러한 가정은 마태가 의식적이든 무의식적이든 대단히 '편리한 인식 구조'를 갖고 있었다는 주장이 되는 셈인데, 마태의 자기 공동체에 대한 이해가 그렇게 편리하게 구성되어 있었다는 것은 충분한 자료의 뒷받침을 받을 수 없는 비약이라 할 수 있다. 더구나

7) K. Tagawa, "People and Community," 159.
8) *Ibid.*, 159.
9) *Ibid.*, 161.

다가와는 마태가 옛 이스라엘과의 분리를 뜻하는 '새로운 이스라엘'이라는 표현을 사용하고 있지 않다는 단순한 이유를 들어, 마태는 교회를 '새로운 이스라엘'이 아니라 '참이스라엘'로 이해했으리라고 추정하고 있다. 그렇다면 마태는 '참이스라엘'이라는 표현을 사용했는가? 마태는 그 표현을 사용하지 않았기 때문에 다가와의 추정 역시 똑같은 이유로 거부될 수 있을 것이다.[10]

마태의 상반된 단락들을 다루는 데 있어서 지금까지 간과되어 온 것은 그 단락들을 마태공동체에 속한 두 그룹들 사이에 상호 대립의 표출로 해석하지 못했다는 것이다. 마태복음 10장 5-6절이나 15장 24절은 마태공동체내의 유대교적 기독교인 그룹의 자기이해가 표출된 것으로 볼 수 있다. 곧 자신의 선교적 노력을 이스라엘에게로 제한시키기를 원했던 한 그룹의 희망이 담겨진 것으로 해석할 수 있다. 반면, 28장 19-20절은 자신의 선교적 노력을 모든 이방인들에게로 확장시키기를 원했던 마태공동체내의 이방 기독교인 그룹의 희망이 담겨진 것으로 볼 수 있다. 따라서 이러한 상반된 단락들은 선교 범위의 문제가 당시 마태공동체의 주요 논쟁들 가운데 하나였음을 반영하고 있다. 마태는 두 그룹의 주장을 부분적으로 격려하고 부분적으로 억제시키면서 상호공존을 모색하는 입장을 취하고 있다.

유대인을 위한 선교가 격려되듯, 이방인을 위한 선교도 격려되고 있다. 로마 백부장의 하인에 대한 치유 기사(8 : 5-13)는 선교의 수혜 대상이 유대인들을 넘어서고 있음을 보여준다. 특히 8장 11절과 12절을 통해 이방인들이 하늘나라에 받아들여지는 반면,

---

10) 이러한 지적은 마태가 교회를 참이스라엘로 생각했으리라는 추정 자체에 대한 거부와는 다르다. 다가와가 '새로운 이스라엘'에 대해 부정하는 이유가 오직 마태복음서에 그 용어가 나타나지 않는다는 데 있다면, 똑같은 논리와 똑같은 이유로 그의 '참이스라엘'에 대한 긍정도 거부될 수 있다.

유대인들은 오히려 거부되리라고 선언하고 있다.

> "동서로부터 많은 사람이 이르러 아브라함과 이삭과 야곱과 함께 천국에 앉으려니와 나라의 본 자손들은 바깥 어두운 데 쫓겨나 거기서 울며 이를 갈리라"(8 : 11－12).

다가와는 이 구절 중 "나라의 본 자손들"(*hyoi tēs basileias*)을 유대인이라기보다는 기독교 교회에 속한 자들로 보고 있다. 곧 그 구절은 기독교 교회에 소속된 멤버라는 것 자체만 가지고는 구원이 보장되지 않는다는 것을 뜻하고 있다는 것이다.[11] 그러나 이 구절은 로마 백부장(이방인)의 믿음을 높이 평가하려는 단락(8 : 5－10)의 결어 부분의 역할을 하고 있기 때문에, 종말론적 잔치에 거부된 것으로 예견된 "나라의 본 자손들"은 바로 유대인들을 뜻하는 것으로 보는 것이 더 자연스러울 것이다.[12] 결국 백부장의 하인 치유 기사 속에는 마태의 이방선교에 대한 관심이 간접적으로 반영되어 있고, 이러한 그의 관심은 가라지 비유에 대한 해석 단락(13 : 37 이하)에서도 그대로 드러난다. 곧 좋은 씨를 뿌리는 이는 인자이고, 밭은 "세상"(13 : 38)이라는 것이다. 더 나아가 "천국 복음이 모든 민족에게 증거되기 위하여 온 세상에 전파되리라"(24 : 14)는 것이다. 마태의 이러한 이방선교에 대한 관심은 자신의 복음서의 마지막 결론 부분(28 : 19－20)에 가서야 비로소 보다 분명한 형태로 천명된다.

헤이레(D. R. A. Hare)와 해링톤(D. J. Harrington)은 그들의 공동

---

11) *Ibid.*, 160.

12) 이런 입장을 위해서는 Eduard Schweizer, *The Good News According to Matthew*(Atlanta : John Knox Press, 1975), p. 213 및 Georg Strecker, *Der Weg der Gerechtigkeit : Untersuchung zur Theologie des Matthäus*, FRLANT 82(Göttingen : Vandenhoeck & Ruprecht, 1962), pp. 100f. 를 참조하라.

연구를 통해 "모든 민족들로 제자를 삼으라"고 할 때 "모든 민족들"(*pantata ethnē*) 속에 이스라엘 민족도 포함되는가의 문제를 집중적으로 조사했다.[13] 그들은 '*ethnos/ethnē*' 어휘 연구를 통해 마태는 *ethnē*와 이스라엘을 두 개의 분리된 실체로 간주했다고 결론짓고 있다.[14]

"마태에게 있어서… 이스라엘에 대한 선교의 시대는 끝이 났다. … 마태에게 있어서 이중 선교는 단일 선교로 대치되었다."[15]

헤이레와 해링톤이 *ethnē*와 이스라엘을 각기 독립된 실체로 간주한 것은 적절한 견해라 할 수 있다. 그러나 바로 그 사실 때문에 마태의 이중 선교의 분위기가 와해되었다는 것은 추정의 비약이다. 왜냐하면 마태복음서의 그 마지막 단락을 그렇게 볼 수 있다고 해서 그밖의 다른 모든 단락들도 바로 그러한 전망으로 소급 해석한다는 것은 마태공동체의 선교 상황을 지나치게 단순화한 것이기 때문이다.[16] 마태에게 있어서 이방이 그토록 결정적인 의의를 지녔다면, 이방에 대한 열등한 진술들(5 : 47 등)이 나타나고 있는 것은 무슨 이유인지를 그들의 연구는 밝혀내지 못하고 있다. 마태의 예수는 유대인이라는 출신 성분 자체가 자신들의 구원을 보장해 준다고 생각한 유대인들을 통렬히 비판한다. "속

---

13) Douglas R. A. Hare and Daniel J. Harrington, "Make Disciples of All the Gentiles," *CBQ* 37(1975) : 358−369.

14) *Ibid.*, 359, 368.

15) *Ibid.*, 367.

16) 결국 Hare와 Harrington의 이러한 입장은 마태가 이스라엘에 대한 선교를 현재(마태 당시)가 아니라, 오직 과거의 과제로만 보았으리라는 전제 위에 세워진 것으로서, 일종의 구속사적 접근방식으로 분류될 수 있다. 이런 점에서 이들은 G. Strecker와 비슷한 계열에 속한다.

으로 아브라함이 우리 조상이라고 생각지 말라. 내가 너희에게 이르노니 하나님이 능히 이 돌들로 아브라함의 자손이 되게 하시리라"(3 : 9).[17] 그러나 동시에 마태는 이방인을 결코 미화시키지 않는다. 오히려 기독교인이 되기 이전 상태의 이방인은 열등한 것으로 묘사되기까지 한다(5 : 47 ; 6 : 7 ; 6 : 32 ; 18 : 17).

마태는 유대인을 위한 선교와 이방인을 위한 선교를 각각 강조하는 이중 선교 전선을 취함으로써 두 그룹의 주장을 모두 격려한다(10 : 5-6 ; 15 : 24 ; 28 : 19-20). 그러나 동시에 유대 선교와 이방선교에 대한 적극적인 진술을 각각 유보하고 있다. 가령 유대인을 위한 선교의 경우, 제자 파송에 대한 긴 단락(10 : 5-23)에서 제자들은 "이스라엘의 모든 동네들"[18](*tas poleis tou Israēl*, 10 : 23)을 두루 선교하도록 위임받고 있으나, 마태는 마가(막 6 : 30)와는 달리, 제자들의 활동 자체는 물론 귀환에 대한 어떤 종류의 보도도 생략하고 있다.[19] 한편 이방인을 위한 선교의 경우,

17) 이 구절이 속해 있는 3 : 7-10의 세례자 요한 단락에 대해서는 Carl R. Kazmierski, "The Stones of Abraham : John the Baptist and the End of Torah(Matt 3: 7-10 par. Luke 3: 7-9)," *Biblica* 68(1, 1987) : 22-40을 보라. Kazmierski는 세례자 요한 전승은 세례자 요한의 동시대 사람들과 기독교 교회가 세례자 요한의 명예를 사회적으로 애써 회복시키려 했음을 보여준다고 주장한다. *Ibid.*, p. 38.

18) G. Strecker는 "이스라엘의 모든 동네들"이 팔레스타인 안에 있는 동네들뿐 아니라, 유대인들이 살고 있는 세계의 동네들을 언급한다고 해석하고 있다. 그의 *Der Weg*, p. 415를 참조하라. 이러한 해석은 이 구절에서 지리적 의미보다는 인종적 의미를 찾으려는 시도이다. 그러나 어느 쪽으로 해석하든 그 구절이 이방인이 아니라, 유대인을 위한 선교와 관련되고 있다는 점이 부정되는 것은 아니다.

19) 브라운(Schuyler Brown)은 마태가 선교명령의 폐쇄적 형태를 중심부분에 위치시킨 것은, 그 복음서의 작성 당시 개방적인 이방선교가 논쟁의 대상이 되고 있었음을 보여주는 것이라

마태는 자신의 복음서 마지막 단락(28 : 19－20)을 제외한 그밖의 다른 곳에서는 "모든 민족들로 제자를 삼으라"(*mathēteusate panta ta ethnē*)라는 명확한 표현의 사용을 철저히 피하고 있다. 이러한 사정은 마태공동체내에 선교에 관한 논쟁이 어느 쪽으로든 일반적으로 정착되지 못했음을 보여준다. 마태는 대립적인 두 그룹의 주장을 각각 인정하면서도 적극적인 격려를 유보한다. 이것은 두 그룹의 입장 가운데 어느 한쪽이 마태공동체내에서 현격한 우위를 점하기 어려웠던 정황, 곧 두 그룹이 그 힘과 영향력에서 어느 정도의 균형을 이루고 있었던 정황을 반영해 준다.

2. 율법 해석

마태복음서에서 율법 문제가 집중적으로 취급되고 있는 부분은 산상수훈이다. 베츠(H. D. Betz)는 산상수훈의 편집이 마태공동체가 아직 유대교의 울타리 안에 있었던 초기 단계에 이미 이루어진 것으로 보고 있다. 베츠에 따르면, 마태는 그 자신이 산상수훈의 배경과 신학에 동의하지 않았다 해도, 그것을 수정없이 자신의 복음서에 포함시켰다는 것이다.[20] 이 주장을 간결하게 표현하면 산상수훈의 신학과 마태복음서의 신학이 다르다는 것이다. 이러한 경우 마태 기자는 자신의 공동체의 삶을 위한 전승의 재해석자라기보다는 전승의 단순한 수집가로 전락하고 만다. 오히려 산상수훈은 마태의 문학적 산물이기 때문에 우선 마태복음서 안에서 그것의 배경을 먼저 찾아야 한다는 데이비스(W. D. Davies)

고 해석한다. 그의 "The Matthean Community and the Gentile Mission," *NovTest* 22(1980) : 220을 보라.

20) Hans Dieter Betz, *Essays on the Sermon on the Mount* (Philadelphia : Fortress Press, 1985), pp. 18－22.

의 주장[21]이 더 설득력이 있다. 산상수훈의 신학과 마태복음서의 신학을 동일선상에 놓고 보아서는 안될 뚜렷한 근거란 없다. 이런 점에서 베츠의 연구는 그것보다 20여년 전에 출판된 데이비스의 저서 이전의 상태로 되돌아간 것처럼 보인다.

한편, 데이비스는 이렇게 주장하고 있다.

> "산상수훈 자체는 시내산에서 주어진 것과 날카롭게 대립된 '새로운' 혁명적인 율법을 공포하지 않는다. … 대립이 아니라 완성이 모세의 율법과 예수의 율법 사이의 관계를 표현해 준다."[22]

그러나 이러한 그의 주장에도 문제가 있다. 마태복음서에서 모세의 율법과 예수의 율법은, 데이비스의 주장과는 달리, 반드시 '완성'이라는 전망만으로 처리되지는 않는다. 여섯 개의 명제들(5 : 21-48) 중 엄격한 의미에서 '완성'으로 볼 수 있는 것은 첫째와 둘째의 경우, 곧 "살인하지 말라"와 "간음하지 말라"는 십계명 가운데 두 가지 계명에 대해 예수가 해석해준 경우뿐이다. 이 두 계명은 예수의 해석에 의해 오히려 철저히 강화되고 있다. 그러나 나머지 네 개의 경우(이혼, 맹세, 복수, 사랑의 범위)는 구약의 명령들을 무력하게 만들면서 그것들과 '대립'하고 있다. 곧 첫번째와 두번째 명제는 새로운 율법이 아니라 새로운 해석이라 할 수 있으나, 나머지 네 개의 명제는 새로운 해석이라기보다는 새로운 율법에 가깝다.

마태가 본 예수는 모세의 율법에 대해 새로운 율법을 내세우기도 한다. 모세의 율법에 대해 새로운 율법이 나타나는 것은 마태공동체내에 이방 기독교인들의 영향력이 현격히 확장되고 있음을

---

21) W. D. Davies, *The Setting of the Sermon on the Mount*(Cambridge : the Univ. Press, 1966), pp. 14-107.
22) *Ibid.*, p. 107.

반영해 준다. 이러한 추정은 첫번째와 두번째 명제(새로운 해석)가 처음에 형성되었고, 다른 것들(새로운 율법)이 그것들과 결합되어 부가되었으리라는 주장[23]에 의해서도 간접적으로 보강된다. 마태는 이들 이방 기독교인들의 입장을 부분적으로 수용한다. 그러나 그들 중 일부는 아예 율법 전체를 부정하는 극단적인 반-율법주의를 주장하고 있었다. 마태가 본 예수는 이들에게 "내가 율법이나 예언서를 폐하러 온 줄로 생각하지 말라. 폐하러 온 것이 아니라 완전케 하려 함이로다.… 천지가 없어지기 전에는 율법의 일점 일획이라도 반드시 없어지지 아니하고 그때까지 다 이루어지리라"(5 : 17-18)고 선언하고 있다. 다가와는 이 선언이 율법의 권위가 자신들에게 절대적인 것으로 받아들여지고 있는 유대인들에게만 이해가 가능한 것이기 때문에, 그 대상은 유대교적 기독교인들이었을 것으로 추정한다.[24] 그러나 그러한 선언은 유대인들에게는 너무나 자명한 것이기 때문에, 다가와의 추정과는 달리, 그것은 적어도 유대인들 혹은 유대교적 기독교인들에게는 불필요했을 것이다. 오히려 그것은 율법에 대한 전면 거부를 주장한 마태공동체내의 이방 기독교인들 가운데 극단적인 멤버들을 향한 선언이었을 것이다.[25]

마태는 "일점 일획"을 강조하는 율법에 대해 엄격한 유대교적·율법주의적 기독교인들의 입장을 내세워 이방 기독교인들 가운데 극단적인 멤버들의 주장을 경계한다. 그러나 마태는 "일점 일획"의 뜻을 율법의 '의도'와 관련시킴으로써, 그 엄격성을 문자적인 것으로부터 본질적인 것으로 전환시킨다. "다 이루어지리라"(*hēos an panta genētai*)는 구절(5 : 18)은 율법이 의도하는 모든 것이 다

---

23) E. Schweizer, *The Good News According to Matthew*, p. 111.
24) K. Tagawa, "People and Community," 153.
25) James P. Martin, "The Church in Matthew," *Int* 29(1975) : 46 참조.

른 사람에 의해서가 아니라, 예수의 가르침과 그의 추종자들의 활동을 통해 반드시 완성되리라는 것이다.[26] 예수의 마지막 위임도 같은 맥락에서 이해할 수 있다. 모세가 너희에게 분부한 것이 아니라, "내가 너희에게 분부한" 모든 것을 가르쳐 지키게 하라는 것이다(28 : 20). 마태는 이를 통해 유대교적 기독교인들 중 극단적인 율법주의자들도 경계한다. 곧 마태는 극단적인 반-율법주의와 극단적인 율법주의를 둘 다 거부하고 있다.

한편 마태는 서기관들 및 바리새인들에 의해 해석된 율법과는 대조적인, 예수에 의해 해석된 율법을 내세운다. 따라서 마태가 본 예수는 "서기관들과 바리새인들"의 형식주의적 율법 이해를 23장 도처에서 맹렬히 공격하고 있다. 마태가 거기서 공격의 대상을 서기관들에 국한시키지 않고 "서기관들과 바리새인들"로 확대시킨 것은 주후 70년 이후의 상황, 곧 바리새인들 그룹이 유대교의 주도 그룹으로 부상되기 시작한 상황을 반영해 준다.[27] 따라서 여기서 간과될 수 없는 것은 이러한 공격이 마태공동체내의 대립적인 한 국면을 효과적으로 반영해 준다는 점이다.

> "서기관들과 바리새인들에 대한 그 경고들(23장)은 유독 유대종교지도자들에 대한 것만이 아니라, 마태 교회내에 있는 그와 같은 생각들에 대한 것이기도 하다."[28]

그렇다면 그와 같은 생각들이 어떻게 마태공동체내에 생기게 되었을까? '바리새파 사람들이 외부로부터' 마태공동체 내부로 들어와 활동하고 있었다는 가정[29]은 설득력이 부족하다. 오히려 마

---

26) E. Schweizer, "Observance of the Law and Charismatic Activity in Matthew," *NTS* 16(3, 1970) : 214－215 참조.
27) E. Schweizer, *The Good News According to Matthew*, p. 430.
28) J. P. Martin, "The Church in Matthew," 45.

태공동체내에 '기독교적 서기관들'[30] 그룹이 다른 그룹들과 공존하면서 유대교적 서기관들과 바리새인들의 주장을 부분적으로 인정하고 소개했거나, 아니면 마태공동체내의 한 그룹의 멤버들이 율법 해석에 관한 한 유대교적 서기관들과 바리새인들의 해석을 적절한 것으로 받아들이고, 이를 다른 멤버들에게 설득하려 했던 것으로 상정할 수 있다. 여기서 마태는 서기관들과 바리새인들의 해석과 실천을 따르는 마태공동체내의 한 그룹을 비판하는 같은 공동체내의 다른 한 그룹을 지지하면서, 모세 율법의 유일하고도 진정한 해석자를 한 사람으로 제한한다. 선생은 오직 하나이고 지도자도 오직 하나라는 것이다(23 : 8－10).

예수에 의해 제시된 새로운 율법이 새로운 해석의 경우, 무엇

---

29) David Hill, "False Prophets and Charismatics : Structure and Interpretation in Matthew 7: 15－23," *Biblica* 57(3, 1976) : 348. 마 7 : 15－23을 다루면서 Hill은 "거짓 예언자들"(7 : 15)이 외부로부터 들어왔다고 가정한다. 이것은 가능성이 있는 가정이나, 이들의 정체가 바리새인일 것이라는 그의 또 다른 추정은 설득력이 약하다. 이 거짓 예언자들은 그들의 활동 내용(7 : 22)으로 보아 오히려 거짓 카리스마적 선교사들로 보는 것이 더 적절할 것이다.

30) 마 8 : 19은 '기독교적 서기관'이 마태공동체내에 있었을 가능성을 확인시켜 주고 있고, 13 : 52에서 "하늘나라의 제자된 모든 서기관들"에 대해 언급하는 장면과 23 : 34에서 예수가 서기관을 파송하는(*apostelō* : 현재동사) 장면들은 그 가능성을 더욱 높여준다. R. H. Gundry도 '전향한 서기관들'의 활동 가능성을 인정하고 있다. 그의 *Matthew : A Commentary on His Literary and Theological Art*(Grand Rapids, Michigan : W. B. Eerdmans Publishing Company, 1982), p. 457. 이 가능성을 가장 철저히 밀고나간 학자는 O. Lamar Cope이다. 그는 마태 기자 자신이 아예 하늘나라를 위해 훈련된 서기관이라고 주장한다. 그의 *Matthew : A Scribe Trained for the Kingdom of Heaven*, CBQ Monograph Series 5(Washington D. C. : The Catholic Biblical Association of America), pp. 121－130.

이 새로운가? 슈바이처(E. Schweizer)는 그 새로움은 '사랑'으로 요약된다고 주장하고,[31] 킹스베리(J. D. Kingsbury)는 그 내용이 '보다 위대한 의'로 집약된다고 주장한다.[32] 이 두 주장이 각기 보충되어야 하는 이유는 마태가 본 예수는 의를 위한 요구를 사랑을 위한 요구와 일치시키고 있기 때문이다. 킹스베리는 의와 사랑의 관계를 이렇게 설명한다. "보다 위대한 의의 중심을 이루고 있는 것은 하나님을 향한 사랑과 이웃을 향한 사랑이다."[33] 그러나 이 설명은 의를 사랑보다 더 큰 범주로 상정하고 그 의 속에 사랑을 포괄시키려는 착안이다. 이것은 킹스베리가 아직도 의와 사랑이 예수의 해석 속에서 하나로 통전된다는 것을 파악하지 못했음을 보여준다. 마태가 본 예수에게 있어서 의의 실천은 사랑의 실천 외에 다른 것이 아니다. 바로 이 점에서 예수가 요구하는 의는 서기관들과 바리새인들의 의와는 다르다. 그들의 사랑과 분리된 의의 실천과는 달리 마태가 본 예수는 의 속에서 사랑을, 사랑 속에서 의를 실천할 것을 요구한다. 의와 사랑이 하나로 인식되어 실천되지 않는 한 서기관들이나 바리새인들의 의를 넘어설 수 없다고 한다(5 : 20).

모세의 율법에 대한 '예수의 새로운 율법'의 제시는 마태공동체 내의 유대교적 기독교인 멤버들과 이방 기독교인 멤버들의 대립의 분위기를 드러내 보여준다. 반면, 모세의 율법에 대한 바리새

31) E. Schweizer, "Observance of the Law," 216f. ; J. P. Martin, "The Church in Matthew," 51f.

32) J. D. Kingsbury는 마 5 : 17－45을 "이웃을 향한 보다 위대한 의의 실천에 관하여"로, 6 : 1－18을 "하나님 앞에서의 보다 위대한 의의 실천에 관하여"로 각각 명명하고 있다. 그의 "The Place, Structure, and Meaning of the Sermon on the Mount Within Matthew," *Int* 41(2, 1987) : 136. 그러나 그의 분류에서 5: 46－48은 이유 없이 탈락되고 있다.

33) *Ibid.*, 137.

적 해석과 '예수의 새로운 해석'의 제시는 주로 마태공동체내의 유대교적 기독교인들간의 갈등의 상황을 반영한다. 그 이유는 두 해석이 모두 율법 자체의 타당성을 전제하고 있기 때문이다. 마태는 유대교적 기독교인 멤버들간의 대립적인 상황에서 바리새적 해석에 대한 예수의 해석의 철저한 우위를 주장하는 멤버들을 지지한다.

3. 카리스마적 활동

카리스마란 신이 부여한 것으로 여겨지는 은사의 일종으로, 일부 종교적 또는 정치적 지도자들에 의해 소유된 영감과 영광의 자질이다. 카리스마적 지도자는 이성적이고 관료적인 권위를 거부하고 추종자들에게도 이성적 응답보다는 감정적 응답을 요구한다.[34] 그 지도자는 자신의 자유로운 영적 활동을 통해 절망의 상황 속에 있는 추종자들에게 희망과 확실성의 상징과 도구가 된다.[35] 카리스마적 지도자는 추종자들에게 과거와의 급격한 단절은 물론, 자신이 주장하는 혁신적인 이상 세계에 대한 자발적이고도 전적인 삶의 위탁을 요구한다.

마태복음서에서 카리스마적 활동은 부분적으로 고무되고 있다. 예수는 나병 환자와 백부장의 하인과 베드로의 장모는 물론 많은 귀신들린 자들과 병자들을 고쳐준 것으로 보도되고 있다(8 : 1-16). 중풍병자와 회당장의 딸과 혈루증 앓는 여인은 물론 맹인들과 벙어리도 그 치유의 수혜자들이 된 것으로 보도되어 있다(9 :

34) M. Weber, *The Theory of Social and Economic Organization* (Glencoe, Illinois : Free Press, 1964), pp. 358f.

35) B. Wilson, "Foreword," in M. L. Martin, *Kimbangu : An African Prophet and his Church*(Oxford : Blackwell, 1975), p. xiv.

1-8, 18-32). 특히 중풍병자 치유의 경우, 무리의 반응을 마가복음 2장 12절과는 달리 "이런 권세를 사람에게 주신 하나님께 영광을 돌리니라"(마 9 : 8)로 되어 있는데, 여기에는 예수가 신적으로 부여된 특별한 자질(카리스마)을 소유하고 있음을 보여주려는 마태의 의도가 내포되어 있다. 예수의 신원에 대한 세례자 요한의 물음에 대해 예수는 이렇게 답변한 것으로 되어 있다. "너희가 듣고 보는 것을 요한에게 고하되 소경이 보며 앉은뱅이가 걸으며 나병환자가 깨끗함을 받으며 귀머거리가 들으며 죽은 자가 살아나며 가난한 자들에게 복음이 전파된다 하라"(11 : 2-5). 마태는 이 단락을 통해 예수가 자신의 정체를 카리스마적 활동으로 이해했음을 명백히 밝히고 있다.

마태는 예수의 활동뿐 아니라 그 추종자들의 활동도 카리스마적 활동으로 묘사한다. 예수에 의해 파송되고 있는 열두 제자는 "천국이 가까웠다"는 선포(10 : 7) 외에도 "병든 자를 고치며 죽은 자를 살리며 문둥이를 깨끗게 하며 귀신을 쫓아내되 너희가 거저 받았으니 거저 주라"(10 : 8)는 지침을 받는다. 또 이들은 이 동네에서 저 동네로 옮겨다니며 선교활동을 하도록 위촉된다 (10 : 23).

한편, 예수 추종자들은 자신들의 소유와 심지어 가족간의 유대까지도 철저히 포기할 것을 요청받는다. 자신의 아버지를 장사하도록 허락해 달라고 요구하는 한 제자에게 "죽은 자들로 저희 죽은 자를 장사하도록 하고 너는 나를 좇으라"(8 : 22)는 명령이 주어진다. 베드로와 그 형제 안드레가 예수에 의해 부름을 받자, 그들은 "곧 그물을 버려두고" 예수를 좇은 것으로 그려져 있고(4 : 20), 마찬가지로 세베대의 아들 야고보와 그 형제 요한이 부름을 받자, 그들은 "배와 부친을 버려 두고" 예수를 좇은 것으로 보도되어 있다(4 : 22).

예수의 제자들은 "이 작은 자들"(*tōn mikrōn toutōn*)로 불린다

(10 : 42).[36] 마태공동체의 한 부분을 구성하고 있는 이들은 "목자 없는 양"(9 : 36)과 같이 고생하는 사람들을 위해 일할 것을 위임 받는다(9 : 37-38).[37] "이 작은 자들"의 선교활동을 "냉수 한 그릇"으로 상징되는 최소의 것을 가지고 지원해도 그 사람은 상을 얻으리라고 한다(10 : 42). 이것은 추종자들의 선교활동에 대해 냉대하는 사람들의 분위기를 보여준다. 이와 비슷한 상황은 세계 심판의 비유(25 : 31-46)에서 구체적으로 묘사된다. 10장에서 "작은 자들"로 불린 사람들이 25장의 비유에서는 "지극히 작은 자들"(*tōn elaxistōn*)로 불려진다(25 : 40, 45). 여기서 예수와 동일시되고 있는 "지극히 작은 자들"은 누구인가? 캐취폴(D. R. Catchpole)은 사람들이 이들을 알아보지 못했다는 점을 들어, 이들을 예수의 선교활동을 대행하기 위해 그에 의해 파견된 자들로 보기 어렵다고 주장하고 있다.[38] 그러나 파견된 자를 보고서도 파견한 자를 알아차리지 못하는 예는 성서적으로나 현실적으로 허다하기 때문에 이러한 주장은 설득력이 없다. 그렇다면 "지극히

---

36) E. Schweizer는 이들을 10 : 41의 "예언자" 및 "의인"과 동일시하고, 이러한 묘사가 마태에게서 전형적인 것으로 보고 있다. 특히 마태에게서 "예언자"라는 용어는 제자의 카리스마적 활동을 언급할 때 사용된다고 주장한다. 그의 "Observance of the Law," 223을 참조하라.

37) E. Schweizer는 막 6 : 34에서의 "목자"가 예수를 뜻하는 것과는 달리, 여기서는(마 9 : 36) 목자가 "양떼의 목자들로서의 제자들"을 뜻하는 것으로 보고 있다. *Ibid.*, 222. 그러나 이것은 다소 무리한 해석이다. 마태의 경우에도 "목자"가 단수 *poimena*로 되어 있어 본문상의 지원을 받기 어렵기 때문이다. 더구나 "목자"를 제자들이 아닌 예수로 해석한다 해도, 제자들의 의무와 역할의 무게는 여전히 감소하지 않기 때문에 그와 같은 시도는 큰 의미가 없다.

38) D. R. Catchpole, "The Poor on Earth and the Son of Man in Heaven. A Reappraisal of Matthew 25: 31-46," *BJRL* 61(2, 1979) : 394.

작은 자들"은 누구인가? 단순히 헐벗고 굶주린 일반적인 사람들을 가리키는가? 그렇지 않다. 이들이 주리고, 목마르고, 나그네 되고, 헐벗고, 옥에 갇힌 경험들이 있는 것으로 묘사되고 있는 것은(25 : 35-36, 42-43) 이들이 단순히 불쌍한 사람들 일반이 아니라, 카리스마적 선교활동을 하고 있는 예수의 추종자들임을 보여준다.

이 비유는 이들에 대한 영접이 거의 이루어지지 않고 있음을 암시해 준다. "작은 자들"이 "지극히 작은 자들"로 축소되어 명명되고 있는 것도 이러한 힘겨운 정황을 드러내 보여준다. 하늘에 있는 인자가 자신을 위해 고통당하고 있는 카리스마적 선교사들을 자기 자신과 일치시킨다는 이 전승은 이들 선교사들에 대한 핍박의 상황을 전제하고 있다. 특히

> "그 선교사들이 겪은 난관의 목록 속에 포함된 투옥에 대한 독특한 언급(25: 38)은… 특정한 지역에서의 공무상의 반응을 나타내고 있다."[39]

더구나 이들 활동의 과정과 결과가 성공적이라는 어떠한 보도도 없다. 이러한 정황은 카리스마적 활동에 대한 세속의 지지도가 점차 낮아져 가고 있는 상황을 반영해 준다.

한편, 마태공동체에는 이러한 참카리스마적 활동을 거짓 카리스마적 활동으로부터 구분하고 후자를 비판하는 일군의 멤버들이 있다. 그들은 카리스마적 활동이라 해서 무조건 다 인정될 수는 없다는 입장을 견지하고 있다. 그들은 카리스마적 활동 자체가 제자직의 완성된 형태라는 카리스마 일변도의 주장을 비판하고 있다. 마태복음 7장에는 이러한 사정이 분명히 드러나 있다.

---

39) J. M. Court, "Right and Left : The Implications for Matthew 25: 31-46," *NTS* 31(1985) : 230.

"나더러 주여 주여 하는 자마다 천국에 다 들어갈 것이 아니요 다만 하늘에 계신 내 아버지의 뜻대로 행하는 자라야 들어가리라. 그날에 많은 사람이 나더러 이르되 주여 주여 우리가 주의 이름으로 예언하며 주의 이름으로 귀신을 쫓아내며 주의 이름으로 많은 권능을 행치 아니하였나이까 하리니, 그때에 내가 저희에게 밝히 말하되 내가 너희를 도무지 알지 못하니 불법(*anomia*)을 행하는 자들아 내게서 떠나가라 하리라"(7: 21-23).

여기서 비판받고 있는 사람들의 활동 내용은 예언과 귀신축출과 권능수행으로 구성되어 있다. 이것은 전형적인 카리스마적 활동의 목록이다. 더구나 이들의 활동이 "주여, 주여"하는 외침과 함께 "주의 이름으로" 이루어지고 있다는 지적은 거짓 카리스마적 활동을 강력히 억제하려는 분위기를 보여준다.[40]

참카리스마적 활동(10장)과 거짓 카리스마적 활동(7장)은 구별하기가 어렵다. 그래서 그것이 사람들을 미혹시키는 이유가 되기도 한다(7 : 15 ;24 : 12). 양쪽 모두 귀신을 축출하고 권능을 똑같이 행사한다. 그러나 거짓 카리스마적 활동에는 하늘나라 복음의 전파 사업이 포함되어 있지 않다. 이 사업은 참카리스마적 선교사들에게는 예수가 분부한 것들 중 첫번째 항목(10 : 7)이 될 정도로 중요한 위치를 차지하고 있다. 더 나아가 참카리스마와 거짓 카리스마는 "아버지의 뜻"과 "내[예수의] 말"을 행하느냐 아니냐(7 : 21, 24, 26)로 판가름난다. 따라서 어떤 카리스마적 선교사가 이러한 종류의 행함을 수반하지 않고 선교활동을 하고 있다면, 그들은 "거짓 예언자들"(7 : 15)로 또는 "불법을 행하는 자들"(7 : 23)로 간주된다. 여기서 개역이나 새번역이 모두 "불법"으로 번역한 '*anomia*'는 불법보다는 '무법'에 가까운 용어이다. 이들이 하는 일은 마태공동체를 무법상태로 만드는 일이다. 이들은 영적

---

40) J. P. Martin, "The Church in Matthew," 49.

인 것만 내세우며, 극단적인 반-율법주의를 주장하는 거짓 카리스마 선교사들이다. 마태는 거짓 예언자들의 활동 뒤에 오게 될 '무법' 상태를 경계하도록 권고하고 있다(24 : 11-12).

'무법을 행하는 자들' 곧 '거짓 예언자들' 또는 거짓 카리스마 선교사들이 이미 마태공동체내에 들어와 있었다는 것은 마태가 사용한 어법 곧 "너희에게로 나아온(*erxontai pros hymas*) 거짓 선지자들을 삼가라"(7 : 15)는 권고를 통해 확인된다. 이들이 장차 "내게서 떠나가라"(*apoxōreite ap emou*)는 판결을 받게 될 것으로 묘사되는 것(7 : 23)도 이들이 지금은 마태공동체 멤버들과 함께 섞여 있다는 것을 보여준다. 5장 17절의 "…생각하지 말라"(*mē nomisēte*)는 구절 역시 마태의 예수가 거부한 무법 사상이 마태공동체내에 이미 존재하고 있었음을 보여준다.[41] 마태는 무법을 행하는 자들이 장차 풀무불에 던져질 것으로 예고함으로써(13 : 41-42), 거짓 카리스마적 활동을 철저히 억제시키고 있다.

슈바이처는 마태공동체가 그 선교활동에서 '예언자들의 교회' 곧 카리스마 공동체였다고 주장한다. 마태는 그 공동체 안에서 "아직도 진행중인 치유와… 기적들을 전제하고 있다"는 것이다.[42] 킹스베리는 슈바이처의 주장을 비판하면서 마태공동체의 선교사들의 대부분은 방랑하는 급진주의 윤리를 "더 이상 문자적인 의미로 실천하지 않았고, 오히려 그 속에서 모범적인 가치를 발견했다"고 보고, 이런 의미에서 "마태공동체는… '윤리적 전환기' 속에 있었다"[43]고 주장한다. 슈바이처와 킹스베리는 마태가 카리

41) G. Barth, "Matthew's Understanding of the Law," in G. Bornkamm, G. Barth, and H. J. Held, *Tradition and Interpretation in Matthew*, tr. Percy Scott(Philadelphia : The Westminster Press, 1963), p. 67 참조.

42) E. Schweizer, "Observance of the Law," 226.

43) J. D. Kingsbury, "The Verb Akolouthein("To Follow") as an

스마적 활동을 고무시키면서 동시에 억제시켜야 했던 마태공동체 내의 복잡한 선교 상황을 각기 일방적인 측면만을 강조하여 단순화시키고 있다.

카리스마적 선교사들은, 킹스베리의 추정과는 달리, 예언과 치유와 권능행사를 통해 마태공동체 안팎에서 왕성히 활동하고 있었다(7 : 15−23). 그러나 슈바이처의 추정과는 달리 그들의 활동은 부분적으로 억제된다. "심령이(*tō pneumati* : [영에 있어서]) 가난한 자는 복이 있나니 천국이 저희 것임이요"라는 구절(5 : 3)에서 누가복음 6장 20절의 병행에는 없는 "영에 있어서"가 팔복의 첫째 항목에 부가된 것은 영적인 부(일종의 카리스마)를 자랑하는 자들[44]이 마태공동체내에서 왕성히 활동하고 있었던 분위기를 보여준다. 그러한 활동이 공동체의 질서를 위협하고 있었다. 영에 있어서 가난한 자에게 주어지는 보상은 "하늘나라"로 되어 있다(5 : 3). 이 구절을 "주여 주여 하는 자마다 하늘나라에 다 들어갈 수 있는 것이 아니라"는 구절(7 : 21)과 관련시켜 보면, 영에 있어서 부유한 자(카리스마)는 주여 주여 하고 행하지 않는 자처럼 하늘나라에 들어갈 수 없다는 뜻이 된다.

이러한 맹렬한 비난이야말로 이들 거짓 카리스마 예언자들의 위치가 마태공동체내에서 약화된 것을 보여주는 근거라고 생각하는 것은 단순한 추측이다. 이들이 과거에 이미 마태공동체를 떠났거나 아니면 지금 떠나가고 있는 중이라는 것을 암시하는 어떤 근거도 없다. 오히려 그들은 "그날에"(7 : 22) 혹은 "그때에" 곧 종말에 가서야 비로소 "떠나가라"는 판결을 받고(7 : 23) 결국 "풀무불에" 던져질 것으로(13 : 41−42) 묘사되고 있기 때문이다.

Index of Matthew's View of His Community," *JBL* 97(1, 1978) : 64−73 참조.

44) R. H. Smith, "Were the Early Christians Middle-Class? A Sociological Analysis of the New Testament," *CTM* 7(1980) : 270.

따라서 지금은 이들이 마태공동체 안에서 다른 멤버들과 함께 활동하고 있다고 추정하는 것이 더 자연스럽다. 또 이들이 미래에 가서야 심판을 받게 되리라고 묘사하는 것은 현재 이들의 활동이 제어하기 힘들 정도로 왕성함을 암시해 준다.

마태는 이런 종류의 거짓 카리스마적 활동을 비판하면서 다른 종류의 카리스마적 활동은 고무시킨다.

> "마태가 단순히 예언자들과 카리스마 소유자들을 말하고 있는 것이 아니라, '거짓' 예언자들을 말하고 있다는 바로 그 사실은 그가 '참'예언자들과 또 '참'카리스마 소유자들이 있다는 것을 가정했음을 보여준다."[45]

세계 심판의 비유(15 : 31－46)에서 언급되는 "지극히 작은 자들"은 참카리스마 선교사들로 묘사된다. 마태가 이들 참카리스마 선교사들에 대한 영접과 거절(25 : 35－36, 42－43) 여부를 사람들의 영생과 형벌을 판가름하는 기준으로 뚜렷하게 제시하는 것은 거짓 카리스마적 활동으로 인해 점차 위축되어 가고 있는 참카리스마적 활동이 회복되기를 바라는 마태공동체내의 한 그룹의 희망과 계획을 지속적으로 지원하려는 것이다.

---

45) *Ibid.*, 269. 마태복음서 속에서 카리스마적인 것과 반－카리스마적인 것의 균형을 보면서도 Smith는 마태가 '어떤 점에서는 반－카리스마적'(*Ibid.*, 271)이라고 결론짓고 있다. 그러나 이러한 결론은 모호한 것이다. 왜냐하면 이것은 어떤 점에서는 역시 카리스마적이라는 주장 외에 다른 것이 아니기 때문이다.

Ⅲ. 공존의 윤리

마태는 마태공동체내의 상호 대립적인 그룹들로 하여금 그들의 심각한 입장의 차이에도 불구하고 상호 공존을 위해 노력하도록 그것에 적합한 공존의 윤리를 제시하고 있다. 이러한 공존의 윤리에는 이웃을 자신의 몸처럼 사랑할 것을 요구하는 사랑의 윤리와, 스스로 낮아질 것을 요구하는 낮춤의 윤리, 그리고 한 주(主) 아래서의 상호 결속을 요구하는 하나됨의 윤리 등이 포함되어 있다.

1. 사랑

마태복음서에서 이웃 사랑은 여러 형태로 강조되고 있다. "네 이웃을 네 몸과 같이 사랑하라"는 요구는 예수에 의해 여러 계명들이 소개되는 가운데 마지막 계명으로 부가되기도 하고(19 : 19), 또 다른 상황에서는 가장 큰 두 계명 가운데 둘째 계명으로 규정되면서, 첫째 계명과 더불어 "온 율법과 예언서의 강령"으로 제시된다(22 : 39－40). 마태가 본 예수는 "순종이 제사보다 낫다"는 사무엘상 15장 22절보다는 "나는 자비를 원하고 제사를 원치 아니한다"는 호세아 6장 6절을 통해 율법의 뜻을 설명한다(마 9 : 13 ; 12 : 7). 사랑을 강조하는 이러한 규범들은 마태공동체의 내부 지침으로 볼 수 있다.

"예물을 제단에 드리다가 거기서 네 형제에게 원망 들을 만한 일이 있는 줄 생각나거든… 먼저 가서 형제와 화목하고 그후에 와서 예물을 드리라"(5 : 23－24)는 단락을 살펴보자. 마태에게 "형제"(*adelphos*)는 혈육관계가 아니라 '믿는 자'를 지칭하기 위해 사용되는 용어이다. 곧 "누구든지 하늘에 계신 내 아버지의 뜻대로 하는 자가 내 형제요 자매요 모친이라"(12 : 50)는 것이다.[46) 따라서 "형제와 화목하라"는 것은 마태공동체에 속한 믿는 자들끼리의 내부대립 상황을 간접적으로 반영해 준다. 이런 상황에서 마태가 본 예수는 그 공동체 멤버간의 화목이 제사보다 앞서야 한다고 강조한다.

"너희들의 원수들을 사랑하라"(5 : 44)는 구절 역시 마태공동체의 내부 규범으로 이해할 수 있다. 이 점을 명확히 밝힌 학자는 홀슬리(R. A. Horsley)이다. 그에 따르면, "원수들을 사랑하라"는 말은 정치적인 비폭력이나 무저항을 주장하기 위해 도입된 것이 아니라, 지역 공동체내에서 서로가 서로를 사랑해야 한다는 것을 강력히 권고하기 위해 소개되고 있다는 것이다.[47) 실제로 여기서 "원수들"은 정치적 혹은 대외적 대적자들을 뜻하기 위해 사용된 용어라기보다는 마태공동체 내부의 특정한 그룹들끼리 서로를 격렬히 비판할 때 사용된 용어이다. "네 원수(*exthron sou*)를 미워하라"는 말을 극복하기 위해 "네 원수를 사랑하라"는 단수 형태가 아니라, "너희들의 원수들(*exthrous hymon*)을 사랑하라"는 복수 형태가 도입되고 있는 것도 이 권고가 마태공동체의 내부 그룹들에게 공동으로 주어지고 있다는 추정의 가능성을 높여준다. 마태공동체 멤버들간의 극단적인 상호 대립의 상황[48)에서 이 권고는 그 대립의 완화에 대한 마태의 희망을 반영한다.

---

46) 예수의 진정한 형제와 자매가 "무리"(*ochlos*)로 밝혀지는 막 3 : 31-35과는 달리 그들은 이곳 마태복음 단락에서는 "제자들"로 밝혀진다(12 : 49).

47) R. A. Horsley, "Ethics and Exegesis : 'Love Your Enemies' and the Doctrine of Non-Violence," *JAAR* 54(1986) : 3-31을 참조하라.

48) Charles W. F. Smith, "The Mixed State of the Church in Matthew's Gospel," *JBL* 82(2, 1963) : 151-168.

하나님은 그 해를 악인과 선인 모두에게 비추게 하며 비를 의로운 자와 불의한 자 모두에게 내리게 한다(마 5 : 45b)는 하나님에 대한 독특한 상이 소개되는 것도 결코 우연이 아니다. 그것은 이러한 힘든 사랑의 실천을 위한 모델을 제시하기 위함이다. 하나님이 행동하는 것처럼 행동하라는 것이다. 이러한 '하나님 모방'이 산상수훈의 주요 주제이다.[49] 이런 사랑의 실천을 하는 사람에게는 "하늘에 계신… 아버지의 아들들"이 되는 특권이 주어진다(5 : 45a). 사랑의 한 특수한 형태인 용서에 관한 지침도 여러 차례 제시된다. 주기도문에 연이어 나오는 마태복음 6장 14-15절도 이러한 전망을 뚜렷이 보여준다.

> "너희가 사람의 과실을 용서하면 너희 천부께서도 너희 과실을 용서하시려니와 너희가 사람의 과실을 용서하지 아니하면 너희 아버지께서도 너희 과실을 용서하지 아니하시리라."

이것은 사람들끼리의 용서가 이루어져야 하나님의 용서도 가능하다는 것이다. 곧 이 구절은 사람들끼리의 용서가 하나님의 용서에 앞선다고 주장할 만큼 사람들끼리의 용서가 절박했던 분위기를 보여준다.

더 나아가 마태는 "형제"에게 분노하는 자는 누구나 심판을 받게 될 것임을 분명히 함으로써 용서의 중요성을 크게 부각시킨다(5 : 22). 이러한 용서의 모델은 용서할 줄 모르는 종의 비유(18 : 23-35)의 결어에서 다시 한 번 확인된다. "너희가 너희의 중심으

---

49) Lisa Sowle Cahill, "The Ethical Implications of the Sermon on the Mount," *Int* 41(1987) : 149. 이를 위한 가장 좋은 예는 5 : 45 곧 "하늘에 계신 너희 아버지의 온전하심과 같이 너희도 온전하라"가 될 것이다. 그러나 Cahill이 제시한 6: 12, 14-15은 '하나님 모방'이라기보다는 '인간 모방'에 가깝다.

로(*apo tōn kardiōn hymōn*) 각각 형제를 용서하지 아니하면 내 천부께서도 너희에게 이와 같이 하시리라"(18 : 35). 곧 형식적인 용서가 아니라 '중심으로부터의' 용서가 권고된다. "일곱 번이 아니라 일흔 번씩 일곱 번"(18 : 22)이라도 용서하라는 것이다. 여러 곳에서 용서가 이토록 절박하게 제시되는 것은 마태공동체 내부의 갈등 상황을 반영한다. 마태는 용서를 여러 형태로 강조함으로써 그 공동체 멤버들의 상호 공존을 모색한다.

2. 낮춤

세베대의 두 아들의 어머니가 그 아들을 위해 요청한 높은 자리에 대해 예수는 그들(어머니 대신)에게[50] "너희 구하는 것을 너희가 알지 못하는도다"(마 20 : 22) 하고 책망하면서 "너희 중에 누구든지 크고자 하는 자는 너희를 섬기는 자가 되고, 너희 중에 누구든지 으뜸이 되고자 하는 자는 너희 종이 되어야 하리라"(마 20 : 26-27)고 경고하고 있다. 마태가 도입부분을 제외하고는 큰 수정없이 마가의 단락(막 10 : 35-45)을 자신의 복음서에 소개하고 있는 이유는 마태공동체내에서 서로 주도권을 차지하려는 대립의 상황을 화해의 상황으로 전환시키기 위한 것이다.

이러한 마태의 의도는 어린이에 관한 마가의 단락(막 9 : 33-37)과 마태의 단락(마 18 : 1-15)을 비교해 보면 더욱 분명해진

---

50) 마가에서는 세베대의 아들들이 요구하고 예수가 그들에게 답변하나(막 10 : 35f.), 마태에서는 그들의 어머니가 요구하고 예수가 그 아들들에게 답변한다(마 20 : 20f.). 마가는 세베대의 아들들의 이름을 야고보와 요한으로 밝히고 있으나, 마태는 이를 생략하고 있다. 이것은 제자들에 대한 마가의 비판적인 태도와는 달리, 그들에 대한 긍정적인 입장의 한 단면을 보여준다.

다. 마태는 마가에 없는 "그러므로 누구든지 이 어린아이와 같이 자기를 낮추는 그이가 천국에서는 보다 큰 자(*ho meizōn*)이다"라는 구절(18 : 4)을 첨가하고 있다. 이 구절은 마태만이 갖고 있는 독특한 것이다. 마태는 어린아이의 특성으로 영적인 깨끗함이라든지 순수한 마음의 상태 같은 목록을 제시하지 않는다. 여기서 마태가 그 특성으로 내세우고 있는 유일한 것은 "자기를 낮추는 행동"이다. 이 '낮춤'의 윤리는 "천국에서는 누가 보다 큰가"(*meizōn estin*)[51)]라는 도입구(18 : 1) 및 "어린아이들과 같이 되지 아니하면 결단코 천국에 들어가지 못하리라"(18 : 3)는 선언에 의해 소개된다. 결국 이 단락은 마태공동체 멤버들 가운데 자기를 낮추지 않는 자들은, 결코 천국에 들어갈 수 없다는 간결하고도 분명한 메시지를 그 멤버들에게 전달해 주고 있다.

마태복음 23장 11-12절도 같은 맥락에서 이해될 수 있다. "너희 중에 보다 큰 자는 너희를 섬기는 자가 되어야 하리라. 누구든지 자기를 높이는 자는 낮아지고 누구든지 자기를 낮추는 자는 높아지리라." '낮춤'은 마태공동체 멤버들이 따라야 할 삶의 방식으로 소개된다. 마태는 이러한 삶의 형태를 위한 이상적인 모델로 예수를 제시하고 있다.

> "나는 마음이 온유하고 겸손하니 나의 멍에를 메고 내게 배우라"(11: 29).
>
> "인자가 온 것은 섬김을 받으려 함이 아니라 도리어 섬기려 함

---

51) 여기에 나오는 '*meizōn*'은 '보다 큰'이라는 비교급으로, '*megistos*'라는 최상급과는 구별되어야 하는데, 이것을 새번역(1967)은 "가장 위대한"이라는 최상급으로 잘못 번역하고 있다(새번역 18 : 1, 4). 반면 개역은 이를 단지 "큰"으로 번역해 비교급을 살리지 못했다. 한편 고전 13 : 13에 나오는 똑같은 비교급의 단어를 두 번역본은 모두 "그중에 제일은"으로 옮겨 놓아 최상급에 가깝도록 부적절하게 처리하고 있다.

이다"(20: 28).

이토록 자신을 낮춘 예수에게는 "하늘과 땅의 모든 권세"(28 : 18), 곧 "모든 것"(12 : 27)이 주어진 것으로 묘사된다. 마태가 이토록 낮춤의 윤리를 강조하는 것은 마태공동체의 내부 갈등을 해소하고, 공존의 정신을 세우기 위함이다.

3. 결속

마태가 자신의 공동체 멤버들의 상호 공존을 위해 제시한 또 다른 범주는 하나의 주(主) 아래서 그들을 하나로 연합시키려는 결속의 윤리이다. 마태복음 23장 8절은 이러한 윤리적 방향을 명확하게 집약시키고 있다. "그러나 너희는 랍비라 칭함을 받지 말라. 너희 선생은 하나(*eis*)이고 너희는 모두(*pantes*) 형제들이다." 마태의 예수는 서기관들과 바리새인들을 비판적으로 묘사한 후 (23 : 2-8)에 그것을 제자들에 대한 가르침의 자료로 삼는다. 곧 마태는 여기서 유대교와 논쟁하기보다는 마태공동체를 통제하고 지도하려는 데 더 깊이 관여하고 있다.[52] "너희는 랍비라 칭함을 받지 말라"는 권고는 마태공동체내에 '서기관적 명예'를 추구하는 멤버들이 있었음을 암시한다.[53] "너희 선생은 하나이고 너희는 모두 형제들이다"에서 "하나"와 "모두"가 대조된다. 마태공동체의 모든 멤버들이 그들의 다양한 입장에도 불구하고 한 선생 밑에서 함께 연합되어야 한다는 것을 강조하기 위함이다. 이것이 '제자들'이라는 용어가 더 자연스러울 자리에 "형제들"이라는 용어가 들어선 이유이다. 공동체적 삶의 동질성을 강조하기 위해서는 '제

52) E. Schweizer, *The Good News According to Matthew*, p. 431.
53) R. H. Gundry, *Matthew*, p. 457.

자들'보다 '형제들'이 더 적절하기 때문이다. 더 나아가 23장 10절은 마태공동체 멤버들의 지도자들로 자처하고 있었던 사람들에게 지도자들로 칭함을 받지 말라는 권고와 함께 참다운 지도자는 하나라고 못박아 선언한다. 주도권을 위한 어떠한 종류의 분쟁도 허락되지 않는다는 것이다.

"두세 사람이 내 이름으로 모인 곳에는 나도 그들 중에 있다"는 구절(마 18 : 20)도 예배와 기도를 위한 소규모의 모임을 격려하기 위한 것[54]이 아니라, 마태공동체 멤버들의 화합을 권고하기 위한 것이다. 그렇다면 그 이전 구절(18 : 19)은 무슨 뜻인가? 이를 직역하면 "너희 중에 두 사람이, 그 둘이 [권리를] 요구하는(*aitein*) 모든 것에 관해 땅에서 합의하면(*sumphōneō*) 하늘에 계신 내 아버지에 의해 그것이 그들을 위해 이루어지리라"가 된다. 우선 '*aitein*'은 '기도하다'(요 15 : 7)와 '요구하다'(눅 23 : 23)라는 의미를 지니고 있다. 여기서는 후자, 곧 자신의 권리를 내세우는 '요구하다'의 뜻으로 사용되고 있다.[55] 그러나 18장 19절의 강조점은 '*aitein*'에 있는 것이 아니라, '합의하다'(*sumphōneō*)에 있다. 곧 모든 권리 요구를 극복하고, 의견의 일치를 보는 것이 긴급한 일로 상정되어 있다.

결국 18장 19절에는 그 공동체 멤버들끼리 서로 자신들의 권리를 요구하는 싸움의 분위기가 전제되어 있는 것으로 볼 수 있다. 곧 그 상황은 '교회의 내부적 분쟁'(교회 멤버들과 유대인들 혹은 이교도들 사이가 아니라)에 가깝다.[56] 그런 배경 속에서 "두세

54) E. Schweizer, *The Good News According to Matthew*, p. 54.

55) '*aitein*'의 이와 같은 사용법을 명확하게 지적한 학자는 J. D. M. Derrett이다. 그의 "'Where two or three are convened in my name…' : a sad misunderstanding," *ExpTim* 91(1979) : 83-86을 보라. 한편 Schweizer는 전통적인 견해 곧 '기도하다'의 의미를 고수하고 있다. 그의 *The Good News According to Matthew*, p. 374 참조.

사람이 내 이름으로 모인 곳에는 나도 그들 중에 있다"(18 : 20)는 구절을 살펴볼 때, 그 의미가 보다 분명해진다. 곧 그 구절은 그들이 내 이름으로 모여 분쟁의 요소를 뒤로 하고 화합할 때, 나도 그들 중에 있다는 뜻이 된다. 비록 그렇게 합의하는 자들이 두세 사람밖에 되지 않는다 해도 그들의 활동은 주에 의해 인정된다는 것이다. 더 나아가 그러한 합의를 위한 활동은 곧 주의 일을 대신하는 셈이라는 것이다.[57] 마태는 화합과 결속을 위한 이러한 권고들을 통해 내부 분쟁의 극복을 모색하고 있다.

Ⅳ. 결 어

마태공동체내의 상호 대립적인 그룹들의 형태는 각 주제에 따라 달리 나타난다. 곧 내부 그룹의 경계선은 주제에 따라 유동적이다. 마태는 서로 대립적인 그룹들의 입장들을 당면 문제에 따

56) J. D. M. Derrett, *ibid.*, 84. Schweizer도 "모든 것"(18 : 19)이라는 표현이 '마태공동체 멤버들 사이의 한 분쟁'을 반영한다고 주장한다. Schweizer, *ibid.*, p. 374. "합심하여 무엇이든지 구하면"이라는 개역의 번역은 이 구절의 뜻을 적절하지 못한 방향으로 이끌어간다.

57) 그 공동체 멤버들에게는 베드로에게 주어진 것과 같은 권위, 곧 "매고", "푸는" 권위가 주어진다(18 : 18 ; 참조. 16 : 19). 곧 18장 18절은 마태공동체 멤버들의 권위를 공인시켜 주려는 것이다. E. Schweizer는 매고, 푸는 권위가 죄인들에 대한 것이라고 보고 있고(*The Good News According to Matthew*, pp. 371-374), R. H. Hiers는 그것을 "사탄의 세력들을 극복하는 과제"와 연결시키고 있다. Hiers, "'Binding' and 'Loosing' : The Matthean Authorizations," *JBL* 104(2, 1985) : 233-250, 특히 249를 참조하라.

라 양쪽 모두 지지하기도 하고, 그 가운데 한쪽 입장만을 지지하기도 한다. 두 그룹 모두를 지지하는 경우에는 두 그룹의 주장들 가운데 각각 극단적인 면들을 완화시키려는 시도와 함께 두 그룹의 영속적인 공존이 모색되나, 두 그룹 가운데 한 그룹의 입장만을 배타적으로 지지하는 경우에는 두 그룹의 잠정적인 공존이 제시된다.

잠정적인 공존을 제시하는 이유는 곡식을 보호하기 위한 것이다. 곡식과 가라지가 함께 자라는 것을 알면서도 가라지를 지금 뽑아내지 않는 이유는 가라지를 뽑다가 곡식까지 뽑을까 염려되기 때문이라는 것이다(13 : 24－30). 가라지는 결국 “인자가 그 천사들을 보낼 때 풀무불에 던져질 것”으로 제시된다(13 : 41－42). 지금은 바다에 친 그물에 좋은 고기와 나쁜 고기가 함께 잡혀 있으나, 그물이 물가로 끌어내어질 때 나쁜 고기가 버려지듯 “세상 끝에는” 결국 악인이 형벌을 받게 될 것으로 묘사된다(13 : 47－50). 지금은 슬기로운 처녀와 미련한 처녀가 공존하고 있으나, “그 날”에는 그 둘이 결국 분리되리라는 것이다(25 : 1－13). 지금은 양과 염소가 공존하나 그때에는 그 둘이 구분되고, 한쪽은 영생을, 다른 한쪽은 영벌을 받게 되리라는 것이다(25 : 31－46).

따라서 지금은 가라지와의 잠정적인 공존이 필요하다는 것이다. 가라지를 뽑으려다가 곡식까지 뽑히게 될 것이 예상된다는 것은 가라지를 축출하려는 시도가 자칫 두 그룹 모두의 파멸을 가져오게 되고 결국 마태공동체의 와해를 초래하게 되리라는 것을 뜻한다. 이것은 마태공동체내에서 가라지의 활동과 영향력이 그만큼 강력했다는 것과, 곡식만으로는 그 가라지의 왕성한 활동을 제어하기 어려웠다는 것을 간접적으로 반영한다. 이것이 바로 마태가 곡식과 가라지를 구별하는 작업과, 그 두 그룹에게 보상과 저주를 내리는 일을 자신이나 자신이 대표하는 멤버들의 영역이 아니라, 오직 인자의 영역에 속하는 것으로 옮겨 놓고, 그것의 수행도 지금이 아니라 마지막때에 이루어질 것으로 이전시키고 있는 이유이다. 결국 마태의 종말론적 단락들은 마태공동체의 공존을 강조하기 위한 부차적 자료로 이용된다. 마태공동체 내부대립의 완화를 모색하려는 절박한 과제가 종말론을 압도하고 있기 때문이다.

제 7 장

주 기 도 문

제 7 장

주 기 도 문

I. 서 언

주기도문은 정경 복음서에서 두 가지 형태로 전해져 내려오고 있다(마 6 : 9－13 ; 눅 11 : 2－4). 그 본문의 길이는 마태의 것이 누가의 것보다 더 길다. 누가복음서에는 마태의 세번째 탄원 전부와 여섯번째 탄원의 일부가 생략되어 있기 때문이다. 주후 1세기 말 혹은 2세기 초에 쓰여진 것으로 추정되고 있는 디다케는 송영을 부가함으로써 마태의 것보다 더 긴 길이를 갖게 되었다. 디다케의 형태는 누가의 것보다는 마태의 것에 더 가깝다.[1] 마태

1) 디다케의 연대를 기원후 50－70년 정도로 빠르게 잡는 예외적인 학자(J. P. Audet)도 있으나, 그 연대를 적어도 마태복음서보다는 늦은 것으로 추정하는 것이 더 많은 지원을 얻을 수 있다. 왜냐하면 마태의 어색한 복수 단어 가령 "하늘들"이 디다케에서는 단수로 처리되어 있기 때문이다. 슈바이처는 디다케가 주기도문을 마태로부터 직접 받아들인 것이 아니라, 공동체의 제의적인 상황으로부터 받아들였다는 자신의 추론에 대한

의 것과 누가의 것 중 어느 것이 더 순수한가 하는 문제를 해결하려는 시도는 대표적으로 두 가지 방향으로 진척되어 왔다. 고울더(M. D. Goulder)는 마태의 것이 더 순수하다고 보고, 그것을 누가가 생략하고 수정했다고 주장하고 있다.[2] 반대로 틸보그(S. Van Tilborg)는 마태복음서의 최종 편집인의 손에 의해 "하늘에 계신"(6 : 9b)과 "악한 자로부터 구하옵소서"(6 : 13b)가 부가되었을 것으로 주장함으로써, 누가의 것을 더 순수한 것으로 보고 있다.[3] 그러나 이 문제에 대한 해답의 방향은 예레미아스(J. Jeremias)에 의해 어느 정도 정착되어 가고 있는 것처럼 보인다. 예레미아스의 기준에 따르면, 길이에 관해서는 누가의 것이, 어법에 관해서는 마태의 것이 각각 더 오래된 형태에 가깝다는 것이다.[4] 그러나 이런 기준을 통해 예레미아스가 옛 형태로 복원해 놓은 것 중 어떤 것은 오히려 그가 마련한 기준과는 상치되고 있

근거로 마태의 복수 단어들과 디다케의 단수 단어들의 차이를 들고 있다. E. Schweizer, *The Good News According to Matthew* (Atlanta : John Knox Press, 1975), p. 149. 그러나 그 차이는 오히려 디다케의 마태 의존성을 추측케 하는 근거로 사용될 수 있다. 왜냐하면 몇몇 단어들의 복수형태와 단수형태, 단순과거형태와 현재형태의 차이들 및 디다케의 송영부분을 제외한다면, 마태와 디다케는 그 형태에 있어서 일치하고 있기 때문이다. 이러한 현상은 디다케가 마태의 어색한 부분만을 자연스럽게 수정하면서 마태를 그대로 따랐다고 추정할 만한 충분한 근거가 된다.

2) M. D. Goulder, "The Composition of the Lord's Prayer," *JTS* 14 (1963) : 35.

3) S. Van Tilborg, "A Form-Criticism of the Lord's Prayer," *NovTest* 14(1972) : 94–105. 여기서 그는 "하늘에서와 같이 땅에서도"도 역시 마태의 부가일 가능성이 높다고 보고 있다. *Ibid.*, 105.

4) J. Jeremias, *The Prayers of Jesus*(Philadelphia : Fortress Press, 1978), p. 93. 비슷하게 슈바이처도 개별적인 탄원에 있어서는 마태가, 전체적인 구성에 있어서는 누가가 더 오래된 형태를 보여준다고 주장하고 있다. Schweizer, *Matthew*, p. 149.

다. 예레미아스는 주기도문의 서두에 나오는 "아버지"(누가)가 "하늘에 계신 우리 아버지"(마태)보다 더 오래된 형태라고 보고, 그 이유로 마태의 것이 팔레스타인의 경건한 호칭에 적응하려는 분위기를 반영하고 있다는 점을 내세우고 있다.[5] 그러나 이는 일방적인 추측이다. 오히려 누가의 "아버지"가 이방세계에 적응하려는 분위기를 반영하고 있기 때문이다. 더 나아가, 예레미아스는 다섯번째 탄원을 "그리고 우리가 우리의 빚진 자들을 용서하고 있듯이 우리의 빚들도 용서하옵소서"로 마태와 누가의 중간 형태로 구성해 놓았다.[6] 곧 그는 마태의 "용서한 것같이" 대신 누가의 "용서하듯이"를 택한 반면, 누가의 "죄"보다는 마태의 "빚들"을 택하여 엮어놓고 있다. 그러나 이 경우, 마태의 "용서한 것같이"라는 단순과거 형태가 누가의 현재 형태보다 더 오래된 형태라 할 수 있다. 왜냐하면 단순과거가 여기서는 현재 형태보다 어색하기 때문이고, 이 어색함을 피하려는 후대 사본들의 변경 노력이 있었기 때문이다.[7]

마태의 것과 누가의 것 중 어느 한쪽이 다른 한쪽보다 더 순수하다고 추정하는 것만으로는 충분하지 않다. 오히려 그와 같은 차이를 산출해낸 두 공동체의 정황의 차이를 살펴보는 일이 중요하다. 마태와 누가는 주기도문을 각각 독특한 문맥 속에 위치시키고 있다.

"또 기도할 때에 위선자들처럼 하지 말라. 그들은 남에게 보이려고 회당에서나 큰 길 모퉁이에서 기도하기를 좋아한다. 내가 진정으로 너희에게 말한다. 그들은 이미 받을 것을 다 받았다. 너는

---

5) J. Jeremias, *The Prayers of Jesus*, pp. 89, 94f.
6) *Ibid.*, pp. 94f.
7) Sahidic, Bohairic, Vulgate 등은 마태의 단순과거를 현재시제로 바꾸어 놓고 있다.

기도할 때 골방에 들어가 문을 닫고 은밀한 데 계신 네 아버지께 기도하라.… 이방 사람들처럼 빈말을 되풀이하지 말라.… 그러므로 너희는 이렇게 기도하라"(마 6: 5-9a).

제자들 가운데 하나가 말했습니다. "주님, 요한이 그의 제자들에게 기도를 가르쳐준 것처럼 저희에게도 가르쳐 주십시오." 예수께서 그들에게 말씀하셨습니다. "너희는 이렇게 기도하라 …"(눅 11: 1-2a).

마태복음서의 경우, 마태공동체내에 빈말을 되풀이하는 자들과 길 어귀에 서서 위선적으로 기도하는 자들을 모델로 삼고 있었던 한 그룹이 있었던 것으로 추정할 수 있다. "너희는 스스로 랍비라 칭함을 받지 말라"는 권고도 이러한 불화의 상황을 간접적으로 반영해 주고 있다. 위선적인 기도에 익숙해져 있는 사람들의 태도와는 대조적인 것이 강조되는 문맥에서 주기도문이 언급되고 있다. 결국 마태의 주기도문은 순수한 기도 또는 은밀한 기도를 위한 모델로 제시되어 있다. 동시에 그로 인한 공동체의 불화를 막기 위해 용서에 대한 권고를 주기도문에 연이어 곧바로 제시하고 있는 것(마 6 : 14-15)도 결코 우연이 아니다. 심지어 주기도문 자체내에서도, 마태는 문맥상의 어색함에도 불구하고 누가와는 달리 "용서한 것같이"를 그대로 남겨두어 용서의 강한 모델을 제시하고 있는데, 이것 역시 기도로 인한 불화의 정황을 극복하려는 노력을 반영해 준다.

반면 누가의 경우에는 사정이 다르다. 세례 요한 그룹이 자신들끼리만 통용되고 있던 기도문을 갖고 있었던 것처럼, 우리도 우리 나름대로의 독자적인 기도를 가져야 한다는 분위기가 상정되어 있다. 누가는 독자적인 기도문에 대한 요구 때문에 주기도문이 생겨나게 된 것으로 제시하면서, 바로 그 주기도문을 끈질긴 기도의 필요성을 강조하고 있는 그 다음 문맥 곧 11장 5-13

절과 밀접히 관련시키고 있다. 한 그리스도교 공동체를 다른 공동체들과 구별짓는 뚜렷한 기준으로 독자적인 기도가 필요하다는 것이다. 세례 요한파뿐 아니라 바리새파나 에세네파의 경우에도 그들 나름대로의 독자적인 기도문들을 갖고 있었다.[8] 독자적인 기도문은 자신들끼리만 통하는 신념을 비공개적으로 교환하는 비밀 교제의 징표가 되었다. 한 공동체의 입장을 대표하는 기도문을 일상적인 사용을 위해 만들 경우, 손쉬운 암송을 위해 반복을 제한시키고, 간결한 형태로 처리한다는 것은 지극히 자연스러운 일이다. 이것이 누가가 마태와는 달리, 자신의 공동체를 다른 공동체와 구별짓기 위한 독자적인 기도문을 갖기 위해 반복없는 간결한 형태로 주기도문을 수용한 이유이다. 더구나 정경 복음서에 반영된 그 어느 그리스도교 공동체들보다 이방선교에 관심이 많았던 누가공동체는 바로 그런 자신들의 입장 때문에, 마태의 "하늘에 계신 우리 아버지"와 같은 유대교적 어법 대신 단순히 "아버지"로 하나님을 호칭케 함으로써, 이방인들도 그 호칭에 별문제를 느끼지 않도록 해주고 있다.[9] 이는 마태의 족보(마 1장)와는 달리 자신의 족보(눅 3장)를 하나님에게까지 소급시킴으로써, 하나님을 이방인들까지도 포괄하는 분으로 그리고 있는 누가의 전체적인 방향과도 걸맞는 호칭이라 할 수 있다. 따라서 마태와 누가 모두가 주기도문의 옛 전승을 각기 자신들이 속한 공동체의 상황에 알맞는 형태들로 처리하고 수용했으리라는 구체적인 지적이, 어느 한쪽이 다른쪽보다 더 순수한 형태였을 것이라는 관념적인 상상보다 더 긴요할 것이다.

주기도문은 서두의 호칭을 제외하면 신적인 것에 대한 세 탄원

8) J. Jeremias, *The Prayers of Jesus*, p. 94.

9) 누가공동체의 정황과 관심을 위해서는 필자의 소고 "누가공동체의 구성과 선교적 역할," 『신학논단』 17(1987) : 115－134를 참조하라.

들(누가는 둘)과 인간적인 것에 대한 세 탄원들로 크게 그룹지어져 있다. 첫 세 탄원들에서는 "당신"이 주도적인 반면, 나중의 세 탄원들에서는 "우리"가 주도적이다. 주기도문은 신학의 여러 다른 분야들에서도 많이 다루어져 왔으나, 그러한 연구들은 여기서 취급되지 않을 것이다. 본 소론에서는 오직 신약학 분야에서 주기도문을 면밀히 다룬 작품들, 특히 예레미아스와 브라운(R. E. Brown)의 괄목할 만한 연구들[10]이 비판적으로 검토될 것이다.

Ⅱ. 아버지

"하늘〔복수〕에 계신 우리 아버지"(마태)
"아버지"(누가)

예레미아스는 "아버지" 할 때 *ho patēr*의 아람어 *abba*의 배후에는 '아빠'의 뜻이 숨겨져 있다고 주장하고 있다. 유대인의 심성으로 볼 때, 이렇게 친숙한 단어로 하나님을 부른다는 것은 비적절한 것이었기 때문에, 예수가 마치 어린이가 아빠를 부를 때 사용하는 감각을 갖고 하나님을 *abba*로 부른 것은 독특하고 새로운 것이었다고 해석하고 있다.[11] 그는 "어린이들이 내게 오는 것을 용

---

10) J. Jeremias, *The Prayers of Jesus*, 특히 pp. 82-107 ; R. E. Brown, "The Pater Noster as an Eschatological Prayer," *TS* 22 (1961) : 175-208.

11) J. Jeremias, *The Prayers of Jesus*, p. 96f. 참조. 구약에서는 오직 14번을 제외하면 하나님이 아버지로 불려지는 일이 없으나, 신약에서는 4복음서에만도 170여 회 나타나고 있다. 마가 4회, 마태 42회, 누가 15회, 요한 109회로 나타나는 이 횟수의 차이는 "아버지"의 칭호를 예수의 말씀으로 소급시키려는 점증

납하고 막지 말라. 하나님의 나라는 이런 어린이들의 것이다.… 누구든지 어린이와 같이 하나님의 나라를 받들지 않는 자는 결코 거기 들어가지 못할 것이다"(막 10 : 14-15 ; 마 19 : 13-15 ; 눅 18 : 15-17)라는 단락도 *abba*와의 관련 속에서 이해하고 있다. 곧 그 단락은 "너희가 만일 하나님을 *abba*라 부르지 못한다면 하나님의 나라에 들어갈 수 없다"라는 뜻이라는 것이다. 따라서 예레미아스는 하나님에 대한 신자들의 바람직한 태도를 어린이와 같은 '전적인 신뢰'로 요약하고 있다.

이러한 예레미아스의 해석은 그 범위가 지나치게 개인적이고 그 색깔이 지나치게 관념적이라 할 수 있다. "어린이와 같이"라고 할 때 어린이는 사회적으로 힘없는 자, 가난한 자, 약한 자도 상징할 수 있는 함축적인 단어이다. 악테메이어(P. Achtemeier)는 이렇게 주장하고 있다.

> "어린이는 도움을 필요로 하는 사람을 뜻한다. 여기서 어린이는 겸손이나 단순성의 한 모델이라기보다 사회의 가장 보잘것없는 멤버들의 한 예로 등장하고 있다."[12]

앤더슨(H. Anderson)도 비슷하게 해석하고 있다.

> "예수는 유대의 종교적 관리들의 눈으로 볼 때 아무런 지위도 갖지 못한… 가난한 자들, 무소유자들, 애통하는 자들, 소외된 자들에게 하나님의 나라를 약속하고 있다. 따라서 여기서 하나님의 나라는 아주 객관적으로 눈에 띄지 않고 시시하며 중요하지 않은 약한 자들에게 약속되고 있다."[13]

하는 노력을 반영하고 있다. *Ibid.*, pp. 29-32.

12) P. Achtemeier, "An Exposition of Mark 9 : 30-37," *Int* 30 (1976) : 182.

13) H. Anderson, *The Gospel of Mark*(Grand Rapids : Wm. B. Eerdmans Publishing Company, 1976), p. 246.

크랜필드(C. E. B. Cranfield)나 슈바이처도 같은 전망을 보여주고 있다.[14] 결국 "어린이와 같이 … 받들지 않는 자는"이라는 그 구절은 '힘없는 자와 같이… 받들지 않는 자'로 이해할 수 있다. 주기도문에서 하나님을 *abba*로 부른 것을 하나님에 대한 신자들의 '전적인 신뢰'로 집약한 예레미아스의 입장에는 전혀 무리가 없다. 그러나 그 '전적인 신뢰'를 어린이처럼 정신적으로 순수한 심정을 가진 사람만이 할 수 있는 것으로 본 것은 지나친 제한같이 보인다. 오히려 사회적으로나 실제적으로 힘없는 자들이야말로 '전적인 신뢰'를 가장 절박하게 할 수 있는 자들일 것이다. 더구나 *abba*가 '아빠'라는 애칭이라기보다는 '아버지'에 상응하는 표준적인 단어[15]임을 상기한다면, 하나님을 전적으로 신뢰할 수 있는 사람을 사회적으로 힘없는 자가 아니라 정신적으로 순수한 자로 제한시켜 이해하기 위해, 그 단어를 축소형의 의미로 해석하려는 예레미아스의 노력은 그 근거를 현격히 잃게 될 것이다.

주기도문에서 "아버지"라는 호칭에 "하늘에 계신"을 부가한 것은 그 아버지가 혈육관계를 뜻하는 것이 아님을 분명히 해주려는 것이다. 곧 하나님과 신자들의 관계를 전통적인 가족 개념(혈육)이 아닌 새로운 가족 개념으로 규정해 주려는 것이다. "누구든지 하늘에 계신 내 아버지의 뜻대로 하는 자가 내 형제요 모친"(마 12: 50 ; 눅 8: 21 ; 막 3: 35)이듯이 이 새로운 공동체 안에서는

---

14) C. E. B. Cranfield는 이 어린이 단락에 대해 "이것은 어린이들의 … 겸손이나… 신뢰성에 대한 것이 아니라 그들의 객관적인 시시함, 무력함에 대한 것이다"라고 주장하고 있다. 그의 주석서 *Mark*, p. 324 참조. Schweizer도 여기서 어린이는 "도마복음서(22)에서 해석된 것과 같은 심미적인 것을 위한 상징이 아니다.… 그들은 그들 자신의 어떠한 성취도 내세울 수 없다. 그들의 손은 거지의 것과 같이 비어 있다"고 해석하고 있다. 그의 주석서 *Mark*, p. 206 참조.

15) R. E. Brown, "The Pater Noster," 182ff.

모두가 하나님을 "우리의" 아버지로 고백할 수 있다는 것이다. 바로 이 "우리"라는 말을 통해, 이 기도가 개인의 기도가 아니라 공동체의 기도임이 더욱 분명히 드러난다.[16] 이 탄원은 하나님을 "우리의" 아버지로 호칭하게 함으로써 직접 하나님에게 공동의 기도를 할 수 있게 해준다.

Ⅲ. 이름·나라·뜻

"당신의 이름(*onoma sou*)이 거룩히 여김을 받게 하옵소서"(마태, 누가)

예수 당시 팔레스타인에 가해졌던 로마의 정치적인 박해와 종교적인 모독과 경제적인 착취의 극심한 강도를 고려한다면 이 첫 번째 탄원에 대한 이해가 한결 쉬워진다. 로마의 황제들, 특히 주전 1세기와 주후 1세기의 황제들은 신적인 기원을 갖고 있는 것으로 이해되었다. 그들의 즉위식에는 물론 통치기간과 임종시에도 여러 신적인 징조들이 빈번히 나타난 것으로 보도되어 있다.

율리우스 시저는 자신의 생애에 여러 징조들이 나타나는 것을 직접 체험한 것으로 보도되어 있다. 살해되기 직전 그는, 자신이 루비콘강을 건널 때 그 강에 제물로 바쳤던 일군의 말들이 다시 살아 돌아와 여물 먹기를 완강히 거부하며 슬피 우는 소리를 들었을 뿐 아니라, 살해되던 바로 그날 밤에도 그는 자신이 구름 위로 날아가서 쥬피터의 손을 잡고 있는 꿈을 꾸었는데, 그 순간

---

16) J. Swetnam은 이 "우리"에서 한 신념을 자기들끼리만 교환하는 비밀공동체의 의미를 추출해내고 있다. 그의 논문 "Hallowed Be Thy Name," *Biblica* 52(1971) : 563 참조.

방문이 저절로 열렸던 것으로 보도되고 있다.[17] 한편 마커스 키케로는 자신의 꿈속에서 한 고상한 용모의 소년이 금으로 만들어진 줄을 타고 하늘로부터 내려오는 것을 보았다고 이야기하면서, 마침 그때까지 사람들에게 전혀 알려지지 않은 아우구스투스가 눈에 띄자 놀라면서 바로 이 소년이 자신이 꿈에 보았던 사람이라고 외쳤던 것으로 기록되어 있고, 결국 아우구스투스는 그밖의 여러 다른 표징들의 도움으로 황제에 오르게 된 것으로 보도되고 있다.[18]

베스파시안 황제는 치유 권능을 지니고 있었던 것으로 묘사되고 있다. 그는 침을 발라 눈먼 사람의 시력을 회복시켜 주기도 하고, 한 손 불구자를 그 손을 밟아 고쳐주기도 한 것으로 보도되고 있다.[19] 이러한 종류의 기적 수행은 이 시기에 신적인 권능을 받은 것으로 여겨진 황제들에게는 공통적으로 나타난 능력이었다. 도미티안 황제는 백성들이 자신을 '주'(*dominus*)로 부르도록 하는 것에 만족하지 않고 거기에다 '신'(*deus*)의 지칭을 첨가시켰다. 그는 지역 총독들의 이름으로 회람용 서신을 작성했는데, 거기에는 "우리의 주요 우리의 신께서 이것을 시행하도록 명하고 있다"라는 구절을 덧붙였다.[20] 물론 여기서 '주'와 '신'은 자신에 대한 칭호로 사용되었다.

따라서 신적인 기원을 갖고 있는 것으로 여겨진 이들 황제들의 이름은 백성들에게는 경외와 두려움의 대상이 되었다. 물론 이들 밑에서 권력의 큰 몫을 할당받은 헤롯 안티파스와 같은 유다 왕들의 이름 역시 공포의 대상이었다. 헤롯 안티파스는 예수를 죽

17) Suetonius, *Lives of the Caesars*, trans., J. C. Rolfe(Cambridge, Mass. : Harvard University Press, 1914), Julius Caesar편을 보라.

18) *Ibid.*, Caesar Augustus편 참조.

19) Tacitus, *Histories*, 4. 81.

20) Suetonius, *Lives of the Caesars*, Domitian편 참조.

이려고까지 한 것으로 누가는 보도하고 있다. 그러나 예수는 그 왕을 "그 여우"라고 지칭하면서 자신의 활동을 멈추지 않겠다는 결의를 보여준 것으로 그려져 있다. "너희는 그 여우에게 가서 이 말을 전하라. 보라, 오늘과 내일은 내가 귀신을 쫓아내고 병을 고칠 것이요 사흘째 되는 날에 나의 일을 완전히 이룰 것이다. 그러나 오늘과 내일과 그 다음날도 나는 내 길을 가야 하겠다"(눅 13 : 31-33). 이러한 위협적인 정치적 상황에 대한 굽힐 줄 모르는 예수의 과격한 반응을 염두에 둔다면 당신의 이름의 의미가 더욱 생생하게 되살아난다. 곧 로마 황제의 이름이 아니라, 로마 총독 빌라도의 이름이 아니라, 유다 왕 헤롯 안티파스의 이름이 아니라, "당신의 이름"이 거룩히 여김을 받게 해달라는 것이다. 권력이나 가졌다고 백성들을 함부로 다루는 그런 황제들의 이름 말고, 마땅히 인간이면서 신으로까지 추앙된 그런 거짓 이름 말고, 오직 아버지의 이름만이 거룩히 여김을 받으라는 것이다. 백성들의 생명을 마음대로 죽일 수도, 살릴 수도 있었던 그 무서운 이름 말고, 하나님의 이름이 거룩히 여김을 받으라는 뜻이다.

고대인에게 있어서 이름은 세력 그 자체였다. 적의 이름을 아는 자는 그 이름을 판자 위에 써 놓고 그 판자를 쪼갬으로써 적을 파괴하는 상징으로 사용했다.[21] 곧 한 사람의 이름을 안다는 것은 그 사람 자신을 아는 것을 뜻했다(창 32 : 28-29).[22] 아버지의 이름이 거룩히 여김을 받게 해달라는 것과 아버지 자신이 거룩히 여김을 받게 해달라는 것은 동일한 내용이 된다. 구약과 신약에서 하나님의 이름은 "거룩한 분"으로 나타난다(사 40 : 25 ; 계 4 : 8). 그러나 그 거룩한 이름은 인간들에 의해 늘 모독된다. 주기도문의 두번째 탄원에서 하나님의 이름이 거룩히 여김을 받

21) Schweizer, *Matthew*, p. 150 참조.
22) W. F. Albright and C. S. Mann, *Matthew*(New York : Doubleday & Company, Inc., 1971), p. 75.

게 해달라고 할 때 거룩하게 하는 그 주체는 누구인가? 우리가 그 이름을 거룩하게 한다는 것인가? 아니 거룩하게 하는 주체 역시 하나님이다. "내가 이렇게 행함은 … 너희가 들어간 그 열국에서 더럽혀진 나의 거룩한 이름을 위함이라. 열국 가운데서 더럽힘을 받은 이름, 곧 너희가 그들 중에서 더럽힌 나의 큰 이름을 내가 거룩하게 할지라. 내가 그들의 목전에서 나의 거룩함을 나타내리니, 열국 사람이 나를 여호와인 줄 알리라. 나 주 여호와의 말이니라"(겔 36 : 22－23). 주기도문의 두번째 탄원을 이러한 배경에서 이해한다면, 결국 그 탄원은 아버지의 이름이 아버지의 힘에 의해 거룩히 여김을 받게 해달라는 것이 된다. 이것을 놓치면 이 탄원의 핵심 중 큰 부분을 잃는 셈이 될 것이다.

"당신의 나라(*hē basileia sou*)가 임하옵소서"(마태, 누가)

하나님의 나라라 할 때 "나라"는 무엇을 뜻하는가? 그것의 희랍어 *basileia*가 '통치' 또는 '지배'를 뜻하고 있기 때문에, 하나님의 나라는 하나님의 통치 또는 하나님의 지배로 바꾸어 쓸 수 있다. 곧 *basileia tou theou*에 대한 번역으로 영어의 kingdom of God는 다소 거리가 있고 오히려 reign of God나 독일어의 Gottesherrschaft가 보다 더 적절하다고 할 수 있다.

하나님의 통치는 그 주체가 하나님이다. 인간은 그 통치의 도래를 앞당길 수도 없고 뒤로 미룰 수도 없으며, 다만 그 도래를 위해 준비할 수 있을 뿐이다. 하나님의 통치에 관한 간결한 비유들 중 겨자씨의 비유(막 4 : 30－32 ; 마 13 : 31－32 ; 눅 13 : 18－19)를 보면, 하나님 나라의 이러한 성격이 잘 드러나 있다. 하잘것없는 시작과 인간의 상상을 넘어선 엄청난 마지막을 극적으로 대조시키고 있는 이 비유는 이미 "마지막"이 "시작" 속에 담겨 있다는 것을 강조하고 있다. "땅 위의 모든 씨보다 작은" 씨가

"공중의 새들이 그 그늘에 깃들일 만큼" 큰 나무가 된다. 곧 이 비유는 놀라운 마지막이 시작에서부터 이미 뚜렷하게 확인되도록 고안되어 있다.

하나님의 나라의 시작은 너무 미미하여 세상(외부) 사람들은 이를 감지할 수 없게 되어 있다. 오직 예수의 추종자들만이 그 비밀을 만끽할 수 있도록 초대되고 있다. "하나님 나라의 비밀을 너희에게는 주었으나 외인에게는 모든 것을 비유로 하나니 이는 저희로 보기는 보아도 알지 못하며 듣기는 들어도 깨닫지 못하게 하여 돌이켜 죄사함을 얻지 못하게 하려는 것이다"(막 4 : 11-12 ; 마 13 : 10-17 ; 눅 8 : 9-10). 여기서 예수는 내부인과 외부인을 대조시켜 놓고 하나님의 나라는 오직 내부인들만이 알아차릴 수 있도록 비밀스럽게 전개되어 간다는 것을 강조하고 있다. 외부인들에 의해 냉소와 멸시를 받고 있는 내부인(예수 추종자)들이야말로 외부인들에게는 숨겨져 있는 하나님 나라의 비밀을 이해할 수 있는 특권을 소유하고 있다는 것이다. 사회적인 고정관념에 따라 스스로 내부인으로 자처했던 자들이 외부인의 처지로 갑자기 격하되고, 그들에 의해 경멸당했던 자들이 예수에 의해 '내부인'의 위치로 격상되고 있다. 하나님의 통치가 반드시 오고야 만다는 확신, 아니 그 통치는 이미 소리없이 시작되고 있다는 확신이 예수의 선포의 핵이다. 예수는 그 확신을 주기도문의 두번째 탄원을 통해 자신의 추종자들에게 심어 주고 있다. 절망적으로 보이는 작은 시작 속에서 이미 커가고 있는 영광스러운 결과를 보라는 것이다. 하나님의 통치의 시작이 외부인들의 눈에 쉽게 띄지 않기 때문에 오히려 기뻐하라는 것이다. 그 나라는 갑작스럽게 올 것이며(열 처녀 비유), 그 나라는 인간적인 기준이나 인과율을 넘어선 하나님의 기준에 따라 실현될 것이다(포도원 주인의 비유). 인간적인 그 어떠한 방해도 결실을 향한 그 과정과 속도를 늘이거나 줄일 수 없다. 인간은 다만 준비하며 기다릴 뿐이다. 그것은 인간의 통치가 아니라 하나님의 통치이기 때문이다. 하나님의 통치와 인간의 통치는 서로 용납될 수 없다.

하나님의 나라는 정치적으로는 로마 황제의 통치와 대립되어 있고, 종교적으로는 유대교 성전과 대립되어 있다. 우선 주기도문의 이 두번째 탄원은 로마 황제의 통치가 아니라, 하나님의 통치를 기원하라고 가르치고 있다. 이것은 당대 사람들에게는 상상하기 힘든 폭탄선언이었다. 왜냐하면 하나님의 통치가 임하게 해달라는 것은 황제의 통치에 대한 거부를 전제하고, 또 황제의 통치를 상대화시키는 선언이었기 때문이다. 따라서 이 탄원을 단순히 "나라이 임하옵시며"라고 하면 그 뜻이 반감되게 되어 있다. 더구나 잘못 발음해서 "나라에 임하옵시며"가 되면 이는 전혀 다른 것이 된다. 바로 그 앞에 "당신의"가 붙어야 이 탄원의 깊은 뜻이 되살아날 것이다.

한편 하나님의 나라는 종교적으로는 유대교 성전과 대립되어 있다. 유대교 성전을 상징하는 무화과 나무에 대한 예수의 저주 이야기(막 11 : 12-14 ; 마 21 : 18-19, 20-22)에서 문제가 되는 구절이면서 결정적인 의의를 지니고 있는 것은 "이는 무화과의 때가 아님이라"(막 11 : 13)라는 구절이다. 무화과의 때가 아니라면 열매가 없는 것은 당연한데 예수는 그것을 저주했다. 왜 예수는 때가 아닌 무화과 나무를 저주했는가? 이 저주는 정당하지 않은 것이 아닌가? 이 어려운 문제를 피하기 위해 마태는 이 구절만큼은 생략해 버렸고, 누가는 이 단락 전체를 아예 생략해 버렸다. 영국의 철학자 럿셀(Bertrand Russell)은 자신의 저서 『나는 왜 그리스도인이 아닌가』에서 때도 아닌 무화과를 저주한 이 사건을 인용하면서, 이것을 자신이 그리스도인이 될 수 없는 이유 중의 하나로 제시하고 있다.

"이것은 대단히 이상한 이야기이다. 아직 무화과의 철이 아니었기 때문이고 따라서 그 나무를 원망할 수는 없기 때문이다. 나는 그리스도가 지혜에 있어서나 덕에 있어서 역사상에 알려진 어떤 다른 분들처럼 대단히 높은 수준에 있다고는 느껴지지 않는다. 나는 이런 점에서 석가나 소크라테스를 그리스도 위에 올려놓아야 한다고 생각한다."[23]

여기서 럿셀은 인간의 일상적인 때를 나타내는 *chronos*와 하나님의 때를 나타내는 *kairos*에 대한 마가의 명확한 구분을 이해하지 못했다. 마가가 이야기하는 무화과의 "때"는 계절을 나타내는 용어가 아니라, 하나님의 "때"를 나타내는 용어 '카이로스'이다. "때가 찼고, 하나님의 나라가 가까왔다"(막 1 : 15)고 할 때의 바로 그때이다. 인간의 때를 나타내는 '크로노스'는 가령 "어릴 때부터"(막 9 : 21 ; 2 : 19 참조)와 같은 일상적인 것들과 관련되어 있으나, 무화과의 "때"는 그것들과는 구분되고 있다. 따라서 *RSV*의 "season"은 명백한 오역이라 할 수 있다.

사람들은 이제 그 무화과 나무로부터는 "영원토록 열매를 따먹지 못할" 것이다(막 11 : 14). 이스라엘 민족의 신앙 공급처는 이제 그 기능이 중단된다. 결국 이 사건은 소위 성전 청결사건, 아니 보다 정확히는 성전 무효화 사건(막 11 : 15-18)과 곧바로 연결된다. 여기서도 16절이 결정적인 구절이 된다 : "아무나 기구를 가지고 성전 안으로 지나다님을 허락하지 아니하셨다." 여기서 기구(*skenē*)는 단순한 물건이 아니라, 제사용 기구를 뜻한다. 곧 성전의 제사기능을 중단시켰다는 뜻이다.[24] 성전을 상징하는 무화과 나무는 바로 그 다음 장면에서 "뿌리째"(막 11 : 20) 말라버린 것으로 보도되고 있다. 성전은 "돌 하나도 돌 위에 남지 않고 다

---

23) B. Russell, *Why I Am Not a Christian*(New York : A Touchstone Book, 1957), p. 19.
24) W. H. Kelber, 『마가의 예수 이야기』, 서중석 역(한국신학연구소, 1987), pp. 79-84.

무너뜨려질 것"(막 13 : 2)으로 예고되고 있다. 그대신 성전과 대치되는 것으로 믿음, 기도, 용서 등이 강조되고 있다.[25] 성전이라는 공간이 아니라 하나님의 통치라는 시간이 중요해졌다. 장소가 아니라 때가 중요해졌다.

요한복음서 4장에 나오는 예수와 사마리아 여인과의 대화 내용도 바로 이러한 사상을 명확히 드러내 보여주고 있다. 사마리아 사람들은 그리심산에 자신들의 성소를 세워놓고 유대인들의 예루살렘 성전에 맞섰다. 하나님께 예배할 올바른 장소가 이 산(그리심)이냐, 예루살렘 성전이냐 하고 장소를 아예 타당한 것으로 전제해 놓고, 다만 그 둘 중 하나를 가려달라는 사마리아 여인의 물음에 대한 예수의 답변은 이러했다. "이 산에서도 말고 예루살렘에서도 말라. 너희가 아버지께 예배드릴 때가 온다. 지금이 바로 그때이다.… 하나님은 영이시다. 그러므로 그에게 예배드리는 사람들은 신령과 진리로 예배를 드려야 한다"(요 4 : 21, 23－24). 즉 요한복음서도 장소가 아니라 때가 중요하다는 것을 강조하고 있다.[26] 유대교가 예루살렘 성전을 중심으로 한 공간의 종교, 소유의 종교, 건축의 종교, 장소 확보의 종교, 보이는 종교라면, 그리스도교는 하나님의 때를 중심으로 한 시간의 종교, 믿음의 종교, 역사의 종교, 소망의 종교, 보이지 않는 종교라는 것이다.

따라서 하나님의 나라(통치)에 대한 주기도문의 이 두번째 탄원은 그 통치와 대립되어 있는 이런 정치적 및 종교적 실재들에 대한 분명한 설정이 앞서지 않는다면, 그 생생한 의의가 현격히 감소될 것이다.

---

25) *Ibid.*, p. 84.

26) 여기서 "때"는 마가와는 달리 *kairos*가 아니라 *hora*로 되어 있다. 그러나 요한복음서에 있어서 *hora*는 *kairos*와 동의어로 사용되고 있다. 가령 예수의 때를 나타내기 위해 7 : 6, 8에서는 *kairos*가 2 : 4 ; 12 : 23 등에서는 *hora*가 각각 사용되고 있다.

"당신의 뜻(*to thelēma sou*)이 하늘에서처럼 땅에서도 이루어지게 하옵소서"(마태)

마태에 나오는 이 세번째 탄원이 누가에는 생략되어 있다. 이 탄원은 마태적인 확대 문체의 특징을 보여주고 있다.[27] 마태는 이 탄원을 "원시 그리스도교 공동체내에서의 예배 경험의 결과로" 주기도문의 원래 형태에 부가했을 것이다.[28] 로이드-존스(D. M. Lloyd-Jones)는 두번째 탄원이 첫번째 탄원의 논리적인 결론인 것처럼, 세번째 탄원은 두번째 탄원의 논리적인 결론이라고 주장하고 있으나,[29] 오히려 이 세번째 탄원은 이전의 두 탄원들과 마찬가지로 하나님의 영광의 또 다른 한 측면을 강조하고 있는 것으로 볼 수 있다. 왜냐하면 첫째 탄원이 하나님의 영광의 내적인 측면을 보다 더 강조하고 있고, 둘째 탄원이 그 영광의 외적인 측면을 보다 더 강조하고 있는 반면, 이 셋째 탄원은 그 영광의 우주적인 차원을 보다 더 강조하고 있기 때문이다.[30]

'하나님의 뜻'은 무엇인가? 하나님의 뜻이 이루어지게 해달라는 탄원은 그 뜻에 대한 저항이 있다는 것을 전제로 한다.[31] 하나님의 뜻은 온 우주 만물의 구원을 위한 그의 계획과 관련되어 있다. 이 계획은 "하늘과 땅의 모든 권세를"(마 28 : 18) 허락받은 예수에게 "하늘에 있는 자들과 땅에 있는 자들과 땅 아래 있는 자들로 모든 무릎을 꿇게"(빌 2 : 10) 하려는 것이다. 이러한 하나

27) J. C. Fenton, *Saint Matthew*, p. 101.
28) G. Smith, "The Matthean 'Additions' to the Lord's Prayer," *ExpTim* 82(1970) : 54-55.
29) D. M. Lloyd-Jones, *Studies in the Sermon on the Mount*, 2 vols. (Grand Rapids, Michigan : WM. B. Eerdmans Publishing Company, 1960), 2 : 64.
30) R. E. Brown, "Pater Noster," 194 참조.
31) L. Hartman, "Your Will Be Done on Earth as It Is in Heaven," *ATJ* 11(1982) : 209ff.

님의 뜻은 지혜롭고 슬기있는 자들에게는 숨겨져 있고, 어린아이들[32]에게는 나타난다(마 11 : 25－26). 표적을 구하는 사람이나 지혜를 찾는 사람에게는 숨겨져 있으나, 십자가에 못박힌 그리스도를 전하는 사람에게는 드러난다(고전 1 : 17－25).

그렇다면 "하늘에서와 같이(*hos*) 땅에서도"는 무슨 의미인가? 베자 사본이나 시리아 사본 등 몇몇 사본에서는 "같이"(*hos*)가 생략되어 있기 때문에 결국 이 탄원은 "하늘과 땅 모두에서"로도 읽혀질 수 있다. 먼저 "하늘에서와 같이(*hos*) 땅에서도"라 할 때는 하나님의 뜻이 이미 하늘에서는 이루어졌고, 바로 그런 비슷한 방식으로 땅에서도 이루어지게 해달라는 탄원이 된다. 곧 하늘은 땅을 위한 모델이 된다. 요한계시록에는 이런 사상을 뒷받침해줄 만한 묘사가 나온다.

> "그때 하늘에 전쟁이 일어났습니다. 미가엘과 그의 천사들이 용과 싸웠습니다. 용은 자기 부하들과 함께 맞서 싸웠지만 당해내지 못하여 하늘에는 이미 그들이 있을 자리가 없었습니다. 그 큰 용 곧 악마라고도 하고 사탄이라고도 하며 온 세계를 미혹하게 하던 늙은 뱀은 땅으로 내던져졌고 부하들도 함께 내던져졌습니다. … 그러므로 하늘과 그 안에 사는 자들은 즐거워하라. 그러나 땅과 바다에는 화가 있다. 악마는 자기 때가 얼마 남지 않은 것을 알고 크게 분노를 품고 너희에게 내려갔기 때문이다"(계 12 : 7－9, 12).

여기서는 하늘은 이미 해결되었고 이제 악마가 기거하는 장소인 땅만 해결되면 될 것으로 제시되어 있다. 한편 "하늘과 땅 모두에서"라 할 때는 하나님의 뜻이 하늘과 땅 양쪽 모두에서 동시에 이루어지게 해달라는 탄원이 된다. 이럴 때는 하늘 역시 하나

32) "어린아이들"에 관해서는 이 논문의 주 12)－14)를 참고하라.

님의 뜻이 이루어지기를 바라는 장소, 곧 아직 하나님의 뜻이 완전히 이루어지지 않은 장소가 된다. 이런 사상 역시 신약의 뒷받침을 받고 있다.

> "그날 그 환난 후에 해는 어두어지고 달은 빛을 잃을 것이며 별들은 하늘에서 떨어지고 하늘의 세력들이 흔들릴 것이다. 그때에 인자가 큰 권능과 영광으로 구름을 타고 오는 것을 사람들이 볼 것이다. 그때 그는 천사들을 보내어 땅 끝에서 하늘 끝까지 사방에서 하나님이 택하신 사람들을 모을 것이다"(막 13 : 24－27 ; 병행 참조).

묵시문학적 전망 속에서 묘사되는 이러한 구절들은 장차 흔들리게 될 "하늘의 세력들"이 아직은 하늘에서 움직이고 있기 때문에, 결국 하나님의 뜻이 지금은 하늘에서 완전하게 실현되고 있지 않다는 암시가 된다. 이 "하늘의 세력들"은 하나님이 하늘과 땅 모두를 통치하기 시작할 때 비로소 사라질 것으로 제시되었다.

이 두 가지 입장 중 하나를 선택하기란 쉬운 일이 아니다. 그러나 어느 쪽을 택한다 해도 두 입장 모두에 시간적인 문제를 제외한다면 하나님의 뜻의 실현은 하늘과 땅 모두를 포함한 만물 전체가 된다는 사상이 똑같이 반영되어 있다. 곧 주기도문의 이 세번째 탄원은 하나님의 주권에 우주적인 차원을 부여하고 있다. 바로 이것이 이 탄원이 첫째 및 둘째와 더불어 서로 보완적인 역할을 하게 되는 이유이다.[33] 하나님의 뜻은 그의 이름이 거룩히 여김을 받아 모든 백성이 그 이름에 무릎을 꿇게 될 때, 곧 그의

33) K. Stendahl은 주기도문을 이렇게 재구성하고 있다 : "우리의 인지 위에 그리고 그것을 넘어선, 그러나 우리에게 부모처럼 가까운 하나님, 당신이 하나님으로서 우리 모두에게 인정되는 때가 속히 오게 하옵소서." 이것은 첫 세 탄원들에 대한 요약으로는 무리가 없다. 그러나 슈텐달은 이것을 주기도문 전체

통치가 완전히 실현될 때, 그것과 동시에 이루어질 것이다.

이름·나라·뜻에 대한 세 탄원은 모두 종말론적인 탄원이라 할 수 있다. 그러나 그러한 탄원들은 당시의 절박한 상황과 밀접히 관련되고 있다. 종말론적인 대망이 절박한 현실 때문에 생기게 된 것으로 해석한 한 시인의 시를 여기서 간략히 소개하는 것은 우리의 이해를 위해 적절할 것이다.

> "어제도 고을에는 뒷산에서 봉황을 보았다는 자가 있더니 오늘은 둘이나 나타났다. 이제는 굽은 소나무 하나 남지 않아 헐벗긴 등성이에 무슨 그러한 서조가 내리겠느냐고? 그러나 저 산천과 같이 궁박하여 이미 연작조차 그들의 곁에서 피하여 가버린 이 황량한 고을 백성 가운데는 일찍이 보지 못한 이 깃과 볏이 현란한 가공의 새는 점점 확실하게 실재하리니 진실로 절실은 실재 이상이어니…"(방점 필자).

이것은 시인 유치환이 자신의 시집 『예루살렘의 닭』(1953)에 발표한 "대망-봉황"이라는 시이다. 여기서 그는 대망과 절실한 현실과의 함축 관계를 시적 감각으로 훌륭히 그려내고 있다. "황량한 고을 백성"들은 현실의 절박감 때문에 그러한 대망을 산출해내게 되었고, 동시에 그들은 바로 그 대망으로 자신들의 현실적인 고통을 감내해 나갈 수 있었다는 것이다. 이 시는 묵시문학적 사상과 전망을 같이하고 있다. 캐롤(R. P. Carroll)이 지적한 대로, 묵시문학적 사상은 "실재(현실)에 대한 상상력의 승리"[34]라고 할 수 있기 때문이다.

에 대한 요약으로 삼음으로써 주기도문을 지나치게 단순화시키고 있다. 그의 "Your Kingdom Come," *CC* 32(1982) : 257-266 참조.

34) R. P. Carroll, ***When Prophecy Failed : Cognitive Dissonance in the Prophetic Traditions of the Old Testament***(New York : The Seabury Press, 1979), p. 213.

주기도문의 첫 세 종말론적인 탄원들 속에서도 종말 자체에 대한 관심이 아니라, 그러한 탄원들을 자아내지 않을 수 없었던 절박한 현실에 대한 관심이 배후에 짙게 깔려 있다. 동시에 그러한 종말론적인 소망으로 힘겨운 현실을 극복하려는 간절함이 엿보인다. 따라서 이 탄원들은 당시의 암울한 현실을 배경에 넣지 않는다면, 예레미아스나 브라운의 해석이 그러했듯이 추상적인 탄원들로 전락하게 될 것이다.

Ⅳ. 떡 · 용서 · 보호

"오늘 우리에게 우리의 일용할(*epiousios*) 떡을 주옵소서"(마태)
"나날이 우리에게 우리의 일용할 떡을 주옵소서"(누가)

"일용할"(개역) 또는 "필요한"(새번역)으로 번역되고 있는 "*epiousios*"의 뜻은 확실하지 않다. 이 단어는 신약 전체에서 오직 마태복음서와 누가복음서의 이곳 주기도문 단락에만 각각 한 번씩 나타날 뿐이고, 당대의 다른 그리스 문헌에도 그 정확한 병행이 없기 때문이다. 결국 그 뜻에 대한 해독은 어원학적 추측에 의존할 수밖에 없는 형편이다. 만일 그 단어가 *epi*와 *ienai*('오다')의 합성어라면, 그 뜻은 '오고 있는 날을 위한' 곧 '내일을 위한'이 된다. 한편 이것이 *epi*와 *einai*('존재하다')의 합성어라면, '존재하는 날을 위한' 곧 '날마다'를 뜻하거나 또는 '존재를 위한' 곧 '필요한' 또는 '일용할'이 된다.[35] 전자는 종말론적 해석을, 후자는 비종말론적 해석을 각각 유도해 낸다. 전자 ('내일을 위한')를 선호하고 있는 대표적인 학자들 중 예레미아스와 브라운의 주장을 살펴

35) R. E. Brown, "Pater Noster," 197－198 참조.

보자. 예레미아스는 교부 제롬(주후 342-420)의 마태복음서 6장 11절에 대한 주석에 큰 비중을 두고 있다. 예레미아스는 아람어로 쓰여진, 지금은 분실된 『나사렛인의 복음서』에 '내일'을 뜻하는 "*mahar*"가 나타나기 때문에 주기도문의 이 탄원의 의미는 "미래를 위한 우리의 떡-곧 우리의 미래의 떡-을 오늘 우리에게 주옵소서"가 된다는 제롬의 주석에 사활을 걸고 있다.[36] 그러나 마태복음서보다 늦은 연대에 나온 것으로 추정되고 있는 『나사렛인의 복음서』는 희랍어를 아람어로 다시 번역한 것으로, 문제가 되는 "*epiousios*"에 대한 그 번역자의 추측에 의존해 있기 때문에 결정적인 자료로 간주될 수 없다. 그럼에도 불구하고 예레미아스는 이렇게 주장하고 있다.

> "마태복음서를 아람어로 번역한 사람은 주기도문의 경우, 마태의 다른 나머지 본문들을 번역하는 것처럼 번역하지 않았다. 오히려 그 번역자가 마태 6장 9-13절에 이르렀을 때, 그는 번역하기를 멈추었다. 그는 단순히 날마다 그가 기도해왔던 형태로 그 거룩한 말들을 [번역 대신] 그대로 써 내려갔다."[37]

이 인용구에서 볼 수 있듯이 예레미아스는 지나친 상상력에 의존하고 있으나, 그것을 뒷받침할 만한 근거를 제시하지 못하고 있다. 과연 번역자가 주기도문만을 본문에서 번역하지 않고 자신이 익히 알고 있던 것으로 대치했다는 상상이 어느 정도 가능한 것인가? 흔히 한 권의 책을 번역해 내려갈 때, 그 책 속에 번역자에게 익히 알려진 단락이 나온다고 해서 그 단락을 원래의 본문과의 대조 없이, 자신이 암기하고 있는 것으로 적어 내려간다는 것이 가능한 것인가? 혹 가능하다 해도 그것은 정상적인 것도

---

36) J. Jeremias, *The Prayers of Jesus*, p. 100 참조.
37) *Ibid.*, p. 100.

아닐 뿐더러, 책임있는 번역자의 태도도 아닐 것이다.

한편 브라운도 "*epiousios*"를 '내일을 위한'으로 번역하는 방향을 선호하고 있다.

> "여섯번째, 곧 마지막 탄원은 분명히 종말론적이다. …그리고 다섯번째의 것도 거의 의심할 여지 없이 종말론적인 것이다. 비종말론적 해석[네번째 탄원에 대한]은 그 네번째 탄원을 다른 탄원들로부터 고립시키게 될 것이다."[38)]

> "다섯번째와 여섯번째 탄원들이 서로 연관되어 있고, 또 네번째 탄원과는 '그리고'로 연결되어 있다는 사실이야말로 그것들이 모두 공통의 관심사를 갖고 있다는 하나의 표지이다."[39)]

위의 두 인용문에서 브라운은 네번째 탄원을 종말론적으로 해석할 수 있다는 이유를, 다섯번째와 여섯번째 탄원들을 '분명히' 또는 '의심할 여지 없이' 종말론적으로 해석할 수 있기 때문이라는 전제와 관련시키고 있다. 그러나 다섯째와 여섯째 탄원들을 비종말론적으로 해석할 수 있다면 네번째에 대한 비종말론적 이해는 브라운의 우려처럼 '다른 탄원들로부터 고립'되는 것이 아니라, 오히려 그것들과 밀접히 관련되는 해석이 될 것이다. 이 경우 '그리고'로 연결되어 있다는 사실은 브라운의 주장과는 달리 네번째 탄원을 비종말론적으로 해석하는 데 장애가 아니라 오히려 원조가 된다.

이 네번째 탄원에 대한 예레미아스의 종말론적 해석에 따르면 여기서 '내일'은

> "다음날을 뜻했을 뿐 아니라 그 거대한 내일, 곧 최후의 종말을

---

38) R. E. Brown, "Pater Noster," 194.
39) *Ibid.*, 194, 주 82.

뜻한다.… '내일을 위한 떡'은 지상의 떡이 아니라, 생명의 떡을 뜻할 수 있었다."[40]

"그의 제자들이 그와 함께 나눈 모든 식사는 일상적인 먹음과 마심이었다. 그러나 그것은 그 이상이었다. 종말시에 있을 식사의 이미지와 기대, 곧 구원의 식사요 메시아적 식사였다."[41]

이 점에 있어서 브라운도 예레미아스와 전망을 같이하고 있다.

"그리스도인들은 이 세상의 떡이 아니라, 하나님의 최후의 개입을 위한 떡과 하늘의 식탁에서 주어지게 될 떡을 갈망했다."[42]

그러나 브라운이나 예레미아스처럼 "*epiousios*"를 '내일을 위한 떡' 곧 종말시의 떡으로 해석하는 데는 적지 않은 문제가 있다. 종말시의 잔치에는 떡이 아니라, "기름진 것"과 "맑은 포도주"가 제공되기 때문이다.

"만군의 여호와께서 이 산에서 만민을 위하여 기름진 것과 오래 저장하였던 포도주로 연회를 베푸시리니, 곧 골수가 가득한 기름진 것과 오래 저장하였던 맑은 포도주로 하실 것이며… 사망을 영원히 멸하실 것이다. 주 여호와께서 모든 얼굴에서 눈물을 씻기시며 그 백성의 수치를 온 천하에서 제하시리라"(사 25 : 6, 8).

---

40) J. Jeremias, *The Prayers of Jesus*, pp. 101f.
41) *Ibid.*, p. 102. D. Y. Hadidian도 예레미아스와 비슷하게 주기도문의 종말론적 상황의 내용은 결국 세례와 성만찬이 된다고 주장하고 있다. 그의 "The Lord's Prayer and the Sacraments of Baptism and of the Lord's Supper in the Early Church," *StudLit* 15(1982-83) : 132-144를 참고하라.
42) R. E. Brown, "Pater Noster," 198.

주기도문은 "*artos*"(떡)－그것이 내일을 위한 것이든 아니든－를 구하고 있지 "기름진 것"과 "맑은 포도주"를 구하고 있지 않기 때문이다.[43] 종말의 그 대잔치에는 "소와 살진 짐승"(마 22 : 4) 또는 "살진 송아지"(눅 15 : 23)가 주어질 뿐 아니라 마실 것까지 제공되고 있다. "내 아버지께서 나라를 내게 맡기신 것같이 나도 너희에게 맡겨 너희로 내 나라에서 먹고 마시며… 이스라엘 열두 지파를 다스리게 하려 하노라"(눅 22: 29－30). 그 잔치에는 고기와 포도주가 제공될 뿐 떡은 생략되고 있다. 주의 만찬의 경우에도 예수는 떡과 포도주를 구별하여 각각 제자들에게 나누어준 후, 떡에 대해서가 아니라 포도주에 대해서 이렇게 선언하고 있다. "내가 하나님 나라에서 새것으로 마실 그날까지 나는 포도 열매에서 난 것을 다시 마시지 않을 것이다"(막 14 : 25 ; 병행). 곧 떡은 종말론적 잔치에서 다시 맛볼 수 있는 것이 아니다. 포도주는 그때에 제공되지만, 떡은 그렇지 않기 때문이다. 떡은 그날에 이르기 전까지의 양식이 된다. 이것이 결국 아버지의 나라에서 새 떡으로 먹는 그날까지 다시는 떡을 먹지 않겠다는 이야기가 생략된 이유이다. 더구나 종말론적 잔치에서 제공되는 살진 고기와 맑은 포도주는 모두 "하나님의" 것이지 "우리의" 것이 아니다. 그러나 주기도문은 "우리의" 떡을 달라고 간구하고 있다.

결국 주기도문의 "떡"은 미래의 종말론적인 것이 아니라, 오늘의 일상적인 것이다. 신약에 약 94회 정도 나오는 이 단어의 사용법 역시 대체로 이 방향을 따르고 있다. 따라서 "*epiousios*"는

---

43) 브라운과 슈바이처는 "떡"이 이것들 모두를 포괄하는 총칭이 될 수 있다는 가능성을 지적하고 있다. Brown, *Ibid.*, p. 197 참조 ; Schweizer, *Matthew*, p. 154 참조. 그러나 그들이 제시하고 있는 누가 14장 15절은 우선 예수의 말이 아니라, "그와 함께 먹던 사람들 중 한 사람"의 말일 뿐 아니라, 그 구절은 종말론적 잔치의 내용에 대한 바로 그 사람의 부정확한 이해를 반영해 주고 있다.

'내일을 위한' 보다는 16세기의 루터나 틴데일처럼,[44] 또는 우리말 개역이나 새번역처럼 "일용할"이나 "필요한"으로 번역되는 것이 보다 더 적절할 것이다.[45] 한 걸음 더 나아가 주기도문은 '우리의 필요한 떡'[46]을 "오늘"(마태) 또는 "날마다"(누가) 달라고 탄원한다. 이 탄원에는 떡이 종말론적 잔치에서가 아니라, 구체적인 우리의 생활 속에 '오늘'[47] 주어지기를 요구할 수밖에 없었던 절박한 상황이 전제되어 있다.

"저 무리가 벌써 사흘이나 나와 같이 있었는데 먹을 것이 없으니 가엾다. 만일 그들을 굶긴 채 집으로 돌려보낸다면 길에서 지쳐 버리겠다. 그중에는 먼 데서 온 사람들도 있다"(막 8 : 2 ; 마

---

44) 이들 외에 이와 비슷한 해석을 내렸던 역사적으로 특별한 시기들, 가령 4세기나 16세기에 관한 정보를 위해서는 D. Hill, "'Our Daily Bread'(Matt 6: 11) in the History of Exegesis," *IrBibSt* 5(1983) : 2−10을 보라.

45) 마가 6장 34−44절에 나오는, 남자 오천 명이 먹고 열두 광주리가 남은 오병이어 기사와는 달리, 이곳 칠병이어 기사에서는 "약 4천 명"(마가) 또는 "여자와 아이 외에 4천 명"(마태)이 먹고 일곱 광주리가 남은 것으로 보도되어 있는데, 이는 일곱이라는 숫자가 암시하듯이(행 6 : 1−6) 이방선교를 위한 상징으로 이용되고 있다.

46) 마태는 마가에서 허락된 품목들 중 지팡이와 신을 허락하지 않는 반면, 마가에는 없는 금전, 은전 지참 금지에 대한 언급을 첨가하고 있다. 한편 마가의 "떡" 금지 조항이 마태에는 생략되어 있다. 그러나 소유욕의 철저한 제한 속에서 정처없이 떠돌아다녀야 하는 추종자들의 가혹한 생활의 단면을 표현하고 있다는 점에서 둘은 기본적으로 일치한다.

47) "방랑하는 카리스마들에 의해 표현된 이런 종류의 지혜는 일용할 떡을 위한 기도만큼 전적으로 신뢰할 만한 것이다." G. Theissen, *Sociology of Early Palestinian Christianity*(Philadelphia : Fortress Press, 1978), p. 13f. 타이센은 이들이 자신들에게 동조하는 사람들의 도움에 의존했을 것이라고 추론하고 있다. *Ibid.*, p. 14.

15 : 32 참조).

예수의 이 말속에는 그날그날의 떡이 없어서 문자 그대로 굶주리고 있었던 처절한 사정이 분명하게 반영되어 있다. 이것을 배경으로 베풀었던 예수의 급식기사(막 8 : 4－10 ; 마 15 : 32－39)에도 떡과 생선이 언급될 뿐 '마실 것'은 언급되지 않고 있다. 그 이유는 기적을 통해 주어진 것은 연명에 필요한 최소의 것들이었음을 상징하려는 것이다. 주기도문에서 그날그날에 필요한 떡을 구하라 한 것도 삶을 지탱하는 데 극히 필요한 최소의 물질만을 구해야 한다는 것을 상징적으로 가르치려는 것이다. 창고에 가득 쌓아둘 수 있는 많은 떡이 아니라, 일용할 떡을 구하라는 것은 신뢰를 철저히 하나님에게 두고 살라는 것이다. 예수의 제자파송사건에 대한 보도도 비슷한 전망을 보여주고 있다. "여행하는 데 지팡이 외에는 아무 것도 가지지 말고 먹을 것도 가지지 말고 자루도 가지지 말고 전대에 동전도 넣어 가지지 말고 신은 신더라도 두 벌 옷은 가지지 말라"(막 6 : 8－9 ; 마 10 : 9－10 ; 누 9 : 3 참조). 방랑하는 선교활동과 혹독한 제자직의 모델을 제시하고 있는 이 구절은 결국 신뢰를 소유에 두지 말고 하나님에게 두라는 권고로 기능했을 것이다. 산상수훈의 "목숨을 위하여 무엇을 먹을까 무엇을 마실까 몸을 위하여 무엇을 입을까 염려하지 말라 …"(마 7 : 25－34)로 시작되는 권고들과 "일용할 떡"을 구하라는 것은 내용상 일치한다.

요컨대 "일용할 떡"을 달라는 것은 삶을 하나님에게만 철저히 위탁하며 살게 해달라는 탄원이 된다. 이 탄원은 실제로 배고픈 현실을 경험하는 사람들에게는 절박하게 느껴지는 기도가 되지만, 재물을 창고에 가득 쌓아둔 사람에게는 생소하게 느껴지는 기도가 된다. 왜냐하면 부를 소유하고 있는 사람이 신뢰를 재물이 아니라 하나님에게 두기란 결코 쉬운 일이 아니기 때문이다.

"한 종이 두 주인을 섬기지 못한다. 한편을 미워하고 다른편을 사랑하거나 또는 한편을 중히 여기고 다른편을 경히 여길 것이기 때문이다. 너희가 하나님과 재물을 겸하여 섬기지 못한다"(마 6 : 24).

"그리고 우리가 우리의 빚진 자들(*tois opheiletais hēmon*)을 용서한 것 같이(*hos*) 우리의 빚들(*ta opheilēmata hēmon*)도 용서하옵소서"(마태)[48]

"그리고 우리의 죄들(*ta hamartias hēmon*)을 용서하옵소서 우리도 우리의 모든 빚진 자들을 용서하고 있나이다"(누가)[49]

마태나 누가는 이 탄원을 모두 단순과거 형태(*aphes*)로 시작하고 있다. 문자적으로 "이번 한 번만 용서해 달라"는 것이나, 실제로는 "이번만큼은 꼭 용서해 달라"는 간절한 간구로 볼 수 있다. 이어서 그 다음 문장을 누가는 현재 형태(*aphiomen*)로, 마태는 또다시 단순과거로 묘사하고 있다.

여기서 두 가지 문제가 부각된다. 첫째는 사람은 흔히 자기에게 빚진 자들을 용서하는가 하는 것이고, 둘째는 "우리가 … 용서한 것같이 … 용서하옵소서"(마태)라고 할 때, 하나님의 용서는 인

48) 마태 6장 12절에 대한 개역의 "우리가 우리에게 죄 지은 자를 사하여 준 것같이 우리 죄를 사하여 주옵시고" 또는 새번역의 "우리에게 죄 지은 사람들을 우리가 용서한 것같이 우리의 죄를 용서하옵소서"는 본문과는 거리가 있는 번역들이다.

49) 누가 11장 4절에 대한 개역의 "우리가 우리에게 죄 지은 모든 사람을 용서하오니 우리 죄도 사하여 주옵시고" 또는 새번역의 "우리에게 죄지은 모든 사람을 우리가 용서하오니 우리의 죄를 용서하옵소서" 역시 "죄들"과 "빚진 자들"이라는 각기 다른 두 단어들을 "죄"라는 하나의 단어로, 그것도 둘 다 단수로 번역하여 오해의 여지를 남겨 놓았다.

간의 용서를 모델로 삼고 있는가 하는 문제이다. 우선 첫째 문제부터 살펴보자. 사람이 자기에게 빚진 자들을 용서(탕감)하는 것은 정상적인 일인가, 오히려 그 반대가 정상적인 것이 아닌가? 그렇다면 언제 채권자는 채무자를 용서하는가? 이 문제에 대한 해답의 단서를 신명기 15장에서 찾을 수 있다.

> "매 칠년 끝에 면제하라. 면제의 규례는 이러하니라. 무릇 그 이웃에게 꾸어준 채주는 그것을 면제하고 그 이웃에게나 그 형제에게 독촉하지 말지니 이 해는 여호와의 면제년이라 칭함이라. 이방인에게는 네가 독촉하려니와 네 형제에게 꾸인 것은 네 손에서 면제하라"(신 15 : 1−3).

곧 매 7년의 해방법이 채권자로 하여금 채무자를 용서하도록 강압적으로 규정하고 있다.[50] 여기서는 채권자가 싫어도 어쩔 수 없이 채무자를 용서해야 하는 법률적인 상황을 이해하는 일이 중요하다. 신명기에서 말하는 "형제"(LXX : *adelphos*)가 혈연관계가 아닌 이방인과 대립된 의미의 유대인 동족을 뜻하고 있듯이, 주기도문에서의 "우리" 또는 마태와 누가의 다른 곳에 빈번히 등장하고 있는 "형제"(*adelphos*) 역시 혈연관계가 아니라 주로 예수의

---

50) 물론 이러한 해방법은 신약시대에 와서는 힐렐(Hillel)에 의해 제정된 *pros boule*를 통해 수정되었다. 이 *pros boule*는 채권자가 해방법과 상관없이 아무때나 빚을 거두어들일 수 있도록 규정하고 있는 바, 원래의 목적은 채권자가 6년째 되는 해에는 그 다음 해에 돈을 잃을 것을 염려하여 잘 꾸어주지 않는 관습을 제거하여 6년째에도 돈이 필요한 가난한 자들을 보호하기 위한 것이었으나, 그 본래 의도는 무시되고 결국 채권자를 보호하는 법으로 악용되어 갔다. 이 문제를 취급한 S. T. Lachs는 마태가 바로 이렇게 악용되고 있는 *pros boule*를 거부했을 것으로 추측하고 있다. 그의 "On Matthew Ⅳ. 12," *NovTest* 17(1975) : 6−8을 참고하라.

추종자 그룹[51]을 뜻하고 있다(마 12 : 46－50 ; 눅 8 : 19－21 ; 참조. 막 3 : 31－35). 곧 신명기의 '동족끼리'가 주기도문에서는 '우리끼리'로 새롭게 적용되고 있다. 따라서 이 탄원은 일차적으로는 공동체의 내적인 문제와 관련되어 있다. 이것이 "우리"가 '저들의'가 아니라 "우리의" 빚진 자들을 용서했다고 이야기하고 있는 이유이다. 심지어 이 주기도문이 위치하고 있는 산상수훈의 "원수들을 사랑하라"는 권고가 나오는 단락(마 5: 38－49 ; 눅 6 : 27－36 참조)에서 "원수들"이란 정치적이거나 대외적인 적들을 뜻하는 것이 아니라, 제한된 지역 공동체의 구체적인 상황 속에서의 개인적인 적들을 뜻한다.[52] 이럴 경우, 이 탄원은 우리가 우리의 빚진 자들을 '우리끼리'는 싫어도 마땅히 용서한 것처럼 우리의 빚들(마태), 혹은 죄들(누가)[53]을 꼭 용서해 달라는 간절한 간구가 된다.

그러나 두번째 문제는 여전히 남는다. 하나님의 용서는 우리의

---

51) "우리"의 용서의 대상을 마태는 "빚진 자들"로 규정하는 반면, 누가는 "모든 빚진 자들"로 확장시켜 놓았다. 마 5 : 42 ; 눅 6 : 30도 비슷한 경향을 보여주고 있다. 그러나 여기서 누가의 "모든"이 이방인을 지칭하는 것인지는 분명하지 않다.

52) 이 같은 입장을 위해서는 R. A. Horsley, "Ethics and Exegesis : 'Love Your Enemies' and the Doctrine of Non-Violence," *JAAR* 54(1986) : 3－31을 참고하라. Horsley에 따르면 "원수들을 사랑하라"는 말은 정치적인 비폭력이나 무저항의 문제를 다루기 위해 도입된 것이 아니라, 지역 공동체 속에서 서로가 서로를 사랑해야 한다는 권고를 강력히 표현한 말이라는 것이다.

53) 마태의 "빚들" 대신 누가는 "죄들"을 사용하고 있다. 마태의 것이 더 순수하다고 보는 학자(C. M. Laymon)도 있고, 누가의 것이 더 순수하다고 보는 학자(E. Schweizer)도 있다. 그러나 "유대인들은 관습적으로 빚들을 죄들로 간주했다"는 것을 감안한다면, 둘의 차이는 그리 심각한 것이 아니다. Laymon, *The Lord's Prayer in Its Biblical Setting*(New York : Abingdon Press, 1968), p. 75.

용서를 모델로 삼고 있는가? 오히려 그 반대가 되어야 하지 않는가? 마태가 "우리가 용서한 것처럼"이라는 과거시제를 누가는 "우리가 용서하오니"라는 현재시제를 사용하고 있고, 마태가 "*hos*"를 사용한 것을 누가는 "*kai gar*"를 사용하고 있다. 이를 통해 누가는 이 난제를 피하고 있다. 그러나 마태의 형태는 우리의 용서가 하나님의 용서에 앞서야 할 뿐 아니라, 하나님의 용서를 위한 기준을 제공하고 있는 것처럼 보인다. 이를 부정하기 위해 예레미아스는 마태의 과거형태 배후에는 지금 여기에 일어나고 있는 행위를 언급하고 있는 아람어의 현재완료가 있다고 추정하면서, 이 탄원을 "우리가 우리의 빚진 자들을 이에 의해 용서하게 하옵소서"로 번역하고 있다.[54] 결국 예레미아스는 "…한 것처럼"(*hos*)을 비교가 아니라 탄원으로 처리함으로써[55] 본문에서 지나치게 벗어났을 뿐 아니라, 왜 마태가 그 어색한 문장을 수정 없이 그대로 남겨두었는지의 물음을 간과하고 말았다. 한편 브라운은 "*hos*"가 단지 인간의 용서가 하나님의 용서와 대응을 이루고 있다는 것을 보여주고 있을 뿐이라고 해석함으로써, 역시 "*hos*"의 의미를 축소시키고 있다.[56]

예레미아스와 브라운이 "*hos*"의 뜻을 약화시키기 위해 이처럼 집중적으로 노력한 이유는, 인간의 용서가 하나님의 용서를 위한 기준이 될 수 없다는 생각 때문이었다. 특히 예레미아스는 한 걸음 더 나아가 이렇게 주장하고 있다.

> "예수는, 너희가 용서할 준비가 되어 있지 않으면 너희는 하나님께 용서를 구할 수가 없다는 바로 그 점을 거듭해서 선언했다. 하나님은 오직 너희가 용서할 준비가 되어 있어야만 용서하실 수

---

54) J. Jeremias, *The Prayers of Jesus*, p. 92 참조.
55) *Ibid.*, p. 103.
56) R. E. Brown, "Pater Noster," 203 참조.

있다."[57)]

물론 이러한 해석이 인간의 용서를 모델로 한 주기도문의 다섯째 간구(마태)의 곤란성을 다소 완화시켜 주는 것은 사실이나, 문제가 완전히 해결되는 것은 아니다. 그러한 조건부 용서는 예레미아스가 이해한 마태의 하나님상, 곧 무조건적으로 용서하는 하나님에 여전히 배치되고 있기 때문이다. 마태가 제시하는 용서와 관련된 하나님상은 예레미아스의 해석처럼 그렇게 간단하지가 않다. 실제로 마태복음서에는 용서의 순서에 대한 두 가지 이해가 공존하고 있다.

주기도문 다음에 곧이어 나오는 예수의 선언, 즉 "너희가 사람의 과실을 용서하면 너희 천부께서도 너희 과실을 용서하시려니와 너희가 사람의 과실을 용서하지 아니하면 너희 아버지께서도 너희 과실을 용서하지 아니하시리라"(마 6 : 14-15)에는 조건부 용서, 곧 인간의 용서가 하나님의 용서에 앞서야 할 전제조건으로 설정되어 있다. 한편 "용서할 줄 모르는 종의 비유"(마 18 : 23-35)를 살펴보자. 왕이 일만 달란트 빚진 자의 간청을 듣고 그의 빚을 탕감해 주었을 때(27절), 이것은 하나님의 용서가 인간의 상호 용서에 앞서서 베풀어진다는 것을 강조하려는 것이다. 왜냐하면 왕의 탕감은 그 큰 빚진 자가 아직 작은 빚진 자에 대해 아무런 행동도 취하기 이전 상태에서 이루어진 것이기 때문이다. 그러나 이 비유를 근거로 주기도문의 탄원에서 "하나님의 용서가 마치 인간의 행위를 통해서 비로소 얻어질 수 있을 것이라는 오해가 배제된다"(E. Schweizer)고 주장하는 것은 이 비유의 의미를 지나치게 단순화시킨 것으로 보인다. 이 비유에서 왕의 첫번째 행위(용서)는 큰 빚진 자의 행위와 무관하게 이루어졌으나, 왕의

57) J. Jeremias, *The Prayers of Jesus*, p. 103.

두번째 행위(용서하지 않은)는 철저하게 그 큰 빚진 자의 행위(용서하지 않은)에 의존되어 있기 때문이다(28절 이하). 결국 이 비유에서 용서의 순서에 관한 이해가 마태공동체내에서 아직 분명히 정리되지 않은 채 남아 있었음을 볼 수 있다.

마태복음서는 인간의 용서가 하나님의 용서에 앞선다고 주장하는 그룹과 하나님의 용서가 인간의 용서에 앞선다고 주장하는 그룹이 마태공동체 안에 공존하고 있었음을 반영해 주고 있다. 마태 18장 23－27절은 후자의 사상을, 18장 28－35절[58] 및 6장 14－15절 등은 전자의 사상을 대표하고 있다. 주기도문의 다섯번째 탄원 "우리가 우리의 빚진 자들을 용서한 것같이"는 크게 보면 전자의 입장을 대변한다고 볼 수 있다. 그러나 이 탄원의 "…한 것같이"에서 모델로 제시되고 있는 것은 인간의 용서의 행위라기보다는 그렇게 하지 않을 수 없는 인간 용서의 불가피한 법적 상황이기 때문에, 이 탄원은 전자의 입장에 속하면서도 그 입장을 다소 변경시키고 있다. 결국 이 탄원은 이렇게 재구성될 수 있다. "우리가 우리에게 빚진 자들을 토라의 해방법 때문에 우리끼리는 싫어도 마땅히 용서하지 않을 수 없었던 것처럼, 우리의 빚들도 어쩔 수 없이라도 꼭 용서하시옵소서." 이것이 마태가, 용서에 대한 간절한 간구를 표현하는 데 있어서 단순과거로 이 탄원을 구성하고 있는 이유이다. 마태는 용서하는 공동체를 이상적인 모델로 제시하기 위해 주기도문을 지금의 형태로 수용했다. 형제를 용서하지 못하고 형제에게 분노하는 자를 살인하는 자와 관련시킴으로써, 자신의 공동체내에서 용서의 중요성을 크게 부각시킨다(마 5 : 22). 예물을 제단에 놓기 전에 먼저 형제와 화목해야 한다는 것이다(마 5 : 23). 용서에 대한 강조를 통해 마태는 마태공동체

58) 이중 18: 32－33은 간청의 주제와 용서의 주제가 혼합되어 있다.

멤버들끼리의 상호 대립을 완화시키고 있다.

"그리고 우리로 시련(*peirasmos*)에 굴복하지 않게 하옵시고(마태, 누가), **악한 자(*ho ponēros*)로부터 구하옵소서"**(마태)

우리로 "*peirasmos*"("시험"－개역 ; "유혹"－새번역)에 들지 않게 해달라는 탄원은 일견 하나님이 인간을 시험한다는 생각을 전제한 것처럼 보인다. 물론 야고보서는 이런 사상을 분명하게 거부하고 있다.[59]

> "사람이 시험을 받을 때에 내가 하나님께 시험을 받는다 하지 말지니 하나님은 악에게 시험을 받지도 아니하시고 친히 아무도 시험하지 아니하시느니라. 오직 각 사람이 시험을 받는 것은 자기 욕심에 끌려 미혹됨이니…"(약 1 : 13－14).

주기도문의 마지막 탄원의 이 난제를 해결하기 위해 터툴리안은 "우리로 사탄에 의한 시험에 들지 말게 하옵소서"로, 제롬이나 어거스틴은 고린도전서 10장 13절을 기반으로 "우리로 우리가 극복할 수 없는 시험에 들지 않게 하옵소서"로 해석해 놓았다.[60] 브라운은 이러한 교부들의 해석을 종말론적인 전망으로 확대시켜 놓고 있다. 그의 주장에 따르면 여기서 "*peirasmos*"는 나날이 겪는 구체적인 유혹이 아니라, '사탄의 최후의 공격에 대한

---

59) Laymon은 하나님이 인간을 시험한다는 사상이 신약에 나타난다고 주장하면서, 그 근거로 누가 22장 28절과 히브리서 2장 18절 등을 제시하고 있으나, 그 구절들은 시험의 주체가 하나님이라는 사상과는 상당한 거리가 있다. 그의 *The Lord's Prayer*, pp. 138－140 참조.

60) 이런 교부들의 해석에 대한 보다 상세한 자료를 위해서는 Brown의 "Pater Noster," 204ff.를 참고하라.

언급'이라는 것이다.[61] 물론 고린도전서 7장 5절은 유혹의 주체를 사탄으로 분명히 밝혀주고 있고, 마태 4장 3절이나 누가 22장 31절도 비슷한 사상을 보여주고 있기 때문에, "*peirasmos*"를 사탄과 연결시킨다는 것이 무리한 작업은 아니다. 그러나 "*peirasmos*"는 종말론적인 대시험 외에 일상적인 유혹에도 사용될 수 있는 단어일 뿐 아니라, 사탄과의 관련 없이도 독자적으로 사용될 수 있는 단어이기도 하다.[62] 예를 들어, 야고보서 1장 2절과 12절에 나오는 "*peirasmos*"는 사탄과의 관련 없이도 해석할 수 있는 일상적인 시험들을 뜻하고 있기 때문이다.

한편 예레미아스는, 종말론적인 전망이라는 점에서는 브라운과 비슷한 입장을 취하면서도 강조점을 달리하고 있다.

> "이 단어는… 일상적인 삶의 사소한 유혹들이나 시험들이 아니라, 온 지상에 곧 닥치게 될 최후의 대유혹을 뜻한다."[63]

여기까지는 브라운과 입장이 같으나, 예레미아스는 '최후의 대유혹'을 브라운처럼 사탄과 연결시키기보다는 오히려 집중적으로 배교와 관련시키고 있다.[64] 따라서 "유혹에 들지 않게 하옵소서"는 "유혹에 굴복하지 않게 하옵소서"로 번역될 수 있고, 그 실제적인 내용은 "배교로부터 지켜주옵소서"가 될 수 있다는 것이다.[65]

예레미아스가 "*peirasmos*"를 배교와 관련시킨 것은 설득력이

---

61) *Ibid.*, 205.

62) 브라운 자신도 이 점을 인정하고 있으나, 그는 일상적인 유혹을 최후의 유혹에서 절정을 이루게 될 고투의 한 부분으로 처리함으로써, 일상적 유혹의 무게를 의도적으로 감소시키고 있다. *Ibid.*, 205 참조.

63) J. Jeremias, *The Prayers of Jesus*, p. 105.

64) *Ibid.*, p. 106 참조.

65) *Ibid.*, pp. 105f. 참조.

있다. 그러나 문제는 그가 그 배교의 시기를 장차 닥칠 임박한 미래로만 잡았다는 점에 있다. 오히려 배교는 미래뿐 아니라 지금(당시)도 일어나고 있다. 당시 이곳저곳에서 벌어지고 있었던 배교의 현재적 상황을 전제하지 않고는 "배교로부터 지켜 주옵소서"라는 탄원의 긴급성이 감지되지 않았을 것이다. 브라운과 예레미아스는 "*peirasmos*" 앞에 관사가 붙지 않았다는 점을 간과했다. 곧 그 단어를 '바로 그 대시험'만을 뜻하는 것으로 축소시킨다는 것은 본문상의 지원을 받기가 어렵다. 여기서 배교를 예레미아스의 미래적 배교에서 미래[66] 및 현재적 배교로 확장시키고, 브라운의 추상적 '유혹'보다는 구체적인 '시련'으로 이해한다면 주기도문의 다른 탄원들과도 걸맞는 해석이 될 것이다. 그렇다면 "시련에 굴복하지 않게 하옵소서" 할 때, 배교로 이끄는 시련의 구체적인 내용은 무엇인가? 시련의 종류로는 정치적인 시련과 종교적인 시련이 있다. 정치적인 시련은 공회에 넘겨지는 것과 회당에서 매질당하는 것과 관장들과 임금들 앞에 서게 되는 일(막 13 : 9 ; 병행)을 포함하고 있다. 종교적인 시련은 많은 사람들을 미혹케 하는 거짓 그리스도인들과 거짓 선지자들의 주장에 굴복하고, 그들을 따라나서는 일을 포함한다(막 13 : 6, 21-22 ; 병행). 한편 시련의 강도는 "하나님이 창조하신 날부터 지금까지 이런 환난이 없었고 후에도 없을"(막 13 : 19 ; 병행) 정도로 묘사되어 있다. 이렇게 미래적인 형태로 묘사되고 있는 그 내용들은 예수 추종자들이 현재 당하고 있는 시련이 투영된 것으로 볼 수 있기 때문에, 이러한 구절들은 미래뿐 아니라 미래와 현재의 시련 모두를 이야기하고 있는 것으로 이해할 수 있다.

시련에 굴복하지 않게 해달라는 이 탄원은 마태의 경우, "*ho*

---

66) 여기서 '미래'라는 말은 예레미아스처럼 반드시 종말론적 미래를 뜻하는 것이 아니며, 배교가 현재뿐 아니라 장차 미래에도 있을 것이라는 의미의 단순한 미래를 뜻한다.

ponēros"로부터의 보호 간청으로 한결 더 명확해진다. 누가에는 없는 "*ho ponēros*"는 '악'으로도 또는 '악한 자'로도 해석될 수 있다. 로마 카톨릭 교부들은 전자를, 희랍 정교회 교부들은 후자를 선호하는 경향이 있다.[67] 예레미아스는 "*ho ponēros*"를 인간을 영원히 파멸시키려는 악으로 해석하고 있는 반면, 브라운은 같은 그 단어를 사탄을 위한 구체적인 칭호 중 하나로 보면서 '악한 자'로 해석하고 있다.[68] '악'과 '악한 자' 중 어느 것이 더 적절한 번역인가를 선택하는 문제는 그 앞절에 나오는 "*peirasmos*"를 추상적인 것으로 해석할 것이냐, 아니면 구체적인 것으로 해석할 것이냐의 문제와 밀접히 관련되어 있다. 브라운의 주장을 구체적으로 점검해 보자.

> "*ponēros*를 추상적인 '악'으로 번역하는 주요한 이유들 중 하나는 그것이 유혹을 뜻하는 *peirasmos*와 병행이 되어 있기 때문이다. 그러나 *peirasmos*가 사탄의 공격에 의해 닥치게 될 최후의 시험을 뜻한다는 것을 우리가 깨닫는다면, 오히려 *ponēros*에 대한 인격적 해석이 가장 적절하다."[69]

여기서 브라운이 "*ho ponēros*"를 '악한 자'로 본 것은 "*peirasmos*"를 그가 추상적인 유혹으로 보았다는 것을 상기한다면 다소 어색할 것이다. 그러나 브라운의 '악한 자'는 '악한 사람'이 아니라 '악한 사탄'을 뜻하기 때문에 이는 브라운으로서는 별무리가 없는 해석이다. 그러나 주기도문의 여섯째 탄원에 나오는 '악한 자'는 '악한 사탄'인가? 물론 이러한 이해는 "*peirasmos*"를 사탄과의 관련 속에서 해석한 브라운에게는 필연적인 추론이라 할 수 있다.[70]

---

67) R. E. Brown, "Pater Noster," 206f. 참조.
68) *Ibid.*, 20 ; J. Jeremias, p. 106.
69) R. E. Brown, "Pater Noster," 207.

그러나 여기서 "*ho ponēros*"는 박해를 가함으로써 직접, 간접으로 배교를 유도하는 세력을 구체적으로 수행하는 사람으로 이해할 수 있다. 왜냐하면 "*ho ponēros*"는 사탄에 대한 하나의 칭호로만 이해되어야 하는 제한된 특수용어가 아니기 때문이다. 그것은 오히려 '악한 사람'에 대한 일반적인 지칭으로 널리 사용되는 용어이다.

"너희에게 이르노니 악한 자(*ho ponēros*)를 대적지 말라. 누구든지 네 오른뺨을 치거든 왼편도 돌려대며…"(마 5: 36).

"선한 사람은 그 쌓은 선에서 선한 것을 내고 악한 사람(*ho ponēros*)은 그 쌓은 것에서 악을 내느니라"(마 12 : 35 ; 눅 6 : 45 참조).

여기서 볼 수 있듯이 '악한 자'는 브라운이 말하는 사탄이 아니라, 문자 그대로 악한 사람을 뜻한다. 이러한 해석은 "*peirasmos*"를 추상적인 시험이 아니라, 구체적인 시련으로 이해하는 해석과도 완벽하게 병행된다. 따라서 시련에 굴복하지 않게 해달라는 것과 악한 자로부터 지켜 달라는 두 가지 탄원으로 구성되어 있는 마태의 여섯번째 탄원은 사실은 하나이다. 바로 이것이 누가

---

70) 브라운은 주기도문의 이 탄원과 완벽한 병행을 이루는 신약의 다른 구절로 요한일서 5장 18절과 요한 17장 15절을 들고 있다. 주기도문과 요한복음서에 나오는 예수의 기도의 상관관계를 연구한 논문으로는 W. O. Walker, "The Lord's Prayer in Matthew and in John," *NTS* 28(1982) : 237－256을 참고하라. Walker는 여기서 요한 17:1－8은 마태의 주기도문 중 첫 세 탄원들에 대한 미드라쉬적인 확장으로, 17:9－19은 나중 세 탄원들에 대한 확장으로 이해하는 반면, 17:20－26은 재현부로서 그 두 부분의 요소를 모두 포괄하고 있는 것으로 분석하고 있다.

가 그 두 가지 탄원 중 하나만으로 만족할 수 있었던 이유이다.

주기도문에 첨가된 "나라와 권세와 영광이 영원토록 아버지의 것이옵니다"라는 송영은 마태의 옛 사본과 누가에는 생략되어 있다. 후대 문서인 디다케가 이것을 첨가시키고 있긴 하나, 주기도문에 대한 옛 교부들의 주석서에도 이것은 주기도문의 일부로 취급되지 않고 있다. 역대기상 29장 11절의 "주의 광대하심과 권세와 영광과 승리와 위엄이 다 주의 것이옵니다"를 배경으로 하고 있는 이 송영은 비록 후대의 첨가이기는 하나, 그 내용은 주기도문과 걸맞는 것이라 할 수 있다. 원시 그리스도교 공동체들이 구문화된 형태로 주기도문을 사용하기 시작했을 때, 그들은 "*peirasmos*"나 "*ho ponēros*"보다는 이 송영으로 끝을 맺는 것이 더 적절하다고 생각했을 것이다.

V. 결 어

주기도문의 여섯 탄원 모두를 종말론적 전망으로 이해함으로써, 결과적으로 그것들을 추상적으로 처리한 예레미아스나 브라운의 해석과는 달리, 주기도문은 첫 세 종말론적인 탄원들과 나머지 세 현실적인 탄원들로 구성되어 있다. 더구나 첫 세 종말론적인 탄원들의 경우에도, '종말' 자체에 대한 관심이 아니라, 그러한 종말론적 탄원들을 자아내지 않을 수 없었던 절박한 현실이 더 생생하게 부각되어 있다. 결국 여섯 개의 탄원 모두가 힘겨운 현실을 직접, 간접으로 반영하고 있다고 할 수 있다. 주기도문은 가혹한 현실로 인한 절망의 심연에서 어쩔 수 없이 부르짖을 수

밖에 없었던 외침들을 압축해 놓은 것이다. 무엇보다도 주기도문은 개인의 기도가 아니라, "우리의" 기도로 드리도록 구성되어 있다. 그 기도는 시련을 당하고 있는 공동체 멤버들로 하여금 땅(나중의 세 탄원들)의 절박감 때문에 하늘(첫 세 탄원들)을 쳐다보지 않을 수 없게 하고, 동시에 하늘의 힘으로 땅의 시련을 감내해 나가도록 해주려는 것이다.

원시 그리스도교 공동체들은 그 기도의 어법보다는 의미에 관심을 두었기 때문에, 문자적인 엄격한 고수를 멀리하고 상황에 적절히 적응시키려는 노력을 하게 되었다. 마가나 요한은 '마태나 누가의 형태대로의 주기도문'을 갖고 있지 않다. 그러나 주기도문의 몇 가지 작은 핵이 마가복음서(14장)에서 축소되어 있는 것이 발견되는 한편, 요한복음서에서는 오히려 주기도문 전체에 대한 확대된 주석(17장)이 발견되고 있는 것은 결코 우연이 아니다. 주기도문의 형태 자체에 관한 한, 마태와 누가는 그 옛 전승을 각기 다른 문맥 속에서 비교적 보수적으로 수용한 반면, 마가와 요한은 그것을 대단히 자유스럽게 수용했다고 볼 수 있다.

이 주기도문이 공동체의 제의 상황에서 사용되었을 때, 그 기도는 무엇보다도 그 공동체 멤버들의 세계관을 새롭게 구성하고 그것을 확고히 다져나가는 데 크게 기여했을 것이다. 그 기도를 암송할 때마다 그 공동체 멤버들은 발은 땅을 딛고 있으나, 머리는 하늘을 쳐다보며 살아야 한다는 통일된 삶의 방식을 재확인하고 그것을 더욱 강화시켜 나갔을 것이다. 따라서 주기도문에는 시련을 당하는 현실 속에서도 최후의 보장과 신뢰를 오직 하나님에게만 둔 채, 끝까지 굴복하지 않고 살아가는 것을 이상적인 삶의 모습으로 설정한 당시의 절박했던 그리스도인들의 하나의 독특한 세계 이해가 반영되어 있다고 할 것이다.

제 8 장

누가공동체의 구성과 선교적 역할

제 8 장

누가공동체의 구성과 선교적 역할

I. 서 언

본 소론의 목적은 누가복음서에 반영된 누가공동체의 조직적·경제적·인종적 구성을 분석하고 그 멤버들의 선교적 역할의 특징을 규명하려는 데 있다. 이를 위해 역사적 예수 주변에서 활동하고 있었던 것으로 누가가 묘사하고 있는 열두 사도와 칠십인의 대표, 그리고 제자들의 각기 다른 역할과 그들이 누가 공동체를 위해 갖는 각기 다른 상징적 의미들이 집중적으로 취급될 것이다.

Ⅱ. 누가공동체의 구성

1. 제자들/열두 사도/칠십인 대표

'열두 제자들'이 비특정한 그룹으로부터 선택되고 있는 것으로 보도하고 있는 마가복음서(막 3 : 13－19)와는 달리, 누가복음서는 '열두 사도들'이 '그의 제자들'로부터 선택되고 있는 것으로 보도하고 있다.

> "그 제자들을 부르사 그중에서 열둘을 택하여 사도라 칭하셨으니…"(눅 6 : 13f.).

누가에 있어서 "제자들"(*mathetai*)은 마가보다는 훨씬 큰 그룹이었다고 할 수 있다. 누가는 "그의 제자들의 큰 무리"라는 표현까지 사용함으로써 "제자들"이라는 용어가 "열둘"에 국한되지 않는 것임을 분명히 밝히고 있다. 바로 이러한 사정은 누가 자신이 속한 누가공동체의 규모를 간접적으로 반영해 주는 것으로 볼 수 있다. 사도행전도 비슷한 경향을 보여주고 있다. 여기서도 "열둘"(혹은 "사도들")과 "제자들"은 뚜렷이 구별되고 있다 :

> "그때에 제자들이 더 많아졌는데…열두 사도가 모든 제자들을 불러 이르되…"(행 6 : 1－2).

누가는 "제자들"이라는 용어를 포괄적인 의미로 사용하고 있다. 이 용어는 다메섹과 예루살렘, 욥바와 안디옥(행 9 : 1－38), 그밖에 다른 도시들[1]에 거주하는 멤버들을 포괄하고 있다. 사도

1) 행 13 : 52 ; 14 : 20, 22, 28 ; 15 : 10 ; 19 : 1, 9, 30 등을 참고

행전에 따르면 이 용어는 모든 믿는 자들을 위한 칭호로 사용되고 있다(행 6 : 7).

누가가 역사적 예수 주변에 있었던 제자들의 숫자를 크게 확장시키고 있는 이유는 숫자상으로 급격히 확장되고 있었던 자신의 당대 공동체 멤버들로 하여금 과거의 그 제자들과 일치시키도록 하기 위해서이다. 곧 과거의 제자들을 자신의 당대 공동체를 위한 하나의 모델 그룹으로 설정하기 위한 것이다. 결국 역사적 예수의 과거 시대와 누가공동체의 현재 시대는 서로 분리될 수 없다. 콘첼만(H. Conzelmann)은 누가가 구성한 역사를 세 단계로 구별하여 분석하고 있다. 첫째는 세례 요한의 시대, 다음은 예수의 선교 시대, 그리고 마지막으로 교회의 시대가 그것이다.[2] 그러나 콘첼만의 분석은 예수의 시대와 누가공동체의 시대가 누가에 의해 동일한 시대로 밀접히 통합되고 있다는 사실을 인식하는 수준에까지 이르지 못하고 있음을 드러낸 셈이 된다. 누가에 있어서 예수의 이야기는 과거의 이야기이면서 동시에 자신의 공동체의 현재 이야기가 되고 있다. 곧 누가는 자신의 현재적 관심사를 예수의 과거 이야기 속에 철저히 투영시키고 있다.

마가의 "열두 제자"는 누가의 "열두 사도"에 해당된다. 마가복음서에서는 열두 제자들이 주로 마가공동체를 위한 부정적인 모델로 제시되어 있으나, 누가복음서에는 열두 사도들이 주로 누가공동체를 위한 긍정적인 모델로 제시되어 있다. 누가에 있어서 사도들은 대체로 예수에게 충실했던 것으로 되어 있다. 누가는 사도들의 실수의 범위나 강도를 약화시키고 있다. 제자들의 우둔함을 이야기하고 있는 마가의 구절들(막 7 : 18;8 : 21;9 : 20 등)이 누가에 의해 생략되고 있다. 예수에 대한 베드로의 비난(막 8 : 32

하라.

2) H. Conzelmann, *The Theology of St. Luke*(New York : Harper, 1960), pp. 12—15.

−33)도 누가에 의해 생략되고 있다(눅 9 : 22f. 참조). 예수의 수난 예고를 제자들이 이해하지 못했다는 마가의 묘사(막 9 : 32)는 누가에 의해 그러한 결과가 신적인 계획으로 말미암은 것이 되도록 변경되고 있다(눅 9 : 45). 누가에 있어 사도들은 첫 소명을 받은 순간부터 예수를 제대로 인식하고 있는 것으로 그려지고 있다(눅 5 : 1−8).

마가가 본 예수는 열두 제자들이 "흩어질 것"으로 예고하고 있고(막 14 : 27), 강경한 어조로 충성을 맹세한 베드로의 공언(막 14 : 29)에 대해 예수는 "네가 세 번 나를 부인하리라"(막 14 : 30)고 선언하고 있다. 그러나 누가가 본 예수는 사도들이 흩어지리라는 예고를 생략하고 있다. 물론 여기서도 베드로는 예수를 부인할 것이 예고되어 있으나, 이것이 마가에 비해 훨씬 약화되고 있다. 왜냐하면 "내가 너를 위해 네 믿음이 떨어지지 않기를 기도하였다"(눅 22 : 32)는, 마가에는 없는 예수의 선언이 베드로에게 주어지고 있기 때문이다. 마가는 베드로가 예수를 부인한 후 "울었다"(막 14 : 72)고 보도하고 있으나, 누가는 "심히 통곡했다"(*eklausen pikrōs*; 눅 22 : 62)고 보도함으로써, 베드로를 교정 가능한 인물로 부각시키고 있다. 마가가 본 제자들이 부활의 소식을 접했는지의 여부는 확실하지 않으나(막 16 : 8), 누가가 본 사도들은 그 소식을 분명히 접한 것으로 보도되어 있다(눅 24 : 9). 마가가 본 제자들은 예수의 부활 이후 아무런 중요한 역할도 하지 못했으나(막 16 : 1−8), 누가가 본 사도들은 결정적인 역할을 하고 있다(눅 24장). 결국 누가에 있어 한때 실수했던 사도들은 철저히 교정되고, 다시 중요한 임무를 부여받게 된다(눅 24 : 44ff.). 심지어 유다조차 심각한 비난을 받고 있지 않다. 유다의 배신은 신적인 계획 아래서 일어난 것이고, 따라서 예언의 성취로 해석되고 있다(행 1 : 16, 20). 그러므로 누가가 사도들을 자신의 공동체 멤버들을 위한 이상적인 모델로 삼았다는 주장은 이러한 근거들로 인해 한결 더 강화된 셈이다.

한편 누가는 마가에는 나오지 않는 칠십인의 대표들에 관해서 언급하고 있다.

> "이후에 주께서 달리 칠십인을 세우사 친히 가시려는 각동 각처로 둘씩 앞서 보내시며…"(눅 10 : 1ff.).

사도들과 마찬가지로 이들 역시 많은 제자들 가운데 대표로 선정되고 있다. 이들의 활동에 대한 긍정적인 보도(눅 10 : 17ff.)와 함께 누가는 이들 역시 누가공동체를 위한 이상적인 모델로 제시하고 있다.

요컨대, 누가복음서에 등장하는 사도들과 칠십인은 누가공동체의 지도자들을 위한 모델로, 많은 제자들은 평신도를 위한 모델로 제시되어 있다. 사도들과 칠십인은 각각 직접 예수에 의해 많은 제자들 가운데서 선택된 지도자들로 그려져 있다.

2. 가난한 자와 부유한 자

누가공동체의 구성을 이것과는 다른 측면에서 살펴보면, 그 공동체는 가난한 자와 부유한 자 모두를 포함하고 있음을 볼 수 있다. 누가복음서에 관한 많은 연구가 누가의 관심이 가난한 자에게 있었다고 주장하고 있다. 린지(S. H. Ringe)는 가난한 자를 위한 희년 모티프가 누가복음서 전체에 깊이 스며들어 있다고 해석하고 있다.[3] 예레미아스(J. Jeremias)도 누가의 관심의 초점이 가

3) S. H. Ringe, "The Jubilee Proclamation in the Ministry and Teaching of Jesus : A Traditional-Critical Study in the Synoptic Gospels and Acts"(Ph. D. dissertation, Union Theological Seminary, 1980).

난한 자에게 맞춰지고 있다고 분석하고 있다.

> "누가 전승은 실제로 가난한 자를 깊이 고려하고 있다. 나열된 축복은 실제로 배고프고, 실제로 울고, 실제로 핍박을 당하는 자들을 생각하고 있다(눅 6 : 21－23). 이것은 물론 '가난한 자들'은 물질적인 소유물을 갖지 못한 자들 곧 프롤레타리아트를 뜻하는 것이라고 말하려는 것이 아니다. 오히려 눅 6 : 22 이하는 누가 전승이 자신들의 제자직 때문에 빈곤과 굶주림과 핍박을 겪어야 하는 제자들을 생각하고 있음을 보여주고 있다."[4)]

이러한 해석의 전망에서는 자신의 공동체에 속했던 부유한 자들에 대한 누가의 관심은 극소화되게 마련이다. 이것과는 아주 다른 방법으로, 그러나 누가의 관심은 역시 가난한 자에게 있었다는 비슷한 결론에 도달한 연구로서 괄목할 만한 것은 존슨(L. T. Johnson)의 것을 들 수 있다.[5)] 존슨의 주장에 따르면, 누가－행전을 이야기의 차원에서 문학적으로 분석해 보면, 그 작품 전체의 구조를 결정짓고 있는 하나의 주도적인 극적 패턴을 발견할 수 있다는 것이다. 그는 이러한 패턴을 '예언자의 이야기'로 명명하고 있다. 존슨에 따르면 결국

> "부유한 자와 가난한 자라는 누가의 표현들은 그 예언자[예수]에 대한 그들의 각기 다른 반응으로 인해 거부된 자와 받아들여진 자를 위한 은유적인 표현들로 … 기능하고 있다."[6)]

---

4) J. Jeremias, *New Testament Theology : The Proclamation of Jesus*, trans., J. Bowden(New York: Charles Scribner's Sons, 1971), p. 112.

5) L. T. Johnson, *The Literary Function of Possessions in Luke-Acts*, SBL Dissertation Series 39(Missoula: Scholars Press, 1977).

6) *Ibid.*, p. 140.

존슨은 누가의 관심이 부유한 자들에 대해서는 예언자적 비판을, 그리고 가난한 자들에 대해서는 하나님의 약속을 선포하려는 데 있었다고 결론짓고 있다.[7] 존슨의 분석적인 통찰력에도 불구하고, 그의 주장은 누가의 사상을 지나치게 단순화시킨 것같이 보인다. 물론 예언자 예수라는 주제가 누가복음서에 제시되어 있는 것은 사실이지만, 그 예언자적 기능은 마가복음서와 비교해 볼 때 현격히 감소되어 있다. 더구나 그 주제는 누가에 있어서 중심적인 것으로 볼 수 없다. 부유한 자들의 정체를 단순히 예수를 거절한 자들, 곧 유대교 지도자들과 동일시해 버린 존슨의 주장 역시 설득력을 크게 결여하고 있는 것처럼 보인다.

누가가 가난한 자들에게 주로 관심을 기울였다는 이러한 주장들과는 대조적으로 누가가 가난한 자들보다는 오히려 부유한 자들에게 더 관심을 기울였다고 주장한 학자들도 있다. 카드베리(H. J. Cadbury)는 예수가 가난한 자들을 위한 자선에 관해 말할 때, 그것은 가지지 못한 자들이 아니라 가진 자들을 향한 것이라고 주장하고 있다.[8] 비슷하게 카리스(R. J. Karris)도 누가는 주로 부유한 멤버들, 그들의 관심들, 또는 그들이 누가공동체에 부과하고 있는 문제들에 주로 관여하고 있다고 분석하고 있다.[9] 카리스에 따르면 부의 위험에 관한 경고의 메시지는 가난한 자들에게 적절하지 않다고 한다.[10]

---

7) *Ibid.*, p. 221.

8) H. J. Cadbury, *The Making of Luke-Acts*(New York : MacMillan, 1927), pp. 262ff.

9) R. J. Karris, "Poor and Rich : The Lukan Sitz im Leben," in *Perspectives on Luke-Acts*, ed. C. H. Talbert(Danville, Va. : Association of Baptist Professors of Religion, 1978), p. 124.

10) *Ibid.*, p. 115; 그의 다른 주요한 논문, "Missionary Communities: A New Paradigm for the Study of Luke-Acts," *CBQ* 41(1979) : 80-97을 참조하라.

그러나 양쪽 주장은 모두 누가공동체 멤버들의 경제적 상태를 지나치게 단순화시킨 것처럼 보인다. 눅 4：16－30에는 누가의 가난한 자들에 관한 적극적인 관심이 천명되어 있으나, 다른 어떤 구절에서는 그 강도가 훨씬 약화되어 있는 것을 발견할 수 있다. 곧 눅 19：1－10에서 "부자"였던(2절) 삭개오는 모든 것을 다 팔도록 요구되고 있지도 않고, 모든 것을 가난한 자들에게 다 주도록 요구되고 있지도 않다. 오직 "소유의 절반" 정도만을 내어 주면 충분한 것으로 제시되어 있다(8절). 그러나 이것이 부자들에 대한 누가의 유일한 답변은 아니다. 다른 경우, 가령 18：28에 나오는 베드로의 선언－"내가 내 모든 것을"이 아니라 "우리가 우리의 모든 것을"(*hemeis…ta idia*) 버리고 주를 따랐다－은 절반 정도가 아니라 전적인 포기가 암묵적으로 요구되고 있는 누가공동체의 정황을 반영해 주고 있기 때문이다. 따라서 누가공동체내에 부의 문제에 대한 대답이 하나로 고정되어 있지 않았다고 상정해볼 수 있을 것이다. 이런 비일관된 모습들은 바로 누가공동체가 가난한 자들뿐만 아니라, 부유한 자들 양쪽 모두를 포함하고 있었다는 것과, 누가가 이러한 두 그룹간의 갈등 해소를 위해 부심하고 있었다는 것을 간접적으로 드러내 준다. 누가의 관심은 가난한 자에게만 있었던 것도 아니고 부유한 자에게만 있었던 것도 아니다. 누가공동체는 두 그룹 혹은 두 계층을 모두 포함한 큰 규모의 멤버들로 구성되어 있었다. 누가는 자신의 공동체내에서 두 그룹의 평화스러운 공존을 모색하려 했다. 누가의 근본적인 의도 중 하나는 그 공동체의 가난한 멤버나 부유한 멤버가 모두 선교적 목적 아래 하나로 통합되어야 한다는 것을 그들로 하여금 깨닫게 하려는 것이다.

3. 유대인 크리스천과 이방인 크리스천

누가공동체의 구성을 인종적인 전망으로 분류하면 유대인 크리스천과 이방인 크리스천으로 대별할 수 있다. 누가공동체가 주로 유대인 크리스천들로 구성되어 있다고 보는 대표적인 학자로 저벨(J. Jervell)을, 그리고 주로 이방인 크리스천들로 구성되어 있다고 주장하고 있는 대표적인 학자로는 피츠마이어(J. A. Fitzmeyer)를 들 수 있다. 저벨은 누가의 작품 속에 나오는 '이스라엘'은 늘 '유대인 백성'을 뜻한다고 전제하고, 그 유대인들은 두 그룹, 곧 회개한 그룹(유대인 크리스천)과 완고한 그룹으로 분리되어 있었다고 주장하고 있다. 저벨에 따르면, 누가-행전 모두가 유대인 크리스천들을 위해 기록되었다는 것이다. 곧, 할례로부터의 자유를 근거로 삼고 전개시켜 나간 이방선교의 정당성을 누가가 장황하게 설명한 것은 유대인 크리스천들을 설득시키기 위한 것으로 이해해야 한다는 것이다. 누가공동체의 유대교적 뿌리나 유대교적 성격을 강조한 저벨에 따르면, 누가에 있어서 교회는 '새로운 이스라엘'이 아니라 '회복된 이스라엘'이라는 것이다. 누가공동체는 이방인 크리스천이 아니라 유대인 크리스천에 의해 태동되고 주도되었다는 것이다. 물론 저벨은 그 공동체에 이방인 크리스천이 연합되었다는 것을 인정했다. 그러나 그들을 '순수한 이방인들'이 아니라 '유대교적 이방인들'(하나님을 경외하는 사람들)로 규정하고, '순수한 이방인들'은 누가공동체의 멤버들이 아니었다고 단정한다. 그나마 그러한 소위 '유대교적 이방인들'에 대한 선교조차 누가는 어디까지나 보충적이고 이차적인 목적으로 간주했다는 것이다. 누가의 일차적인 목적은 유대인들에 대한 선교에 있었기 때문이라는 것이다.[11] 물론 누가가 이방선교의 정당성을 애

---

11) J. Jervell, *Luke and the People of God : A New Look at Luke-Acts*

써 입증하려 했다는 저벨의 주장에는 별무리가 없어 보인다. 그러나 그 주장이 누가공동체의 멤버들이 주로 유대인 크리스천들로 구성되었다는 결론을 필연적으로 동반해야 하는 것은 아니다. 누가복음서에 나오는 이방선교를 수행한 칠십인 대표(눅 10:1-20)가 사도행전에 나오는 주로 이방인들로 구성된 일곱 명의 대표(행 6 : 1-6)와 병행을 이루고 있다고 본다면, 누가공동체의 지도자들 중 칠십인 대표로 상징되고 있는 사람들은 주로 이방인 크리스천들로 구성되어 있었으리라고 가정해도 무리가 없을 것이다. 이방선교를 위한 지도자들로 이방인 크리스천들을 선정한다는 사도행전의 기본 방침(행 6 : 5 참조)이 누가복음서의 기본 방침과는 서로 어긋난다는 어떤 단서도 찾아낼 수 없기 때문이다. 곧 누가복음서에 반영된 누가공동체에는 유대인 크리스천들과 이방인 크리스천들이 비슷하게 균형을 이루고 있었던 것으로 볼 수 있다.

한편 저벨과는 대조적으로 피츠마이어는 누가가 마가나 Q자료 중 유대적인 사상으로 깊이 채색된 부분들을 제거시킨 것은 자신의 작품이 이방인 크리스천들을 향한 것이기 때문이었다고 주장하고 있다.[12] 피츠마이어에 따르면, 예수의 말씀이나 이야기 가운데 어떤 종류들(가령 눅 5 : 19;6 : 48-49)은 팔레스타인적인 전승을 비유대적이고 헬라적인 상황에 적용시키기 위한 누가의 편집

(Minneapolis : Augsburg Publishing House, 1972), p. 49f.;또한 그의 "The Church of Jews and Godfearers," in *Luke-Acts and the Jewish People*, ed. J. B. Tyson(Minneapolis:Augsburg Pub. House, 1988), pp.11ff.를 참고하라.

12) J. A. Fitzmeyer, *The Gospel According to Luke I-IX*(New York: Doubleday and Company, Inc., 1981), p. 58. 이를 위한 근거로 피츠마이어는 대립적인 주제들(마 5 : 21-48)과 깨끗함과 더러움에 관한 논쟁(막 7 : 1-23)이 누가에서는 탈락되었다고 제시한다.

적 수정으로 보아야 한다는 것이다. 그는 한 걸음 더 나가서 누가가 염두에 두고 있는 독자들은 유대적 배경 속에 있는 이방인 크리스천들이 아니라, 오히려 주로 이방적인 배경 속에 있는 이방인 크리스천들이었다고 주장하고 있다.[13] 물론 이런 분석이 누가의 정황에 대한 연구 방향에 적지 않은 결실을 가져다준 것은 사실이다. 그러나 피츠마이어의 주장은 지나치게 한쪽으로 기울어졌다고 할 수 있다. 그는 성전이나 예루살렘에 관한 누가의 적극적인 관심을 간과하고 있을 뿐 아니라, 유대인들에 대한 예수와 사도들의 왕성한 선교활동과 그 성공적인 결과를 자신의 고려 대상에서 제외시키고 있기 때문이다. 오히려 누가의 이중적인 선교 전략은 누가공동체내에 공존하고 있었던 두 주요한 인종적 그룹들에 대한 누가의 균형잡힌 관심으로 설명될 수 있다. 곧 누가공동체가 유대인 크리스천들과 이방인 크리스천들을 모두 포함하고 있었다고 보는 견해가 그중 어느 한 그룹만으로 구성되었다고 보는 견해보다 누가공동체의 규모나 그 공동체가 설정해 놓은 선교적 대상의 범위와 그 특성에 한결 걸맞는 것이라고 볼 수 있다.

Ⅲ. 누가공동체의 선교적 역할

누가-행전을 집중적으로 연구하고 있는 메독스(R. Maddox)는, 누가-행전이 바울의 감금과 재판에 관한 긴 보도로 끝을 맺고 있다는 사실이야말로, 누가의 목적이 선교적인 것이었다는 가정

13) *Ibid.*, p. 59.

을 약화시키는 중요한 근거가 된다고 주장하고 있다.[14] 그는 누가의 목적은 선교적인 것이라기보다는 크리스천 독자들의 '자기 이해'를 분명히 설정해 주기 위한 것이었다고 역설하고 있다.[15] 이런 주장을 통해 메독스는 누가의 신학 사상의 범위를 지나치게 축소시켜 버렸다. 물론 누가의 목적 중 하나가 독자들의 자기 이해의 설정을 돕기 위한 것이었다는 메독스의 주장 자체에는 별문제가 없는 듯이 보인다. 그러나 왜 누가가 하필이면 독자들의 자기 이해에 집중하고 있었는가 하는 물음, 또는 무엇을 통해 자기 이해를 정립시켜 주었는가 하는 물음을 그는 취급하지 않았다. 메독스의 주장과는 달리 유대인과 이방인에 대한 선교의 문제는 누가의 신학 사상 전체의 특성을 결정하는 가장 깊은 주제 중 하나였다고 할 수 있다. 이에 따라 누가는 누가공동체의 가장 중요한 역할 중 하나를 선교적 역할로 규명하고 제시한다. 곧 누가가 의도한 누가공동체 멤버들의 '자기 이해'는 바로 이러한 선교적 역할을 통해 형성되고 강화되었다고 볼 수 있다.

1. 열두 사도의 역할과 유대 선교

누가는 사도들의 숫자가 열둘임을 강조하고 있다. "열둘"은 누가에 있어서 '사도들'을 위한 대용 칭호라 할 수 있다.[16] 마태나 마가와는 대조적으로 누가는 열둘에 큰 의미를 부여하고 있다. 열두 사도들은 네 경우[17]를 제외하면 제자들과는 구별된 다른 그

14) R. Maddox, *The Purpose of Luke-Acts*(Edinburgh: T. & T. Clark, 1982), p. 181.

15) *Ibid.*, p. 181과 Chapter 3을 참고하라.

16) 눅 8 : 1 ; 9 : 1, 10, 12 ; 18 : 31 ; 22 : 3, 47.

17) 눅 9 : 16;22 : 11, 39, 45. 한글개역 성서의 눅 9 : 1(예수께서

룹임을 알 수 있다. 누가에 있어서 열두 사도들은 이스라엘(열두 지파) 선교를 위한 지도자들로 상징되고 있다. 이 지도자들은 특별한 임무를 위해 선택되기도 하고(눅 22 : 18), 또한 특별한 사건을 보도록 초대되기도 한다(8 : 51 ; 9 : 28). 예수의 최후의 증언의 한 부분을 담고 있는 누가 22장 29－30절에는 열두 사도들의 미래의 역할이 결정적인 것으로 보도되고 있다.

> "내 아버지께서 나라를 내게 맡기신 것같이 나도 너희에게 맡겨 너희로 내 나라에 있어 내 상에서 먹고 마시며 또는 보좌에 앉아 이스라엘 열두 지파를 다스리게 하려 하노라."

곧 그들은 예수처럼 커다란 권위를 행사하게 되리라는 것이다. 더 나아가 열두 사도들은 여기서 이스라엘의 종말론적 지배자와 심판자로까지 부상되고 있다.

엠마오로 여행을 한 두 사람은 "이스라엘을 구속할 자"(눅 24: 21)로서의 예수에 관한 자신들의 의심이 사라지게 된 사건을 다른 사람이 아니라, 바로 예루살렘에 있던 사도들에게 보고하는 것으로 되어 있다(24 : 33f.). 그들의 보고는 "주께서 과연 살아나시고 시몬에게 나타나셨다"(24 : 34)는 내용도 포함하고 있다. 사도들의 대표가 부활현현을 확실히 체험했다는 것은 공개적인 선포 형식을 통해 공식화되고 있다. 이토록 권위있는 사도들이 담당한 선교적 역할의 범위와 특색은 주로 "이스라엘 열두 지파"와 관련된 것으로 보도되어 있다(22 : 29f.).

누가공동체의 유대 선교의 정당성은 누가가 유대인들의 종교적인 중심지인 예루살렘과 그 성전을 취급하는 독특한 방법을 통해

열두 제자를 불러…)은 부적절한 번역이라 할 수 있다. 원문에는 "제자"라는 단어가 생략되었기 때문이다. 따라서 9 : 1은 여기에 포함될 수 없다.

뚜렷하게 입증되고 있다. 마가의 부정적인 입장과는 달리, 누가는 성전을 세계 선교를 위한 가장 중요한 기지로 간주하고 있다.[18] 누가는 성전을 이스라엘의 종교적 지성소로 묘사하고 있다(눅 19−24장). 이러한 사상을 발전시키기 위해 누가는 하나님이 그의 백성 속에 현존하는 장소로서의 성전을 구약과의 관련 속에서 강조하고 있다. 누가가 본 예수는 성전에 들어가서 이사야 56장 7절을 인용하면서, 이 장소가 하나님 자신의 "집" 외에 다른 곳이 아니라고 확언한다(19 : 45−46). 누가는 자신의 포괄적인 경향에도 불구하고, 이 경우에는 "모든 민족들"(막 11 : 17 ; 사 56 : 7)이라는 언급을 생략하고 있다. 그 이유는 성전과 유대 민족의 직접적인 관련성을 강조하기 위함이다.

누가는 예수가 성전에서 이스라엘 백성들에게 하나님의 뜻을 권위있게 선포하고 또 백성들은 "귀를 기울여 듣고" 호의적으로 반응한 것으로 묘사하고 있다(19 : 45−46 ; 20 : 1−8 ; 21 : 5−7, 37−38). 마가와는 달리 누가는 성전을 예수를 반대한 상징적인 장소로 보고 있지 않다. 예수를 반대한 것은 성전이나 백성들이 아니라, 이스라엘 지도자들로 제시되어 있다(19 : 47f. ; 20 : 1f. ; 21 : 37f. ; 22 : 2). 오히려 백성들이 예수의 말씀을 가장 성의있게 경청한 곳은 다름아닌 바로 성전이었다.

> "모든 백성이 그 말씀을 들으려고 이른 아침에 성전에 나아가더라"(21 : 38; 참조. 19 : 47f.).

누가는 이스라엘을 하나님의 구속 행위의 주요 대상으로, 그리

---

18) 누가−행전에 나타난 성전 모티프에 관한 연구로는 F. D. Weinert, "The Meaning of the Temples in Luke-Acts," *BTB* (1981) : 85−89와 역시 그의 논문 "Luke, the Temple and Jesus' Saying about Jerusalem's Abandoned House(Luke 13 : 34−35)," *CBQ* 44(1982) : 68−76을 참고하라.

고 성전을 그 사실에 대한 증언의 중심지로 제시하고 있다.[19] 누가는 성전에서 분양하고 있는 사가랴를 향한 주의 사자의 선포로 자신의 보도를 시작하고 있다(1 : 5ff.). 목자들은 하나님의 영광의 광채(2 : 9)를, 그리고 "큰 기쁨의 좋은 소식"(2 : 10)을 전하는 목자들의 음성을 베들레헴 가까운 곳에서 보고 들은 것으로 되어 있다. 이런 소식은 "온 백성"(2 : 10)에게 미칠 것으로 되어 있는데, 이 경우 "온 백성"이 "온 이스라엘"을 뜻한다는 것은 의심할 여지가 없다. 이스라엘을 위한 구속의 희망을 예수의 출현과 연결시키기 위해 누가는 예루살렘에 거주하는 남자 시므온과 여자 안나에 의해 예수가 고대된 바로 그 메시아로 환영을 받았다고 보도하고 있다(2 : 25–38). 두 사람 모두 그들이 고대한 예수를 성전에서 만나는 것으로 그려져 있다(2 : 27f., 37f.). 더 나아가 누가는 열두 살된 소년 예수가 자신의 부모에게 이렇게 이야기하는 것으로 구성하고 있다.

> "내가 내 아버지 집에 있어야 할 것을 알지 못하셨나이까?"(눅 2 : 49).

이런 말씀은 예수가 자신과 하나님과의 친밀성의 높은 강도를 이야기하려는 것이라기보다는 성전이 예수 활동의 주요 장소임을 확인시켜 주려는 것이라 할 수 있다. 누가는 성전에서 예수의 효과적인 활동에 관해 여러 곳에서 지속적으로 보도하고 있다.[20] 더구나 마가와는 달리 누가는 부활한 주의 현현이 예루살렘 근처에서 일어나는 것으로 보도하고 있다(24 : 13–53). 심지어 "이방을 비추는 빛"(2 : 32)도 이방으로부터가 아니라 이스라엘로부터 오고 있는 것으로 묘사하고 있다.

---

19) F. W. Danker, *Luke*(Philadelphia : Fortress, 1976), p. 72.
20) 눅 19 : 47–48;20 : 1, 19, 37–38;22 : 53 등.

요컨대 누가는 예루살렘과 성전을 적극적으로 평가하고 있다. 예루살렘과 성전은 이스라엘을 위한 예수의 활동의 중심 배경일 뿐 아니라, 누가공동체의 이스라엘(일차적)과 이방(이차적)을 위한 활동의 적절한 중심 배경이 된다. 누가의 보도 속에서 성전은 그것으로부터 세계 선교가 확산되어 가는 상징적인 중심지로 기능하고 있다. 이러한 전략은 유대인들에게 자신들과 자신들의 과거 전통과의 강력한 연속감을 제공해 주었을 것이다.

2. 칠십인 대표의 역할과 이방선교

누가공동체의 선교적 역할은 열두 사도들에게만 제한되어 있는 것이 아니다. 열두 사도뿐 아니라 칠십인 대표들[21]도 설교와 귀신 축출을 위해 파송되고 있다(9 : 1ff. ; 10 : 1ff.). 선교는 누가공동체 전체의 책임으로 이해되고 있다. 누가는 열두 사도 파송에 관한 마가의 자료뿐 아니라 비마가적인 자료까지도 알고 있다. 이렇게 누가가 파송에 관한 보도를 사도 파송과 칠십인 파송으로 나누어 처리하고 있는 이유는 전자로 이스라엘 열두 지파 곧 유대 선교를 상징하게 하고, 후자로 창세기 10장이나 민수기 11장에 나타나는 칠십 국가들 곧 이방선교를 상징하게 하기 위해서이다.[22] 파송에 관한 예수의 회고(눅 22 : 35)에서조차 그 회고의 내

---

21) 눅 10 : 1의 본문 자체가 '70인'이냐 '72인'이냐 하는 문제는 쉽게 결정될 수 없다. B. Metzger가 이 문제를 집중적으로 다루었다. 그는 어느 쪽도 좋은 사본상의 뒷받침을 받을 수 있다고 결론짓고 있다. 그의 논문, "Seventy or Seventy-two Disciples?," *NTS* 5(1958−59) : 229f.를 참고하라.

22) 사도행전 6 : 3−6도 이방선교를 위한 비슷한 기능을 갖고 있는 것으로 이해할 수 있다. 마찬가지로 마가복음서의 4천 명 급식 이야기에서 남은 조각을 담은 일곱 광주리(막 8 : 8)도

용은 열두 사도 파송시 저들에게 주어졌던 준수사항에 관한 것이 아니라, 칠십인 파송시 이들에게 주어졌던 준수사항에 관한 것으로 구성되어 있다. 이러한 변경들 역시 누가공동체의 선교적 역할이 열두 사도에게 국한되어 있지 않았다는 것을 입증해 준다.

이제 누가가 어떻게 이방선교의 정당성을 입증해 보였는가를 살펴보도록 하자. 라베르디어(E. A. LaVerdiere)와 톰프슨(W. G. Thompson)은 그들의 공동 연구를 통해 이방선교는 예수의 메시지에 대한 유대인들의 거부의 결과로 시작되었다고 주장하고 있다.[23] 그러나 그들의 제시가 만족스럽지 못한 이유는 누가가 유대백성 전체가 그 메시지를 거부한 것으로 묘사하고 있지 않기 때문이다. 누가는 선교의 시작에서부터 성서의 약속에 따라 이방인들도 구원의 몫을 가지고 있음을 분명히 천명하고 있기 때문이다. 따라서 이방인들에 대한 선교는 복음에 대한 이스라엘의 거부의 결과를 반드시 전제할 필요는 없다. 누가에 따르면, 오히려 이스라엘이 복음을 받아들이는 모습이야말로 구원의 계획이 회복된 이스라엘로부터 이방에까지 진전될 수 있는 불가피한 단계라는 것이다. 더구나 라베르디어와 톰프슨의 견해[24]는 사도행전에 보도된 유대인들에 대한 기독교 선교의 놀랄 만한 성공[25]과 상치되고 있다. 이들의 주장과는 달리 누가에 있어서 이방선교는 성서의 약속의 성취로 이해되고 있다. 곧 이방선교의 정당성은 복

이와 유사한 의미를 내포하고 있는 것으로 볼 수 있다.

23) E. A. LaVerdiere and W. G. Thompson, "New Testament Communities in Transition : A Study of Matthew and Luke," *TS* 37 (1976) : 593.

24) 이들 외에 E. E. Ellis도 이러한 견해를 대표하는 학자 중의 하나이다. 그의 *The Gospel of Luke*(London : Nelson, 1966), p. 17을 참고하라.

25) 행 2 : 41; 4 : 4; 5 : 14; 6 : 1, 7; 9: 42; 12 : 24; 13:43; 14 : 1; 17 : 10ff.; 21 : 20.

음에 대한 유대인들의 거부의 표지에 의해서가 아니라, 성서적 약속의 확실성에 의해 자명하게 확인되고 있다. 누가는 이러한 이방선교의 타당성을 여러 가지 방법으로 확인시켜 나가고 있다.[26)] 무엇보다도 누가의 족보(눅 3：23ff.)는 다윗과 아브라함에서 그치는 마태의 족보(마 1：1ff.)와는 달리, 아담과 하나님에게까지 소급해 올라간다. 이러한 고안은 복음이 비단 유대인들뿐만 아니라, 이방인들을 위한 것이기도 하다는 누가의 의도를 간접적으로 드러내 주고 있다. 예수가 백부장의 믿음을 보고 그의 종을 치유해 주는 기사(눅 7：2－10)도 이방선교의 정당성을 예시해 주는 맥락에서 이해할 수 있다.

"이스라엘 중에서도 이만한 믿음은 만나 보지 못하였노라"(9절).

또한 큰 향연 비유(눅 14：16－24)에서 누가는 그 비유의 원래 모습에다 두번째 초대를 부가함으로써, 본래 초대되지 않은 자들에 대한 초대가 이방인들에 대한 초대를 상징하는 것으로 이해되도록 고안해 놓고 있다.[27)] 심지어 소위 '여행 보도'(눅 9：51－18：14)도 누가공동체의 선교의 범위가 이스라엘로만 제한되어 있음을 뜻하기 위한 것이 아니라, 누가공동체 멤버들로 하여금 선교를 위한 출발 자체와 그 과정의 중요성을 깨닫게 하기 위한 것이라 할 수 있다. 왜냐하면 이 '여행 보도'는 연대적이거나 지리적인 패턴이 아니라, 선교 주제의 패턴에 따라 구성되고 있기

---

26) 이 주제에 관계된 자료로는 S. G. Wilson, *The Gentiles and the Gentile Mission in Luke-Acts*(Cambridge: University Press, 1973), pp. 29－58을 참고하라.

27) J. Jeremias, *Jesus' Promise to the Nations*(Philadelphia: Fortress, 1982), p. 24.

때문이다.[28] 이러한 가정은 이 '여행 보도'에 주로 이스라엘 백성을 뜻하는 "라오스"(*laos*)라는 누가의 특징적이고도 빈번한 어휘가 단 한 차례도 사용되고 있지 않다는 사실에 의해 한층 더 강화된다. 따라서 칠십인의 대표로 상징되고 있는 누가공동체의 한 지도자들 그룹이 담당한 이방선교의 정당성은 누가복음서 전체를 통하여 뚜렷하게 천명되어 있다.

3. 제자들과 하나님의 백성

누가복음서에는 "라오스"(*laos*)라는 용어가 37번 나타나고 있다. 이는 그 용어가 마태에 14번, 마가에는 오직 2번[29] 등장하고 있는 사실과 비교해볼 때, 주목할 만한 현상이라 할 수 있다.[30] 누가복음서에서 라오스는 다윗의 자손을 뜻하기도 하고(눅 1 : 69), 하나님의 선택된 공동체로서의 이스라엘과 그 백성들을 뜻하기도 한다(1 : 10, 68, 77 ; 20 : 1). 하나님이 돌보신 것은 바로 이 라오스였다(1 : 68 ; 7 : 16). 메시아는 바로 이들을 구원하기 위해 왔다(1 : 68f., 77 ; 2 : 10f., 30f.). 누가가 본 예수는 자신의 최후의 가르침을 라오스 앞에서 했다.

"예수께서 성전에서 백성을 가르치시며 복음을 전하실새…"(눅

---

28) E. E. Ellis, *The Gospel of Luke*, p. 146.

29) 이사야 29장 13절을 인용하고 있는 마가 7장 6절과 대제사장과 서기관과의 관련에서 언급하고 있는 마가 14장 2절이 그것이다.

30) 누가복음서에 나타난 "라오스"에 관한 상세한 분석을 위해서는 K. N. Giles, "The Church in the Gospel of Luke," *SJT* 34 (1981) : 121－146 ; P. S. Minear, "Jesus' Audiences According to Luke," *NovTest* 16(1974) : 81－109를 참조하라.

20:1; 참조. 21 : 38; 23 : 5).

누가는 예수의 처형 역시 라오스의 면전에서 이루어지고 있는 것으로 보도하고 있다(23 : 27, 35, 48).

라오스에게 임할 하나님의 진노에 관한 예외적인 언급(21 : 23)이 있긴 하나, 대부분의 경우 누가는 라오스를 긍정적으로 평가하고 있다. 라오스는 슬피 우는 여인들과 함께 예수 처형의 증인이 되고 있다.

"또 백성과 및 그를 위하여 가슴을 치며 슬피 우는 여자의 큰 무리가 따라오는지라"(눅 23 : 27).

물론 누가는 이스라엘의 실수를 축소시키지 않고 있으나(4 : 28f.), 도처에서 라오스를 구원받을 수 있는 사람들로 부각시키고 있다. 심지어 마지막 부분(눅 20－24장)에서는 예수의 수난과 그를 통한 구원이 특별한 백성들을 위해 마련되고 성취된 것처럼 보도되고 있다.

그러나 누가는 라오스에 대한 이러한 전통적인 견해를 유지하면서 동시에 라오스를 새롭게 규정하고 있다. 누가 진정한 하나님의 백성이냐 하는 문제를 인종적인 구별을 통해서가 아니라, 하나님의 뜻에 대한 복종 여부를 통해 규명하고 있다. 곧 유대인이라는 인종적인 특권만으로는 하나님의 백성이 될 수 없다는 것이다.

"그러므로 회개에 합당한 열매를 맺고 속으로 아브라함이 우리 조상이라 말하지 말라. 내가 너희에게 이르노니 하나님이 능히 이 돌들로도 아브라함의 자손이 되게 하시리라"(눅 3 : 8).

따라서 유대인이냐 이방인이냐가 아니라, "하나님의 말씀을 듣고 행사하는" 사람들이냐 아니냐가 예수의 모친과 동생들(진정한 하나님의 백성들)이 될 수 있는 구별 기준이 되고 있다(8 : 21). 곧 이방인도 하나님의 백성이 될 수 있다는 규정이다. 하나님은 "이방인 중에서… 자기 이름을 위할 백성(라오스)을" 취하신다는 것이다(행 15 : 14;18 : 10 참조).

누가에 있어서 포괄적인 개념인 이 라오스는 제자들의 주요 선교 대상이 되고 있다. 마샬(I. H. Marshall)과 카리스(R. J. Karris), 그리고 가일스(K. N. Giles) 등 누가－행전 연구가들은 "제자들"과 "라오스"를 같은 개념으로 보고 있다.[31] 그러나 이러한 입장이 유지되기 어려운 이유는 누가에 있어 제자들과 백성들이 분명히 구분되고 있다는 뚜렷한 근거가 있기 때문이다.

> "모든 백성(라오스)이 들을 때에 예수께서 그 제자들에게 이르시되…"(눅 20 : 45).

누가가 본 예수는 제자들로 하여금 백성에게 봉사하도록 그들을 훈련시키고 있다.[32] 라오스는 누가공동체내의 평신도 그룹(많은 제자들)의 주요 선교 대상으로 부각되고 있다.

---

31) I. H. Marshall, *Luke : Historian and Theologian*(Grand Rapids: Zondervan, 1971), pp. 207－209; R. J. Karris, "Poor and Rich," 114; K. N. Giles, "The Church," 130.

32) P. S. Minear, "Jesus' Audiences," 84.

Ⅳ. 결 어

누가복음서에 반영된 누가공동체는 그 구성 멤버들의 숫자에 있어 마가공동체보다 훨씬 큰 규모였다고 할 수 있다. 마가와는 달리 누가는 열두 사도를 주로 긍정적인 모델로 제시하고 있다. 마가와는 달리 누가복음서에서 열두 사도들은 제자들과 구별된 그룹으로 등장한다. 과거 예수 주변에서 활동했던 것으로 묘사되고 있는 열두 사도와 칠십인 대표들은 현재 누가공동체의 지도자들을 상징하기 위한 그룹들로, 그리고 많은 제자들은 그 공동체의 평신도를 상징하기 위한 그룹으로 제시되어 있다. 곧 누가공동체는 지도자와 평신도로 구성되어 있었다. 한편 경제적인 전망으로 본다면, 누가공동체는 가난한 자를 중심으로 구성된 것(S. H. Ringe, L. T. Johnson)도 아니고, 부유한 자들 중심으로 구성된 것(H. J. Cadbury, R. J. Karris)도 아니다. 그 공동체는 두 그룹 모두를 균형있게 포함하고 있다. 전망을 바꾸어 인종적인 측면으로 본다면 누가공동체는 주로 유대인 크리스천들로 구성된 것(J. Jervell)도 아니고, 주로 이방인 크리스천들로 구성된 것(J. A. Fitzmeyer)도 아니다. 그 공동체에는 이 두 그룹이 어느 정도 균형을 이루고 있었다. 그 공동체는 그중 어느 한 그룹에 의해 일방적으로 주도되지 않았다.

누가공동체의 선교적 역할의 특징과 선교 대상은 그 멤버들이 그 공동체 안에서 갖는 위치에 따라 달라지고 있다. 열두 사도들로 상징되고 있는 지도자들은 주로 유대인 대상의 선교활동에, 칠십인 대표들로 상징되고 있는 지도자들은 주로 이방인 대상의 선교활동에, 그리고 많은 제자들로 상징되고 있는 평신도들은 유대인과 이방인 모두를 포괄하는 개념으로 새롭게 규정된 백성들(라오스) 대상의 선교활동에 참여하고 있는 것으로 제시되어 있다.

소종파적인 입장을 견지했던 마가공동체와 비교해볼 때, 누가공동체의 기본적인 경향은 보다 더 포괄적이고 보다 더 보편적이었다고 할 수 있다. 이러한 경향은 누가공동체가 소종파적 운동으로부터 기구화에로 정착되어 가는 과정 속에 있었음을 보여준다. 이러한 과정 속에서 누가는 마가가 본 예수의 과격한 예언자적 메시지와 날카롭고 대립적인 행동을 다소 부드럽게 다듬어 처리하고 있다. 이러한 현상은 누가공동체가 여러 상이한 입장들을 지니고 있는 큰 숫자의 멤버들로 구성되었으리라는 가정을 적극적으로 뒷받침해 주는 주요한 근거가 된다. 그럼에도 불구하고 기구화에로의 이동은 누가복음서에는 충분히 이루어지지 않았다고 할 수 있다. 이런 점에서 누가복음서에 반영된 누가공동체는 전환기적 공동체였다. 복음을 "예루살렘으로부터 시작하여 모든 족속들에게"(눅 24 : 47) 전파하려는 누가공동체의 선교 전략과 범위, 그리고 그 선교의 결과로 "모든 육체가 하나님의 구원하심을 보리라"(눅 3 : 6)는 누가공동체의 궁극적인 희망은 누가복음서에서는 주로 예시적인 모습으로 제시되어 있다. 보다 진전된 모습은 본 소론에서는 다루지 않은 누가의 두번째 작품 곧 사도행전에 가야 비로소 구체적으로 드러나게 될 것이다.

제 9 장

요한공동체의 기원과 성장

제 9 장

요한공동체의 기원과 성장

Ⅰ. 서언 : 예수의 이야기와 요한의 이야기

어떤 책을 막론하고 저자는 자신이 상정한 독자에게 자신의 메시지를 전달하려는 것을 주요 목적으로 삼고 있다. 저자가 전달하려는 메시지가 분명하면 할수록 독자는 저자에 대한 생각을 쉽게 잊어버리고 그의 메시지 자체에 몰입하게 된다. 가령 학술적인 논문이나 또는 신문기사에서 '나는'으로 문장을 시작하지 않는 이유는 '나'보다도 내가 전하려는 '내용'에 독자들의 관심이 기울어지게 하기 위해서다.

요한복음서의 경우도 예외가 아니어서 저자는 대부분을 삼인칭으로 기록해 가고 있다. 그러나 저자는 적지 않은 곳들에서 일인칭 복수를 사용하여, 자신과 자신이 속한 공동체의 흔적을 남겨놓았다. 이것은 저자가, 자신이 전하려는 인물이나 메시지 자체에 관심을 집중시키려고 할 뿐만 아니라, 그 메시지를 자신의 공동체와 밀접하게 관련시키기 위한 것이다. 일인칭 복수의 첫번째 사용은 요한복음서 1장 14절에 나타난다. "말씀이 육신이 되어 '우리' 가운데 거하시매, '우리가' 그의 영광을 보니…." 이러한 선언은 서막에 나오는 그 전체 고백이 '우리의' 고백, 곧 요한공동체의 고백으로 읽혀져야 한다는 뜻을 함축하고 있다. 일인칭 복수의 두번째 예는 예수와 니고데모의 대화가 나오는 3장 1-15절이다. 여기서 11절과 12절을 주목할 필요가 있다. "내가 진정으로 네게 말한다. 우리는 아는 것을 말하고 본 것을 증명하는데, 아직도 너희는 우리의 증거를 받아들이지 않는다. 내가 땅의 일을 말해도 너희가 믿지 않거든 하물며…." 여기서 예수와 니고데모 곧 개인의 대화가 "우리"와 "너희"로 바뀌지고 있다. 따라서 이것은 예수와 니고데모의 대화라기보다는 요한공동체와 유대교 공동체의 대화로 볼 수 있다. 더욱 주목할 만한 것은 11절의 문장이 어색하다는 것이다. 저자는 우리가 '아는 것'(*ho oidamen*)이라는 현재시상과 우리가 '본 것'(*ho eōrakamen*)이라는 완료시상을 한 문장 속에 섞어 놓았다. 이것은 저자가 한편으로는 자신을 과거의 예수와 관련시켜 이야기하고, 다른 한편으로는 자신을 현재 자신이 속한 공동체와 관련시켜 이야기하기 위한 것이다.

3장 16-21절도 이런 공동체적인 증거의 명백한 요약으로 볼 수 있다. 여기서도 16절의 그가 독생자를 '주었다'(*edōken*)는 단순과거시상이나 19절의 빛이 세상에 '왔다'(*elēluthe*)는 완료시상에 비해, 21절은 진리를 '좇는 자'(*ho poiōn*) 또는 빛으로 '오고 있다' (*erketai*)라는 현재시상을 사용하고 있다. 이런 혼합 역시 같은 맥락에서 이해될 수 있을 것이다. 14장 25-26절도 시간상으로 볼 때 예수 시대라기보다는 요한 저자 시대의 상황에 보다 더 잘 어울린다. 26절 전반부, 곧 "성령 그가 너희에게 모든 것을 가르치시고"라는 말씀은 예수의 죽음 이후 자신(요한공동체의 지도자들)의 가르침이 성령의 지도하에 되어진다는 것을 암시함으로써, 자신들의 교육 활동을 정당화시키고 있다. 26절 후반부 곧 "내가 너희에게 말한 모든 것을 생각나게 하시리라"는 말씀은 자신들의 기억에 의존한 증거의 신빙성을 강화시켜 주고 있다.

이런 식으로 요한복음서 기자(혹은 기자들)는 '그때'(예수의 시대)와 '지금'(요한의 시대)을 시간적으로 연결시키는 방법으로 과거 사건들을 소개하고 있다. 여기서 과거의 '역사적인 이야기들'은 현재 요한공동체를 위한 '상징적인 이야기들'이 된다. 예수의 이야기와 그 이야기를 다시 이야기하는 요한의 이야기가 너무 밀접하게 관련되어 있어, 이 둘은 서로 쉽게 나누어질 수 없다. 따라서 요한이 전하는 예수의 옛 이야기 속에는 요한(요한공동체)의 현재 모습이 직접, 간접으로 반영될 수밖에 없다는 것이 본 소론의 기본 입장이다.

Ⅱ. 요한공동체의 기원

쿨만(O. Cullmann)은 『요한서클』(The Johannine Circle)이라는 그의 저서[1]에서 요한공동체[2]의 역사적 기원은 '비정통적 유대교'

1) (Philadelphia: Westminster Press, 1976).
2) 쿨만은 '요한서클'을 '요한공동체'의 전신으로 보고 있다. 한편 쿨페퍼(R. A. Culpepper)는 피타고라스 학파, 플라톤 학파, 아리스토틀 학파, 에세네 학파 등 고대 학파들 자체에 붙여진 '학파'라는 용어에 적합한 특징 등을 규명한 후, 요한복음서의 상황도 바로 '학파'라는 그 용어로 적절히 이해될 수 있다고 결론짓고 있다. 그의 *The Johannine School*(SBL DS 26;Missoula: Scholars Press, 1975), 특히 요한 학파를 집중적으로 다룬 유일한 곳인 마지막 장(章)을 참고하라. 여기서 쿨페퍼는 '요한 학파'라는 용어를 '요한공동체' 전체를 뜻하도록 확대시키고 있다. 이와는 달리 브라운(R. E. Brown)은 '요한 학파'를 '요한공동체'

(heterodox Judaism)에서 발견될 수 있다고 주장했다. 쿨만에 따르면 예수는 두 종류의 제자들을 갖고 있었다는 것이다. 하나는 '정통적 유대교적' 배경을 지닌 자들이요, 다른 하나는 '비정통적 유대교적' 배경을 지닌 자들이었는데, 예수는 두 그룹에 각기 다른 방식으로 가르쳤다는 것이다.[3] 여기서 쿨만은 '비정통적 유대교'라는 개념을 '정통적 유대교'의 대칭 개념으로 사용하고 있다. 그러나 이러한 그의 추측은 역사적으로 부정확하다. 요세푸스(Josephus)의 『유대 전쟁사』에 따르면 주후 70년 이전에는 바리새파, 사두개파, 에세네파가 모두 유대교의 종파들에 불과했다고 증언하고 있기 때문이다.[4] 따라서 주후 70년 이후에 바리새파가 주도권을 잡고, 바리새파의 신학이 '정통'이 될 때까지, 그 이전에는 표준이 될 만한 정통 유대교가 없었다. 더구나 쿨만은 '요한서클'은 '소종파'가 아니었다고 주장하고 있으나, 이는 요한서클을 순전히 신학적인 실제로만 파악한 결과라 할 수 있다. 그러나 그가

내의 한 핵심 그룹으로 축소시키고 있다. Brown, *The Community of the Beloved Disciple*(New York : Paulist Press, 1979), pp. 99-103을 보라. 브라운은 쿨페퍼가 요한복음서의 저자를 요한공동체로 본 것을 반대하면서, 요한복음서의 저자는 복음서 기자이지 요한공동체는 아니라고 주장하고 있다(Brown, *ibid.*, p. 101, n. 196 참조). 그러나 브라운의 이 같은 주장은 문서의 저자를 그가 속한 공동체의 대변인으로 본다면, 그 문서는 개인이 작성한 것이라 해도 공동체의 산물로 볼 수 있다는 것을 인식하는 수준에 이르지 못하고 있음을 보여준다.

3) O. Cullmann, *The Johannine Circle* ch. 9 참조. 쿨만은 요한복음서와 공관복음서의 차이도 예수가 서로 다른 가르침의 스타일을 갖고 있었다는 사실로 설명될 수 있다고 보았다. 그러나 그 차이로 예수가 가르친 방식의 차이를 설명한다는 것은 설득력이 없다. 왜냐하면 그 차이는 오히려 신학적 입장의 차이요, 더 나아가서 각기 달랐던 공동체의 상황 및 세계관의 차이로 이해되는 것이 더 적절할 것이기 때문이다.

4) Josephus, *Jewish War*, trans., H. St. J. Thackeray(Cambridge, Mass.: Harvard University Press, 1917), 2:120.

주장하는 '비정통적 유대교'에 기원을 두고 있다는 그 요한서클은 신학적 실체일 뿐 아니라 사회적 실체이기도 하다. 이 경우, 바로 쿨만이 주장하는 의미의 요한서클은 쿨만의 소망과는 달리 사회학적으로는 '소종파'로 규정될 수 있다.[5)]

오히려 요한공동체의 기원을 규명하려는 노력은 마틴(J. Louis Martyn)과 브라운(R. E. Brown)에 의해 상당한 진전을 보게 되었다. 먼저 마틴의 주장을 살펴보자. 마틴은 요한공동체의 역사를 초기, 중기, 말기의 세 시기로 구별하고 있다. 그는 초기를 유대전쟁 전부터 80년대까지의 기간으로 잡고 있다. 유대교 회당권내에서 살고 있던 그리스도교적 특색을 지닌 유대교인들이 마틴이 분류한 초기의 주역이 된다. 그는 이들은 유대교의 신학적·사회적 기준으로 볼 때, 비교적 안정권내에 있던 사람들이었을 뿐 아니라, 자신들이 조상들의 유산으로부터 소외되고 있지 않다고 느낀 사람들이었을 것으로 추정하고 있다.[6)]

마틴은 중기(80년 말경)에는 회당내의 그리스도교적 유대인들의 급격한 성장이 유대 종교 당국의 의심을 사게 되는 분위기가 전면에 부각되어 있다고 보고 있다. 유대 종교 당국은 더 이상 유대인들이 이들 그룹에로 전향하지 못하도록 강경한 조치를 취하기 시작하는데, 이러한 사정이 가장 분명하게 드러난 곳을 마틴은 요한복음서 9장의 '날 때부터 소경된 사람 이야기'로 제시하고 있다.[7)] 실제로 이곳 9장에는 유대 종교 당국이 예수를 메시아

---

5) 이 점에 있어서는 브라운도 쿨만과 비슷한 입장을 취하고 있다. 그에 따르면 요한공동체를 '소종파'로 볼 수 없는 이유는 '사도계 그리스도인들'에 대한 그 공동체의 태도 때문에 그러하다는 것이다(Brown, *Community*, pp. 88-91). 여기서 브라운 역시 '소종파'를 주로 종교적인 개념으로만 이해하려는 경향을 보여주고 있다.

6) J. L. Martyn, *The Gospel of John in Christian History*(New York: Paulist Press, 1979), pp. 6, 93-102.

로 고백하는 자는 파문시키기로 결의하는 장면이 반영되어 있다: "그의 부모는 유대 사람들이 무서워서 이렇게 말했습니다. 예수를 그리스도라고 고백하는 사람들은 누구든지 회당에서 쫓아내기로 유대 사람이 이미 결의해 놓았기 때문이었습니다"(9 : 2). 특히 1절과 23절에는 유대 종교 당국의 축출 조치에 겁먹은 분위기가 그려져 있다. 이러한 축출을 마틴은 얌니아 당국의 공식적인 이단 저주 법령인 Birkath ha－Minim과 관련시키고 있다. 그는 이들 그리스도교적 유대인들 중 일부는 회당내에 그대로 머물기 위해 예수를 메시아로 고백하기를 포기했을 것이고, 끝까지 그 고백을 고수한 일부는 결국 회당으로부터 축출당하게 되었을 것으로 상정하고 있다. 결국 Birkath ha－Minim에 의해 축출된 이들은 '그리스도교적 유대인들'로부터 '유대교적 그리스도인들'로 자기 정체성을 바꾸게 되었다는 것이다.[8] 마틴은 자신의 분류 중 말기는 적어도 네 종류의 사회적·신학적 집단들이 있었을 것으로 추정하고 있다. 1) '유대인들'의 회당 2) 이중 충성을 비밀리에 유지하려 했던 회당내의 그리스도교적 유대인들 3) 요한공동체 자체 4) 요한공동체가 결국 연합하기를 희망했던 회당으로부터 축출되었던 유대교적 그리스도인들의 또 다른 공동체들.[9] 요한공동체의 기원을 유대교 회당의 축출 사건과 관련시켜 이해한 마틴의 이러한 구성은 강한 설득력을 지니고 있다. 마틴 이후 이 방면의 연구는 그의 주장에 동의하든 반대하든 여하간 그것을 일단

---

7) *Ibid.*, pp. 6－7, 102－107; Martyn의 다른 저서 *History and Theology in the Fourth Gospel*(2nd ed., rev. and enl., Nashville : Abingdon, 1979), pp. 37－62를 참고하라. 한편 요한복음서에서 나타난 눈먼 상태의 주제를 통해 요한공동체의 역사 구성을 재점검한 논문으로 J. M. Lieu, "Blindness in The Johannine Tradition," *NTS* 34(1988) : 83－95를 보라.

8) J. L. Martyn, *Gospel of John*, p. 107

9) *Ibid.*, pp. 107－121 참조.

검토하고 지나가게 되었다.

그만큼 그의 주장은 획기적인 것이었다 할 수 있다. 다만 마틴의 몇 가지 문제점들 중 하나는 그가 초기, 중기, 말기 그 어느 곳에서도 '예수가 사랑한 제자'의 등장(13 : 23−25; 19 : 25−27; 20:2−10; 21 : 1−14, 20−24)과 그 뚜렷한 역할을 거의 취급하지 않았다는 데 있다. 그 제자는 예수의 품에 안겼던 유일한 제자로 보도되고 있을 뿐 아니라, 주로 예수 생애의 마지막 기간에 등장하여 결정적인 역할을 하고 있는 것으로 그려져 있기 때문에 그를 요한공동체와의 관련 속에서 마땅히 취급했어야 하는데도 마틴은 이를 무시해 버리고 말았다. 마틴의 주장이 안고 있는 또 다른 문제는 그가 요한공동체의 구성을 '유대교적 그리스도인들'로만 이루어져 있었던 것으로 추정하고 있다는 데 있다. 회당으로부터 축출된 후 그 멤버들이 사마리아인들, 이방인들, 세례 요한의 제자들, 갈릴리인들 등을 자신들의 그룹 속에 부분적으로 수용했음을 반영해 주는 단락을 마틴은 거의 취급하지 않고 있다. 더 나아가 마틴은 자신이 분류한 말기에는 요한공동체를 포함하여 네 가지 공동체들만이 상존하고 있었던 것으로 제한시키고 있으나, 이는 세례 요한의 제자들 중 예수를 믿지 않는 자들과 사도 계열의 그리스도인들(회당으로부터 축출된 다른 양들에 포함시킬 수 없는)의 실체를 간과한 추정이라 할 수 있다.

마틴이 지나쳐 버린 항목들 중 '예수가 사랑한 제자'를 중요하게 다룬 학자는 브라운이라 할 수 있다. 마틴과는 달리 브라운은 요한공동체를 태동시킨 유대인들의 지도자는 '예수가 사랑한 제자'라고 주장하고 있다.[10] 이 첫 태동그룹이 반−예루살렘 입장을 견지하면서 많은 사마리아인들을 전향시킨 두번째 그룹을 수용하고, 이를 통해 보다 높은 차원의 선재 기독론을 발전시켰다는 것

---

10) R. E. Brown, *Community*, p. 107.

이다.[11] 이 선재 기독론이 유대인들과의 논쟁을 야기시켰고, 결국 유대인들의 지도자들이 요한적인 그리스도인들을 회당으로부터 추방시켰다는 것이다.[12] 브라운은 이들이 후에 헬라인들을 수용하기 위해 그 영역을 팔레스타인으로부터 이방지역으로 확장시켜 나갔을 것으로 추정하고 있다.[13]

요한공동체가 비교적 안정권내에 있었던 유대인들 사이에서 태동되었으리라는 기본적인 추정에는 브라운과 마틴이 의견의 일치를 보여주고 있다. 그러나 마틴은 요한공동체가 유대교 회당으로부터 축출된 당시 그 멤버들의 구성이 단순했던 것으로 보고 있는 반면, 브라운은 그 멤버들은 축출 전에 이미 세례 요한의 제자들, 예수가 사랑한 제자, 반-성전 입장의 유대인들, 사마리아 전향자들 등으로 다양하게 구성되어 있었던 것으로 보고 있다. 만일 요한공동체 멤버들의 구성 자체에 대한 추정만을 가지고 판단한다면 브라운의 가설이 마틴의 가설보다 더 설득력이 있어 보인다. 그러나 그 구성의 시기를 중심으로 판단한다면 브라운의 가설은 결함을 지니게 된다. 그 이유는 요한공동체가 다른 그룹들과 연합된 것은 축출된 후일 가능성이 높기 때문이다. 가령 요한공동체에로 전향한 사마리아인들의 현격한 증가(4 : 41-42)는 그 공동체의 축출 전보다는 축출 후의 상황에 더 잘 어울리기 때문이다. 더 나아가 브라운의 주장처럼 요한공동체의 창설 그룹이 '예수가 사랑한 제자' 그룹이었다면, 왜 그 제자의 역할이 예수의 생애 중 마지막 짧은 기간을 제외하고는 그토록 미미했던 것으로 묘사되었는가를 설명하기가 어렵기 때문이다. 브라운은 1장 35-40절에 나오는 세례 요한의 두 제자들 중 이름을 밝히지 않은 한 제자가 '예수가 사랑한 제자'였을 것으로 추정하고 있다.[14]

---

11) *Ibid.*, pp. 34-54.
12) *Ibid.*, pp. 32ff.
13) *Ibid.*, pp. 55-58.

그러나 이는 논란의 여지가 많은 추정일 뿐 아니라,[15] 그러한 추정의 개연성이 높다 해도 그 이후 그 제자의 역할이 예수의 생애 마지막 기간 이전에는 전혀 보도가 되어 있지 않다는 사실이 또 다른 걸림돌이 될 것이다. 브라운은 그 복음서 기자가 그 제자를 1장 35-40절에서 '예수가 사랑한 제자'로 분명히 밝히지 않은 이유는, 그때는 예수와의 첫 만남이기에 당연히 아직 예수의 사랑을 받는 제자가 아니었기 때문이라고 설명하고 있다.[16] 그러나 브라운의 이 주장에는 무리가 있다. 그렇다면 왜 그 복음서 기자는 나중에 그 제자가 행한 사랑받을 만한 일들을 보도하지 않은 채 갑자기 '예수가 사랑한 제자'로 직접 등장시키기 시작하는가?(13 : 23ff.)

브라운의 가설의 또 다른 문제점은 만일 창설 그룹이 후기 그룹(브라운의 명명으로는 두번째 그룹)을 수용하고, 그 그룹의 발전된 선재 기독론을 자신의 것으로 받아들였기 때문에 회당으로부터 축출당했다면, 브라운의 기대와는 달리 그 공동체의 주축은 '예수가 사랑한 제자' 그룹이 아니라 오히려 반-예루살렘 입장을 견지했던 바로 그 후기 그룹이 된다는 데 있다. 실제로 유대교로부터의 '축출'과 그로 인해 파생되는 종교적·사회적 문제들이 그 복음서의 전체적인 분위기를 지배하고 있으나, '예수가 사랑한 제자'가 등장하는 모든 단락은 그러한 분위기와는 거리가 있는 것들이기 때문이다. 그렇다면 '예수가 사랑한 제자'의 등장 단락들은 어떻게 설명될 수 있는가? 베드로 계열 전승과 경쟁적인 관계에 있었던 '예수가 사랑한 제자' 계열 전승은 비교적 요한공동체 역사 중 초창기보다는 성장기 또는 그 이후에 채택, 발전된 것으

---

14) *Ibid.*, pp. 32ff.

15) R. A. Culpepper, *Anatomy of the Fourth Gospel : A Study in Literary Design*(Philadelphia : Fortress Press, 1983), pp. 121ff.

16) R. E. Brown, *Community,* p. 33.

로 볼 수 있다. 곧 '예수가 사랑한 제자' 계열 전승은 요한공동체가 외부 공동체들 특히 사도계 그리스도인들과의 경쟁에서 우위를 확보하기 위해 수용한 전승일 것이다. '예수가 사랑한 제자'가 오직 한 군데(19 : 25-27)를 제외하면 반드시 베드로와 함께 등장하고 있다는 사실은 결코 우연이 아닐 것이다. 더욱이 그 예외적인 19장 25-27절의 경우에도 십자가 처형 장면에 비록 그 제자만이 등장하는 것으로 묘사되어 있으나, 그것은 그 장면에 베드로가 등장하지 않았다는 것을 선명하게 부각시켜 주기 때문에 그 단락 역시 두 전승의 경쟁을 간접적으로 보여주는 셈이 된다.

유대교 회당으로부터 떨어져 나온 요한공동체 멤버들은 사회적으로 정착할 근거가 없어 고통당했을 뿐 아니라, 대단한 소외를 체험하게 되었을 것이다. 이제 그들은 유대교 회당을 자기들을 박해하는 실체로 보게 되었다. 요한복음서 서막에 나오는 로고스 찬양도 이러한 분위기를 뚜렷하게 반영해 주고 있다. 비록 로고스라는 용어가 서막에만 나타난다 해도 "로고스의 역할은 서막장에서뿐만 아니라, 요한복음서 전체를 통해 일관된 방법으로 발전되어 있다."[17] 곧 그 현저한 주제들 중 하나는 "메시아가 자기 땅에 오매 자기 백성이 영접치 아니하였다"(1 : 11)는 것이다.

전통적인 메시아 기대가 예수에게서 성취된 것으로 생각했던 구속사적 사고 패턴이 이원론적 사고 패턴('우리'와 '너희' 또는 '위로부터'와 '아래로부터')으로 크게 변경되어 갔다.[18] 유대교로부터

---

17) H. C. Kee, "Myth and Miracle : Isis, Wisdom, and the Logos of John," in *Myth, Symbol, and Reality*, ed. A. M. Olson(Notre Dame & London : University of Notre Dame Press, 1980), p. 157.

18) 이러한 변경에 대한 예리한 통찰을 위해서는 W. A. Meeks, "The Man From Heaven in Johannine Sectarianism," *JBL* 91 (1972) : 44-72 및 "Am I a Jew?-Johannine Christianity and Judaism," in *Christiantiy, Judaism, and Other Greco-Roman Cul-*

축출된 후, 그들은 예수가 자기 땅에 '낯선 자'로 왔다고 이해하기 시작했다. 유대 땅은 메시아 대망의 장소인데, 바로 그 땅이 예수를 영접하지 않았다는 것이다.[19] 따라서 유대가 낯선 땅이 된다. 마찬가지로 요한공동체 멤버들에게 세상(혹은 유대교 회당)은 낯선 장소가 된다. 요한공동체 멤버들은 예수가 그러했던 것처럼, 이 세상에서 미움을 받고 있는 것으로 스스로를 이해했다(15 : 18, 19).

그들은 회당으로부터 축출된 후, 다른 그룹들과 연합하게 된다 : "내게는 이 우리에 들지 않은 다른 양들이 있다. 나는 그들도(*kakeina*) 우리 안으로 인도해야겠다"(10: 16). 마틴은 이 구절에서 오직 미래에 이루어지기를 기대하는 연합 희망 모티프만을 보았다.[20] 그러나 "그들도"(*kakeina*) 우리 안으로 인도할 것이라고 할 때 '도'는 무엇을 전제하는가? 다른 양들의 일부가 이미 우리(요한공동체) 안에 연합되었다는 것을 전제하는 것이 아닌가? 따라서 이 구절은 요한공동체에 이미 연합된 일부 양들과 마찬가지로, 나머지 다른 양들도 앞으로 연합되기를 기대하고 있는 사정을 보여준다. 한편 브라운은 초기의 태동 그룹과 후기 그룹이 단순히 연합되었다고만 말할 뿐, 그 연합의 근거를 제시하지 못하고 있다.[21] 그러나 바로 이 10장 16절의 *kakeina*가 바로 외부 그

---

ts: Studies for Morton Smith. Part One : New Testament, ed. J. Neusner(Leiden : E. J. Brill, 1975), pp. 163-186 등을 참고하라.

19) 서막의 배경에 관한 여러 가지 접근을 위해서는 E. L. Miller, "The Logic of the Logos Hymn : A New View," *NTS* 29(1983) : 552-561; J. T. Sanders, *The New Testament Christological Hymns*(Cambridge : Cambridge University Press, 1971), pp. 29-57; J. Aschton, "The Transformation of Wisdom : A Study of the Prologue of John's Gospel," *NTS* 32(1986) : 161-186; C. A. Evans, "On the Prologue of John and the Trimorphic Protennoia," *NTS* 27(1981) : 395-401 등을 참고하라.

20) J. L. Martyn, *The Gospel of John*, pp. 115-121.

룹들이 이미 요한공동체에 연합되어 있었다는 추정을 위한 중요한 근거가 된다. 그렇다면 이미 연합된 외부 그룹들의 정체는 무엇인가? 무엇보다도 사마리아 전향자와 이방인 전향자, 세례 요한의 제자들 중 일부 전향자, 그리고 갈릴리 전향자의 그룹들을 추출해낼 수 있다. 먼저 사마리아 전향자들을 살펴보자. 사마리아 여인의 증언을 통해 "그 동네 중에 많은 사마리아인이 예수를 믿었다"(4 : 39). 뿐만 아니라 사마리아인들은 자기들과 함께 유하도록 예수를 청하기까지 하는가 하면(40절), 이제는 자신들이 믿는 것이 사마리아 여인의 말 때문이 아니라, 자신들 스스로가 친히 들었기 때문으로 설명하기도 한다(42절). 요한복음서 기자는, 결국 예수의 말씀을 듣고 믿게 된 사마리아인들의 숫자가 급증한 것으로 보도하고 있다(41절). 따라서 이 문단(4 : 39-42)은 요한공동체가 사마리아인들을 멤버로 받아들이는 모습을 간접적으로 반영하고 있다. 8장 48절에는 유대인들이 예수에게 이렇게 묻는 장면이 나온다 : "우리가 당신을 사마리아 사람이라고도 하고 귀신이 들렸다고도 하는데, 그 말이 옳지 않소?" 이 말은 요한공동체내 사마리아인들이 이미 연합되어 있는 것으로 유대인들이 이해하고 있었음을 반영해 준다. 그러나 요한공동체가 사마리아인들의 신학사상을 전부 수용한 것은 아니다. 하나님은 그리심산에서 예배를 받으셔야 한다는 그들의 주장이 거부되고 있기 때문이다(4 : 21 이하). 요한공동체가 계속해서 사마리아인들과 관계를 지속시켰는지는 확실하지 않다. 왜냐하면 4장 이후 그들과의 직접적인 관계는 요한복음서에 나타나지 않고 있기 때문이다.

한편 이방인 전향자들도 요한공동체와 연합하게 된다. 12장 20-23절에 나오는 헬라인들의 전향은 예수 선교가 마지막에 이르는 상징이 될 정도의 중요한 사건으로 보도되어 있다(12 : 23, 27).

---

21) R. E. Brown, *Community*, pp. 25-55.

나아가 12장 37-40절은 유대인들이 이제는 선교의 대상으로서의 가능성을 상실하고 있음도 보도함으로써, 이방선교의 정당성을 강화시켜 주고 있다. 이들 외에 세례 요한의 제자들 중 일부가 요한공동체에 연합되고 있음을 볼 수 있다(1 : 35 이하).

브라운은 요한공동체 구성 멤버들의 다양성을 이 정도의 선으로 제한시키고 있다. 그러나 요한공동체에는 또 하나의 현저한 그룹, 곧 갈릴리 전향자들의 위치가 부각되어 있다. 브라운은 "갈릴리에서 왕의 신하와 그의 온집안이 믿음에 이르게 되었다(4 : 53)는 사실은 예루살렘의 그 눈먼 사람이 믿음에 이르게 되었다(9 : 35-39)는 사실보다 실제로 더 중요한 것이 아니다"[22]라는 근거가 불충분한 판정을 내리고 있고, 이런 식의 판정을 다른 갈릴리 단락들에도 그대로 적용시킴으로써 그 단락들의 의의를 격감시키고 있다. 마틴 역시 요한복음서에 나오는 현저한 갈릴리 모티프를 취급하지 않았다. 요한복음서에 나타난 갈릴리와 유대의 대립 주제는 믹스(W. A. Meeks)와 포르트나(R. T. Fortna), 그리고 마트수나가(K. Matsunaga) 등의 학자들에 의해 이미 상세하게 밝혀진 바 있다.[23] 실제로 요한복음서 기자는 예수가 첫 표적을 행한 곳이 갈릴리(2 : 11)라고 못박아 이야기함으로써, 갈릴리에 대한 긍정적 평가를 내린 후, 곧 이어 예수의 반-예루살렘 성전 발언들(2 : 13ff.)을 소개하고 있다. 그 기자는 예수가 다시 "갈릴리로 돌아온 후" 행한 두번째 표적을 통해 "왕의 신하와 그 온집안이" 예수를 믿은 것으로 보도하고 있다(4 : 43-54). 장면이 예루살렘으로 바뀌면서(5 : 1) 유대인들의 예수에 대한 적대감이 묘

---

22) *Ibid.*, p. 40.

23) W. A. Meeks, "Galilee and Judea in the Fourth Gospel," *JBL* 85 (1966) : 159-169; R. T. Fortna, "Theological Use of Locale in the Fourth Gospel," *ATRSup* 3(1974): 58-95; K. Matsunaga, "The Galileans in the Fourth Gospel," *AJBI* 2(1976): 135-158.

사된다: "유대 사람들은 이 말씀 때문에 더욱더 예수를 죽이려고 했다"(5:18). 이러한 사정은 갈릴리에 대한 예수의 선호와 유대지방에 대한 그의 회피를 보도하는 장면에서 더욱 분명해진다: "이후에 예수께서 갈릴리에서 다니시고, 유대에서 다니려 아니하심은 유대인들이 죽이려 함이다"(7:1). 갈릴리와 유대라는 지역 구분은 갈릴리 사람들(받아들인 자들)과 유대 사람들(거부한 자)의 구분에 대한 상징이 된다.[24] 이러한 갈릴리 전승의 부가는 갈릴리 전향자들이 이미 요한공동체에 연합되어 있었음은 물론 그 안에서도 어느 정도 영향력이 있었음을 반영해 준다. 특히 마지막 21장의 갈릴리 전승 부가는 그들의 영향력이 결정적으로 강력해진 시기의 산물이었을 것이다. 갈릴리 전승의 부가는 예루살렘 전승의 의의를 반감시키는 기능을 하고 있다.

그렇다면 갈릴리를 부정적으로 묘사한 것 같은 인상을 주는 "예언자가 자기 고향(*patris*)에서는 존경을 받지 못한다"(4:44)는 말은 어떻게 이해할 수 있는가? 공관복음서(막 6:4; 마 13:57; 눅 4:24)에 나오는 "고향"은 갈릴리를 뜻한다. 그러나 요한복음서의 "고향"의 경우에는 사정이 다르다. 물론 슈나켄부르크(R. Schnackenburg)와 브라운은 요한의 경우에도 역시 '갈릴리'를 뜻한다고 보고 있으나,[25] 웨스트코트(B. F. Westcott)와 바레트(C. K. Barrett)는 오히려 '유대'를 뜻한다고 보고 있다.[26] 한편 다드(C. H. Dodd)와 린다스(B. Lindars)는 '예루살렘'으로 추정하고 있고,[27]

---

24) J. M. Bassler, "The Galileans: A Neglected Factor in Johannine Community Research," *CBQ* 43(1981): 243−257, 특히 257참조.

25) R. Schnackenburg, *John*, I, p. 462; R. E. Brown, *John*, I, p. 187.

26) B. F. Westcott, *John*, pp. 77f.; C. K. Barrett, *John*, p. 246.

27) C. H. Dodd, *Interpretation of the Fourth Gospel*(Cambridge: Cambridge University Press, 1953), p. 352; B. Lindars, *John*, pp. 200f.

프라이오(J. W. Pryor)는 '사마리아에 대립된 유대인들의 지역'으로 판정하고 있다.[28] 곧 요한이 본 예수의 "고향"이 갈릴리가 아닌 다른 곳이었을 가능성은 대단히 높다고 볼 수 있다. 더구나 그것을 요한복음서 서막과 관련시켜 이해한다면, 예수의 고향은 갈릴리가 아니라 유대임이 분명히 드러날 것이다 : "그가 자기 땅에 오매 자기 백성이 영접지 아니하였다"(1 : 11).

Ⅲ. 요한공동체의 성장

요한공동체 멤버들은 동시대의 다른 외부 공동체들의 존재를 의식하면서 그 공동체들의 주장을 무시하거나 경계하거나 또는 그것들과 경쟁하면서 자신들의 공동체 의식을 더욱 뚜렷하게 발전시켜 나가고 있다.[29] 요한복음서에 반영된 다른 주요한 외부 공동체들과 이들에 대한 요한공동체의 입장을 살펴보도록 하자.

비공개적 그리스도인들 : 유대교 관원들 가운데도 예수를 믿고자

---

28) J. W. Pryor, "John 4 : 44 and the Patris of Jesus," *CBQ* 49 (1987) : 263.

29) 요한복음서에 반영된 요한공동체가 외부 공동체와 맞선 논쟁의 주제들에 관해서는 Rodeny A. Whitacre, *Johannine Polemic : The Role of Tradition and Theology*, SBL DS 67 (Chico, California: Scholars Press, 1982)을 보라. Whitacre는 여기서 요한복음서는 요한공동체의 외부 적들(유대교적 대적자들)을 다루고, 요한일서는 요한공동체의 내부 적들(요한공동체에 속했던 옛 멤버들)을 다루고 있다고 그 차이를 분석하고 나서, 그러나 그 두 문서는 종교적 전통과 하나님 이해에 관한 주제를 집중적으로 취급하고 있다는 점에서는 근본적인 유사성을 보여준다고 주장하고 있다.

하는 자가 많았다. 그러나 이들은 자기들의 신념을 공개적으로 고백하기를 두려워했다. 회당으로부터 출교당할 것이 두려웠기 때문이다(12 : 42). 요한공동체와는 달리 이들은 이중의 충성을 내세웠다. 곧 유대교에 대해서는 공개적인 충성을, 그리스도교에 대해서는 비공개적인 충성을 강조했다. 요한공동체는 이들을 경멸했다. 이들은 "사람의 영광을 하나님의 영광보다 더 사랑한" (12 : 43) 사람들이기 때문이라는 것이다. 이 같은 사정은 8장 31절 이하에서 더욱 분명해진다. 여기서 예수의 말씀을 듣고 있는 대상은 "자기를 믿은 유대인들"(8 : 31)로 되어 있으나, 바로 이들이 돌을 들어 예수를 치려 한 것으로 보도되어 있다(8 : 59). 이들은 또 예수가 귀신들렸다고 비난까지 한다(8 : 48). 요한복음서 기자는 왜 이런 자들을 예수를 "믿은 유대인들"로 규정했을까? 그것은 예수를 믿는다고 해서 다 요한공동체의 멤버가 되는 것은 아니라는 점을 명확하게 밝혀주려는 요한복음서 기자의 전략이라고 할 수 있다. 예수를 믿는다고 하면서도 숨어서 믿거나 유대교 회당으로부터 떨어져 나오지 않는 한 예수의 진정한 제자가 될 수 없다는 것이다. 따라서 요한공동체는 이들에 대해 부정적인 묘사를 주저없이 제공하고 있다(8 : 43-47). "참 내[예수] 제자"가 되려면 내 말대로 살아야 한다는 것이다(8 : 31). 참예수의 제자는 모세의 제자와 대립적인 관계에 있음을 분명히 해주고 있다: "너는 그[예수]의 제자나, 우리는 모세의 제자라"(9 : 28).

사도계 그리스도인들 : 마가복음서에는 베드로, 요한, 야고보가 열두 제자들 중 가장 중요한 인물들로 등장하지만, 요한복음서에는 베드로, 빌립, 도마가 현저한 인물들로 등장한다. 유독 요한복음서에는 공관복음서에서는 나오지 않는 '예수가 사랑한 제자'가 등장한다. 적어도 요한복음서에서는 베드로를 상징적인 지도자의 모델로 삼고 있는 사도 계열의 그리스도인들과 '예수가 사랑한 제자'를 상징적인 지도자의 모델로 삼고 있는 요한공동체 멤버들이 서로 경쟁적인 관계에 있었던 것으로 보도되고 있다. 베드로를 긍정적으로 묘사하기보다는 오히려 빈번히 부정적으로 묘사하고 있는 요한 기자(혹은 그의 공동체)가 '예수가 사랑한 제자'에 대해서는 단 한 번도 부정적인 묘사를 제공하지 않는 것에 유의할 필요가 있다.[30] 실제로 마틴이 간과한 '예수가 사랑한 제자'의 역할은 요한공동체의 성격을 파악하는 데 결정적인 요인으로 작용하고 있다.[31] "너희도 나를 떠나려느냐?"는 물음에 대해 열두 제자를 대표하는 베드로가 "주님, 우리가 누구에게로 가겠습니까?"(6 : 68)로 대답한 것은 즉각적인 응답으로는 적절했다. 그러나 베드로의 예수 부인(18:17f., 25f.)을 묘사함으로써, 요한은 그들의 결의가 지속되지 않았음을 보여주고 있다. 베드로는 닭이 울기 전 세 번씩이나 예수를 부인한 것으로 네 복음서들이 한결같이 보도하고 있다. 그러나 닭이 울자 마가는 베드로가 "울었다"(막 14 : 72)고 보도하고, 마태와 누가는 "심히 통곡했다"(마 26 : 75; 눅 22 : 62)고 보도하는 반면, 요한은 베드로가 울지 않고 통곡도 하지 않은 것으로 보도하고 있다. 곧 요한은 다른 복음서와는 달리 베드로의 실수를 전혀 교정해 주지 않고 지나간다.[32]

13장 23-36절에는 '예수가 사랑한 제자'가 예수의 뜻을 이미 알고 있는 것으로 그려져 있고, 그가 베드로를 대신하여 직접 예

---

30) '예수가 사랑한 제자'의 정체를 규명하려 한 논문으로는 P. S. Minear, "The Beloved Disciple in the Gospel of John : Some Clues and Conjectures," *NovTest* 19(1977) : 105-123을 참고하라. 여기서 Minear는 요한복음서 기자가 그 제자의 상을 신명기 33장 12절에 나오는 베냐민상에 부분적으로 부합되도록 꾸몄다고 주장하고 있다(p. 121f.).

31) R. A. Culpepper, *The Johannine School*, p. 265.

32) "베드로의 부인은 사랑받은 아들과 그가 사랑하는 제자 모두의 솔직한 증언으로 인해 더욱 수치스럽게 드러나고 있다." Minear, "The Beloved Disciple," 18.

수에게 묻는 장면이 소개되어 있다. 여기서 요한복음서 기자는 베드로 역시 '예수가 사랑한 제자'의 권위 밑에 있음을 독자로 하여금 감지하게 해준다. 부활한 예수의 현현을 보도하고 있는 21장 1−7절도 같은 사정을 보여준다. 바닷가에 나타난 부활한 예수를 제자들은 알아보지 못했으나(21 : 4), '예수가 사랑한 제자'가 가장 먼저 알아보고 그가 누구인지를 베드로에게 알려주고 있다(21 : 7). 여기서도 베드로는 '예수가 사랑한 제자'의 권위 밑에 있는 자로 묘사되어 있다. 곧 베드로는 '예수가 사랑한 제자'의 중개에 의해서만 부활한 예수를 알아보는 것으로 그려져 있다.

19장 25절 이하에서도 베드로는 결정적으로 십자가 처형의 목격자로 등장하지 않고, 그대신 '예수가 사랑한 그 제자'가 목격자로 등장한다. 여기서도 역시 요한공동체 멤버들과 사도 계열의 그리스도인들의 경쟁적인 분위기가 뚜렷하게 반영되어 있다. 이러한 현상에 대해 브라운이나 쿨만은 베드로와 '예수가 사랑한 제자'는 각기 다른 역할들을 대변하고 있을 뿐이라고 주장함으로써, 베드로가 요한복음서에서 결코 과소평가되고 있지 않다고 강변하고 있다.[33] 반대로 슈나이더(G. F. Snyder)나 타이터스(E. L. Titus)는 요한복음서에는 강력한 반−베드로 사상이 스며들어 있다고 주장함으로써, 베드로는 그 복음서에서 철저히 무시되고 있다고 역설하고 있다.[34]

---

33) R. E. Brown, K. P. Donfried and J. Reunann, eds., *Peter in the New Testament*(Minneapolis: Augsburg Publishing House, 1973), pp. 138ff.; O. Cullmann, *Peter : Disciple, Apostle, Martyr* (Philadelphia : Westminster Press, 1953), pp. 27f.

34) G. F. Snyder, "John 13 : 16 and the Anti−Petrinism of the Johannine Tradition," *BR* 16(1971) : pp. 5−15. 여기서 Snyder는 13장 16절의 주제는 '사도권에 대한 영지주의적 및 정통적 이해 양면 모두에 대한 하나의 직접적인 공격'이라고 추정하고 있다. *Ibid.*, 15; E. L. Titus, *The Message of the Fourth Gospel* (N. Y.: Abingdon, 1975), p. 220. ;

베드로와 '예수가 사랑한 제자'의 차이는 브라운이나 쿨만의 해석과는 달리 단순한 역할 차이의 수준을 넘어서고 있다. 오히려 슈나이더처럼, 베드로에 대한 요한 기자의 묘사를 반-베드로 전승의 반영으로 이해하는 것이 더 자연스럽다고 할 수 있다. 그러나 슈나이더는 그 반-베드로 전승이 사도 계열의 그리스도인들을 반대하기 위해서가 아니라, 그들과의 경쟁에서 우위를 확보하기 위한 전략의 일환으로 이용되었을 가능성이 높다는 점을 간과하고 있다.

실제로 요한복음서에서 예수의 열두 제자들은 예수를 더 이상 따르지 않는 그리스도교적 유대인들과 다르게 그려져 있다. 예수는 열두 제자를 위해 기도해 주었다(17 : 9, 20). 그들도 세상에 의해 미움을 받았다(17 : 14). 그들은 결국 부활한 예수를 보았다(20 : 4, 19, 24f.; 21: 2f.). 베드로의 죽음은 하나님께 영광이 될 것으로 예시되었다(21 : 19). 그럼에도 불구하고 사도 계열의 그리스도인들은 '예수가 사랑한 제자' 공동체(요한공동체)의 멤버들과 비교할 때, 덜 지각적이고 통찰력이 결여되어 있고, 신앙의 용기가 부족할 뿐 아니라, 그 권위의 수준이 낮은 것으로 부각되어 있다.

세례 요한의 제자들 : 요한복음서는 세례 요한의 제자들이 예수의 첫 제자들이 된 것으로 보도하고 있다. 그런데 세례 요한에 대한 부정적인 묘사가 현저한 것은 주목할 만하다. 세례 요한은 빛이 아니다(1 : 8-9). 세례 요한은 메시아가 아니고 엘리야도 아니고 예언자도 아니다(1 : 19-24 ; 3 : 28). 그는 신랑이 아니다(3 : 29). 이런 식의 부정적인 묘사는 세례 요한의 선교활동 전체가 예수에 대한 증거가 되게 하기 위한 것으로 맞추려는 의도에서 연유된 것이다(1 : 29-34). 더 나아가 이를 통해 세례 요한의 제자들 중 예수를 따르지 않는 사람들(3 : 23)을 설득하거나, 그들과의 경쟁에서 우위를 확보하려는 목적 때문이었다. 그러나 이런 대외적인 목적 외에도, 요한공동체의 내부 문제에 대해 적절히 조처하기 위한 것이기도 했다. 곧 예수가 아니라 세례 요한이 참 메시아가 아닐까 하고 의심하는 요한공동체의 일부 멤버들에게 예수야말로 그들이 고대하던 바로 그분임을 보다 분명히 확신하도록 해주려는 것이었다.

다른 양들 : 이와 관련된 가장 중요한 구절은 10장 16절이다. "내게는 이 우리에 들지 않은 다른 양들이 있다. 나는 그들도 우리 안으로 인도해야겠다. 그리하면 그 양들도 내 육성을 듣고 마침내 한 무리가 되어 한 목자 아래 있을 것이다." 여기서 선한 목자는 예수를, 우리는 요한공동체를 뜻한다. 물론 이 우리에 이미 연합된 다른 그룹들은 Ⅱ장에서 검토된 바 있다.

그렇다면 누가 이 우리에 속하지 않는 "다른 양들"(*alla probata*)인가? 브라운, 바레트, 슈나켄부르크는 여기서 "다른 양들"이란 이방인들을 뜻한다고 주장하고 있다.[35] 이와는 대조적으로 마틴은 "그들도 내가 인도해야(모아야) 한다" 할 때 그들이 이미 흩어진 것이 전제되어 있기 때문에, "다른 양들"은 요한공동체와 비슷한 시기에 역시 유대교 회당으로부터 축출된 또 다른 공동체들로 추정할 수 있다고 주장함으로써, 그 정체를 이방인들이 아니라 유대교적 그리스도인들로 보아야 한다고 주장하고 있다.[36] 우선 "다른 양들이 내게 있다" 할 때, 요한공동체 멤버들은 이 "다른 양들"의 실체를 이미 알고 있었거나, 또는 이제 비로소 알게 되었거나 둘 중의 하나일 것이다. 물론 전자가 다소 더 그럴 듯한데, 그 이유는 "다른 양들"의 존재와 규모와 입장에 관한 부연 설명이 전혀 없기 때문이다. 곧 독자가 이에 "다른 양들"의 실체에

35) 이들의 주석서 10장 16절을 참고하라.
36) J. L. Martyn, *Gospel of John*, pp. 115-121.

관해 상세히 알고 있는 것으로 전제하고 있다는 말이 된다. 그 다른 양들이 이방인들을 뜻하는지, 유대교적 그리스도인들을 뜻하는지를 결정하기란 쉬운 일이 아니다. 그러나 이미 연합된 양들이 누구였느냐가 앞으로 연합될 양들이 누구인지를 밝혀줄 단서가 될 것이다. 이미 우리 안에 부분적으로 연합되어 있는 양들 중 현저한 그룹은 유대교적 그리스도인들과 이방인들이다. 따라서 이 구절이 이들의 일부가 이미 우리 안에 연합되었듯이, 그 다른 일부도 장차 이같이 우리 안에 연합되어야 할 것이라는 소망의 표현이라면, 그 정체는 유대교적 그리스도인들(마틴)만도 아니요, 이방인들(브라운)만도 아닌 그 둘 모두가 될 것이다.

마틴은 11장 52절의 "흩어진 하나님의 자녀"가 흩어진 유대민족을 뜻한다고 보고, 10장 12−16절이 바로 그 흩어진 유대민족이라는 고전적인 모티프에 대한 재해석이라고 주장함으로써, 10장 16절의 "다른 양들"의 정체를 유대적 그리스도인들로 제한시키는 근거를 마련하고 있다.[37] 그러나 11장 52절의 "하나님의 자녀"란 과연 유대민족을 뜻하는가? 마틴과는 대조적으로 브라운, 바레트, 슈나켄부르크 등은 11장 52절을 이방선교에 대한 언급으로 보고 있다.[38] 그러나 이들의 입장도 다른 한쪽으로 치우쳐 있다.

오히려 요한복음서 기자는 전통적으로 유대민족을 뜻해 왔던 그 용어를 새롭게 규정함으로써 다른 내용이 되게 하고 있다: "영접하는 자 곧 그 이름을 믿는 자들에게는 하나님의 자녀가 되는 권세를 주셨으니, 이는 혈통으로나 육정으로나 사람의 뜻으로 나지 아니하고 오직 하나님께로서 난 자들이라"(1:12−13). 적어도 요한복음서에서는 "하나님의 자녀"는 유대민족을 뜻하지 않는다. 오히려 "하나님의 자녀"는 유대인 크리스천이든 이방인 크리

---

37) *Ibid.*, pp. 118f.

38) 이들의 주석서 11장 52절을 참고하라.

스천이든, 그들의 혈통과는 관계없이 예수를 "믿는 자들"을 뜻하고 있음이 분명히 드러나고 있다. 마찬가지로 "다른 양들"도 요한공동체 멤버들에게 알려진, 그러나 그 멤버들로부터 독립되어 있는 믿는 자들을 뜻하고 있다. 요한공동체의 소망 중 하나는 이들이 한 목자 밑에서 자신들과 함께 한 양떼로 연합되는 것이었다.

세상과 유대인들 : 요한복음서에서 "세상"은 빛을 거부한 자들에 대한 동의어로 사용되고 있다. 예수의 성육신 자체가 세상에 대한 심판으로 그려져 있다. 세상은 예수와 양립할 수 없고 예수 및 그의 추종자들을 미워한다(15 : 18-19; 16 : 20-21). 요한이 본 예수는 세상을 위해 빌기를 거부한다(17 : 9). 예수는 세상의 임금이 쫓겨날 것을 예고하는 분으로, 그리고 결국 세상을 이기는 분으로 묘사되고 있다(12 : 31;16 : 33). 초기 전승인 3장 16절에 나타난 "하나님이 세상을 이처럼 사랑했다"는 입장이, 축출된 후 세상과의 대립 관계로 바뀌게 된다. 세상에 대한 하나님의 사랑에 대한 언급은 제자들에게 주어진 예수의 계명(15 : 12)에도 빠져 있고, 예수의 자기 증언을 담고 있는 고별연설(13 : 31-17 : 26)에도 생략되어 있다.[39] 따라서 3장 16절은 그 다음 구절들인 3장 17-18절의 빛에 의해 이해하는 것이 적절하다. 곧 하나님이

39) 요한복음서의 고별연설을 집중적으로 연구한 저술로는 D. B. Woll, *The Johannine Christianity in Conflict : Authority, Rank, and Succession in the First Farewell Discourse*, SBL DS 60(Chico, California : Scholars Press, 1981)을 참고하라. Woll은 여기서 예수의 고별연설 중 첫 부분(13 : 31-14 : 31)을 다루고 있다. 그는 요한복음서의 다른 곳에서는 제자들의 권위가 '카리스마적인 권위'로 나타나는 데 비해, 이곳 첫 고별연설 단락에서는 '중재적 권위'로 변경되어 나타나고 있다고 분석하고, 그 이유를 카리스마적인 권위만을 고수하려는 경쟁자들과 맞서기 위한 저자의 전략인 것으로 추론하고 있다.

그토록 사랑했는데도 세상이 믿지 아니했다는 말을 강조하려는 것이다. 3장 17절 이하를 통해 책임이 세상으로 넘어간다. 세상은 예수를 믿지 아니함으로써 "이미 심판을 받았다"는 것이다(3 : 18). 요한공동체는 이처럼 세상과의 철저한 결별을 선언하고 있다.[40)]

"세상"과 "유대인들"이라는 용어는 요한복음서에서는 거의 바꾸어 쓸 수 있는 동의어이다. 물론 "세상"은 "유대인들"보다 더 포괄적인 용어이다. "세상"은 이방인들까지도 포함하고 있기 때문이다. 그러나 요한복음서에서 "세상"이 이런 포괄적인 용법으로 사용된 예는 거의 없다. 그 용어는 주로 "유대인들"에 대한 대치 용어로 사용되고 있다. 유대인들은 예수를 핍박하고(5 : 16), 예수를 비난한다(7 : 15). 이들은 예수의 부활 예고를 이해하지 못할 뿐 아니라(2 : 18-22), 예수를 "하나님께로부터" 온 분으로 고백하는 사람을 쫓아내어 보낸다(9 : 33-34). 또한 이들 유대인들은 예수를 죽이려고 모의했고(11 : 53), "십자가에 못박게 하라"

---

40) 요한공동체가 취한 세상에 대한 이런 극단적인 대립의 입장은 '소종파'라는 사회학적 개념으로 가장 적절히 설명될 수 있다. '소종파'에 대한 사회학적 연구로는 단연 Bryan Wilson의 작품들이 높은 평가를 받고 있다. 특히 그의 *Magic and the Millennium : A Sociological Study of Religious Movements of Protest Among Tribal and Third World Peoples*(London : Heinemann, 1973) ; "Becoming a Sectarian : Motivation and Commitment," in *Religious Motivation : Biographical and Sociological Problems for the Church Historian*, ed. D. Baker(Oxford : Blackwell, 1978), pp. 481-506 ; *Religion in Sociological Perspective*(Oxford : Oxford University Press, 1982) 등을 보라. 그밖의 자료로는 R. Scroggs, "The Earliest Christian Communities as Sectarian Movement," in *Christianity, Judaism and Other Greco-Roman Cults-Studies for Morton Smith at Sixty*, ed. J. Neusner, 4 vols.(Leiden : Brill, 1975), 2 : 1-23에 제공되어 있는 문헌들을 참고하라.

(19 : 15)고 소리쳤다. 결국 요한복음서 기자는 예수를 세상과 유대인들에 의해 거부되는 분으로 묘사하고 있다. 요한복음서 기자는 예수의 운명 속에서 자신(요한공동체)의 운명을 보고, 또 반대로 자신의 운명을 예수의 운명 속에 투영시키고 있다. 예수가 세상과 유대인들에 속하지 않았기 때문에 겪었던 것과 똑같은 고통의 운명이 요한공동체 멤버들에게 예시되고 있다.

Ⅳ. 결 어

고대나 현대를 막론하고 한 문서를 산출해낼 때는 특별한 동기나 목적이 있게 마련이다. 요한복음서의 경우, 그 근본 저작 동기 혹은 목적에 대해 편집비평은 요한복음서 기자가 자신의 독특한 신학사상(종말론, 그리스도론, 성례전 등)을 독자들에게 설득시키기 위한 것이 전부인 것처럼 상정해 왔다. 그러나 요한복음서 기자가 이런 저런 독특한 신학사상을 갖고 있었다는 것을 지적하는 것만으로는 충분하지 않다. 그가 왜 하필이면 바로 이런 혹은 저런 신학을 전개할 수밖에 없었는가를 물어야 하기 때문이다. 결국 요한복음서의 저작 목적에 있어서 보다 더 근본적인 것은 요한공동체가 당면한 여러 어려운 문제들에 대해 하나의 납득할 만한 이해의 구조를 그 공동체에게 주려는 것으로 볼 수 있다. 유대인들로부터 당한 출교와 박해, 그리고 그로 인한 사회적·종교적·심리적 소외감이 요한공동체 멤버들에게는 가장 큰 당면 문제였다. 요한복음서 기자는 요한공동체가 당면하고 있는 소외의 상황을 약화시키거나 축소시키려 하지 않고 그것을 오히려 정당화시켜 주고 있다. 요한공동체 멤버들 자신들이 이미 겪었거나, 겪고 있거나, 겪게 될 추방과 소외, 처형과 순교에 이르는 일련의 고통스러운 과정을 예수가 겪은 그와 똑같은 과정을 선택, 소개함으로써 합법화시켜 준다.

요한복음서의 저자에게 있어서 신앙의 반대는 '불신'이라기보다는 '두려움'이라 할 수 있다. 유대인들의 박해는 두려움을 산출시키고, 그 두려움은 예수에 대한 증언을 침묵시킨다. 따라서 '두려움에 대한 승리'가 저자가 겨누고 있는 주요 목적 중의 하나라 할 수 있다 : "너희가 세상에서 시련을 당할 것이나 담대하라. 내가 세상을 이겼다"(16 : 33). 요한공동체에 대하여 세상의 잔혹한 대우에 대하여 이런 종류의 용기와 확신을 불어넣어 줌으로써 그 저자는 요한공동체를 끈질기게 존속시켜 나간다. 바로 이런 용기의 공급이 예수의 고별연설(14-17장)의 골격이 되고 있다. 결국 "내가 이것을 말하는 것은 너희로 실족치 않게 하려 함이니라"(16 : 1)는 예수의 선언 속에는 "내가 이것을 너희에게 쓰는 것은 너희로 실족치 않게 하려 함이라"는 요한 기자의 뜻이 반영되어 있는 것으로 볼 수 있다.

요한복음서 기자는 요한공동체가 겪고 있는 현재의 고통을 요한공동체에 대한 하나님의 포기가 아니라, 최후의 기쁨을 향한 불가피한 단계로 설정해 주고 있다. 해산의 고통은 기쁨을 향한 예비단계라는 것이다(16 : 20-21). 요한공동체가 세상으로부터 느낀 소외감과 적대감을 정당화시켜 주기 위해, 요한복음서 기자는 예수 역시 세상에 대해 소외감과 적대감을 느끼고 있는 분으로 묘사하고 있다. 요한공동체의 소외감은 요한복음서 기자(혹은 그의 공동체)가 예수를 묘사하는 특성과 방향에 결정적인 영향을 주었다. 동시에 역으로, 이렇게 묘사된 예수를 통해 요한공동체의 소외감은 오히려 더욱 강화되어 갔다. 달라진 것이 있다면, 과거와는 달리 축출과 박해를 당하고 소외를 당해도 그것들을 더 이상 수치로 여기지 않게 되었다는 점이다. 그것이 오히려 자랑이 되었다. 왜냐하면 그러한 자신들의 소외감이야말로 이미 과거에 소외되었던 예수와 하나가 되는 표지로 여겨지게 되었기 때문이다: "세상이 너희를 미워하면 너희보다 먼저 나를 미워한 줄로 알라"(15 : 18). 따라서 요한복음서의 목적 중 하나는 요한공동체 멤버들의 소외된 모습을 합법화시켜 주기 위한 것이라 할 수 있다. 이런 합법화의 과정을 통해 요한공동체 멤버들은 자신들이 갖고 있던 문제들이 해결되는 것이 아니라 해소되는 것을 체험할 수 있게 되었다.

제10장

요한복음서의 베드로와 애제자

제10장

요한복음서의 베드로와 애제자

I. 서 언

요한복음서에서는 '예수가 사랑한 제자'(애제자)가 등장하여 현저한 역할을 수행한다. 요한복음서를 이해하는 열쇠라고까지 평가되고 있는 이 애제자는 다른 복음서에서는 언급조차 되지 않는다. 이 애제자의 등장으로 베드로의 크기가 상대적으로 축소된다. 이 논문의 목적은 요한복음서에 묘사된 베드로와 애제자의 모습을 각각 살펴본 후, 애제자가 베드로에 대해 갖는 관계의 특성을 규명하고, 그 이유를 추정하려는 것이다. 이를 위해 베드로의 단독출연 단락들과, 애제자의 단독출연 단락, 그리고 베드로와 애제자의 공동출연 단락들이 차례로 점검될 것이다. 여기서 '단독출연'이라 함은 베드로와 애제자, 이 둘의 관계에서 어느 한쪽만이 출연한다는 것을 뜻할 뿐, 해당 등장 인물 외에 다른 인물들이 전혀 등장하지 않았다는 것을 뜻하는 것이 아니다. 따라서 가령 베드로가 애제자가 아닌 안드레와 함께 등장할 때에도 베드로의

'단독출연' 단락으로 취급될 것이다.

Ⅱ. 베드로

먼저 애제자에 대한 언급 없이 베드로가 등장하는 장면들을 살펴보자. 1장 40－42절은 시몬이 예수를 만나게 되는 과정을 소개한다. 예수는 시몬에게 "네가 요한의 아들 시몬이니, 게바라 불려질 것이다"(1 : 42) 하고 말한다. 여기서 "불려질 것이다"는 미래형으로 되어 있다. 이것 때문에 불트만(R. Bultmann)은 이 말을, 시몬이 새 이름을 바로 그 순간에 예수로부터 받았다는 선언이 아니라, 미래 어느 날에 받게 되리라는 예언으로 간주한다.[1] 그러나 브라운(R. E. Brown)이 명료하게 지적했듯이, 창세기 17장 5절과 15절의 70인역 등을 참고해볼 때, 요한 기자는 시몬의 이름이 예수를 만난 첫 순간부터 변경된 것으로 생각했을 것이다.[2] 실제로 요한복음서에서, 이 장면을 제외하고는 시몬의 이름이 변경된 시점은 다시 제시되지 않는다. 그러나 시몬의 이름 변경 시점이 예수와의 만남 바로 그 순간부터냐 아니면 미래의 어느 한 순간이냐 하는 문제는 지엽적인 것이다.

요한 기자가 이 단락을 통해 강조하려는 것 중의 하나는, 시몬 베드로가 예수를 따른 사람 중에서 최초의 인물이 아니라는 점이다. 오히려 베드로보다 덜 알려진 그의 형제 안드레가 예수를 따

---

1) R. Bultmann, *The Gospel of John*(Philadelphia : The Westminster Press, 1971), p. 101본문과 각주 5)를 참조.
2) R. E. Brown, *The Gospel According to John*(New York : Doubleday & Company, Inc., 1966), vol. I, p. 80 참조.

른 최초의 인물 중의 하나로 소개된다(1 : 40). 안드레는 시몬에게 "우리가 메시아를 만났다"하고 말한다(1 : 41). 곧 시몬은 예수가 메시아임을 오직 안드레의 중개에 의해 알게 된다. 더구나 안드레에 의해 예수에게 인도된 시몬은 예수를 최초로 만나는 이 중요한 장면에서 어떠한 반응도 하지 않은 것으로 묘사된다. 시몬은 알지도 못했던 예수가 그를 "시몬"으로 알아보았음에도 불구하고, 시몬은 예수의 그러한 신적 능력을 겪고서도 아무런 고백도 하지 않는다.

요한 기자에 따르면, 제자를 선택하는 주도권은 예수에게 있다. 곧 요한이 본 예수는 "너희가 나를 택한 것이 아니라, 내가 너희를 택하여 세웠다"(15 : 16)고 말한다. 또 예수는 빌립에게 "나를 따르라"(1 : 43)고 명령한다. 이러한 장면들은 모두 예수의 주도권을 강조하고 있다. 그러나 예수와 베드로의 첫 대면에서 예수는 이러한 주도권을 행사하지 못하고, 오히려 베드로가 안드레의 인도로 먼저 예수에게로 온다(1 : 42). 이것은 예수가 택한 사람들의 범위에 베드로가 들어 있지 않을지도 모른다는 불안한 분위기를 자아낸다. 요한복음서 주석가들은 물론 베드로를 주제로 한 루터교와 로마 카톨릭과의 대화 모임에 참가한 학자들은 이 단락에서 이 점을 읽어내지 못했다.[3] 자신이 주도권을 갖고 예수를 따른 베드로의 형제 안드레도 요한복음서에서는 중요한 인물로 부각되지 않는다. 그는 이 장면 외에 두 번 더 직접 등장하나(6 : 8; 12 : 22), 두 번 다 결정적인 역할을 담당하지 못한다.[4] 안드레에 비해, 예수가 주도권을 갖고 제자로 삼은 빌립은 요한복음서에서 현저한 인물로 부각된다. 그는 11번이나 언급된다.[5] 이것은 베드

---

3) R. E. Brown, K. P. Donfried, and J. Reumann, eds., *Peter in the New Testament* (New York : Paulist Press, 1973), p. 131.

4) 1 : 44에도 안드레라는 이름이 언급되나, 그것은 빌립을 설명하기 위한 것으로 그 역할이 한정된다.

로의 형제 안드레의 역할을 상대적으로 축소시키는 결과를 초래한다. 물론 안드레는 나중에 "와서 보라"는 예수의 명령을 듣고 "가서 보았다"(1 : 39)고 묘사됨으로써 부분적으로 긍정적인 평가를 독자들에게 얻게 되나, 베드로는 이 단락에서 아무런 적극적인 평가도 독자들로부터 얻지 못할 정도로 그 역할이 지극히 미미하다.

6장 69절에서 시몬 베드로는 예수를 "하나님의 거룩하신 분"(*ho hagios tou theou*)으로 고백한다. 이 고백을 독립시켜 이해한다면, 이것은 훌륭한 고백처럼 보인다. 그러나 "하나님의 거룩하신 분"이라는 칭호는 요한복음서에는 오직 이곳에서만 나타나고, 신약 전체를 통해 오직 마가에 한 번(막 1 : 24), 누가에 한 번(눅 4 : 34) 더 나온다. 마가와 누가의 경우, 그 칭호는 사탄의 입에서 나오는 것으로 소개된다. 메이나드(A. H. Maynard)는 베드로가 이 장면에서 "사탄과 동일시되지 않고 있다"[6]고 보았으나, 이러한 주장은 행간을 읽지 못한 것으로 평가될 수 있다. 물론 표면상, 요한복음서에는 베드로를 사탄과 동일시하는 예수의 발언[7]이 소개되지 않는다. 그러나 "하나님의 거룩하신 분"이라는 칭호가 다른 두 곳 모두에서 사탄의 고백과 연결되어 있다는 점을 감안한다면, 그 칭호는 주후 첫 세기 원시 그리스도교인들 사이에서 의도적으로 회피되었던 칭호였을 것으로 추정할 수 있다. "하나님의 아들"이나 "그리스도"(메시아)가 신약 전체를 통해 빈번히 사용된 것과 비교할 때, "하나님의 거룩하신 분"이라는 칭호의 사용이 신약 전체에서 지극히 제한되어 있다는 것은 결코 우연이 아니다. 요한 기자가 원시 그리스도교인들이 의도적으로 피한 이

5) 1 : 43, 44, 45, 46, 48; 6 : 5, 7; 12 : 21, 22; 14 : 8, 9.

6) A. H. Maynard, "The Role of Peter in the Fourth Gospel," *NTS* 30(1984) : 531－548, 특히 534.

7) 가령 막 8 : 33; 마 16 : 23 등이 그러하다.

사탄의 고백을 베드로의 입에서 나온 것으로 처리했다는 것은 무엇을 뜻하는가? 그것은 베드로의 활동을 사탄의 활동과 동일시하려는 작업 이외에 다른 것이 아니다.

더구나 베드로의 고백 이후, 요한이 본 예수는 베드로에게 교회 치리적 권위를 부여하지 않는다. 가령 베드로의 고백에 대해 마태가 본 예수는 "내가 이 반석 위에 내 교회를 세우리니 지옥의 권세가 이기지 못할 것이다. 내가 천국 열쇠를 네게 주리니 네가 땅에서 무엇이든지 매면 하늘에서도 매일 것이요, 네가 땅에서 무엇이든지 풀면 하늘에서도 풀릴 것이다"(마 16 : 18-19)라는 교회 치리에 관한 전적인 권한을 부여한다. 그러나 요한복음서의 경우, 베드로의 고백을 그러한 권한과 전혀 연결시키지 않는다.

13장 6-17절에서는 제자들의 발을 씻겨 주는 예수의 행위에 대한 베드로의 오해가 부각된다. "내 발을 절대로 씻기지 못할 것이다"라는 베드로의 반응에 대해 예수는 "내가 너를 씻기지 아니하면 네가 나와 상관이 없다"고 응답한다. 이때 베드로는 자신의 발뿐 아니라, 손과 머리도 씻겨 달라고 간청한다(13 : 9). 예수는 씻겨 주는 행동을 통해 자기 희생적 삶의 모델을 상징적으로 보여주려는 것이었으나, 베드로는 씻겨 주는 행동 자체에 집착하는 우둔한 수준에 머문다. 타이터스(E. L. Titus)[8]나 메이나드[9], 그리고 슈나이더(G. F. Snyder)[10]는 이 단락에서 베드로에 대한 요한 기자의 부정적인 견해를 적절하게 부각시켰다. 특히 슈나이더는 "종이 상전보다 크지 못하고 보냄을 받은 자가 보낸 자보다 크지 못하다"(13 : 36)는 구절 속에 반영된 베드로에 대한 요한 기자의

---

8) E. L. Titus, *The Message of the Fourth Gospel*(New York : Abingdon, 1957), p. 187.
9) A. H. Maynard, "The Role of Peter," 534f.
10) G. F. Snyder, "John 13 : 16 and the Anti-Petrinism of the Johannine Tradition," *BR* 16(1971) : 5-15, 특히 6f.

부정적인 상을 규명했다.[11] 실제로 13장 16절에 언급된 "보냄을 받은 자"는 "*apostolos*"로 되어 있기 때문에, 이 구절은 사도가 예수보다 크지 못하다는 것을 선언한 셈이 된다. 이런 점에서 슈나이더가 이 구절은 '기독교가 사도들로부터가 아니라 인자의 생애로부터' 발생되었음을 말하고 있다고 주장한 것[12]은 정곡을 찌른 것이라 하겠다.

그러나 슈나이더는 물론 타이터스나 메이나드도 베드로에 대한 심각한 타격을 주기 위해 도입된 13장 7절을 주목하지 못했다. 여기서 예수는 베드로에게 "나의 하는 것을 네가 이제는 알지 못하나 이후에는 알리라"고 말한다. 여기서 "이제"는 요한공동체의 시점에서 보면 과거이고, "이후"는 요한공동체의 시점에서 보면 현재가 된다. 곧 베드로를 이상적인 모델로 삼고 있었던 베드로계 그룹은 과거 베드로가 예수와 가졌던 직접적인 사귐의 기간을 근거로 지금 권위를 행사하고 있으나, 그 과거를 돌이켜보라는 것이다. 지금 그들이 행사하고 있는 권위의 초석이 되고 있는 그 과거에 베드로는 예수가 하는 행동의 뜻을 "알지 못했다"는 것이다. 13장 7절이 "예수가 세상을 떠나 아버지에게 돌아갈 때" (13 : 1)를 배경으로 하고 있다는 것을 감안한다면, 적어도 베드로가 예수의 행동의 뜻을 알게 된 것은 예수의 부활 이후가 된다. 곧 베드로는 예수와 함께 지내기는 했으나, 예수의 행동을 당시에는 깨닫지 못했다는 것이 된다. 따라서 13장 7절은 현재 권위를 행사하고 있는 베드로계 그룹이 근거하고 있는 베드로의 과거 실적 자체를 거부하고 있기 때문에, 그 구절은 베드로계 그룹에 대한 치명적인 공격이 된다.

베드로에 대한 요한 기자의 이러한 부정적인 묘사는 13장 36

11) *Ibid.*, 5−15.
12) *Ibid.*, 9.

-38절에서 더욱 강화된다. 13장 7절에서 예수가 행하는 것을 당시에 "알지 못했던" 것으로 묘사된 베드로가 13장 36절에서는 예수가 가는 곳을 그 당시에 "따라갈 수 없었던" 것으로 묘사된다. 이 구절(36절)에 나타난 "지금"과 "나중"의 구별을 영적 구별 또는 종말론적 구별로 이해한 바레트(C. K. Barrett)의 견해를 인용하면서, 메이나드는 그 견해에 동조한다.[13] 그러나 그러한 견해는 빗나간 것이다. 왜냐하면 그것은 13장 7절에서와 같이 역사적인 구분, 시간적인 구분이기 때문이다. 곧 이 구절도 "지금"으로 표현된 그 과거를 문제삼는다. 곧 이 단락은 제자직에 실패한 베드로의 과거의 모습을 부각시킨다. 베드로는 주를 위해 자신의 목숨을 버릴 것이라고 결연한 의지를 표명하나(13 : 37), 예수는 그가 닭 울기 전에 자신을 세 번 부인하리라고 예고한다(13 : 38). 18장 10-11절에서 예수의 뜻을 이해하지 못하고 대제사장의 종, 말고의 귀를 검으로 쳐서 떼어 버린 베드로는 "검을 집에 꽂으라"는 예수의 명령을 통해 또다시 간접적으로 비판을 받게 된다.

베드로의 부인에 관한 예수의 예고는 18장 17-18절과 25-27절에서 실현된다. 곧 베드로는 세 번에 걸쳐 예수를 부인한다(18 : 17, 25, 27). 한때 예수를 위해 자신의 목숨까지 버리겠다고 당당하게 다짐했던(13 : 37) 베드로는 예수와 자신을 분리시킴으로써 비겁하게 목숨을 부지한다. "베드로가 또 부인하니 곧 닭이 울었다"는 18장 27절의 보도 역시 베드로에 대한 부정적인 상을 연장시키는 데 일조한다. 마가는 닭이 울자 베드로가 "울었다"고 보도하고(막 14 : 72), 마태와 누가는 닭이 울자 베드로가 "심히 통곡했다"고 보도한다(마 26 : 75; 눅 22 : 62). 마가의 경우에는 베드로의 회복 가능성이 소극적으로 예견되고 있고, 마태와 누가의 경우에는 그 가능성이 보다 적극적으로 예견된다. 그러나 요

---

13) A. H. Maynard, "The Role of Peter," 537.

한의 경우는 다르다. 베드로는 울지도 않고, 심히 통곡하지도 않는다. 오직 닭만 운다. 곧 요한 기자는 베드로의 회복 가능성에 대한 어떠한 기대도 일찌감치 봉쇄해 버린다.

Ⅲ. 애제자

요한복음서는 '예수가 사랑한 제자'(애제자)를 이름을 밝히지 않은 채 출연시킨다. 이미 쿨페퍼(R. A. Culpepper)가 지적한 대로 이 애제자는 요한공동체의 성격을 이해하는 관건이 된다.[14] 지금까지 이 애제자의 정체를 밝히려는 여러 노력이 있어 왔다. 이러한 노력은 크게 두 가지 방향으로 진척되었다. 하나는 애제자를 상징적 인물로 간주하는 방향이고, 다른 하나는 그를 역사적 인물로 전제하는 방향이다. 애제자를 상징적 인물로 해석한 대표적인 학자는 불트만이다. 그는 애제자가 '이방 기독교'를 대표한다고 주장한다. 유대교의 제한으로부터 벗어난 이 이방 기독교의 자기 이해는 13장 21-30절과 20장 2-10절의 두 장면에 반영되어 있는데, 거기서 애제자는 유대 기독교의 대표인 베드로 곁에 나란히 나타나서 베드로보다 우월한 역할을 하는 것으로 묘사된다는 것이다.[15]

불트만의 이러한 방향을 보다 면밀하게 발전시킨 학자는 팸먼트(M. Pamment)이다.[16] 팸먼트에 따르면, 다른 장면들에서는 애제

14) R. A. Culpepper, *The Johannine School*(SBL DS 26, Missoula: Scholars Press, 1975), p. 265.

15) R. Bultmann, *John*, pp. 484f.

16) M. Pamment, "The Fourth Gospel's Beloved Disciple," *ExpTim*

자가 등장해도 그의 역할이 마치 등장하지 않은 것처럼 미미했으나,[17] 장면이 이방선교(21장)로 바뀌면서 애제자는 원제자들과 비교해볼 때 현저한 역할을 수행한다는 것이다. 이러한 현상은 애제자가 원 열두 제자들 중 하나로, 또는 요한복음서의 저자로 이해되는 한, 설명될 수 없다는 것이다. "오히려 애제자는 이방 기독교를 대표한다"는 것이다.[18] 팸먼트의 이러한 주장이 문제가 되는 것은 애제자의 역할에 대한 그의 평가에 있다. 앞으로 점검하겠으나, 팸먼트의 파악과는 달리, 요한복음서 20장까지에서 애제자는 베드로에 비해 현저한 역할을 하고 있는 반면, 21장에서는 애제자의 역할이 오히려 상대적으로 축소되고 있기 때문이다. 불트만과 팸먼트는 애제자를 역사적 인물로 간주하지 않고 있다. 그러나 애제자의 죽음을 암시하고 있는 21장 20－23절로 미루어 본다면, 애제자는 오히려 역사적 인물이었을 개연성이 그 반대의 경우보다 훨씬 높다 하겠다.[19]

한편 일군의 학자들은 애제자를 역사적 인물로 보고 있다. 그러나 그 인물이 누구였느냐에 대해서는 의견이 분분하다. 우선 손쉬운 해결은 주로 주후 2세기 말에 나온 외적 증거를 제시하면서 애제자를 세베대의 아들 요한과 일치시키는 해석이다. 모리스(L. Morris)[20]와 존슨(N. E. Johnson)[21]이 그러한 해석을 지지하는

94(1983) : 363－367.

17) 팸먼트는 이것을 '현존과 부재'(present and absent)라는 용어로 처리한다. *Ibid.*, 366f.

18) *Ibid.*, 367.

19) 불트만은 이러한 비판을 피하기 위해 21장의 애제자는 이방 기독교의 상징적 대표가 아니라 역사적 인물이라고 처리한다. 그러나 1－20장의 애제자와 21장의 애제자를 구분해야 할 뚜렷한 근거는 없다.

20) L. Morris, *Studies in the Fourth Gospel*(Grand Rapids, 1969), pp. 139ff.

21) N. E. Johnson, "The Beloved Disciple in the Fourth Gospel,"

대표적인 학자들이다. 브라운도 처음에는 이러한 입장을 선호했으나,[22] 후에 그 입장을 포기했다. 애제자를 요한과 동일시했던 2세기 말에 나온 외적 증거는 오히려 기독교 기원을 열두 사도들로 축소시키려는 단순화 작업의 일환이라고 추정한다.[23] 브라운은 애제자가 요한 1장 35-40절에 나오는 세례 요한의 두 제자 중의 한 제자였을 가능성이 높은 것으로 보고 있다.[24] 쿨만(O. Cullmann)은 애제자가 곧 요한복음서 저자라고 전제하고, 그의 이름은 알 수 없으나, 그는 과거에 세례 요한의 제자였을 것으로 추정한다.[25] 슈나켄부르크(R. Schnackenburg)는 애제자가 요한복음서 배후에 있었던 역사적 권위였으나, 그가 곧 복음서 저자는 아니라고 한다.[26] 슈나켄부르크는 브라운과 마찬가지로 처음에는 애제자가 세베대의 아들일 개연성이 높은 것으로 생각했으나,[27] 나중에 이러한 입장을 철회하고 그 개연성이 오히려 상당히 낮다고 주장한다.[28] 실제로 요한공동체는 자신의 입지를 강화시켜 줄 수 있는 보다 확고한 권위를 확보하는 일이 급선무였기 때문에, 세베대의 아들 요한과 같이 널리 알려져 있던 권위 있는 인물이 애제자였다면, 그 이름을 분명히 밝힐수록 자신들에게 유리했을 것이다. 그러나 그 이름을 밝히지 않았다는 것은 애제자가 세베대

CQR 167(1966) : 278-291.

22) R. E. Brown, *John*, I, pp. LXXXVII-CII.

23) R. E. Brown, *The Community of the Beloved Disciple*(New York : Paulist Press, 1979), pp. 33f.

24) *Ibid.*, pp. 32f.

25) O. Cullmann, *The Johannine Circle*(Philadelphia : Westminster Press, 1976), p. 87.

26) R. Schnackenburg, *The Gospel according to St. John*(New York : Crossroad, 1987), vol. III, pp. 375-387.

27) R. Schnackenburg, *John*, I, pp. 100-104.

28) 그 입장 변경을 위한 상세한 이유에 관해서는 그의 *John*, III, pp. 383-387을 참고하라.

의 아들 요한이 아니었으리라는 개연성을 높여준다. 애제자는 요한공동체 밖에서는 널리 알려지지 않은 인물이었을 것이다.

한편 애제자를 세베대의 아들 요한과는 전혀 다른 인물과 일치시키려는 연구들이 있다. 다소 고전적인 것으로는 필슨(F. V. Filson)[29]과 타이터스[30]의 연구를 들 수 있는데, 전자는 애제자를 나사로로, 후자는 마티아스로 보고 있다. 마이니어(P. S. Minear)는 다소 독특한 인물을 설정한다.[31] 마이니어에 따르면, 요한 기자는 애제자의 상을 신명기 33장 12절에 나오는 베냐민상에 부합되도록 구성했다는 것이다.[32] 이러한 주장들이 각기 지니고 있는 부분적인 타당성을 인정한다 해도 나사로나 마티아스나 베냐민과 같은 인물들은 예수의 형제로까지 여겨지고, 예수의 가슴에 기댈 수 있는 유일한 제자였던 애제자의 현저한 권위에 비견되기가 어렵다.

애제자의 정체에 관해 군터(J. J. Gunther)는 하나의 독창적인 가설을 제시했다. 곧 14장 22절에 나오는 유다(가룟 유다가 아닌)가 예수의 형제들 중의 하나였던 유다와 같은 사람이었을 것이고, 그가 곧 애제자였을 것으로 추정한다.[33] 물론 예수의 형제들이 예수의 활동에 대해 적대적이었다는 다른 복음서들의 보도는 물론, 요한복음서 자체의 보도도 이러한 가설에 걸림돌이 된다는 것을 인식한 군터는 그 난제를 이렇게 피한다.

---

29) F. V. Filson, "Who Was the Beloved Disciple," *JBL* 68(1949) : 83-88.
30) E. L. Titus, "The Identity of the Beloved Disciple," *JBL* 69 (1950) : 323-328.
31) P. S. Minear, "The Beloved Disciple in the Gospel of John : Some Clues and Conjectures," *NovTest* 19(1977) : 105-123.
32) *Ibid.*, 121.
33) J. J. Gunther, "The Relation of the Beloved Disciple to the Twelve," *TZ* (1981) : 129-148.

> "아마도 애제자는 열두 제자에 합세했던 마지막 사람이었을 것이다. …만일 예수의 선교가 종반기에 이를 때까지도 열두 제자가 선택되지 않았다면 그의 형제들 중 하나의 가입은 실제로 가능하다. 언제, 또는 심지어 예수가 열두 제자를 '열두 보좌에 앉아 이스라엘 열두 지파를 심판하도록'(마 19 : 28; 눅 22 : 30) 최종적으로 선택했는가는 확실하지 않다."[34]

마가복음서에 따르면 예수가 "자기와 함께 있게 하기 위해" 최종적으로 열둘을 선택한 것은 자신의 선교 초기이다(막 3 : 14-19). 물론 이 명단에는 가롯인이 아닌 유다는 포함되어 있지 않다. 그러나 요한복음서에는 열두 제자를 최종적으로 선택한 시기나 과정, 또는 그 명단에 관한 보도가 없다. 이런 점에서 열두 제자가 예수의 선교활동이 끝날 무렵에 최종적으로 선택된 것으로 요한이 이해했을 것이라는 군터의 가설은 아주 불가능한 것이 아니다. 그러나 이 가설의 문제점은 잠시 뒤로 미루겠다. 여하간 군터에 따르면, 가롯 유다가 부정적인 제자로 묘사되고 있는 반면, 애제자는 긍정적인 제자로 묘사되고 있기 때문에, 가롯인이 아닌 유다가 가롯 유다의 자리를 대신했으리라는 것이다.[35] 군터는 애제자가 예수의 혈연관계의 형제들 중 하나였으리라는 가정의 근거를 이렇게 제시한다. 예수와 그 유다가 서로 깊이 사귈 만한 충분한 시간이 없었던 정황, 곧 예수의 선교 마지막 기간에 그 유다가 예수에 의해 가롯 유다를 대신해서 선택되었기 때문에, 예수가 유다를 사랑하는 제자로 설정했다는 것은 우정관계라기보다는 혈연관계에 기초한 것으로 보아야 한다는 것이다. 곧 혈연의 형제는 예수의 사랑을 얻는 데 긴 시간을 필요로 하지 않는다는 것이다. 그렇다면 왜 요한 기자는 예수와 그 유다의 혈연관계

---

34) *Ibid.*, 143. 강조점은 나의 것.
35) *Ibid.*, 145f.

를 분명히 밝히지 않았을까? 군터에 따르면, 그 둘의 관계를 혈연관계로 밝힌다면 “독자들이 이 사랑의 초월적 성격과 그것이 애제자와 그의 증언에 가져다줄 특별한 권위를 인정하지 않았으리라”[36]는 것이다.

이러한 군터의 가설은 독특한 것이긴 하나 심각한 결함을 지닌다. 우선 예수의 형제들은 요한복음서에서 예수의 활동의 의도나 목적을 전혀 인지하지 못했을 뿐만 아니라, “예수를 믿지 아니했던”(7 : 5) 것으로까지 묘사된다. 더 나아가 요한이 본 예수는 이렇게 이야기한다. “세상이 너희를 미워할 수 없으나 나를 미워하는데, 그 이유는 내가 세상의 행사를 악하다 증거하기 때문이다”(7 : 7). 예수는 세상의 행사를 비판하기 때문에 세상으로부터 미움을 받는다. 그런데 그의 형제들이 세상으로부터 미움을 받지 않는다는 것은 무엇을 뜻하는가? 그들이 세상의 행사를 비판하지 않고 있기 때문이다. 여기서 예수의 형제들은 세상에 속한 것으로 이해된다. 세상은 자기편에 속한 사람을 욕하지 않고, 오히려 사랑하기 때문이다(15 : 19). 예수의 형제들은 예수가 끝까지 사랑한 예수 자신의 사람들(13 : 1)과 확연히 구분된다. 세상과 예수는 요한복음서에서 대립적인 관계로 설정되어 있기 때문에 세상에 속한 그 형제들과 예수는 대립적인 관계로 설정된다. 군터의 견해가 타당성을 획득하려면 예수의 형제들에 대한 이러한 냉담한 평가가 예수의 선교활동의 마지막 기간에 호의적인 평가로 급선회했다고 가정해야 하는데, 그러한 급선회의 계기나 동기나 과정에 관한 언급이 전혀 없다는 점이 그의 주장을 어렵게 만든다. 예수와 적대적인 관계에 있었던 예수의 형제들 중 하나로 가정된 유다가 아무 설명도 없이 갑자기 ‘예수가 사랑한 제자’로 둔갑한다는 것이 가능한가? 만일 그 유다가 애제자였다면 요한 기자는

36) *Ibid.*, 148.

이제는 애제자가 된 그 유다의 과거의 치명적인 실수, 곧 "예수를 믿지 아니했다"는 유다의 약점에 관한 단락을 제거시키거나 완화시켰을 것이다. 그러한 부정적인 전력을 가진 사람을 전향의 계기나 과정에 대한 납득할 만한 제시 없이 갑자기 현격한 지도자로 부각시킨다는 것은 거의 가능하지 않기 때문이다.

군터의 주장의 다른 문제는 그 유다를 애제자로 상정하기 위해 그가 제시한 근거가 허술하다는 데에 있다. 곧 군터에 따르면, 마지막 짧은 기간에 그 유다가 '사랑하는 제자'로 선택되었기 때문에, 그처럼 짧은 기간에 사랑할 수 있으려면 혈연의 형제라야 한다는 것이다. 그러나 이러한 가설이 문제가 되는 이유는 예수가 애제자와 실제로 사귄 기간이 짧았으리라는 그의 근거없는 가정을 차치하고라도, 그것이 인간의 다양한 성격이나 반응양식을 획일화시키는 부당 전제의 오류 위에 세워져 있기 때문이다. 사람에 따라서는 자신의 혈연의 형제가 아닌 사람이라 해도 짧은 기간에 그를 얼마든지 사랑할 수 있다. 곧 짧은 기간에 사랑할 수 있으려면 '혈연'이어야 한다는 군터의 주장은 설득력이 없다. 더구나 요한 19장 26－27절은 예수의 그 형제(유다)가 애제자였다는 그의 가설을 반박할 수 있는 결정적인 근거가 된다.

> "예수께서 그 모친과 사랑하는 제자가 곁에 섰는 것을 보시고 그 모친께 말씀하시되 여자여, 보소서, 아들이니이다 하시고, 또 그 제자에게 이르시되 보라, 네 어머니라 하신대, 그때부터 그 제자가 자기 집에 모셨다."

여기서 예수의 모친과 애제자는 서로 가까이 서 있으면서도 서로를 모르고 있었던 것으로 상정되어 있다. 만일 군터의 주장대로 애제자가 예수의 형제였다면 예수의 모친이 자기 아들이 누구인지도 몰랐다는 말이 되고, 애제자는 자기 어머니가 누구인지도 몰랐다는 말이 된다. 이런 일은 가능하지 않다. 여기서 아들과 어머니는 군터의 가정과는 달리 혈연관계로 규정된 용어들이 아니다. 요한 기자에 의해 새롭게 정의된 용어들이다. 따라서 군터의 주장은 상당한 무리를 수반한다고 하겠다.

애제자의 정체에 관한 연구는 거의 막다른 골목에 도달한 것처럼 보인다. 그러나 애제자의 역할에 관한 연구는 그것이 진척될수록 생산적인 결과를 가져올 것이다. 요한복음서에서 베드로의 등장 없이 애제자가 단독으로 출연하는 유일한 장면인 19장 25−27절을 점검해 보자. 불트만은 19장 25−27절에 등장하는 예수의 어머니는 유대인 기독교를 대표한다고 주장한다. 곧 유대인 기독교가 예수에게 속해 있음을 고백하고 있다는 것이다.[37] 이러한 주장은 유대교에 대한 기독교의 우위를 철저히 전제한 터전 위에서 나온다. 그러나 적어도 본문은 예수의 어머니에게 초점이 맞추어져 있지 않다.

브라운은 이 단락에서 예수의 어머니는 창세기 2−4장에 나오는 이브(여인)의 원형에 따라 '새로운 이브'로 이해되고 있다고 주장한다.[38] 브라운에 따르면, 그뿐만이 아니라, 예수의 어머니가 애제자의 어머니가 된다는 요한의 묘사는 해산의 고통 이후에 새로운 인간을 기쁨으로 낳게 되는 "시온의 여인"이라는 구약의 주제들을 환기시켜 준다는 것이다.[39] 이러한 유형론적 해석은 예수의 어머니를 교회의 이상적인 모델로 설정하려는 일종의 교리적인 관심이 저변에 흐르는 해석이라 하겠다. 그 단락에 그러한 요소가 있다 해도 그것이 요한의 주요 강조점은 아니다. 이것과 비슷하나 마리아에게로 관심을 보다 더 좁힌 해석도 있다. 곧 예수의 어머니는 애제자가 상징하는 것으로 여겨지는 모든 믿는 자들

---

37) R. Bultmann, *John*, p. 483.
38) R. E. Brown, *John*, Ⅱ, pp. 925f.
39) *Ibid.*, p. 926.

의 어머니로 새롭게 규정되었다는 것이다.[40] 그러나 본문상에는 예수의 어머니의 중보적 역할에 관한 언급이 전혀 없다. 슈나켄부르크의 적절한 평가에 다르면, "마리아론적인 해석은… 요한적인 개념으로서가 아니라, 교회 전통으로부터 뒷받침된… 신학적 기초로서 정당화될 수 있을 뿐이다."[41]

한편 다우어(A. Dauer)와 쉬어만(H. Schürmann)은 이 단락이 마리아의 역할보다는 애제자의 역할을 강조한다고 주장한다. 곧 그 뜻은 "여자여, 보소서. 이제 당신을 돌보아줄 당신의 아들입니다. 아들아, 보라, 너에 의해 돌봄을 받게 될 너의 어머니이다" 정도가 된다는 것이다.[42] 이러한 주장이 마리아론적 해석보다 더 설득력이 있다. 그러나 이러한 주장은 결국 이 단락의 관심을 마리아에 대한 애제자의 역할의 중요성을 강조하는 측면에 집약시키는 결과를 초래한다. 문제는 이 단락의 강조점이 마리아와 애제자의 관계를 설정하려는 작업에 있지 않다는 데에 있다.

19장 25-27절은 애제자의 권위의 근거를 보다 확실하게 확보하려는 요한 기자의 노력의 일환이다. 곧 그 단락은 요한공동체 밖에서는 이름이 거의 알려지지 않은 그 애제자의 지도력의 근거를 의심하는 외부 경쟁 세력에 대한 효과적인 방어가 된다. 곧 그 단락의 목적은 예수에 의해 예수의 형제로 인정받은 사람은 예수의 혈연의 형제들도 아니고, 베드로도 아니고, 오직 애제자 하나뿐이라는 것을 확정시켜 주기 위한 것이다. "그때부터 그 제자가 그녀를 자기 집에 모셨다"는 보도의 부가도 이러한 목적을 강화시켜 주는 기능을 수행한다.

---

40) T. Callus, *Die Mutter Jesu im Johannesevangelium*(Klagenfurt, 1963), pp. 27-52.

41) R. Schnackenburg, *John*, Ⅲ, p. 281.

42) A. Dauer, *Die Passionsgeschichte im Johannesevangelium*(Munich : Kösel, 1972), pp. 322-326 ; H. Schürmann, *Ursprung und Gestalt* (Düsseldorf : Patmos, 1970), pp. 13-28.

19장 25-27절은 마치 마태 28장 16-20절에서 제자들에 대해 예수가 마지막으로 사명을 위임하는 장면과 그 분위기가 비슷하다. 물론 마태의 경우와 요한의 경우는 다르다. 전자는 부활 이후의 예수를 등장시키나, 후자는 지상의 예수를 등장시키고 있기 때문이다. 또 마태가 본 예수가 열한 제자에게 부탁하는 반면, 요한이 본 예수는 유독 애제자 한 사람에게만 부탁한다. 두 단락은 서로 아무런 직접적인 관계도 없다. 그러나 그 분위기는 유사하다. 마태에서 제자들은 예수에 의해 마지막 부탁을 받은 인물들로 묘사되기 때문에 그 권위가 추인된다. 마찬가지로 요한에서 애제자는 지상의 예수에 의해 최후의 부탁을 받는 인물로 묘사되기 때문에 그 권위가 현저히 부각된다. 이로써 예수의 형제로 인정된 애제자는 예수의 역할을 이어가는 실제적인 계승자로 부각된다.

더구나 베드로는 요한복음서에서 결정적인 장면들 중 하나인 예수의 십자가 처형 장면에 출연하지 못할 뿐만 아니라, 예수의 최후의 부탁도 받을 수 없었던 인물로 전락한다. 따라서 이 장면에서 베드로에 관한 언급이 생략되었다는 것은 베드로에 대한 간접적이긴 하나 치명적인 비판이 된다. 베드로는 다른 장면에서 예수를 강력히 부인하는 것으로 묘사된 채 이 장면에서 결국 탈락되나, 애제자는 단 한 번도 부정적으로 묘사되지 않은 채 예수 처형의 지점에 이르기까지 그와 함께 동행한다. 요한 기자는 이 단락을 통해 실제적인 권위는 베드로가 아니라, 애제자라는 것을 효과적으로 천명한다.

Ⅳ. 베드로와 애제자

베드로와 애제자는 최후의 만찬 석상에 함께 등장한다(13 : 23 −26). 여기서 애제자는 "예수의 품에 의지하여 누워 있었다" (13 : 23). 이것은 애제자가 예수에 대해 갖는 친밀도의 높은 수준을 보여준다. 여기서 베드로의 좌석이 어느 곳이었는지는 밝혀지지 않았다. 예수를 중심으로 바로 양편 중 어느 한쪽에 애제자가, 또 다른 한쪽에 베드로가 앉아 있었으리라는 추측은 가능성이 높지 않다. 왜냐하면 그 경우에 베드로는 애제자에게 "머릿짓" (13 : 24)을 하기가 어려웠을 것이기 때문이다. 오히려 베드로는 애제자 옆쪽 어느 곳에 앉았을 것이다. 그 위치는 애제자보다 서열상 낮은 곳이 된다. 그러나 이러한 설명이 전혀 가능하지 않다 해도 다음의 한 가지는 개연성이 아주 높을 것이다. 곧 요한 기자는, 예수의 품에 의지한 유일한 제자인 애제자가 예수에 대해 갖는 친밀도의 수준이 베드로가 예수에 대해 갖는 친밀도의 수준보다 높다는 것을 독자들이 감지하도록 이 장면을 지금의 형태로 독특하게 구성했다는 점이다.

애제자가 예수의 품에 있었다는 보도는 예수가 하나님의 품에 있었다는 요한복음서 서막을 상기시켜 주고, 예수가 애제자를 사랑했다는 설명은 하나님이 예수를 사랑했다는 내용(3 : 35−36; 15 : 9)을 상기시켜 주거나, 예시해 준다. 아버지가 사랑한 아들에게 아버지는 만물을 허락했다(3 : 35). 또 아버지는 만민을 다스리는 권세를 아들에게 주었다(17 : 2). 이런 맥락에서 보면, '예수가 사랑한 제자'라는 설명은 예수의 전권을 위임받기에 가장 적합한 인물이라는 인상을 이끌어내기에 충분하다. 베드로는 예수에게 직접 묻지 못한다. 그가 묻고 싶은 내용을 애제자가 대신하여 묻는 장면 설정은 무엇을 강조하기 위한 것인가? 그것은 베드로조차 애제자의 중개를 거쳐야 하는 인물이라는 인상을 심어주기 위한 것이다. 애제자의 권위는 누구도 필적할 수 없다는 것이다. 베드로는 더 이상 제자들의 실제적인 대표가 아니라는 것이다.

18장 15-16절에서 베드로는 이름이 밝혀지지 않은 "다른 제자"와 함께 등장한다. 이 제자는 대제사장에게도 이미 알려져 있었던 것으로 보도된다. 그 제자는 아무런 제재도 받지 않고 대제사장의 집 뜰에 들어가나, 베드로는 문 지키는 여자에게 저지당한다. 베드로는 그 제자의 개입에 의해 문안으로 들어오게 된다. 그 제자의 정체가 애제자인가 아닌가 하는 문제는 논란의 여지가 많으나, 메이나드가 이미 명료하게 지적했듯이, 그 제자의 "정체는 결정적인 것이 아니다."[43] 왜냐하면 베드로보다 현저한 권위를 지닌 다른 제자가 있었다는 것만 가지고도 베드로의 서열은 낮아지기 때문이다. 그런데 요한복음서 전체를 통해 베드로보다 더 현저한 권위를 지닌 인물은 실제로 애제자 하나뿐이다. 따라서 18장 15-16절의 "다른 제자"가 애제자일 개연성은 매우 높다.

20장 2-10절은 빈 무덤 이야기이다. 베드로와 애제자는 예수의 빈 무덤을 향해 함께 달려간다. 그러나 애제자가 베드로보다 더 빨리 달려 먼저 무덤에 이른다(20 : 4). 물론 무덤 속에는 베드로가 애제자보다 먼저 들어가 보았으나, 그가 믿었는지의 여부는 밝혀지지 않는다. 그러나 애제자는 들어가서 보고 "믿었다"고 소개된다. "믿었다" 할 때 그 내용이 무엇이냐에 관한 논란이 어느 쪽으로 정착되든 그것은 이 논문의 논의를 위해서는 그다지 중요한 것이 아니다.[44] 여기서는 요한복음서의 핵심 용어 중의 하나인 "믿는다"는 동사가 베드로가 아니라, 애제자의 행동을 묘사하기 위해 사용되었다는 점만을 지적하는 것으로 충분하다.[45]

---

43) A. H. Maynard, "The Role of Peter," 538.

44) 그 내용에 관한 토론을 위해서는 R. E. Brown, *John*, Ⅱ, pp. 987f.를 참고하라.

루터교-로마 카톨릭 대화모임에 참가한 학자들은 요한 1-20장을 정리하면서, 요한공동체가 시몬 베드로에 관한 언급 없이 예수의 생애를 이야기한다는 것이 어렵다는 것을 알고 있었으리라고 가정한다.[46] 물론 이러한 가정은 적절한 것이다. 그러나 시몬 베드로와 애제자가 요한 전승에서 '모두 현저한 역할을 담당했다'는 그들의 가정[47]은 적어도 요한복음서 1-20장에는 적용될 수 없다. 1-20장에서 베드로의 역할은, 이미 점검해 놓은 것과 같이, 애제자에 비하면 극히 미미한 것으로 드러나기 때문이다.

베드로에 대한 애제자의 현격한 우위는, 편집인의 부가인 21장으로 넘어가면 다소 변경된다. 곧 여기서는 베드로의 권위가 어느 정도 회복된다. 그러나 21장 1-7절에서는 아직도 애제자의 현격한 우위가 지속된다. 디베랴 바다에 나타난 부활한 예수를 가장 먼저 알아본 것은 베드로가 아니라, 애제자로 부각되고 있기 때문이다(21 : 7). 베드로는 여전히 애제자의 인지능력에 의존되어 있는 것으로 묘사된다. 곧 애제자가 없었다면 베드로는 그물을 내 오른편에 던지라고 명령한 이가 부활한 예수였음을 알아차리지 못했을 것이다. 여기서 베드로의 권위는 명료한 형태로 애제자의 권위에 또다시 귀속된다.

바레트는 만찬 단락(21 : 8-14)에서는 베드로가 주역을 담당한다고 주장한다.[48] 타이터스나 메이나드도 그 단락에서 베드로가 대표성 혹은 수위성을 되찾는 수준에 이르기까지 회복된다고 주장한다.[49] 그러나 이러한 주장들은 유지되기 어렵다. 21장 8-14

45) '믿는다'는 동사의 요한적 용법에 관해서는 R. E. Brown, *John*, I , pp. 512-514를 참고하라.
46) R. E. Brown, et al., *Peter*, p. 138.
47) *Ibid.*, pp. 138-139.
48) C. K. Barrett, *John*, p. 578.
49) E. L. Titus, *The Message*, p. 247 ; A. H. Maynard, "The Role of Peter," 541.

절에서 예수는 단 한 차례도 베드로에게 직접 말하지 않는다. 그는 "제자들" 전체에게 말한다. 곧 베드로의 권위 회복은 적극적으로 또는 독립적으로 이루어지지 않고, 소극적으로 제자들의 권위 회복과 함께 이루어진다. 따라서 이 단락은 오히려 베드로의 대표성을 약화시키는 역할을 수행한다.

21장 15-24절에서 그 최후의 편집인은 베드로의 목양의 권위를 조심스럽게 회복시켜 준다. 21장 15-17절에서 예수는 베드로에게 자신을 "사랑하느냐?"고 세 번 묻고, 베드로는 "사랑한다"고 세 번 대답한다. 예수의 첫번째와 두번째 물음에는, '*agapaō*'가 사용된 반면, 세번째 물음에는 '*phileō*'가 사용되었다. 이 반복되는 물음에 대해 베드로는 세 번 모두 '*phileō*'로 대답한다. 곧 예수의 첫번째와 두번째 물음의 경우, 베드로는 예수가 사용한 동사와 같은 동사로 대답하지 못했다. 결국 예수는 베드로가 대답할 때 사용했던 동사로 자신의 질문을 수정하여 세번째 질문을 던진다.

예수는 세 번에 걸쳐 질문함으로써 마치 베드로를 확인하려는 듯한 인상을 남긴다. 세 번에 걸친 예수의 질문은 세 번에 걸친 과거 베드로의 부인을 상기시켜 준다. 반면 예수는 자신을 한 번도 부인하지 않은 애제자에게는 그러한 종류의 질문을 하지 않는다. 애제자는 예수를 사랑한다고 고백할 필요도 없었다. 예수가 사랑한 애제자가 예수를 사랑한다는 것은 요한복음서에서는 일종의 전제사항이었기 때문이다. 예수의 '*agapaō*'질문에 대한 베드로의 '*phileō*' 대답 역시 아직도 베드로가 예수의 질문이 담고 있는 요구를 명확히 포착하지 못했음을 보여준다. 베드로가 두 번에 걸쳐 대답할 때 사용한 동사를 예수가 마지막 질문에 사용한 것은, 베드로에 대한 기대의 수준을 스스로 낮추었다는 것을 뜻한다. 따라서 예수가 베드로에게 허락한 목양의 권위는 완벽한 수준의 것이 아니다. 이런 점에서 "21장은 베드로의 목양의 권위에 대한 공격이 아니다"[50]라는 주장은 21장에 대한 단순한 파악이다. 오히려 21장은 베드로의 권위를 부분적으로 공격하고, 부분적으로 인정하고 있기 때문이다.

21장 21-23절에는 애제자는 결코 죽지 않으리라는 소문이 이미 유포되고 있었던 정황을 반영해 준다. 그 소문의 발원지는 요한공동체였을 것이다. 그러나 23절이 암시하고 있듯이 애제자가 죽자, 이 단락은 그 소문을 재해석해 주기 위해 소개된다. 결국 이 단락은 애제자가 심지어 죽지도 않으리라고 요한공동체가 기대했을 만큼 애제자의 독보적인 지도적 위치를 간접적으로 강조하는 단락이 된다. 더구나 애제자의 미래에 관해 질문한 베드로는 예수에 의해 "네게 무슨 상관이냐?"는 비난을 받는다(21 : 22).

루터교-로마 카톨릭 대화모임에 참가한 학자들은 베드로와 애제자의 역할은 '이들 모두가 증인들'이라는 점에서 부분적으로 같다고 주장한다.[51] 베드로는 21장 19절에서, 애제자는 21장 24절에서 그러한 증인의 역할을 담당한다는 것이다. 그러나 그 학자들은 21장 24절의 의의를 과소평가했다. 21장 24절은 애제자를 "이 일들을 증거하고 이 일들을 기록한 제자로" 설정하고 그를 칭송한다. 곧 베드로의 모든 활동이 애제자의 증거와 기록에 전적으로 의존되어 있다는 것이다. 말을 바꾸면, 애제자의 증거와 기록이 없었다면 베드로의 권위 회복조차 알려지지 않았으리라는 것이다. 이런 점에서 1-20장에 나타난 베드로에 대한 애제자의 현저한 우위가 21장에 들어서면, 베드로의 권위 회복 단락으로 인해 다소 변경이 되나, 애제자의 그 우위 입장은 마지막 장에서조차 여전히 유지되고 있다고 할 수 있다. 따라서 요한공동체가 "애제자를 시몬 베드로와 나란히 위치시킴으로써, 그 자신의 위치를 확보했다"[52]는 일반적인 추정으로는 21장을 충분히 설명할

50) R. E. Brown, et al., *Peter*, p. 147.
51) *Ibid.*, p. 146.

수 없다. 그러한 추정은 애제자와 베드로의 권위가 적절한 균형을 유지하고 있다는 전제 위에 세워진 것이다. 그러나 21장에서도 애제자는 베드로보다 우위를 점하고 있다.

V. 결 어

요한복음서에서 베드로의 단독출연 장면들이 부정적으로 채색되는 반면, 애제자의 단독출연 장면은 긍정적으로 채색된다. 베드로와 애제자의 공동출연의 경우, 1-20장은 베드로에 대한 애제자의 현저한 우위를 강조한다. 21장은 1-20장과는 달리, 베드로를 조심스럽게 회복시키나, 여전히 애제자의 우위 설정 도식을 유지한다. 21장은 요한공동체의 탁월한 지도자였던 애제자가 죽은 후에 기록된 것이다. 그러나 21장은 요한일서에 표출된 것과 같은 요한공동체의 실제적인 분열 이후의 분위기(요일 2: 19)는 담고 있지 않다. 애제자가 죽자, 지도력을 상실한 요한공동체는 베드로계 멤버들과의 통합을 주장하는 연합파와 독자적인 입장을 지속시키는 반(反)-연합파로 견해가 양분되었다.

21장은 요한공동체의 연합파에서 산출된 장이라 할 수 있다. 이런 점에서 요한공동체 전체가 연합을 희망했다는 가설은 적절하지 않다. 요한공동체의 연합파는 21장에서 베드로에 대한 애제자의 현격한 우위 입장을 다소 '양보'하고, 대신 베드로의 권위 회복을 다소 '부각'시킨다. 그러나 그 양보의 수준이나 그 부각의 수준은 충분한 것이 아니다. 왜냐하면 연합파는 애제자의 우위

---

52) *Ibid.*, p. 147.

설정 도식을 어느 정도 유지시키면서 연합을 희망했기 때문이다. 따라서 요한공동체의 연합파에게 있어서 21장은 베드로계 멤버들을 의식한 일종의 협상용 문서의 성격을 띠고 있었다. 그러나 요한공동체의 반－연합파에게 있어서 21장은 일종의 굴욕으로 보였을 것이다. 결국 21장은 요한공동체가 실제적으로 분열하게 되는 원인을 제공한 셈이다. 요한일서를 산출한 그룹이 연합파 계열인지, 반－연합파 계열인지는 결정하기 어렵다. 이 문제는 다음 과제로 남겨둔다.

제11장

제일고별연설에 반영된
요한공동체의 정황

제 11 장

제일고별연설에 반영된 요한공동체의 정황

I. 서 언

본 소론의 목적은 요한복음서의 제일고별연설에 반영된 요한공동체의 정황을 규명하려는 것이다. 고별연설은 요한복음서 13장 31절부터 17장 26절에 이르는 긴 부분에 대한 지칭이다. 그중에서도 제일고별연설은 독립된 첫 부분을 이루고 있다. 제일고별연설이 문제가 되는 것은 그 속에 해석하기 어려운 여러 신학적 진술들이 포함되어 있기 때문이다. 이 논문에서는 제일고별연설의 난해한 신학적 단락들을 신학사상 자체의 틀 속에서 이해하기보다는, 오히려 그것들을 요한공동체의 사회적 정황과 밀접히 관련시켜 이해하려는 전망이 선택될 것이다.

Ⅱ. 제일고별연설의 구조

제일고별연설은 14장 31절로 일단락된다. 그 이유는 "일어나자, 여기를 떠나자"(14 : 31)와 15장 1절 사이에는 부정하기 어려운 뚜렷한 분리가 있기 때문이다.[1] 적어도 이러한 분리를 부정하는 학자는 없다. 그러나 그 연설이 어디서 시작되느냐에 대해서는 다소 의견이 엇갈린다. 이 문제는 결국 13장 31－38절의 소속을 결정하는 문제로 귀결된다. 여기에는 크게 네 가지 입장이 있다. 첫째, 13장 31－38절은 그 이전 단락에 소속되고, 제일고별연설은 14장 1절부터 시작된다는 입장이다. 둘째, 13장 31－38절을

1) 베커(J. Becker)는 13 : 31－16 : 32 중 제일고별연설(13 : 31－14 : 31)만이 복음서 기자에 의해 작성된 것으로 본다. 이 제일고별연설은 마지막 것(16 : 16－34)과의 유사성을, 둘째 것(15 : 1－17)은 셋째 것(15 : 18－16 : 15)과의 유사성을 보여준다는 것이다. 베커에 따르면, 제일고별연설이 나머지 세 개의 고별연설과 구별되는 이유는 나머지 연설에서는 초점이 기독론에서 교회론으로 옮겨져 있기 때문이라는 것이다. 그의 "Die Abschiedsreden Jesu im Johannesevangelium," *ZNW* 16(1970) : 215－246을 참조하라. 그러나 제일고별연설이 기독론에 집중하고 있다는 그의 진단은 적절하지 않다. 왜냐하면 제일고별연설에서 기독론과 교회론은 하나로 밀접히 통합되어 있기 때문이다. 제일고별연설과 고별연설의 남은 부분과의 관계에 대해서는 R. E. Brown, *The Gospel According to John*(New York : Doubleday & Company, Inc., 1970), vol. II, pp. 586－587 ; R. Schnackenburg, *The Gospel According to St. John*(New York : Crossroad, 1987), vol. Ⅲ, pp. 89－93 ; J. M. Reese, "Literary Structure of JN. 13 : 31－14 : 31 ; 16 : 5－6, 16－33," *CBQ* 34 (1972) : 321－331 ; F. F. Segovia, "John 15 : 18－16 : 4a : A First Addition to the Original Farewell Discourse?," *CBQ* 45 (1983) : 209－231 ; J. Painter, "The Farewell Discourses and the History of Johannine Christianity," *NTS* 27(1981) : 525－543을 참조하라.

독립된 단락으로 간주하고, 그 연설은 14장 1절부터 시작된다고 보는 입장이다. 셋째, 13장 31-38절이 독립된 단락이기는 하나, 그 이후 단락(14장)에 예속시켜 취급할 수 있다는 입장이다. 넷째, 13장 31-38절을 14장과 통합되어 있는 단락으로 간주하고, 그 연설이 13장 31절부터 시작된다고 보는 입장 등이다.

마쉬(J. Marsh)가 첫째 입장을 대표하는 학자라면,[2] 헨첸(E. Haenchen)과 바레트(C. K. Barrett)는 둘째 입장을 대표하는 학자들이다.[3] 세번째 입장에 대한 대표적인 학자는 브라운(R. E. Brown)이다. 우선 브라운은 13장 31-38절을 독립된 단락으로 본다. 그 이유는 13장 31-38절과 14장 1-31절 사이에는 구분이 있고, 그 둘은 완벽한 하나의 단락을 이루지 못하기 때문이라는 것이다. 더구나 13장 31-38절이 없다 해도 14장내에서 1-3절과 27-28절이 그 자체로서 서론과 결론의 역할을 충분히 하기 때문이라는 것이다.[4] 그러나 브라운은 13장 31-38절을 마쉬처럼 그 이전 단락에 예속시키거나, 헨첸이나 바레트처럼 독립시켜 다루지 않고, 그 이후 단락에 소속시킨 채 다룬다.[5]

이와는 대조적으로 13장 31-38절을 독립된 단락으로 파악하지 않고, 그것과 14장을 통합된 하나의 커다란 단락으로 보는 넷째 입장에 속한 일군의 학자들이 있다. 다드(C. H. Dodd)[6]와 슈나켄부르크(R. Schnackenburg)[7], 그리고 비슬리-머레이(G. R. Beasley

---

2) J. Marsh, *Saint John* (Baltimore : Penguin, 1968), p. 481.

3) E. Haenchen, *A Commentary on the Gospel of John* (Philadelphia : Fortress Press, 1984), vol. Ⅱ, p. 117f.; C. K. Barrett, *The Gospel According to St. John* (2nd ed., London : SPCK, 1987), pp. 449-453.

4) R. E. Brown, *John*, Ⅱ, p. 608.

5) *Ibid.*, p. 586, 608.

6) C. H. Dodd, *Interpretation of the Fourth Gospel*(Cambridge : Cambridge University Press, 1953), p. 403.

-Murray)[8] 등이 이러한 입장에 서 있다. 이러한 입장을 변호하는 대표적인 학자는 세고비아(F. F. Segovia)이다. 그는 자신이 이러한 입장을 견지하는 이유를 이렇게 제시한다.

> "예수가 제자들에게 연설을 시작하는 것은 유다의 떠남(30절)과 동시에 이루어진다. 그 절들(13: 31－38)은 14장의 주요 주제 중 하나 곧 예수의 떠남을 소개한다. 그 절들은 또한 14장에서 현저하게 사용된 문학적 고안—질문 중에 드러나는 오해—을 담고 있다. 결론적으로 나는 14장 31절d가 13장 31절에서 시작되는 한 단락을 마감하고 있고, 이 단락이 본래 하나의 독립된 연설을 이루고 있다고 생각한다."[9]

13장 31－38절과 14장 1－31절을 밀접히 관련시킨 세고비아의 이러한 입장은 설득력이 있다. 그러나 세고비아는 제일고별연설이 13장 31절에서 시작된다는 것을 주장하기 위해 자신이 제시한 것보다 더 적합한 다른 근거가 있음을 인지하지 못했다. 곧 그는 식사, 제자들의 발을 씻김, 옷을 걸치고 다시 앉음, 가룟 유다에게 한 조각을 찍어 건네줌 등, 최후 만찬에서 예수에 의해 주도되거나 행해진 실제적인 사건들의 진행이 13장 20절에서 일단락된다는 점을 파악하지 못했다. 실제로 13장 31절 이후로는 위에서 언급한 종류의 행위를 동반한 실제적인 사건들 없이 연설과 대화만이 14장 31절까지 계속 이어지기 때문에 제일고별연설은 13장 31절에서 시작될 뿐 아니라, 13장 31－38절도 14장에 깊이 관련되어 있다고 보는 것이 더 타당할 것이다.

---

7) R. Schnackenburg, *John*, Ⅲ, pp. 48－88.

8) G. R. Beasley-Murray, *John* (Waco, Texas : Word Books Publisher, 1987), pp. 245－248.

9) F. F. Segovia, "The Structure, Tendenz, and Sitz im Leben of John 13 : 31-14 : 31," *JBL* 104(3, 1985) : 476.

이 소론은 13장 31－38절과 14장 1－31절의 관계를 설정하는 데 있어서 네 가지 입장 중 마지막 넷째 것을 지지한다. 그러나 넷째 입장이라 해도 13장 31－38절을 14장 1－31절에 대한 서론으로 규정하는 입장에는 동의하지 않는다. 13장 33절부터 이미 본론이 시작되고 있기 때문이다.

제일고별연설의 세부 단락들을 가름하는 작업들은 학자마다 다양하게 전개되어 왔다. 불트만(R. Bultmann)은 13：36a－14：4；14：5－14；14：15－24；14：25－31로 구분한다. 특별히 14장 14절과 15절의 구분은 14절까지는 '*pisteuein*'이, 15절 이후에는 '*agapan*'이 중심 용어로 등장 한다는 것에 착안한 결과이다.[10] 그러나 이러한 구분은 신학사상 일변도적인 작업의 산물이라 할 수 있다. 더 나아가 그가 13장 31－35절을 독립시킨 것은 자료의 위치가 요한복음서 전체를 통해 광범위하게 변동되었다는 가설(소위 '위치 변동설')에 따른 것인데, 이것은 본문이 코덱스(codex)가 아닌 두루마리(scroll)로 되어 있을 경우에는 거의 불가능한 가설이다.[11]

브라운은 13：31－38; 14：1－14; 14：15－24; 14：25－31 등 네 단락으로 분류한다. 첫 단락은 '서론'으로, 둘째 단락은 '예수는 아버지에게 이르는 유일한 길'로, 셋째 단락은 '보혜사, 예수, 아버지…'로, 넷째 단락은 '떠나기 직전 예수의 숙고' 등으로 각

---

10) R. Bultmann, *The Gospel of John* (Philadelphia：The Westminster Press, 1971), pp. 603－612.

11) 코덱스의 경우라 해도 문장이 마침표로 끝나는 페이지들끼리만 바뀔 수 있다. 문장 중간에서 끝나는 페이지들의 경우에는 편집인이 다시 제위치를 쉽게 찾아놓을 수 있기 때문이다. 이미 브라운이 명확하게 지적해 놓은 것처럼, 불트만에 의해 상정된 그와 같은 방대한 양이 우연한 사고에 의해 마구 뒤바뀐 채 출간된 역사상의 다른 예가 아직 발견되지 않았다는 점 역시 불트만의 가설을 수용하기 어렵게 만든다. 위치 변동설에 대한 소개와 비판을 위해서는 R. E. Brown, *John*, Ⅰ, pp. xxvi ff. 를 보라.

각 소제목들을 달아 놓고 있다.[12] 그러나 이러한 단락 구분이나 소제목들은 각각 그 제목 아래서 다시 세분되는 작은 항목의 내용을 통제하지 못하는 경우가 있다. 가령 둘째 단락의 제목은 예수의 떠남과 돌아옴에 집중하는 항목인 14장 1-3절을 통제하기에는 충분하지 못하다. 더구나 그는 14장 5절이나 14장 22절을 단지 '전환 질문' 정도로 격하시켰다. 그러나 그러한 질문들은 결코 부수적으로 취급될 성질의 것이 아니다.

이러한 소단락 설정은 학자들에 따라 각기 달리 제시되고 있다.[13] 그러나 월(D. B. Woll)이 지적한 대로 호스킨스(E. C. Hoskyns)나 린다스(B. Lindars) 등을 비롯한 적지 않은 수의 학자들이 자신들의 '소단락 구분을 위한 근거 제시 없이'[14] 제일고별연설을 세분해 왔다. 여기서는 고별연설에 집중한 대표적인 세 학자들의 단락 구분 설정만을 더 점검하도록 하겠다. 먼저 베커(J. C. Becker)의 구분을 살펴보자. 베커는 제일고별연설을 서론(13 : 31-38)과 본론(14 : 1-26) 그리고 결론(14 : 27-31)으로 나눈다. 베커에 따르면, 첫째 권고 14장 1절과 둘째 권고 14장 27절이 서론과 본론을, 그리고 본론과 결론을 구분짓는 기준이 된다는 것이다.[15] 14장 2-3절에 담긴 떠남과 돌아옴이라는 두 주제들이 본론 전체와 결론 부분에 확산되어 있다는 것이다. 베커는 14장 2-3절이 요한 기자에게 전해져 내려온 교회의 전통적인 파루시아

---

12) R. E. Brown, *John*, Ⅱ, pp. 545f.

13) 각 학자들의 상이한 구분에 관한 간결한 요약을 위해서는, Segovia, "The Structure," 477을 참고하라.

14) D. B. Woll, *Johannine Christianity in Conflict : Authority, Rank, and Succession in the First Farewell Discourse*, SBL DS 60(Chico, California : Scholars Press, 1981), p. 12. 월은 그밖에도 이러한 학자들로, J. H. Bernard, L. Morris, Westcott 등을 제시하고 있다. *Ibid.*, 136f.

15) J. Becker, "Die Abschiedsreden," 220f.

기대를 담고 있는데, 요한 기자는 그 이후의 구절들을 통해 그 기대을 재해석하고 있다는 것이다.[16] 그러한 재해석의 기초는 14장 6절에 나오는 '나-말'('Ich-bin-Wort')인데, 이는 마치 11장 24절에서 마르다를 통해 제시된 교회의 신앙이 11장 25절에서 예수를 통해 제시된 부활에 의한 '나-말'에 의해 새롭게 해석되고 수정되는 것과 같다는 것이다.[17] 베커는 14장 1절과 27절의 두 권고를 단락 구분의 주요한 기준으로 설정했으나, 1절의 내용을 확대한 듯한 분위기를 보여주는 14장 11절의 권고를 이유없이 누락시키고 있다. 더 나아가 단락 구분의 기준이 된 고별연설의 목적에 대한 베커의 가설도 문제가 된다. 14장 2-3절에 담겨 있는 사상 자체가 요한에 의해 수정되어야 할 내용이라는 베커의 가설은 설득력이 없다. 요한은 오히려 거기에 담긴 사상을 자신의 입장으로 삼고 그것으로 사도계 멤버들의 사상을 수정해 나가고 있기 때문이다.

세고비아는 13 : 31-38 ; 14 : 1-27 ; 14 : 28-31로 나눈다. 그 중 중심부분은 14장 1-27절인데, 그것은 다시 1-3, 4-14, 15-27절 등 셋으로 세분된다는 것이다.[18] 세고비아에 따르면, 그중에서도 '예수의 떠남'이 주제라는 4-14절은 a) 첫 기독론적 진술(4, 7, 10절)과 b) 제자들의 신앙(5, 8, 11절) 그리고 a′) 기독론적 진술의 확장(6, 9, 12-14절) 등으로 이루어져 있는 반면,[19] '예수의 돌아옴'이 그 주제라는 15-27절은 a) 예수에 대한 사랑의 정의(15, 21a, 23ab, 24절)와 b) 예수를 사랑하는 자들에 대한 약속(16-17a, 21bc, 23cd, 25-26절) 그리고 c) 예수를 사랑하는 자와 세상의 구별(17b-d, 18-20, 22, 27a-c절) 등으로 구성되어 있다는 것이다.[20]

---

16) *Ibid.*, 223-228.
17) *Ibid.*, 222-224.
18) F. F. Segovia, "The Struture," 478.
19) *Ibid.*, 482f.

그러나 세고비아에 의해 '예수의 떠남'으로 설정된 4-14절 주제는 예수와 아버지의 하나됨을 보여주는 7-11절을 통제하기 어렵다.[21] 더 나아가 '예수의 돌아옴'으로 설정된 15-27절의 주제도 15-27절에 나타난 사랑이나 연합 등의 큰 주제들을 포괄하기에는 충분하지 않다. 서론의 경우에도 세고비아는 그 범위를 13장 31-38절로 설정하고 있다. 그러나 13장 33절부터 규칙적으로 나타나기 시작하는 개별 제자들의 이해 부족이 본론을 구성하고 있기 때문에 서론은 세고비아가 상정한 것보다 훨씬 더 축소되는 것이 더 적합할 것이다. 그러나 27절을 결론에 예속시킨 베커에 반대하면서 27절 자체를 그 연설의 중심부분에 포함시킨 세고비아의 주장[22]은 설득력이 있다. 이 논문 역시 27절을 중심 부분에 예속시킨다. 그러나 세고비아와는 다른 근거로 이 작업을 수행한다. 곧 27절을 중심부분으로 간주하는 이유는, 제자들의 권위를 격하시키는 25-26절의 비판적인 분위기가 그 구절에서도 계속되고 있기 때문이다.

한편 웥은 13 : 31-14 : 3 ; 14 : 4-11 ; 14 : 12-17 ; 14 : 18-24 ; 14 : 25-31 등 다섯 단락으로 나눈다. 웥의 이러한 구분은 자신이 가정한 제일고별연설의 목적에 따른 것이다. 웥에 따르면, 제일고별연설의 목적은 예수와 자신들 사이의 구별을 모호하게 만들고 있는 요한공동체내의 한 그룹의 카리스마적 활동가들을 공격하려는 데 있다는 것이다.[23] 따라서 요한은 예수의 우선권을

---

20) *Ibid.*, 484f.

21) 세고비아에 대한 이러한 비판은 비슬리-머레이에 의해 이미 명확하게 제시되었다. 비슬리-머레이의 *John*, p. 244 참조. 그러나 그가 세고비아의 구성을 '인위적'이라고 비판한 것은 적절한 것이 아니다. 그러한 형용은 그 자신의 구성(p. 245)을 포함하여 어떤 학자의 것에도 다 적용될 수 있는 공허한 것이기 때문이다.

22) F. F. Segovia, "The Structure," 478.

내세움으로써 위계질서를 확립하고(13 : 31−14 : 3), 예수의 권위를 다시 세우며(14 : 4−11), 예수에 대한 제자들의 예속적 위치를 강조하고 있다는 것이다(14 : 18−24 ; 14 : 25−26).[24] 이러한 가설은 독창적이고도 설득력이 있다.

그러나 제일고별연설이 예수와 요한공동체내의 카리스마적 그룹과의 '분리'를 뚜렷하게 설정하기 위해 예수의 떠남을 강조했다는 그의 주장은 제일고별연설 자체내의 다른 구절과 상치된다. 곧 "그날에는 내가 아버지 안에 너희가 내 안에 내가 너희 안에 있는 것을 너희가 알리라"(14 : 20)는 구절은 '분리'가 아니라 '연합'을 역설하고 있기 때문이다. 더 나아가 월의 소단락들의 제목은 각 단락의 특징을 요약하기에는 지나치게 포괄적이다. 가령 13장 4−11절은 '아들에게로의 권위의 집중'으로 되어 있는데, 이러한 제목은 그 단락에만 해당되는 것이 아니라 제일고별연설 전체에로 확장될 수 있기 때문이다.

월이 13장 38절과 14장 1절 사이에 그어져 온 경계선을 자신이 정한 주제에 따라 철폐하고 13장 31절−14장 3절까지를 한 단락으로 연결시킨 것은 다드, 슈나켄부르크, 브라운, 베커, 세고비아 등의 학자들이 설정한 구조와는 색다른 독특한 것[25]이긴 하나 설득력은 없다. 왜냐하면 제자도를 주제로 하고 있는 13장 33−38절은 14장과는 다른 면에서 사도계 멤버들을 반격하고 있기 때문이다. 더구나 결론부분이 14장 25절부터 시작된다는 월의 주

23) D. B. Woll, *Johannine Christianity*, pp. 12−31.

24) *Ibid.*, pp. 32−35.

25) 13 : 38과 14 : 1을 연결된 것으로 본 또 다른 예외적인 학자는 불트만이다. 그러나 그는 위치 변동설에 입각하여 13 : 31−35 다음에 15 : 1−16 : 33이 있었을 것으로 전제함으로써 13 : 31−35의 단락과 13 : 36−14 : 31의 단락을 연속선상에서 취급하지 못했다. 그의 *The Gospel of John*, pp. 523−528 및 595−631 참조.

장은 지지받기 어렵다. 제자들에 대한 비판적 분위기가 계속되는 25－27절은 본론의 마지막을 장식하는 것으로 이해하는 것이 보다 자연스럽기 때문이다.

이 소론은 제일고별연설을 서론(13 : 31－32)과 본론(13 : 33－14 : 27)과 결론(14 : 28－31)의 세 부분으로 나눈다. 베커나 세고비아나 월과는 달리 중심단락이 13장 33절에서 시작된다고 본 것은, 이것이 다른 구절들에 나타난 제자들에 대한 비판적인 분위기를 처음으로 드러내 주는 구절이기 때문이다. 본론인 13장 33절－14장 27절은 다시 네 단락으로 나누어진다. 13 : 33－38 ; 14 : 1－6 ; 14 : 7－11 ; 14 : 12－27 등이 그것이다. 이 본론의 네 단락은 각기 ABC의 세 요소들을 담고 있다.

A.	13 : 33－35	14 : 1－4	14 : 7	14 : 12－21
B.	13 : 36a, 37	14 : 5	14 : 8	14 : 22
C.	13 : 36b, 38	14 : 6	14 : 9－11	14 : 23－27

A는 제자들 전체를 대상으로 한 예수의 연설이고, B는 개별 제자들(베드로, 도마, 빌립, 가룟 출신 아닌 유다)의 오해나 무지에서 나온 질문 또는 선언을 담고 있고, C는 그것에 대한 예수의 거부 또는 수정을 제시한다. 네 단락 중 마지막 단락이 다른 단락들에 비해 상대적으로 긴 것은 그 단락이 제일고별연설이 강조하려는 핵심단락이기 때문이다. 그중에서도 12절은 정점을 차지하는 구절이 된다. 그 이유는 그 구절이 요한공동체의 자기 이해를 뚜렷이 드러내 보여줄 뿐 아니라, 사도계 크리스천 멤버들에 대한 비판의 절정을 이루고 있기 때문이다. 이 문제는 다음 장에서 다룰 것이다. A, B, C의 요소들은 그 연설 본론 부분의 네 단락에서 규칙적으로 반복되어 나타난다. 이러한 구조 설정은 문학적 관심 일변도에 따른 것이 아니라, 제일고별연설이 사도 계열

의 크리스천들에 대한 요한공동체의 반격을 반영해 주고 있다는 사회학적 관심을 부가한 데 따른 것이다.

Ⅲ. 13장 33－38절의 정황

제일고별연설의 서론(13：31－32)은 예수의 영광 및 예수로 인한 하나님의 영광과 역으로 하나님의 영광 및 하나님을 통한 예수의 영광을 묘사한다. 예수와 아버지의 밀접한 상호 관련성을 예시하고 있는 짧은 서론부분이 제일고별연설의 긴 본론부분 전체의 분위기를 주도한다.

제일고별연설의 중심부분(13：33－14：27)은 제자들에 대한 비판으로 시작된다. 그중에서도 첫 단락(13：33－38)에서 요한이 본 예수는 이전에 유대인들에게 했던 말을 이제는 제자들에게 해준다. "일찍 내가 유대인들에게 '내가 가는 곳에 너희는 올 수 없다'고 말한 것과 같이 지금 너희에게도 말한다"(13：32). 여기서 요한 기자는 유대인들과 제자들의 '분리'를 전제하고 과거 유대인들에 대한 비판을 이제는 사도 계열의 유대교적 크리스천들에게 적용시킨다. 이런 점에서 요한 기자가 제일고별연설에서 비판하는 대상은 제자들이 아니라, 유대인들이라는 세고비아의 주장은 본문상의 지원을 받기 어렵다. 세고비아는 자신의 주장을 이렇게 전개한다.

> "이 구별(제자들과 유대인들 사이의)은 우선 13장 31－38절의 서론적인 예속항목들 속에서 간접적으로 제시된다. 따라서 예수의 떠남 이후, 제자들의 상황은 유대인들의 상황과 궁극적으로는 매우 다른 것으로 묘사된다. 후자는 예수를 발견하지 못할 것이고

(7: 23－26), 결과적으로 그들의 죄 가운데서 죽게 될 것이지만 (8 : 21－24), 전자는… 베드로를 통해, 그들이 나중에 예수를 실제로 따르게 될 것으로 약속받게 된다."[26]

"이 연설에서 제자들에게 주어진 계속되는 약속들 전체가 명백하게, 그리고 반복적으로 '세상'에는 주어지지 않는다. … 세상이라는 범주는 13장 31－33절에 비추어 볼 때 유대인만을 뜻할 수 있다. 이러한 대조는 아마도 그 연설에서 제자들에게 어울리는 지칭인 '소자들'(13 : 33)에 의해 가장 훌륭하게 요약된다."[27]

물론 제일고별연설에서 제자들과 유대인들은 세고비아의 주장처럼 구별되고 있다. 그러나 그 구별의 목적은 세고비아의 주장과는 달리, 제자들은 변호하고 유대인들은 비판하기 위한 것이 아니다. 오히려 그 목적은 유대인들에 대한 비판적 분위기를 제자들에 적용시킴으로써, 제자들에 대한 요한 기자의 강도 높은 비판적 입장을 보여주기 위한 것이다. 이 점은 14장 6절을 다룰 때 보다 자세히 취급할 것이다.

한편 페인터(J. Painter)는 이 첫 단락을 포함한 제일고별연설 전체가 50년대보다 늦지 않은 시기에 나왔을 것으로 추정하고,[28] 요한 기자와 유대교 회당의 관계가 "어느 한쪽에 의해 깨졌을지도 모르는 심각한 상황에 대한 암시가 없다"[29]고 그 이유를 밝힌다. 페인터에 따르면 제일고별연설이 나온 시기에는 '독립된 요한 공동체'가 있었던 것이 아니라, 요한 기자와 그를 주축으로 구성

---

26) F. F. Segovia, "The Structure," 489.
27) F. F. Segovia, "'Peace I Leave with You ; My Peace I Give to You' : Discipleship in the Fourth Gospel," in *Discipleship in the Testament*, ed. F. F. Segovia(Philadelphia : Fortress Press, 1985), p. 88.
28) J. Painter, "The Farewell Discourses," 534.
29) *Ibid.*, 533.

된 작은 그룹인 '기독교적 유대인들' 곧 '요한 학파'가 있었을 뿐이라는 것이다.[30] 페인터는 이 연설의 이른 연대를 고수하는 데 걸림돌이 되는 것은 이 연설에 나타난 발전된 기독론이라는 것을 간파했다. 그러나 그는 발전된 기독론이 반드시 늦은 연대를 상정할 필요가 없다면서 바울 서신의 경우를 예로 제시한다. 이러한 페인터의 주장은 난관에 봉착하게 된다. 물론 페인터의 주장대로 발전된 기독론이 늦은 연대를 필연적으로 동반하는 것은 아니다. 그러나 요한복음서를 바울 서신과 동일선상에 놓고 취급한다면 높은 위험 부담률을 갖게 될 것이다. 요한과 바울이 유사한 사상을 공유하고 있다 해도 그 사상의 기원과 시기는 각기 다르다. 요한복음서의 경우, 발전된 기독론은 오히려 유대교 회당으로부터 요한공동체가 축출된 '이후'의 상황과 더 잘 어울린다. 왜냐하면 요한 그룹이 회당으로부터 축출된 이유는 발전된 기독론에 있었던 것이 아니라, "예수를 그리스도로 시인"(9 : 22)하는 정도의 초기 단계의 기독론에 있었기 때문이다. 더구나 페인터는 제자들과 유대인들의 엄격한 '분리'를 전제하는 13장 33절과 같은 구절은 취급하지 않았다.

예수가 가는 곳에 유대인들이 갈 수 없었던 것처럼, 제자들도 갈 수 없었다는 것이다. 제자들에 대한 이러한 비판의 분위기는 베드로의 질문에 대한 예수의 답변에 의해 보다 극명하게 드러난다. "주여, 어디로 가십니까?" 하고 묻는 베드로의 질문에 요한이 본 예수는 이렇게 답변한다. "나의 가는 곳에 네가 지금은 따라올 수 없으나 나중에는 따라올 것이다"(13 : 36). 여기서 "지금"(*nun*)과 "나중"(*hysteron*)이 대조된다. 이러한 대조는 이미 13장 7절에서도 소개되었다. "네가 이제는 알지 못하나 이후에는 알리라." 물론 여기서는 13장 36절과는 다른 단어들이 사용되었으나,

30) *Ibid.*, 534.

'대조'의 분위기는 36절과 같다. 이어서 베드로의 질문이 계속된다. "내가 지금은 어찌하여 따를 수 없습니까?"(13 : 37).

"지금"과 "나중"은 각각 무엇에 대한 지칭인가? 이러한 대조를 통해 요한 기자는 무엇을 강조하려는 것인가? 이러한 문제에 대한 바레트의 해답은 전형적인 부류의 해석에 속한다.

> "베드로는, 요한에게 있어서 하나의 영적 구분이기도 한 종말론적 구분 곧 "지금"과 "나중"의 구분에 머무르려 하지 않는다. … 예수를 따르는 일은 … 성령에 의해 보장된 미래에만 일어날 수 있다. 베드로의 의도는 훌륭하나 그는 죄와 무지와 불신의 세계에 머물고 있다."[31]

여기서 베드로가 '죄와 무지와 불신의 세계'에 머물고 있는 것으로 묘사된다는 바레트의 진단은 적절하다. 그러나 바레트가 "지금"과 "나중"을 영적인 구분으로 이해한 것은 설득력이 없다. 여기서 "나중"은 요한에게 현재, 곧 요한의 시대를 뜻하고 "지금"은 요한의 시대에서 보면 과거를 뜻하므로, "지금"과 "나중"의 구별은 영적인 구분이 아니라, 시간적이고 역사적인 구분이 되기 때문이다.

그렇다면 이러한 구분을 통해 요한 기자가 의도한 것은 무엇인가? 월은 그 의도를 이렇게 설명한다.

> "무엇보다도 하늘에 오르는 순서 또는 질서에 하나의 구분이 있다. 예수가 먼저 간다. 제자들은 '나중'이 되기 이전에는 따라갈 수 없다"(13 : 36).[32]

---

31) C. K. Barrett, *John*, p. 453.
32) D. B. Woll, *Johannine Christianity*, p. 375.

"예수의 오름과 제자들의 이어지는 오름 사이의 시간적 간격은 제자들과 예수의 천상의 상태 혹은 서열의 차이, 곧 원래적인 것과 그것으로부터 도출된 것 사이의 차이를 드러내 보여준다."[33]

그러나 이러한 윌의 주장은 충분히 납득할 만한 수준의 것이 아니다. 이 구절은 떠남의 순서에서 예수의 우선권을 강조하려는 것이 아니라, 베드로를 위시한 사도들의 입장을 계승하고 있는 사도 계열의 크리스천들의 현재 활동에 대한 요한공동체의 비판적 시각을 부각시키려는 것이기 때문이다. 베드로는 "지금"은 따라올 수 없으나 "나중"에는 따라올 것으로 예수에 의해 예견된다. 곧 요한공동체의 시대("나중"으로 표현된)에 예수를 잘 따르고 있다고 자처하고 있는 사도계 크리스천들의 활동의 근거를 그때("지금"으로 표현된)와 연결시킴으로써, 현재의 그들을 평가절하시킨다. 현재 이들의 권위는 과거 사도들과의 연결에 의존되어 있는데, 그 과거가 문제라는 것을 부각시킨다. 그 과거에 베드로는 예수에 의해 예수를 "따라올 수 없는" 자로 규정될 정도였다는 것이다. 그 과거에 베드로는 "주를 위하여 내 목숨을 버리겠습니다"(13 : 37) 하는 과감한 결의를 보여주었으나, 오히려 닭이 울기 전에 세 번이나 예수를 부인할 것으로 예수에 의해 예고된다(13 : 38). 물론 이 예고는 18장에서 실현된다(18 : 17 ; 18 : 25-27). 베드로가 예수를 따르지 못할 것으로 예견하는 이 단락은 예수를 찾아도 만나지 못하고 예수가 있는 곳에 오지도 못할 것으로 규정된 유대인들(7 : 34 ; 13 : 33)을 상기시켜 준다. 유대인들에 대한 요한 기자의 강도 높은 비판의 분위기를 고려한다면 이러한 병행은 베드로에 대한 요한 기자의 부정적인 입장의 한 단면을 간접적으로 노출시킨 예로 볼 수 있다. 베드로는 예수의 떠

33) *Ibid.*, p. 41.

남이 담고 있는 뜻, 곧 영광의 영역으로 들어감을 이해하지 못한다. 이것은 유대인들이 예수의 영광을 이해하지도 못하고 인정하지도 못하는 것과 비교된다.

Ⅳ. 14장 1－6절의 정황

베드로에 대한 대답을 마친 후 예수는 제자들 전체를 대상으로 ("너희는") 연설을 계속한다. "너희는 마음에 근심하지 말라." 이 권고는 영광의 영역에로의 예수의 떠남을 깨닫지 못하고 근심하고 있는 제자들을 상정하고 있다. 이 권고에 이어 "하나님을 믿으니(*pisteuete*) 또 나를 믿으라(*pisteuete*)"는 연설이 나온다. 문법상으로는, 똑같은 이 두 동사를 둘 다 명령형으로, 또는 둘 다 직설법으로 이해하거나, 둘 중 하나를 명령형으로 다른 하나를 직설법으로 이해해도 모두 가능하다.[34] 그러나 이 경우, "너희는 하나님을 믿는다. 그렇다면 또한 나를 믿으라" 또는 불트만이 구성한 "너희가 하나님을 믿느냐? 그렇다면 또한 나를 믿으라"[35]가 가장 적절한 선택이 될 것이다. 불트만에 따르면, 그 뜻은 "너희는 오직 나를 통해서만 하나님을 믿을 수 있기 때문이다"가 된다는 것이다. 곧 '하나님에 대한 믿음은 예수에 대한 믿음을 위한 인식론적 근거'일 뿐만 아니라, '예수에 대한 믿음을 포기하는 것'은 하나님에 대한 믿음을 포기하는 것[36]으로 제시되고 있기 때문이라는 것이다. 이러한 불트만의 선택은 설득력이 있다. 그러

34) C. K. Barrett, *John*, p. 456.
35) R. Bultmann, *John*, pp. 599f.
36) *Ibid.*, p. 600.

나 불트만은 이 구절에 반영된 요한공동체의 정황을 파악하는 일에 자신의 관심을 돌리지 못함으로써, 이 구절의 의의를 신학사상 일변도로 제한시켰다. 요한공동체는 이 구절을 통해 예수에 대한 믿음과 하나님에 대한 믿음을 구분한 유대교적 성향으로 채색된 사도계 공동체의 크리스천 멤버들을 비판한다. 요한공동체는 하나님을 믿는 것과 예수를 믿는 것은 같은 것임을 강조한다.

14장 2절 이하는 몇 가지 해석상의 문제를 야기시킨다. 우선 "내 아버지 집에는 거할 곳(*monai*)이 많다"는 말 다음에 나오는 "그렇지 않으면(*ei de mē*) 너희에게 말했을 것이다"라는 문장과, 그 문장에 이어지는 접속사 '*hoti*' 이하의 문장과의 관계 설정이 문제이다. 접속사 '*hoti*' 때문에 두 문장을 연관시키면 뜻이 잘 통하지 않는다. 왜냐하면 이 경우에, 처소를 예비하러 가는 예수의 행위는 일종의 가상이 되기 때문이다. 그러나 처소 예비를 위한 예수의 그 행위를 가상이 아니라, 실제적인 것으로 이해하는 것이 제일고별연설의 전체적인 분위기와 더 잘 어울린다. 따라서 두 문장을 독립적으로 보고, 2절 b를 일종의 삽입구로 취급하는 것이 더 적절하다.

바레트도 두 문장(2b, 2c)을 각각 독립적으로 보고 2절 b를 삽입구로 취급한다. 그런데 그는 '*hoti*'를 포함하여 '*hoti*' 이하의 문장(2c)을 2절 a에 연결시켜 문장의 자연스러움을 꾀한다.[37] 브라운은 아예 '*hoti*'를 생략한 채 번역할 것을 제안하면서 "그렇지 않으면 너희에게 말(통고)했을 것이다"를 독립문장으로 취급한다.[38] 바레트처럼 2절 a를 '*hoti*'와 연관시킨다 해도 '*hoti*'를 '왜냐하면'으로 이해하는 한 여전히 연결이 매끄럽지 못하다. 오히려

37) C. K. Barrett, *John*, p. 457.
38) R. E. Brown, *John*, Ⅱ, pp. 619f.

브라운처럼 '*hoti*'를 생략하는 것이 더 설득력이 있다. 더구나 이 경우에는 이른 연대의 사본으로 추정되는 P^{66}에도 그것이 생략되어 있기 때문에 사본상의 지원도 받을 수 있다. 한편 슈나켄부르크는 '*hoti*' 다음에 원래는 '*hypagō*'(13 : 33, 36)가 사용되었을 것으로 추정한 후, 그 단어가 그 단어 다음에 나오는 비슷한 또 다른 단어인 '*poreuomai*' 때문에 초기 단계에 생략되었을 것으로 가정한다.[39] 이럴 경우, 그 뜻은 "그렇지 않으면(내가 간다고) 너희에게 말했을 것인가?"가 된다. 결국 괄호 안의 것이 생략된 셈이 된다는 것이다. 이러한 재구성은 상상이 증거를 압도한 종류의 것이라 할 수 있다. 그러나 슈나켄부르크의 가정도 2절 b를 독립된 삽입구로 보았다는 점에서는 바레트나 브라운의 입장과 같은 범주에 속한다. 이 소론은 2절 b를 독립적인 것으로 간주한다. 그러나 그렇게 간주한 학자들 중, 브라운의 가설을 가장 가능성이 높은 것으로 지지한다. 그 이유는 사본상의 지원과 더불어 2절 a, b, c가 각기 손상되지 않고 처리될 수 있기 때문이다. 더 나아가 '*hoti*'가 남아 있는 한 바레트의 것이나 슈나켄부르크의 것은 물론 다른 그 어떤 시도라 해도, 그 연결은 자연스럽지 못하기 때문이다. 뿐만 아니라, '*hoti*'가 낭독용으로 사용되는 경우가 있는데, 이럴 때는 그것이 생략될 수 있다는 메츠거(B. M. Metzger)의 연구[40]도 14장 2절이 원래 '*hoti*'를 담고 있지 않았으리라는 가정의 개연성을 높여 준다.

그렇다면 아버지의 "집"(*oikia*)에 "거할 곳"(*monai*)이 많다는 것은 무슨 뜻인가? "집"은 비슬리-머레이가 주장하는 것처럼, 천상의 초월적인 하나님의 거주지[41]인가? 요한복음서의 다른 곳에서

39) R. Schnackenburg, *John*, Ⅲ, p. 59.

40) B. M. Metzger, *A Textual Commentary on the Greek New Testament* (London, New York : United Bible Societies, 1975), p. 243.

41) G. R. Beasley－ Murray, *John*, p. 249.

"집"은 어떤 의미로 사용되고 있는가? "온집이 다 믿었다"(4 : 53)고 할 때 "집"은 장소가 아니라 가정을 뜻한다. "종은 영원히 그 집에 거하지 못하되 아들은 영원히 거한다"(8 : 35)고 할 때, "그 집" 역시 장소가 아니라 가정을 뜻한다. 14장 2절에서도 아버지의 "집"은 하늘에 있는 아버지의 건물이 아니라 아버지의 가정 혹은 가족을 뜻한다.[42)]

"집"의 의미에 따라 "거할 곳"의 의미가 결정된다. 곧 "거할 곳"은 3절의 "처소"(*topos*)와 동의어로 사용된다. 그것은 아버지의 영광의 영역을 뜻한다. 예수는 자신의 죽음과 더불어 그 영역에 들어갈 뿐 아니라, 그후 다시 제자들에게 와서 그들을 자신이 준비한 그 영역에 들어가게 하리라고 약속한다. 이런 의미에서 바레트가 "거할 곳"은 거하는 장소가 아니라, 거하는 행위나 상태라고 지적한 것은 정곡을 찌르는 것이라 할 수 있다.[43)] 만일 "거할 곳"이 이런 뜻이 아니고 하늘에 있는 장소를 뜻한다면, "나 있는 곳에 너희도 있게 하리라"는 약속은 예수가 제자들에게 그들이 죽은 후에 하늘로 데려가겠다는 말로 이해해야 한다. 그러나 여기에는 제자들의 죽음에 관한 어떠한 암시도 없다.

한편 군드리(R. H. Gundry)는 "거할 곳"을 이렇게 해석하고 있다.

> "우리는 우선 '거할 곳들'을 천상 도시의 건축가들에 의해 우리를 위해 건축되고 있는 하늘에 있는 방들로 간주하지 않을 것이다. 왜냐하면 다락방 연설을 통해 중심 모티프인 '거함'은 현재적인 영적 경험으로 드러나기 때문이다."[44)]

---

42) R. H. Gundry, "In my Father's House are Many Mona(John 14²)," *ZNW* 58(1967) : 68−72, 특히 70 이하 참조.
43) C. K. Barrett, *John*, p. 457.
44) R. H. Gundry, "In My Father's House," 70.

이러한 지적은 "우선"이라는 제한만 없다면 대단히 적절한 것이라 하겠다. 그러나 군드리는 이러한 자신의 지적을 "우선"으로 제약시킨 후에, 실제로 "거할 곳"은 천상의 집을 지시하기도 한다고 봄으로써 "거할 곳"의 이중적 의미를 강조한다.[45] 그 단어가 실제적인 천상의 장소를 지칭하는 것으로도 사용될 수 있다는 자신의 주장을 뒷받침하기 위해 군드리가 제시한 예들은 에녹 I서 39장 4절 이하와 45장 3절, 에녹 II서의 61장 2절a, 그리고 요한 7장 34, 36절, 17장 24절 등이다. 그러나 바로 이 점에서 군드리는 기본적인 가정의 오류를 범했다. 에녹서의 경우가 실제적인 천상의 장소를 지시한다 해서 요한도 바로 그 뜻을 지시한다고 가정하는 것은 일종의 병행광적 부당전제의 오류라 할 수 있기 때문이다. 더 나아가 그가 제시한 요한복음 7장과 17장의 구절들도 그 뜻이 결정적으로 장소적인 것은 아니다. 오히려 그것 역시 비장소적으로 이해되는 것이 타당하다. 왜냐하면, 가령 7장 34절이나 36절에서 예수가 대제사장과 바리새인들의 하속들에게 "너희는 내가 있는 곳에 올 수 없다"고 한 말 역시 군드리의 희망과는 달리 장소를 지시하는 뜻이 아니라 '너희는 나의 영광의 영역에 들어올 수 없다'는 것을 암시하기 때문이다.

요한복음서의 예수가 연설하는 이러한 내용은, 아직도 이런 식으로 이해하지 못하고 있는 사도 계열의 유대교적 크리스천들의 '다른' 생각을 반박하기 위한 것이다. 곧 '예수'의 매개 없이 하나님에게 직접 향할 수 있다는 그들의 생각, 말을 바꾸면, '예수' 없이도 영광의 영역에 들어갈 수 있다는 생각을 거부하기 위한 것이다. 더 나아가 제자들의 처소는 오직 예수에 의해서만 마련되고, 제자들을 영광의 영역에 들어가게 하는 일도 오직 예수의 주도권에 의해서만 이루어짐을 강조하기 위한 것이다.

---

45) *Ibid.*, 71f.

예수 없이 하나님에게로 직접 향할 수 있다고 주장하는 이러한 사도계 크리스천들의 유대교적 성향은 도마의 질문과 예수의 대답에 의해 보다 뚜렷이 부각된다. 도마의 질문(14장 5절) 이전에 예수는 "내가 가는 곳에 그 길을 너희가 안다"[46](4절)고 선언한다. 우선 이것은 무슨 뜻인가? 다드는 그 뜻을 "너희는 그 길을 안다. 그러나 너희는 그것이 인도하는 곳이 어디인지 알지 못한다"로 해석한다. 이 경우 5절에 나오는 도마의 대답은 "우리가 그 목적지를 알지 못하는데 그 길을 어떻게 알 수 있습니까?"라는 뜻이 된다는 것이다.[47] 그러나 다드의 이러한 해석은 본문을 지나치게 벗어난 것이다. '너희가 안다'(*oidate*)는 현재동사는 긍정적으로 오직 한 번 사용되었기 때문이다.[48] 차라리 "내가 어디로 가는지 너희가 알고, 또 그 길을 너희가 안다"는 식으로 "안다"를 두 번 사용하여 본문을 재구성하는 것은 설득력이 없으나, 사본상의 뒷받침은 받을 수 있다.[49] 그러나 본래 한 번은 긍정적으로, 또 다른 한 번은 부정적으로 사용된 것 중 후자가 생략되었으리라는 추정은 있음직하지 않다. 한편 월은 4-5절이 예시하는 '방향'은 적절하게 포착했으나, 그 구절들이 담고 있는 난제는 취급하지 않았다. 곧 월은 왜 "너희가 안다"(4절)고 예수가 말했음에도 불구하고 5절에서 도마가 곧바로 "우리가 알지 못한다"고 이야기했는가 하는 난제를 자신의 논의에서 탈락시켰다.

---

46) 한글개역 성경이 미래형 '알리라'로 번역한 것은 부드러운 문맥을 위한 변형에 불과하다. 이 경우, 현재형으로 처리한 새번역이 더 적절하다.

47) C. H. Dodd, ***Interpretation***, p. 412.

48) P^{66c}, S, B, C* 등이 그러하다.

49) P^{66}, A, D, Θ 등이 그러하다. 그러나 브라운은 이렇게 될 경우, 희랍어 구성 자체는 매끄러우나, 바로 그 이유로 그것은 서기관에 의한 개작으로 볼 수 있다고 한다. R. E. Brown, *John*, Ⅱ, p. 620.

그렇다면 '안다'는 선언이 왜 곧바로 '알지 못한다'는 응답으로 이어졌는가? 4절의 그 뜻은 "너희는 나를 알고 있다"는 것이다. 너희는 내가 아버지에게 이르는 길이라는 것을 나(=길)를 알고 있기 때문에 당연히 알아야 한다는 것이다. 그러나 제자들은 예수는 알고 있으나, 그가 아버지에 이르는 유일한 길임을 모르고 있다는 것이다. 곧 예수는 자신과 그 길이 동격임을 전제하고 4절에서 "너희는 나(=길)를 안다"고 선언한 반면, 도마는 예수와 그 길이 동격임을 모르고 있었기 때문에 그 길을 모르겠다고 말한 것이다. 따라서 5절은 이러한 내용을 모르고 있는 제자들("우리")에 대한 비판의 기능을 수행한다. 슈나켄부르크가 비록 이러한 것과는 다른 방향이기는 하지만 4절을 제자들에 대한 일종의 경고로 본 것은 적절한 해석이라 하겠다.[50)]

예수는 6절 상반부에서 "내가 곧 길이요 진리요 생명"이라고 대답한다. 예수에 대한 믿음 속에서 믿는 자들은 아버지에게로 연결되는 "길"과 아버지를 드러내는 "진리"와 아버지와 연합되는 "생명"을 얻게 된다. 구약 시편 119편 30절이나 쿰란 문서 중 공동체의 규칙(1QS) 8장 12-16절에 나오는 "길"은 율법에 대한 엄격한 준수를 뜻하는 것으로 제시된다. 그러나 요한복음서에서는 이미 브라운이 명료하게 지적한 것처럼, 길의 도덕적이고 규범적인 측면은 강조되어 있지 않다.[51)] 예수가 길인 이유는 그가 아버지의 유일한 계시이기 때문이다. 예수가 길인 이유는 그가 곧 진리라는 의미에서 그러하고 그가 곧 생명이라는 의미에서 그러하다.[52)]

그러나 이러한 신학사상의 사회적 기원은 무엇인가? 그 기원은 예수가 길임을 모르고 있는 사도계 유대교적 크리스천들의 견해

---

50) R. Schnackenburg, *John*, Ⅱ, p. 64.
51) R. E. Browm, *John*, Ⅱ, pp. 628-670.
52) *Ibid.*, p. 630.

에 대한 공격에서 찾을 수 있다. 이들은 예수를 그리스도로 보았으나, 이러한 초보단계의 기독론에 머문 채, 더 발전된 요한공동체의 기독론을 거부했다. 이러한 사정은 그 다음 선언인 "나로 말미암지 않고는 아버지께로 올 자가 없다"는 6절 하반부에서 보다 분명해진다. 이 선언은 무슨 뜻인가? 물론 그것은 아버지에 이르기 위한 예수의 독점적인 역할을 강조하려는 것이다. 그러나 그 선언의 공격 대상은 누구로 설정되고 있는가?

쿨만(O. Cullmann)은 그 공격 대상이 세례 요한의 제자들이었다고 주장한다.[53] 그러나 그것이 세례 요한의 제자들일 가능성은 희박하다. 적어도 제일고별연설에서는 세례 요한의 제자들이 아니라, 예수의 제자들이 내세우고 있는 특정한 견해들이 체계적으로 거부되고 있기 때문이다. 그렇다면 그 공격 대상은 세고비아가 주장하듯이 유대인들인가? 물론 유대인들은 요한복음서에서 요한 기자의 주요 공격 대상 중 하나이다. 특히 8장이나 9장의 경우에는 비판이 유대인들에게 집중된다. 그러나 요한 기자의 공격 대상은 요한복음서 전체를 통해 일관성 있게 하나로 고정되어 있지 않다. 세고비아는 이렇게 주장한다.

> "13장 31절–14장 31절의 제일고별연설을 위해 가정된 '생의 정황'은 대체로 현대 요한 연구에 의해 요한복음서에 일반적으로 귀착된 것과 실제로 대단히 유사하다. 곧 하나의 크리스천 공동체와 그 공동체의 현재 멤버들 대부분이 예수에 대한 그들의 믿음 때문에 강제로 분리되어 나온 그들의 모체 회당(들)간의 오래 지속된 심각한 대결이 그것이다."[54]

---

53) O. Cullmann, *The Johannine Circle* (Philadelphia : Westminster Press, 1976), p. 60.

54) F. F. Segovia, "The Structure," 490.

여기서 세고비아는 요한복음서의 '일반적' 정황과 제일고별연설의 정황을 동일수준으로 이해하고 있다. 물론 제일고별연설은 회당으로부터 분리되어 나온 이후의 시기를 반영해 준다. 여기에 나타난 발전된 기록론은 회당과의 분리 이전 시기에는 어울리지 않기 때문이다. 이런 점에서 페인터의 '분리 이전 시기설'보다는 세고비아의 '분리 이후 시기설'이 더 설득력이 있다. 그러나 유대인들과의 갈등이라는 일반적인 정황과 제일고별연설의 지배적인 정황은 다르다. 물론 제일고별연설에도 유대인들에 대한 비판의 분위기가 노출된다. 그러나 그것이 그 연설의 상황을 지배하고 있지는 않다. 다른 곳에서 유대인들에 대한 예수의 비판으로 되어 있었던 바로 그것이 이 연설에서는 제자들에 대한 예수의 비판으로 전환되었기 때문이다. 더 나아가 세고비아는 요한복음서의 최후 편집인이 요한공동체가 처한 새로운 정황에 따라 제일고별연설의 원래 형태를 수정하고, 그 속에 다른 부분들을 삽입함으로써 제자들에 대한 약속이 올바른 행동과 믿음을 제시하기 위한 것이 되도록 만들었다고 주장한다.[55] 세고비아에 따르면, 최후의 편집인은 세고비아에 의해 가정된 요한공동체내의 '일탈' 그룹의 입장을 반대했다는 것이다. 그러나 이러한 주장은 이내 어려움에 부딪치게 된다. 왜냐하면 적어도 예수의 제자 중 일부를 유대인들의 입장과 일치시켜야 하기 때문이다. 곧 세고비아는 제자들과 유대인들이 제일고별연설에서 구별되고 있다는 자신의 기본전제가 최후 편집인의 작업 이전까지에만 해당된다고 주장하는 셈이 된다. 물론 세고비아는 이 난제를 이렇게 피하려 한다.

"결론적으로 그 편집인에게 있어서 제자들은 더 이상 똑같지 않았다. 실제로 몇몇은 '세상'에 합류했었다"(요일 4 : 1, 5).[56]

---

55) *Ibid.*, 492−493.
56) *Ibid.*, 493.

이러한 세고비아의 주장은 요한복음서에 소개되고 있는 제일고별연설의 정황을 이번에는 요한일서의 정황과 일치시키고 있다는 점 때문에 설득력을 잃는다. 요한복음서와 요한일서는 동일선상에서 다룰 수 없다. 왜냐하면 요한일서는 제일고별연설의 정황과는 달리, 요한공동체의 후기, 곧 내분기(요일 2 : 19)를 반영해 주고 있으나, 요한복음서는 '내분'의 모습을 어느 곳에서도 반영하지 않기 때문이다. 뿐만 아니라 세고비아는 제자들의 '몇몇'이 세상에 합류했다고 하나, 제일고별연설에서 문제가 되는 것은 제자들의 '몇몇'이 아니라, 제자들 전체이기 때문이다.

한편 월은 6절 b는 예수가 계승자들에 의해 대치된다고 생각하는 카리스마적 크리스천들의 견해를 반박하고 있다고 주장한다.[57] 월에 따르면, 요한 기자는 그 계승자들을 예수와 동격으로 간주하는 카리스마적 견해를 거부하고, 오히려 그 계승자들이 예수에게 예속되어 있다는 것을 분명히 강조하고 있다는 것이다.[58] 그러나 이러한 주장은 유지되기 어렵다. 여기서 논박되고 있는 것은 예수의 역할을 대신하려는 카리스마적 계승자들의 지위가 아니라, 예수의 매개 없이도 여전히 아버지에게 직접 접근할 수 있다는 사도 계열의 유대교적 크리스천들의 전통적인 신관이기 때문이다. 더구나 그 다음 단락(4 : 7−11)도 월은 계승자의 권위를 높이려는 카리스마적 견해를 비판하기 위한 것이라고 설정했으나, 그것들 역시 월의 해석과는 달리 예수를 제외시킨 전통적인 신관을 비판하기 위한 것으로 설정하는 것이 더 자연스럽다.

---

57) D. B Woll, *Johannine Christianity*, p. 49, 66.

58) *Ibid.*, pp. 66f.

V. 14장 7-11절의 정황

도마에 대한 예수의 비판은 7절에서 제자들 전체("너희")에게로 확대된다. "이제부터는 너희가 그를 알고 또 보았다"(7절 b). 세고비아는 바로 이 7절 b의 선언에 의해 제자들의 실수가 '약화' 되고 있다고 주장한다.[59] 그러나 이 구절은 오히려 그 다음 8절 이하가 보여주듯이 실수의 약화가 아니라 강화로 볼 수 있다. 곧 8절 이하로 7절 b를 해석한다면 그 뜻은 "너희가 나를 그와 동일시한다면 이제부터는 너희가 그를 아는 셈이고 또 본 셈이다"가 된다. 그러나 너희가 나를 그와 동일시하지 않았기 때문에 역설적으로 너희는 그를 알지도 못하고 보지도 못했다는 것이다. 이것이 7절 a의 뜻이다. "너희가 나를 알았다면 내 아버지도 알았으리로다."

예수의 연설에 대해 아버지를 보여달라는 빌립의 반응은 빌립이 예수와 아버지를 동일시하는 발전된 기독론을 견지하지 못했음을 보여준다. 여기서 빌립은 요한이 본 예수에 의해 혹독히 비판받는다. 빌립은 오랫동안 예수와 함께 있었음에도 불구하고 예수를 알지 못한다고 비판받는다. 그러나 이러한 비판은 빌립에게 국한되지 않고 제자들 전체를 향한 것으로 구성된다. 예수는 빌립만이 아니라 제자들 전체("너희와 함께")와 오랫동안 함께 있었기 때문이다. 왜 그들이 예수와 오랫동안 함께 있었다는 것이 새삼 강조되었을까? 사도 계열의 크리스천들이 현재 누리고 있는 권위의 근거는 과거 사도들이 오랜 기간 예수와 사귀었다는 데 있었다. 요한 기자는 여기서 바로 그 '근거'를 문제삼고 있다. 그러한 오랜 사귐의 기간에도 불구하고 사도들은 예수를 제대로 인

59) F. F. Segovia, "The Structure," 483f.

식하지 못했다는 것이다. 곧 요한 기자는 사도 계열의 크리스천들의 권위의 근거를 약화시키고 있다. 여기서 예수와 아버지의 동등성(9절 b)과 예수와 아버지의 상호 거주(10절 a)를 믿지 않는 태도가 거부된다.

예수의 연설 대상은 10절 b로부터 다시 제자들 전체에게로 확대된다. 예수의 말들은 예수의 '일들'로 이해된다.[60] 여기서 예수는 자신과 아버지의 상호 거주를 믿도록 요구한다(10절 a). 그렇지 않으면 일들 자체를 보고 자신을 믿으라고 예수는 거듭 요구한다(11절 b). 이러한 요구를 통해 요한이 본 예수는 '일들'을 보고도 자신이 하나님과 동등함을 믿지 못하는 사도 계열의 유대교적 기독교인들의 입장을 비판한다. 이것이 그들의 신관 속에서 점점 그 의의가 퇴색되어 가고 있는 예수의 '이름'이 반복되어 강조되는 이유이다(14 : 13, 14, 26).

Ⅵ. 14장 12-27절의 정황

12절은 해석상의 난제를 담고 있다. "내가 진실로 진실로 너희에게 이르노니, 나를 믿는 자는 나의 하는 일들을 저도 할 것이요, 또한 이보다 더 큰 것(일들)도 하리니, 이는 내가 아버지께로 가기 때문이다." 여기서는 세 가지 문제가 제기된다. 첫째, 예수가 하는 일들보다 더 큰 일들이란 무엇인가? 둘째, 그것을 수행할 사람들, 곧 "나를 믿는 자"는 누구인가? 셋째, 이 구절은 무엇

60) 요한복음서에서 사용되는 예수의 '표적들'과 '일들'에 관한 개념 분석을 위해서는 R. E. Brown, *John*, Ⅰ, pp. 525-532를 참조하라.

을 강조하기 위해 소개되고 있는가?

먼저 첫째 문제를 살펴보자. 예수가 하는 일들보다 "더 큰 일들"이란 무엇인가? 바레트는 그것을 이렇게 설명한다.

> "더 큰 일들이란 제자들의 활동(17 : 20 ; 20 : 29)을 통해 교회 안으로 많은 개종자들을 모으는 것이다."[61]

그러나 바레트가 이러한 주장을 위해 논거로 사용한 17장 20절과 20장 29절은 그의 주장을 뒷받침하기에는 적절하지 않다. 왜냐하면 17장 20절은 새로 예수를 믿게 될 사람들이 아니라, 이미 "믿는 사람들"을 지칭하고 있기 때문이고, 20장 29절 역시 강조점이 믿지 않는 자들에 대한 '선교'에 있지 않고, 보았기 때문에 믿는 자와 보지 못하고도 믿는 자를 대조시키는 데 있기 때문이다. 슈나켄부르크도 '더 큰 일들'을 제자들의 선교적 성공으로 추정하면서도 그 성공의 외적 측면보다는 내적 측면을 강조한다.[62] 그러나 이러한 접근은 근본적으로 바레트의 것과 같다 하겠다. 한편 브라운은 그것을 이렇게 설명한다.

> "예수가 영광스럽게 된 후에(17 : 1, 5), 아버지는 그의 아들의 이름으로 아들의 영광을 나타낼 수 있는 일들을 수행할 것이다. 심판하는 일과 생명을 주는 일에 관계된 문맥인 5장 20절(1장 50절도 참조)에도 보다 더 큰 일들에 대한 또 다른 언급이 있다. 아마 이러한 두 가지 일들과 연관된 내용이 지금 제자들이 약속받고 있는 것에 포함되어 있을 것이다."[63]

---

61) C. K. Barrett, *John*, p. 460.
62) R. Schnackenburg, *John*, Ⅲ, p. 715.
63) R. E. Brown, *John*, Ⅱ, p. 633.

여기서 브라운은 "더 큰 일들"의 내용 자체는 해명하지 않고 있다. 다만 그것은 이미 5장 20절에 예시된 것과 유사하리라는 예견만을 제시한다. 그러나 이러한 설명에서 문제가 되는 것은 심판하는 일과 생명을 주는 일은 이미 5장 21-22절이 예시해 주는 것과 같이 예수가 이미 수행한 일들이라는 데 있다. 예수가 세상에 온 목적은 심판하기 위한 것임이 천명되었고(9 : 39), 예수는 죽은 나사로를 살린 것으로 보도되고 있다(11 : 1-44). 믿는 자들이 그런 일들을 수행한다면 그것은 "이것들보다 더 큰 일들"이 아니라 이것들과 비슷한 일들에 불과하다. 그러나 믿는 자들에게 약속된 것은 "이것들보다 더 큰 일들"이다.

"이것들보다 더 큰 일들"에서 "이것들"과 "더 큰 일들"을 바레트나 슈나켄부르크나 브라운의 가정처럼 동일한 종류의 것으로 설정해야 할 필요는 없다. 오히려 "이것들보다 더 큰 일들"은 이것들보다 더 위대한 일들을 뜻할 것이다. 그러나 더 중요한 점은 더 큰 일들의 내용이 요한복음서에서 공개적으로 밝혀지지 않았다는 데 있다. 다만 그 내용은 하나님 속에 거하는 예수, 그 예수 속에 거하는 믿는 자들이라는 구조가, 믿는 자들 속에 거하는 예수(14 : 12), 그 속에 거하는 하나님(5 : 20f.)이라는 구조로 역전되는 일과 연관되어 있을 것으로 추정할 수 있다. 곧 예수가 하나님 속에 포함될 경우에는 하나님이 더 큰 일을, 반대로 예수 속에 하나님이 포함될 경우에는 예수가 더 큰 일을 하듯이(5: 20f.), 예수와 믿는 자들의 관계도 그러할 것이라는 등식과 관련이 되어 있을 것이다. 그러나 요한 기자는 그 정확한 내용을 요한공동체 멤버들만이 아는 비공개적인 비밀로 남겨 두고 있다. 비밀로 남겨 둔 것은 그뿐만이 아니다. 16장의 고별연설 중 한 구절도 그러한 비밀스러운 분위기를 반영해 준다. "내가 아직도 너희에게 이를 것이 많으나 지금은 너희가 감당치 못하리라"(16 : 12). 감당치 못할 말이란 무엇인가? 이러한 구절들은 신학사상 일변도적인 관심만 가지고서는 설명되기 어렵다. 이러한 구절들은 사회적으로 분리된 비밀공동체의 자기 이해를 보여주고 있기 때문이다. 이런 의미에서 믹스(W. A. Meeks)가 요한복음서를 '내부자들을 위한 책'으로 규정하면서 그것이 요한공동체의 비밀스러운 정체성을 강화시켜 주는 기능을 수행한다고 본 것은 설득력 있는 포착이라 하겠다.[64)]

둘째 문제를 살펴보자. 더 큰 일들을 수행하게 될 주체, 곧 "믿는 자"란 무엇인가? 바레트, 슈나켄부르크, 브라운은 모두 그 주체를 그 연설의 대상이 되고 있는 "제자들"로 이해하고 있다.[65)] 월도 이 점에 있어서는 동일한 입장을 견지하고 있다. 곧 "믿는 자들"은 "제자들"이라는 것이다.[66)] 월에 따르면, 12절에서 제자들의 적극적인 역할이 새롭게 강조되고 있다는 것이다.[67)] 더 큰 일들을 하게 될 주체는 제자들인데,[68)] 다만 요한 기자는 그 카리스마적 능력의 수행은 예수에게 예속적일 때만 가능하다는 것을 주지시켜 주려 했다는 것이다.[69)] 그러나 월을 포함한 이들의 해석은 빗나간 것이다. 요한 기자는 "너희에게 이르노니"의 "너희"를 "나를 믿는 자"와 구별하고 있기 때문이다. 여기서 "너희"는 요한 기자의 시점으로 볼 때, 사도 계열의 유대교적 크리스천들을

64) W. A. Meeks, "The Man from Heaven in Johannine Sectarianism," *JBL* 91(1972) : 44－72, 특히 69－70 참조.

65) C. K. Barrett, *John*, p. 460 ; R. Schnackenburg, *John*, Ⅲ, pp. 71－72 ; R. E. Brown, *John*, Ⅱ, p. 633.

66) D. B. Woll, *Johannine Christianity*, pp. 80f.

67) *Ibid.*, 월은 4－11절은 믿으라는 권고인 반면, 12－17절은 약속이라고 해석한다. *Ibid.*, p. 81. 그러나 4－11절은 '권고'라기보다는 제자들에 대한 일종의 '질책'에 가깝다. 12－17절의 경우에도 12절은 요한공동체를 그 대상으로 삼고 있는 것으로 13－17절과는 독립된 구절이다.

68) *Ibid.*, pp. 89－92.

69) *Ibid.*, pp. 92－95.

뜻하고, "나를 믿는 자"는 요한공동체 멤버들을 뜻한다. 사도계 크리스천들과 치열한 경쟁을 하고 있는 요한공동체가 더 큰 일들을 할 주체로 사도계 크리스천들을 지칭했으리라는 가정은 낮은 수준의 개연성을 갖게 될 것이다. 더구나 문제가 되는 구절 직전의 구절인 11절에서 "믿으라"는 질책을 두 번씩이나 받은 제자들이, 바로 그 다음 구절에서 "믿는 자"로 둔갑한다는 것은 있을 수 없다. 오히려 더 큰 일들을 할 주체는 제자들로 상징되는 사도계 크리스천들이 아니라 그들과 대립적인 요한공동체 멤버들이다. 이런 의미에서 12절이 요한공동체의 '자기 이해'를 반영한다고 본 디츠펠빙어(C. Dietzfelbinger)의 진단은 정곡을 찌른 것이라 할 수 있다.[70] 그러나 그가 그 구절을 5장 20절 이하를 '실현시키는 해석'(aktualisierende Interpretation)으로 설정한 것[71]은 설득력이 부족하다 하겠다. 이미 지적했듯이 그렇게 설정될 경우, 14장 12절은 5장 20절 이하와 비슷한 수준으로 처리되나, 12절은 비슷한 일들이 아니라 더 큰 일들을 약속하고 있기 때문이다.

셋째 문제를 살펴보자. 요한 기자는 이 구절을 통해 무엇을 강조하려는 것인가? 우선 "더 큰 일들을 할 것이다"에서 미래로 표현된 "할 것이다"는 언제인가? 그것을 브라운은 '종말론적 성격'으로 규정하나, 그 종말론적 성격이 요한공동체를 기점으로 할 때, 미래적인 것인지, 현재적인 것인지를 분명히 밝히지 않았다. 여기서 "할 것이다"로 표현된 미래는 요한공동체의 시점에서는 현재를 말한다. 곧 더 큰 일들이 현재 수행되고 있다는 것을 뜻한다. 결국 이 구절은 요한공동체의 현재 활동이 사도계 멤버들의 활동보다 더 위대하다는 것을 강조하는 기능을 수행한다. 곧 과거 역사적 예수가 사도들을 통해 활동했던 것보다 부활한 예수

70) C. Dietzfelbinger, "Die Größeren Werke(Joh 14 : 12f)," *NTS* 35 (1989) : 27-47, 특히 27을 보라.

71) *Ibid.*, 32.

가 현재 요한공동체를 통해 활동하는 것이 더 위대하다는 것이다. 요한 기자는 이 구절을 통해서 자신들의 권위의 근거를 과거의 사도들 위에 둔 채 일하고 있는 사도계 크리스천 멤버들의 현재 활동의 의의를 현저히 축소시키고 있다.

예수의 연설은 다시 제자들을 대상으로 삼고 진행된다. "너희가 내 이름으로 무엇을 구하든지 내가 시행하리라"(13절 a, 14절). 제자들은 "내 이름"으로 구하도록 요청받는다. 이것은 사도계 크리스천들의 현재 활동이 "내 이름" 없이 수행되고 있는 상황을 반영해 준다. 동시에 이것은 사도계 크리스천들과는 달리, 요한공동체가 예수의 이름으로 활동하고 있음을 드러내 보여준다.

보혜사 단락(14 : 16-17)에서도 요한공동체와 사도계 크리스천들의 대립적인 분위기는 계속 이어진다. 보른캄(G. Bornkamm)은 '선구자-성취자' 개념으로 이 단락을 해석한다. 보른캄에 따르면 전승에서는 선구자인 지상의 예수가 성취자인 보혜사의 길을 예비하는 예속적인 역할을 하는 것으로 되어 있었다는 것이다.[72] 그런데 요한 기자는 예수와 보혜사가 각기 다른 두 인물로 나타난 전승을 수정하여 두 인물이 궁극적으로는 한 인물이 되도록 했다는 것이다. 곧 보혜사는 영화롭게 된 인자(예수)로 수정되었다는 것이다.[73] 뿐만 아니라 요한 기자는 시간적으로 앞선 선구자가 나중에 올 성취보다 열등하다는 전통적인 도식을 역전시키고 있다는 것이다.[74] 이러한 보른캄의 주장을 명료하게 논박한 학자는 윌이다. 윌에 따르면, 보른캄의 주장은 두 가지 점에서 거부되어야

---

72) G. Bornkamm, "Der Paraklet im Johannes Evangelium," in *Geschichte und Glaube*, Part I, Collected Essays, vol. 3(München : Chr. Kaiser Verlag, 1968), p. 71.

73) *Ibid.*, p. 79.

74) *Ibid.*, p. 87.

한다는 것이다. 우선 두 인물 중 첫째 인물이 나중 인물보다 전승에서 열등했었다는 보른캄의 가정은 모세와 여호수아, 엘리야와 엘리사의 경우처럼, 유대교 전승에 나타난 다른 예들로 인해 타격을 받게 된다는 것이다.[75] 다음으로 월에 따르면, 첫 인물이 나중 인물보다 더 우월하다고 생각한 점에서는 요한 기자나 그의 경쟁자 그룹이 모두 똑같았다는 것이다. 곧 요한 기자는 시간적으로 앞선 자가 우월하다는 경쟁자들의 사상을 그대로 받아들이면서, 예수가 세례 요한보다 우월한 이유는 1장 15절과 30절에서 이미 드러난 것처럼, 예수가 세례 요한보다 앞섰기 때문이라고 주장했다는 것이다.[76]

보른캄의 주장에 대한 월의 이러한 논박은 그 자체로서는 설득력이 있다. 그러나 보른캄이나 월은 공동의 기반 위에 서 있다. 곧 두 학자는 모두 요한 기자에게 문제가 되고 있었던 것은 시간적인 순서였다고 가정하고 있다. 보른캄에 따르면, 요한 기자는 선구자가 성취자보다 열등하다는 전승을 역전시키면서 결국 예수가 보혜사보다 우월하다는 식으로 바꾸어 놓았다는 것이다. 이와는 대조적으로 월에 따르면 요한 기자는 '아들[예수]의 앞선 시간에 대한 … 성령-보혜사 시간의 종속'[77]을 강조했다는 것이다. 그러나 이러한 차이에도 불구하고 두 학자는 모두 이 단락의 초점이 예수와 보혜사의 시간적 순서에 있는 것으로 전제하고 있다. 그러나 이 단락이 반영하고 있는 것은 보른캄이나 월의 주장과는 달리, 시간적 순서의 문제가 아니라 기독론적 논쟁의 문제라 할 수 있다. 14장 16절의 "다른 보혜사"는 사도계 유대교적 크리스천들의 사상을 부분적으로 인정하면서, 동시에 부분적으로 거부하기 위해 도입되고 있기 때문이다.

---

75) D. B. Woll, *Johannine Christianity,* p. 76.
76) *Ibid.*
77) *Ibid.,* p. 77.

여기서 "다른 보혜사"와 예수는 어떠한 관계로 설정되고 있는가? 예수와 "다른 보혜사"는 다른 두 인물들인가? 보른캄은 둘이 각기 다른 인물들로 소개되고 있었던 전승을 요한 기자가 그 둘이 하나가 되도록 수정했다고 주장한다. 보른캄의 이러한 가설 자체가 안고 있는 문제점은 이미 지적되었다. 그러나 설령 그 가설이 힘겹게 받아들여진다 해도, 보른캄은 그러한 수정이 어떠한 기능을 수행했는지는 설명하지 못했다. 베츠(O. Betz)는 그 두 구별된 인물들을 위한 원형으로 천사장 미가엘을 상정했다. 미가엘은 천상과 지상에서의 두 역할을 혼자 담당했는데, 요한복음서에는 그 두 역할이 영화롭게 된 그리스도와 보혜사에게로 각각 나누어져, 전자는 천상의 역할을, 후자는 지상의 역할을 담당하는 것으로 분리되었다는 것이다.[78] 이러한 베츠의 주장의 문제점은 예수와 "다른 보혜사"의 차이를 단지 그 둘의 역할의 차이로 단순화시켰다는 데에 있다. 그러나 실제로 그 둘의 역할은 그가 설정한 것과는 거리가 멀다. 예수와 보혜사는 여러 면에 걸쳐 동일한 모습으로 나타나고 있기 때문이다.[79] 더구나 베츠는 요한 기자가 천사장 미가엘을 그 둘을 위한 원형으로 상정했으리라는 자신의 가설 자체를 뒷받침할 수 있는 미가엘과 관련된 그 어떤 근거도 요한복음서내에서 확보하지 못하고 있다.

뮐러(U. B. Müller)는 영이 지상에서 천상의 그리스도를 대변한다는, 당시 기독교적 표상으로 유포되고 있었던, 지상의 영과 천상의 그리스도 사이의 특수한 연관성을 요한이 더 밀접히 관련시켜 예수와 진리의 영(다른 보혜사)을 같은 개념으로 통합시켰다고 주장한다.[80] 그러나 뮐러는 요한이 왜 자신의 통합 시도 이후에도

78) O. Betz, Der Paraklet (Leiden : E. J. Brill, 1963), pp. 149f.
79) 14 : 16－17과 18－20을 비교하라.
80) U. B. Müller, "Die Parakletenvorstellung im Johannesevangelium," *ZTK* 71(1974) : 45f.

보혜사의 명칭을 "다른 보혜사"로 남겨 두었는지를 묻는 데까지는 나아가지 못했다. 한편 예수와 "다른 보혜사"의 관계 규명에 관한 문제를 빈디쉬(H. Windisch)처럼 전승의 층들의 차이[81]로 해결할 수도 없다. 왜냐하면 만일 그 둘의 차이가 전승의 층들의 차이에서 기인된 것이라면 최후 편집인이 두 다른 층들 중 하나를 수정할 수 있었을 것이기 때문이다.

진리와 예수의 말은 동일하게 취급된다(14 : 6). "진리의 영"으로 묘사된 보혜사는 새로운 것을 제공하지 않을 뿐 아니라, 예수의 가르치는 활동을 계승하고(14 : 26a) 회상시키는 역할을 한다(14 : 26b). 곧 요한 기자에게서 예수와 "다른 보혜사"는 하나였다. 보혜사의 역할과 예수의 역할도 여러 면에서 동일하다. 보혜사가 제자들에게 와서 그들과 함께 거하듯이, 예수도 그러하다. 세상은 다른 보혜사를 알지 못하는 것처럼 예수도 알지 못한다. 예수가 가르쳤듯이, 보혜사도 가르친다. 결국 보혜사는 예수의 또 다른 이름이다. 문제는 그렇다면 왜 "다른 보혜사"라는 명칭이 사용되었는가에 있다. 이것은 사도계 유대교적 크리스천들을 부분적으로 인정하고 부분적으로 논박하기 위한 것이다. 사도계 유대교적 크리스천들은 자신들이 이제 지상의 예수와는 "다른 보혜사"와 함께 거한다고 주장하고 있었다. 요한은 그들의 용어를 그대로 수용하면서 그 용어가 담고 있는 제한된 사상을 비판한다. 곧 그들이 주장하는 "다른 보혜사"는 다름 아닌 예수의 다른 모습이라는 것이다. 역사적 예수의 활동이 그의 죽음으로 인해 단절되지 않는 이유는 그가 "살아 있기"(14 : 19b) 때문이라는 것이다. "조금 있으면 세상은 다시 나를 보지 못하나 너희는 나를 본다"(19절 a)는 말의 뜻이 바로 이것이다. 너희는 나의 죽음 이후

81) H. Windisch, *The Spirit Paraclete in the Fourth Gospel*, tr. J. W. Cox(Philadelphia : Fortress Press, 1968), p. 25.

에도 나(=보혜사)를 볼 수 있다는 것이다. 사도계 크리스천들은 이 점을 인식하지 못했다. 자신들과 함께 거하고 있는 보혜사를 예수와는 구별되는 "다른 보혜사"로 인지했다. 요한 공동체는 바로 이런 사도계 크리스천들의 입장을 논박한다.

이러한 사정은 18절에서 보다 분명히 드러난다. 여기서 예수가 떠난 이후의 제자들은 마치 고아와 같이 버려진 힘겨운 상황에 놓여지게 된 것으로 암시된다(18절 a). 그러나 예수는 이들에게 자신이 오고 있다(*erxomai*)고 선언한다(18절 b). 예수는 버려진 이들을 계속 내버려두지 않고 이들에게 온다는 것이다. 이러한 내용은 무엇을 이야기하려는 것인가? 예수의 선언대로, 요한공동체의 시점으로 볼 때, 영화롭게 된 예수가 사도계 크리스천 멤버들과 이미 함께 있음에도 불구하고, 사도계 크리스천들이 예수를 인지하지 못하고 있다는 것이다. 이들은 자신들과 함께 있는 보혜사가 곧 예수인 것을 모르고 자신들이 예수와는 "다른 보혜사"와 함께 있는 것으로 잘못 알고 있다는 것이다. 따라서 이 18절도 지금 "살아 있는"(19절 b) 예수의 현존을 감각하지 못하는 사도계 크리스천들에 대한 간접적인 비판적 기능을 수행한다.

만일 "너희에게로 오고 있다"(18절 b)는 선언이 주어지지 않았다면 사도들은 고아가 될 것이다. 곧 사도들이 고아가 되지 않기 위해서는 이들에게 "오고 있는" 예수의 현존을 인식하는 일이 필요하다. 마찬가지로 사도계 크리스천들이 고아가 되지 않으려면 이들에게 이미 "온" 예수의 현존을 인식해야 한다는 것이다. 그런데 이들은 보혜사가 예수의 현존 방식임을 모르고 있다는 것이다. 이들은 보혜사(=예수)를 "보고"(*theōreite* ; 19절)도 그가 곧 예수임을 모르고 "다른 보혜사"를 내세우고 있다는 것이다. 따라서 사도계 크리스천들은 고아의 상태가 된다.

이미 지적한 것처럼 여기서 "너희"는 요한공동체가 논박하는 그 공동체 외부의 사도계 크리스천들을 지칭한다. 그러나 월은

"너희"를 요한공동체내의 한 그룹으로 설정한다. 그 그룹에 대해 요한 기자가 맞서고 있다는 것이다. 곧 요한공동체는 두 그룹의 카리스마적 활동가들로 구성되어 있었다는 것이다. 한 그룹은 '직접성'을 강조한 카리스마들로 구성된 반면, 다른 한 그룹은 '매개성'을 강조한 카리스마들로 이루어졌다는 것이다. 월에 따르면, 요한 기자는 후자 그룹을 대표하여 전자의 생각을 수정하려 했다는 것이다.[82] 이러한 월의 주장은 세 가지 난점을 지닌다. 첫째, 월에 의해 가정된 카리스마적인 요한공동체의 상황은 고아와 같이 버려진 것으로 18절에 반영된 상황과는 어울리지 않는다. 오히려 카리스마적 활동가들은 스스로를 '선택된' 자들로 간주한다. 열등감보다는 우월감이, 위축감보다는 자신감이 카리스마들의 전형적인 태도이다. 결국 월이 18절에 집중하지 않은 이유는 무엇인가? 18절은 요한공동체의 성격을 카리스마적인 것으로 설정하고 있는 자신의 가설을 약화시키는 곤란한 구절이었기 때문이다. 둘째, 월은 요한 기자를 '매개성' 또는 '위계질서'를 강조한 카리스마적 그룹에 예속시키고 있으나, 이런 것을 강조하는 카리스마가 어떤 종류의 카리스마인지를 밝히지 않고 있다. 월은 단지 매개성을 강조한 요한 기자 그룹이 상대방 그룹보다 '덜' 카리스마적이었다고 설명한다. 그럼에도 불구하고 월은 두 그룹이 똑같은 카리스마적 전승에 서 있다고 주장한다.[83] 그러나 매개성이나 위계질서를 강조하는 그룹은 엄격한 의미에서 이미 카리스마적 전승에서 이탈한 것이나 다름없기 때문에 요한 기자가 속했다는 그룹을 똑같은 카리스마적 전승 속에 위치시킨다는 것은 어색하다. 셋째, 월의 주장대로 '직접성'을 강조한 그 경쟁자들이 '예수 전승과의 일치'를 강조하고 있었다면[84], 월이 '매개성'을 강조했다고

---

82) D. B. Woll, *Johannine Christianity*, pp. 127f.

83) *Ibid.*, p. 128

84) *Ibid.*

가정한 요한 기자는 오히려 그 경쟁자보다도 예수 전승의 핵을 제대로 이해하지 못했다는 셈이 된다.

14장 21절에서 예수는 자신의 계명을 지키는 자가 자신을 사랑하는 자라고 선언한다. 여기서 예수의 계명은 이미 13장 34절에서 밝혀진 것처럼 "서로 사랑하라"는 것이다. 이 명령은 요한공동체 멤버들에 대한 사도계 크리스천 멤버들의 '사랑 없음'을 반영해 준다. 따라서 14장 21절의 선언은 요한공동체를 사랑하지 않으면, 예수를 사랑하지 않는 셈이 된다는 것이다. 곧 요한 기자는 자신의 공동체에 대한 사랑과 예수에 대한 사랑을 분리시키고 있는 사도계 크리스천들을 비판한다.

예수의 연설에 대해 가룟 출신이 아닌 유다가 질문한다. "어찌하여 자신을 우리에게 나타내시고 세상에게는 아니하려 합니까?" (14 : 22). 이 질문은 예수의 연설의 핵을 이해하지 못한 것이다. 예수는 이미 세상이 자신을 다시 보지 못한다고 이야기했다(14 : 19). 다시 보지 못하는 이유는 그가 곧 보혜사인 "진리의 영"이기 때문이다. 예수는 '거함'의 형태로 자신을 제자들에게만 드러낼 것이라고 이미 밝혔으나, 유다는 그것을 이해하지 못하고 또 다른 형태의 현현을 기대한다.[85] 유다의 질문에 대해 예수는 "나를 사랑하면 내 말을 지키리니, 내 아버지께서 저를 사랑하실 것이요, 우리가 저에게로 와서 거처를 저와 함께 하리라. 나를 사랑하지 아니하는 자는 내 말을 지키지 아니하리라"(14 : 23-24)고 대답한다. 이것은 유다의 질문에 대한 직접적인 대답이 아니라, 일종의 교훈이다. 곧 예수와 함께 하기 위해서는 사랑해야 한다는 것을 강조하려는 것이다. 브라운은 여기서 "나를 사랑하지 않는 자"를 "세상"과 동일시한다.[86] 그러나 "나를 사랑하지 않는

85) R. E. Brown, *John*, Ⅱ, pp. 646f. 참조.
86) *Ibid.*, p. 648.

자"를 사도계 유대교적 크리스천 멤버들로 상정하는 것이 제일고별연설의 전체적인 흐름과도 걸맞는다. 여기서 예수와 아버지는 "우리"로 소개된다. 요한 기자는 왜 "우리"를 강조했을까? 그것은 예수와 아버지를 분리시킨 사도계 크리스천들을 논박하기 위해서이다. 물론 아버지는 영광의 영역에 들어가기 전의 예수보다 크지만(14 : 28), 영광의 영역에 들어간 이후의 예수는 아버지와 동일하다. 예수가 사랑의 계명을 지키는 자들을 사랑하듯이, 아버지도 그러하다(14 : 21, 23). 예수의 말씀은 아버지의 말씀과 하나가 된다(14 : 10, 24). 이미 14장 7절과 9절에서 강조된 예수와 아버지의 일치를 요한은 여기서 또 다른 방식으로 반복하고 있다.

요한 기자는 예수가 제자들에게 주는 평화는 세상이 주는 것과 다르다고 주장한다(14 : 27). 여기서 "세상"은 유대인들을 뜻한다. 곧 유대인들이 설정한 평화에 만족하고 있는 사도 계열의 유대교적 크리스천들에게 요한 기자는 그들이 누리고 있는 평화를 자신이 속한 요한공동체가 누리고 있는 예수의 평화에 대비시킴으로써 그들을 논박한다.

Ⅶ. 결 어

제일고별연설 속에 반영된 요한공동체의 정황은 간결하게 요약하면 '논쟁적인 정황'이라고 할 수 있다. 그렇다면 제일고별연설의 논쟁의 대상은 누구인가? 그 대상은 이미 논증한 것처럼, 유대교 회당으로부터 분리되기 이전 상태에 있었던 요한 그룹에 의해 논박된 "유대인들"(J. Painter)도 아니고, 그 회당으로부터 이미 분리되어 나온 요한공동체에 의해 거부된 "유대인들"(F. F. Segovia)도 아니며, 예수를 통한 위계적 매개성을 강조한 카리스마 그룹에 의해 비판된 또 다른 '카리스마 그룹'(D. B. Woll)도 아니다. 그 대상은 오히려 요한공동체에 의해 논박된 사도계 공동체의 유대교적 크리스천 멤버들이다. 제일고별연설에 등장하는 예수의 제자들은 요한공동체를 대표하는 이상적인 지표가 아니라, 오히려 요한공동체가 논박하는 사도계 크리스천들을 대표하는 상징적인 지표가 된다.

제일고별연설의 지배적인 주제는 기독론이다. 그러나 지금까지 이 논문은 기독론 자체를 독립시켜 다루지 않고, 그 기독론을 그것의 사회적 문맥과 관련시켜 다루어 왔다. 요한공동체는 예수를 단지 그리스도로 시인하고 고백하는 수준에 머물러 있는 사도계 크리스천들의 주장을, 예수와 하나님의 동등성을 강조하는 발전된 기독론을 내세워 반박한다. 요한공동체는 현재 사도계 크리스천들이 주장하고 있는 내용을 과거 예수에 의해 거부된 도마와 빌립의 생각과 일치시킴으로써, 사도계 크리스천들을 공격한다. 뿐만 아니라, 요한 기자는 사도계 크리스천들이 요한공동체를 사랑하지 않고 있음을 부각시키고, 예수에 대한 사랑과, 사랑에 관한 계명 준수가 예수의 거함을 위한 필수조건임을 유다의 질문에 대한 예수의 대답을 통해 재확인시켜줌으로써, 그들에게 현재 예수가 거하지 않고 있음을 간접적으로 표출시킨다. 사랑 부재로 인해 예수의 현존을 인식하지 못하고 있는 그들은 마치 예수가 없을 때의 사도들처럼 고아와 같다는 것이다.

제일고별연설은 사도계 크리스천들의 초보적인 기독론에 대한 논박 이외에도 그들의 활동의 권위를 비판한다. 요한 기자는 사도계 크리스천들의 현재적 권위의 근거 중 하나가 되고 있는 베드로의 모습을 부정적으로 부각시킨다. 베드로의 과거의 불충실한 제자도를 명료하게 제시함으로써, 그에게 근거를 두고 있는 사도 계열의 크리스천들의 현재적 권위 자체를 약화시킨다. 더 나아가 사도들이 과거 역사적 예수와 함께 활동했던 것보다 현재 요한공동체가 부활한 예수와 함께 활동하고 있는 것이 더 위대하다는 것을 “더 큰 일을 할 것이다”(14 : 12)라는 선언을 통해 확정짓고 있다.

따라서 제일고별연설의 상황은 요한복음서의 다른 여러 곳에 나타나는 유대인들과의 논쟁적인 상황과는 다르다. 제일고별연설은 오히려 요한공동체의 입장과는 구별되는 입장을 견지하고 있었던 다른 부류의 크리스천들을 논박하는 상황을 반영하고 있다. 요컨대 그 연설에서 요한 기자에 의해 논박되는 대상은 구체적으로 요한공동체와 동시대에 활동하고 있었던, 유대교적 성향을 고수한 사도 계열의 크리스천들이라 하겠다.

제12장

예수의 영광과 요한공동체의 영광

제12장

예수의 영광과 요한공동체의 영광

Ⅰ. 서 언

요한복음서의 중심 주제 중 하나는 '영광'이다.[1] 요한은 '영광'(*doxa*) 또는 '영광스럽게(영화롭게) 하다'(*doxazou*)라는 용어를 모두 43번 사용하고 있다. 이는 마가복음서에 오직 4번 나타난 그 용어의 빈약한 빈도수를 감안한다면 현격한 사용이라 할 수 있다. 그러나 이 논문의 목적은 요한복음서의 '영광'이라는 개념 자체에 대한 언어학적 분석을 하려는 것이 아니다. 그 목적은 요한복음서에 나타난 예수의 영광의 내용과 요한공동체의 영광의 내용을 규명하고, 그 둘의 관계를 설정하려는 것이다. 특히 '요한공동체

1) W. R. Cook는 '영광'에 관한 자신의 연구 결론 부분에서 '영광'은 요한문서에 있어서 하나의 주제라기보다는 오히려 유일한 주제라고까지 강변한다. 그의 "The 'Glory' Motif in the Johannine Corpus," *JETS* 27(1984) : 297. 여기서 Cook는 그 용어 자체에 집중한 나머지, 그 용어가 갖는 요한공동체에 대한 의의는 전혀 다루지 못했다.

의 영광'이라는 주제는 지금까지 요한복음서에 집중한 신약학자들 중 그 어떤 학자에 의해서도 전혀 다루어지지 않았다는 점이 이 논문의 필요성을 정당화시켜 주는 근거 중의 하나가 될 것이다.

Ⅱ. 예수의 영광

1. 하나님의 아들

요한복음서에서 예수는 "하나님의 아들"(*hyios tou theou*)로 불린다. 세례 요한의 예수에 대한 증거의 내용은 예수가 "하나님의 아들"이라는 것이었다(1:34). 나다나엘의 대답 속에서도 예수는 "하나님의 아들"로 일컬어진다. 유대인들의 공격에 대해 예수는 "나는 하나님의 아들이다"라는 선언을 대답의 일부로 구성하여 그들을 반격한다(10 : 36). 빌라도에게 유대인들은 "예수가 자신을 하나님의 아들이라고 했다"고 보고한다(19 : 7). 예수는 하나님의 "유일한"(*monogenous*) 아들로 소개된다(3 : 18). 그 아들을 믿는 사람은 영생을 얻을 뿐 아니라 심지어 죽은 자들조차 "지금" 그의 음성을 듣게 된다(5 : 24 이하). 나사로가 병든 것은 "하나님의 아들"로 영광을 얻게 하기 위한 것으로 이해된다(11 : 3 이하). 또 그 나사로의 동생 마르다는 예수를 "하나님의 아들"로 믿는다고 고백한다(11 : 27). 요한복음서의 결론에 해당되는 20장 31절은 그 복음서의 목적을 "예수가 하나님의 아들임"을 믿게 하기 위한 것으로 천명한다.

"하나님의 아들"은 예수의 신적 기원과 그의 신적 모습을 강조하기 위해 사용된다.[2] 하나님의 그 유일한 아들은 죽은 사람을 살리고, 믿는 사람들에게 영생을 약속한다. 곧 아버지의 일로 여겨졌던 것을 아들이 수행한다. "하나님의 아들"로서의 예수는 이렇게 기도한다.

…아버지께서 아들에게 주신 모든 사람에게 영생을 주게 하시려고 만민을 다스리는 권세를 아들에게 주셨기 때문입니다 (17 : 2).

아들의 것은 다 아버지의 것이고, 아버지의 것은 다 그 아들의 것이다(17 : 10). 아들의 입장에서 보면, 아버지의 권세를 위임받게 된 것은 아들의 영광이라 할 수 있다.[3] 그러나 아버지가 아들을 영광스럽게 하는 것은 아들이 아버지를 영광스럽게 하기 위한 것이다(17 : 1).

예수는 스스로 자신을 영화롭게 하지 않는다. 그는 자기 영광을 구하지 않고 아버지의 영광을 구한다(7 : 18). 또 그는 사람들로부터 오는 영광을 거부한다. "나는 사람에게서(*para antrōpōn* 영광을 얻지 아니한다"(5 : 41). 예수는 "하나님에게서(*para tou theou*) 오는 영광"을 구하지 않는 유대인들을 비판한다(5 : 44c). 아버지에게 자신을 영화롭게 해달라고 탄원하는 목적도 자신이 아버지를 영화롭게 하기 위한 것임을 밝힌다(17 : 1). 이러한 선언은 하

2) 예수는 "생명의 떡"(6 : 48)으로 묘사되고, 그 떡은 "하늘로부터"(*ek tou ouranou*) 온 것으로 설정된다(6 : 50, 51, 58). "하늘"이 흔히 "하나님"에 대한 대치 용어로 사용되고 있다는 점을 감안한다면, "하늘로부터"는 "하나님에게서"(으로부터)로 이해할 수 있다. 하늘에서 소리가 났다는 것은 하나님이 말씀하셨다는 것과 같은 의미로 쓰이고 있기 때문이다(12 : 28참조). 따라서 생명의 떡에 관한 단락 역시 예수의 신적 기원을 강조하는 역할을 수행한다.

3) 11 : 4도 이와 같은 사상을 반영해 준다.

나님에게서 오는 영광은 구하지 않고 "사람들끼리의"(*para allēlōn*) 영광을 구하는 유대인들을 겨냥한 것이다(5 : 44b). 곧 그들은 "사람의 영광을 하나님의 영광보다 더 사랑했다"(12 : 43)는 것이다. 영광을 하나님과의 관련 속에서 이해하지 못한 유대인들과는 달리, 예수는 영광을 하나님과의 관련 속에서 이해한다.

2. 하나님

요한 기자는 예수의 신적 기원이나 신적 모습을 묘사하는 것으로 자신의 이야기를 제한시키지 않는다. 요한복음서는 궁극적으로 예수를 하나님으로 이해한다. 이러한 사정은 무엇보다도 로고스 기독론을 제시하고 있는 요한복음서 서막에서 보다 명료한 형태로 강조된다. 서막에서 "육신이 된"(1 : 14) 말씀은 곧 "하나님"으로 선포된다(1 : 1). 물론 요한복음서 서막이 그 복음서 남은 부분에 대해 어떤 관계를 갖는가 하는 문제가 있다. 그 문제는 여러 방향에서 연구되어 왔다. 이 문제는 이 논문의 범위를 벗어나는 것이기 때문에 다루지 않겠다.[4] 여기서는 다만 요한복음서 서막의 어떤 용어들이 그 복음서의 남은 부분에 나타나지 않는다 해도, 또는 역으로 그 복음서의 남은 부분에 빈번히 등장하는 어

4) 이 문제에 관해서는 R. Schnackenburg와 R. E. Brown의 주석서들 중 서막에 관한 해당 단락들과 J. A. T. Robinson, "The Relation of the Prologue to the Gospel of St. John, " *NTS* 9(1962-63) : 120-129를 참조하라. 로빈슨은 요한복음서가 먼저 기록되고 요한 서신들이 그 다음이고, 서막과 후기(21)가 가장 늦게 기록되었다고 본다. 그러나 요한 서신들에 나타난 내부 분열의 모습이 요한복음서 서막이나 후기에 전혀 반영되어 있지 않기 때문에 서막과 후기는 오히려 요한복음서와 요한 서신들 사이의 시기로 설정하는 것이 더 설득력이 있을 것이다.

면 문체가 서막에 나타나지 않는다 해도,[5] 적어도 서막의 사상과 그 복음서 남은 부분의 사상이 같은 빛깔과 같은 사상적 기조를 담고 있다는 점만을 지적하는 것으로 그치겠다.

요한복음서 서막의 "로고스"는 영지주의 문서들 중의 하나인 『트리모르픽 프로테노이아』(*Trimorphic Protennoia*)에 나오는 여신, '프로테노이아'와 비교되기도 하고,[6] 유대교적 지혜 문서에서 소개되는 세계의 주관자로 여신의 역할을 하는 '지혜'(*sophia*)와 대조되기도 한다.[7] 더 나아가 그 '로고스'는 이집트의 여신 '이시스'(Isis)와 비견되기도 한다.[8] 곧 로고스가 비교되는 대상은 고대근동의 다른 신들이다. 물론 로고스와 다른 여신들과의 유사성에도 불구하고 하나님인 로고스(1 : 1)는 "육신"의 형태를 입고(1 : 14) 완전한 인간이 되어 구체적인 역사 속에서 활동하는 것으로 묘사된다는 점에서 그들로부터 구별된다. 요한복음서에 있어서 인간 예수는 곧 하나님으로 이해되기 때문이다.

예수가 곧 하나님이라는 요한의 사상은 14장에서 서막과는 다른 형태로 다시 제시된다. "너희가 나를 알았더면 내 아버지도 알았을 것이다"(14 : 7)라든지 "나를 본 사람은 아버지를 보았다"(14 : 9)와 같은 선언들은 모두 예수와 아버지의 일치를 보여준다.

---

5) R. Schnackenburg, *The Gospel according to St. John*, vol. I (New York : The Seabury Press, 1980), pp. 224－228; R. E. Brown, *The Gospel According to John*, vol. I(New York: Doubleday & Company, Inc., 1966), pp. 18－21 참조.

6) C. A. Evans, "On the Prologue of John and the Trimorphic Protennoia," *NTS* 27(1981) : 395－401.

7) J. Ashton, "The Transformation of Wisdom. A Study of the Prologue of John's Gospel," *NTS* 32(1986) : 161－186.

8) H. C. Kee, "Myth and Miracle: Isis, Wisdom and the Logos of John," in *Myth, Symbol and Reality*, ed. Alan M. Olson (Notre Dame & London: University of Notre Dame Press, 1980), pp. 145－164.

예수와 하나님의 상호거주 묘사도 이러한 입장을 강화시켜 준다. 곧 하나님은 예수 안에, 예수는 하나님 안에 거한다는 것이다 (17 : 21). 더 나아가 하나님과 예수는 "우리"로 표현된다(14 : 23 ; 17 : 11, 21, 22). 뿐만 아니라, 예수는 10장 30절에서 "나와 아버지는 하나이다"라고 명료하게 선언한다. 결국 요한 기자는 20장 28절에서 도마의 입을 통해 예수를 하나님으로 고백한다. 후에 요한일서는 이러한 사상을 교리적 선언의 형식으로 공식화했다. "그(예수)는 참하나님이요 영생이다"(요일 5 : 20).

이런 이유로 예수와 하나님은 서로가 서로를 통해 영광을 얻는다. "지금 인자가 영광을 얻었고(*edoksasthē*) 하나님도 인자로 인하여 영광을 얻었다(*edoksasthē*)"(13 : 31). 이 구절에 집중한 카이어드(G. B. Caird)는 여기서 첫번째 나오는 "*edoksasthē*"를 수동태로 번역하는 것은 당연하지만, 두번째 나오는 그 단어를 수동태로 번역하는 것은 인정할 수 없다고 강변한다.[9] 카이어드에 따르면 내용상 수동이 아닌데도 수동태의 형태를 취하는 것들도 많았다고 지적한다. 형태로는 수동태(또는 중간태)이면서 내용상 능동의 뜻을 지니는 디포넌트 동사가 그러하다는 것이다. 뿐만 아니라 똑같은 수동태의 형태가 수동의 내용을 나타내기도 하고, 자동의 내용을 나타내기도 한다는 것이다.[10] 카이어드에 따르면 첫번째 "*edoksasthē*"는 수동의 형태로 참수동을 나타내나, 두번째의 "*edoksasthē*"는 수동의 형태로 자동의 내용을 나타낸다는 것이다. 결국 후자는 "하나님도 인자로 인하여 영광을 얻었다"가 아니라, "하나님이 그[인자] 속에 자신의 영광을 나타냈다"로 번역되어야 한다는 것이다.[11] 물론 희랍어 문법에 있어서 수동태가 능동의 뜻

9) G. B. Caird, "The Glory of God in the Fourth Gospel: An Exercise in Biblical Semantics," *NTS* 15 (1969) : 265－277.
10) *Ibid.*, 268.
11) *Ibid.*, 271.

을 갖는 경우에 대한 그의 지적은 적절한 것이다. 그러나 그렇다고 해서 그 경우가 13장 31절에 나오는 두번째 "*edoksasthē*"에 해당된다는 그의 주장은 설득력이 없다. 왜냐하면 만일 요한이 첫번째 사용된 단어와 똑같은 그 두번째 단어를 첫번째 단어와는 다른 내용으로 사용하고 싶었다면, 또 그것이 그토록 심각한 것이었다면, 요한은 두번째에서는 지금의 단어 대신"*edoksade*"를 사용했을 것이기 때문이다. 따라서 13장 31절에서 두 번 사용된 그 단어는 두 번 다 똑같은 용법이었을 것으로 추정하는 것이 더 높은 개연성을 갖게 될 것이다.

카이어드가 이 문제를 집중적으로 다룬 이유는 영광의 주체는 오직 하나님에게로 제한된다는 그의 신학적 전제 때문이다. 곧 하나님은 누구에 의해서도 영광스럽게 될 수 없다는 것이다. 그러나 이러한 그의 신학적 전제는 적어도 요한복음서의 신학적 입장과는 상치된다. 요한이 본 예수는 자신이 하나님을 이 세상에서 영광스럽게 했다고 이미 밝혔기 때문이다(17 : 4;17 : 1, 5 참조). 요한복음서에서 영광의 주체는 유동적이다. 어떤 때는 하나님이, 어떤 때는 예수가 그 주체가 된다. 더구나 요한은 여러 곳에서 예수와 하나님이 하나임을 밝혔다. 따라서 예수와 하나님이 서로를 통해 영광을 얻는다는 13장 31절의 사상 역시 예수와 하나님의 동등함을 밝히기 위한 또 하나의 중요한 근거가 된다. 바로 이런 종류의 선언을 통해 하나님의 영광은 예수의 영광이 된다. 이러한 요한의 사상은 하나님으로부터 예수를 분리시킨 채, 하나님만을 믿으려는 사람들에 대한 비판의 기능을 수행한다. 하나님의 영광은 곧 예수의 영광이라는 것이다.

Ⅲ. 요한공동체의 영광

1. 하나님의 자녀

요한공동체 멤버들의 주요한 자기 규정 중 하나는 "하나님의 자녀"(*tekna theou*)이다(1 : 12). 이 용어는 요한복음서 서막을 제외하고는 오직 11장 52절에 한 번 더 나온다. 우선 서막에 나오는 이 용어를 살펴보자. 이 용어는 서막(1 : 1−18)의 핵심개념으로 등장한다. 요한이 이 용어를 핵심개념으로 삼았으리라는 추정은 그가 이것을 서막의 중심단락(1 : 10c−13)에 위치시키고 있기 때문이다. 서막의 중심단락에 나오는 여러 용어들 중 "하나님의 자녀"는 신성을 지니고 있는 사람들을 표현하기 위한 결정적인 개념이다. 물론 "이는…하나님에게서 난 사람들"이라는 표현이 바로 그 다음에 등장하고, 그 표현 역시 중요한 기능을 수행하나, 그것은 "하나님의 자녀"를 설명하기 위한 부가적 위치로 등장하기 때문에 결국 "하나님의 자녀"가 핵심 용어가 된다.

물론 서막의 중심단락의 범위를 설정하는 문제는 학자들에 따라 상이하다. 보이스마드(M. E. Boismard)는 교차 대구법적 분석을 통해 서막의 중심단락이 12−13절에 있다고 주장했다. 그에 따르면 1−2절은 18절에 상응하고, 3절은 17절에, 4−5절은 16절에, 6−8절은 15절에, 그리고 9−11절은 14절에 상응하지만, 12−13절은 독립적이기 때문이라는 것이다.[12] 그러나 보이스마드가 9−11절을 14절에 상응한다고 본 것은 본문에서 크게 벗어난 주장이다. 왜냐하면 세상에 온 말씀을 소개하는 9−10b절은 같은 내용

12) M. E. Boismard, *St. John's Prologue* (London: Blackfriars Pub., 1957), pp. 79f.

인 14절에 상응하지만, 그 말씀에 대한 세상의 무지나 거부를 보여주는 10c-11절은 14절의 어느 내용에도 상응하지 않기 때문이다. 그가 설정한 중심단락은 다소 협소한 것이라 하겠다.

쿨페퍼(R. A. Culpepper)의 구성은 부분적으로 보이스마드와 같고, 부분적으로는 다르다. 가령, 1-8절이 15-18절의 각 부분에 상응한다는 점에 있어서는 쿨페퍼는 보이스마드와 견해를 같이한다. 그러나 쿨페퍼에 따르면, 보이스마드가 11절을 10절에서 분리시키지 못한 것은 잘못이라는 것이다. 그 이유는 11절의 강조점은 "세상"으로부터 "자기 백성"에로 넘어갔을 뿐 아니라, 11절은 오히려 13절에 상응하기 때문이라는 것이다.[13] 그러나 보이스마드에 대한 쿨페퍼의 이러한 비판은 본문의 지원을 얻을 수 없다. 쿨페퍼의 희망과는 달리, 10c절과 11절은 분리될 수 없다. 왜냐하면 10c절의 "세상"과 11절의 "자기 백성"은 서막에서 말씀에 대한 무지나 거부의 유사한 주체로 소개되고 있기 때문이다. 더구나 그는 11절을 13절에 상응시키고 있으나, 그 두 구절은 서로 병행될 수 없다. 쿨페퍼는 11절과 13절은 물론 다른 구절들을 그 용어나 내용의 유사성들에 기초하여 병행시키고 있다. 그러나 11절과 13절은, 그 용어나 내용이 그의 무리한 가정과는 달리 서로 현격하게 상이하기 때문에 병행될 수 없다. 용어만 하더라도 그가 선정한 이스라엘을 나타내는 11절의 주요 용어인 "*hoi idioi auton*"은 13절에는 나오지 않는다. 내용에 있어서도 13절의 "하나님에게서 난 사람들"은 11절의 예수를 영접하지 않은 "자기 백성"이 아니라 12절의 "하나님의 자녀"와 동격으로 소개되고 있다. 더 나아가 쿨페퍼는 12절로부터 13절을 분리시키고 있으나,[14] 이는 타당하지 않다. 13절은 단지 12절을 부연설명하고 있는 구

13) R. A. Culpepper, "The Pivot of John's Prologue," *NTS* 27 (1981) : 17.

14) *Ibid.*, 14f.

절이기 때문이다. 물론 쿨페퍼가 서막의 핵심 용어를 "하나님의 자녀"로 본 것은 정곡을 찌른 것이다. 그러나 그렇게 보기 위해 그가 구성한 교차 대구법은 허술한 것이라 하겠다.

서막의 중심단락을 오히려 10c－13절이라 하겠다. 중심단락을 10c－13절로 잡은 것은 1－10b절이 14－18절의 각 부분과 병행을 이루고 있는 것과는 대조적으로, 10c－13절은 병행을 찾을 수 없기 때문이다. 특히 중심단락에 10c－11절을 포함시킨 것은 말씀에 대한 무지나 거부를 보여주는 10c－11절도 그 적절한 병행이 없기 때문이다. 서막 저자는 이 중심단락에서 거부하는 자와 영접하는 자(혹은 믿는 자)를 선명하게 대조시키면서 강조점을 "하나님의 자녀"에게 둔다. 요한복음서의 상당 부분이 예수를 믿는 요한공동체와 그를 거부하는 유대인들 사이의 갈등을 표출하고 있다는 점을 감안한다면, 이러한 분위기가 집약되어 있는 10c－13절을 서막의 중심단락으로, 또 요한공동체의 자기 이해가 명료하게 드러난 "하나님의 자녀"를 그 단락의 핵심 용어로 설정한다는 것은 자연스러운 귀결이 될 것이다.

한편 브라운(R. E. Brown)은 11절과 12절을 요한복음서의 큰 두 부분에 대한 각각의 요약으로 보고 있다.

> 11절은 표적서(1－12장)를 포괄하고 있는 바, 표적서는 예수가 자기 땅에 어떻게 왔는가를 갈릴리와 예루살렘에서의 선교를 통해 이야기해 주고 또 자기 백성이 어떻게 그를 영접하지 않았는가를 이야기해 준다. 12절은 영광서(13－20장)를 포괄하고 있는 바, 영광서는 그를 영접했던 사람들을 향한 예수의 말씀을 담고 있고, 또 그들에게 생명의 선물을 주고 그들을 하나님의 자녀로 삼기 위해 그가 자기 아버지에게로 어떻게 돌아갔는가를 이야기해 준다.[15)]

---

15) R. E. Brown, *John*, I, p. 19. 강조점은 필자의 것.

브라운의 이러한 착안은 매력적이긴 하나, 개연성이 높은 것은 아니다. 표적서의 내용을 예수에 대한 "거부"로, 영광서의 내용을 그에 대한 "영접"으로 요약하는 것은 지나친 단순화 작업이라 할 수 있다. 표적서에도 예수에 대한 "영접"이 소개되고, 영광서에도 그에 대한 "거부"가 소개되고 있기 때문이다. 뿐만 아니라 12절이 13-22장의 내용을 요약하고 있다는 그의 설정도 문제가 된다. 그 이유는 12절의 핵심 용어인 "하나님의 자녀"는 영광서(13-20장)가 아니라 표적서(1-12장)에만 나타나고 있기 때문이다.

"하나님의 자녀"는 구약이나 쿰란문서에는 나타나지 않는다. 정경복음서 중에서는 오직 요한복음서에만 나타난다.[16] 요한공동체의 자기 정체성은 "하나님의 자녀"로 규정된다. 요한공동체 멤버들은 스스로를 신적 기원을 가진 사람들로 설정했다. 그들의 이런 입장은 예수에게 찾아온 니고데모의 일화에서 보다 분명해진다. 예수와 니고데모와의 대화(3 : 1-15)는 예수로 대표되는 요한공동체 멤버들과 니고데모로 대표되는 유대인들과의 대화이다(3 : 11-12 참조). 여기서는 강조점이 유대인이라는 인종적인 혈통만 가지고는 하나님의 나라를 볼 수 없다는 데에 주어진다. 곧 혈통은 그 나라를 위한 기준이 아니라는 것이다. 오히려 거듭났느냐의 여부, 곧 "위로부터" 났느냐, 아니냐의 상태 여부가 그 나라를 볼 수 있는 조건이 된다는 것이다. 유대인들은 이러한 상태의 중요성이나 가능성조차 알지 못할 뿐더러(3 : 9-10), 그 증거를 받지도 않고 믿지도 않는 것으로 묘사된다(3 : 11-12). 이와는 대조적으로 요한공동체 멤버들은 "외부로부터" 난 사람들로 설정된다. 유대인들이 아니라, 오히려 그들이 하나님의 나라를 보고 그 나라에 들어간다. 하나님의 나라에 들어간다는 것은 하나

16) 마태는 이것 대신 "하나님의 아들들"(*hyoi theou*)을 사용한다(마 5 : 9, 45). 한편 누가는 "하나님의 아들들"을 20장 36절에서 오직 한 번 사용하고, 마가는 전혀 사용하지 않는다.

님의 권능에 참여한다는 것을 뜻한다. 하나님의 권능을 나눌 수 있는 특권이 유대인들로부터 요한공동체의 크리스천들에게로 이동된다. 유대인들은 물과 성령으로 거듭나지 못했으나(3 : 5), 요한공동체 멤버들은 거듭났기 때문이다.

"하나님의 자녀"는 위로부터 난 사람들이다. 그들은 "혈통으로나 육정으로나 사람의 뜻으로 나지 아니하고 오직 하나님에게서 난 사람들"(1 : 13)이다. 이것이 요한공동체가 새로운 기준으로 스스로를 규정한 모습이다. 그들은 자신들이 "하나님의 자녀"임을 입증하기 위해 자신들은 유대인들이 설정한 인종적인 혈통이나 인간적인 기준을 넘어섰다고 주장한다. 더 나아가 그들은 자신들이 "하나님의 자녀"인 이유는 자신들이 "하나님에게서 난 사람들"(*hoi…ek tou theou egennēthēsan*)[17]이기 때문이라고 설명한다. 요한이 본 예수도 스스로의 기원을 "하나님에게서"라는 표현으로 설명한다. "이는 내가 하나님에게서(*ek tou theou*) 왔기 때문이다. 나는 스스로 온 것이 아니라, 아버지께서 나를 보내셨다"(8 : 24). 요한 기자는 "하나님에게서"라는 표현을 통해 요한공동체 멤버들의 신적 기원을 예수의 신적 기원과 일치시킨다.[18] 이것이 요한공동체의 영광의 한 단면이다. "하나님에게서 나오지 않은"(*ek tou*

---

17) 몇몇 라틴 사본들(it[b], Irenaeus[lat], Tertullian Origen[lat])은 '*hoi …ek theou egennēthēsan*'을 단수로 이해하고 있다. 그러나 이러한 사본들을 제외한 대부분의 사본들은 그것을 복수로 이해하고 있다. 현대 주석가들 중 R. Seeburg와 F. M. Braun 등은 단수를 선호하나, R. E. Brown, R. Schnackenburg, C. K. Barrett 등은 복수로 이해한다. 번역의 경우 *Jerusalem Bible*은 그것을 단수로 처리했으나, 그밖의 대부분은 복수로 처리했다. 단수로 이해할 때의 문제점에 대해서는 J. W. Pryor, "Of the Virgin Birth or the Birth of Christians? The Text of John 1:13 Once More," *NovTest* 27(1985) : 296−318을 참고하라.

18) 이 표현과 유사한 것으로 "*para sou*"가 있다. 하나님이 예수에게 준 사람들의 기원이 "*para sou*"인 것처럼(17 : 7), 예수의

theou ouk…) 유대인들(8 : 47)과는 달리, 예수의 요한공동체 멤버들은 모두 "하나님에게서" 난 것으로 그 성격이 규정된다.

따라서 요한이 본 예수는 부활 직후, 막달라 마리아에게 자신의 "형제들"에게 자신의 말을 전하라고 명령한다. "내가 내 아버지 곧 너희 아버지, 내 하나님 곧 너희 하나님에게로 올라간다" (20 : 17). 예수와 그를 믿는 형제들은 동일한 영역에 속하는 것으로 설정된다. 예수가 신적 기원을 갖고 있다면, 그를 믿는 그의 "형제들"도 당연히 신적 기원을 갖게 된다. 한편 그 "형제들"은 15장 14절과 15c절에서 예수의 "친구"(*philos*)로도 규정된다. 친구 관계란 동일한 영역에 속해 있는 사람들끼리 맺는 특별한 종류의 인간 관계를 뜻하기 때문에 예수의 "친구" 역시 예수와 마찬가지로 신성을 지닌다.

쿨페퍼는 "하나님의 자녀"와 예수의 "형제"는 동의어로 처리하면서, "친구"는 그 두 용어로부터 힘겹게 분리시키고 있다. 그에 따르면, "하나님의 자녀"나 "형제"가 사용될 만한 곳에 "친구"가 사용된 것은 예수의 사업이 아직 완전히 성취되지 않았기 때문이라는 것이다. 곧 "부활 이후에야" 제자들은 비로소 "형제"로 불려진다는 것이다.[19] 이러한 쿨페퍼의 주장은 관철될 수 없다. 물론 믿는 사람들이 예수의 "형제"로 불려진 것은 예수의 부활 이후였다는 그의 지적에는 무리가 없다. 그러나 요한 기자는 쿨페퍼의 희망과는 달리, 믿는 사람들을 부활 이전에도 자신의 형제로 간주했다.

> 예수께서 그 모친과 사랑하시는 제자가 곁에 섰는 것을 보시고 그 모친께 말씀하되 여자여 보소서 아들이니이다 하시고 또 그 제자에게 이르시되 보라 네 어머니라 하신대 그 때부터 그 제자

기원도 "*para sou*"로 소개된다(17 : 8).

19) R. A. Culpepper, "The Pivot of John's Prologue," 29.

가 자기집에 모시니라(19 : 26-27).

물론 여기에 "형제"라는 용어 자체는 사용되지 않았다. 그 이유는 무엇인가? 쿨페퍼의 주장처럼 아직 부활 이전이기 때문인가? 이 단락에서 예수와 그 제자는 형제 관계로 분명하게 설정되고 있다. "형제"라는 용어가 생략된 것은 그 시기가 아직 부활 이전이기 때문이 아니라, 그 둘이 형제 관계임이 당연하게 전제되어 있었기 때문이다. 더구나 예수가 그를 따르는 사람들을 "친구"로 부른 이유도 쿨페퍼의 주장과는 달리, 그 시기가 아직 부활 이전이기 때문이 아니다. 오히려 그 이유는 예수가 아버지에게서 들은 것을 그들도 예수를 통해 다 들었기 때문이다(15 : 15d). 곧 예수를 믿는 사람들은 신적 비밀을 그와 함께 공유하는 특권을 그를 통해 누리게 되었기 때문에 그의 "친구"로 불려진 것이라 할 수 있다. 결국 예수의 "친구"나 "형제"는 "하나님의 자녀"의 또 다른 이름들이다. 그것들 모두가 요한공동체 멤버들의 신적 기원을 강조하기 위한 규정들로 사용된다. "하나님의 자녀"로서의 요한공동체 멤버들은 예수의 친구요 형제가 되는 영광을 얻게 된다.

"하나님의 자녀"의 정체성을 얻기 위한 기본적인 조건은 예수의 이름을 믿는 일이다(1 : 12). 예수를 영접하지 않은 유대인들은 하나님의 자녀가 될 수 없다(1 : 11). 그러나 요한 기자는 "하나님의 자녀"라는 정체성을 요한공동체의 현재 멤버들로만 제한시키고 있지 않다. 앞으로 요한공동체에 연합될 모든 믿는 자들은 "하나님의 자녀"로 불려진다.

> 예수께서 그 민족을 위하시고, 또 그 민족만이 아니라 흩어진 하나님의 자녀(*tekna tou theou*)를 모아 하나가 되게 하기 위하여 죽으실 것을 미리 말씀하셨다(11 : 51-52).[20]

마틴(J. L. Martyn)은 여기서 흩어진 하나님의 자녀는 유대 민족을 뜻한다고 주장한다. 그러나 적어도 요한복음서에서 하나님의 자녀는 인종적인 혈통으로 판별되는 것이 아니라, 예수에 대한 믿음 여부로 판별된다. 요한공동체 멤버들은 흩어진 하나님의 자녀들과 자신들의 연합을 희망하고 있었다. 흩어진 하나님의 자녀들이 바로 10장 16절에서 말하는 이 우리(요한공동체)에 들지 아니한 "다른 양들"이다.[21] 요한공동체는 그들도 한 무리가 되어 한 목자 밑에 있게 될 것을 바라고 있었다. 예수에 의해 창출된 그 연합사업은 이제 요한공동체의 활동에 의해 지속적으로 유지된다. 예수의 사업을 계승할 이 같은 특권을 부여받은 것 역시 요한공동체의 영광의 한 단면이다.

결국 요한공동체에 있어서 영광의 획득은 간접적이고 매개적인 통로를 통해 이루어진다. 요한공동체가 신적 기원을 지닌 "하나님의 자녀"가 되는 영광을 누리게 된 것은 스스로의 힘에 의해서가 아니라, 그러한 특권을 허락한 로고스에 의한 것이다. 또 그 영광은 저절로 주어지는 것이 아니라, 예수에 대한 영접, 곧 그의 이름에 대한 믿음이 전제되어야 주어진다.[22] 요한공동체가 예수의 "친구"가 되는 영광을 얻게 된 것도 "이제부터 너희를 종이라 부르지 않겠다… 너희를 친구라 부르겠다"(15 : 15)는 예수의 허락에 의한 것이다. 예수의 "형제"가 되는 영광 역시 예수의 선언에

20) J. L. Martyn, *The Gospel of John in Christian History*(New York: Paulist Press, 1979), p. 118.

21) "다른 양들"이 누구를 뜻하는가에 관해서는, 서중석, "요한공동체의 기원과 성장," 『신학논단』 18집(1989) : 143f.를 참조하라.

22) 이런 점에서 R. Schnackenburg가 '*didonai*'만 가지고도 충분한 곳에서 '*eksousian*'이 첨가된 것은 하나님의 자녀가 되는 것이 오직 하나님에 의해 부여된 권능에 의존되어 있음을 강조하기 위함이라고 지적한 것은 예리한 지적이라 하겠다. 그의 *John*, I, pp. 261f.를 참고하라.

의해 얻게 된다. 신적 기원을 가진 "흩어진 하나님의 자녀"를 연합시키는 사업도 요한공동체가 처음으로 시작한 것이 아니다. 그 연합사업은 예수의 주도에 의해 창출되었고, 이제 그에 의해 요한공동체에게 위임되었기 때문이다. 따라서 요한공동체의 영광 획득은 예수의 주도와 매개에 의해서만 가능해진다.

2. 신들

하나님에게서 난 하나님의 자녀로서의 요한공동체 멤버들은 신적 기원을 갖고 있는 것으로 규정될 뿐 아니라, "신들"(*theoi*)로까지 이해된다. 이러한 사정은 10장 34-36절에서 암묵적으로 제시된다. "우리가 너를 돌로 치려는 것은 모독 때문이니, 이는 사람인 네가 스스로 하나님이라 하기 때문이다"라는 유대인들의 공격에 대해 예수는 이렇게 답변한다. "너희 율법에 기록된 바, '네가 너희를 신들이라 하였다' 하지 아니하였느냐? 성경은 폐하지 못한다. 하나님의 말씀을 받은 사람들은 신들이라 하셨거든…" (10 : 34-35). 물론 이 단락은 일차적으로 예수와 하나님의 하나됨을 주장하기 위해 소개되고 있다. 그러나 그 단락은 동시에 요한공동체의 자기 이해의 한 단면을 효과적으로 반영해 주고 있다. "내가 너희를 신들이라 하였다"는 말씀은 시편 82편 6절의 인용이다. 이 시편은 불의한 판관들에 대한 질책으로 이해되었다. 비록 그들이 지닌 신적 기능 때문에 그들이 "신들"로 불려졌다 해도, 그들은 다른 사람들처럼 죽게 되리라는 것이다(82 : 7). 시편 82편 6절을 인용하고 있는 요한복음서의 이 단락에 대한 네이레이(J. H. Neyrey)의 최근의 가설[23]은 독특한 것이라 하겠다. 네

23) J. H. Neyrey, "'I Said: You Are Gods': Psalm 82:6 And John 10," *JBL* 108(1989) : 647-663.

이레이에 따르면, 요한복음서 10장 34−35절은 그 시편 구절을 시내산에서 율법을 받았을 때의 이스라엘을 지시하는 것으로 이해하고 있다는 것이다.[24] 요한의 이러한 이해에서 중요한 역할을 한 것은 유대교적인 미드라쉬적 해석 전통인데, 그 전통은 이스라엘이 신으로 불려지는 이유를 이스라엘이 지니고 있는 '불멸', '거룩', '신성' 때문인 것으로 간주했다는 것이다. 그런데 요한은 이것들 중 '불멸'을 뺀 일종의 생략 형태 곧 '거룩'과 '신성'만을 선택한 채 자신의 그 단락을 구성했다는 것이다.[25]

> 비록 미드라쉬가 … 요한복음서보다 상당히 늦게 기록되었다 해도 시편 82편 6절에 대한 요한복음 10장 34−36절의 이해는 똑같은[미드라쉬적] 해석의 궤도에 속하고 있다.[26]

이러한 네이레이의 주장은 중대한 결함을 지닌다. 요한복음서보다 훨씬 늦게 기록된 미드라쉬를 통해 요한복음서의 이 단락에 나타난 기본 입장을 역으로 소급하여 해석하는 그의 연구 방법이 지니는 문제를 접어둔다 해도, 그 '결함'은 개선되지 않는다. 해당 미드라쉬에서 그토록 중요한 주제가 되고 있다는 '불멸'[27]이 요한복음 10장 34−36절에서 빠진 것을 단지 요한의 생략형 선택 때문으로 돌리려는 것은 무리이다. '불멸'이 요한의 그 단락에 나타나지 않는 것은 생략 때문이 아니라, 그것이 '신들'로 불려지는 조건이 아니었기 때문이다. 요한에게 있어서 그 조건은 하나님의 말씀이 주어졌느냐 아니냐의 여부에 달려 있다(10 : 35).

한편 네이레이에 따르면, 시편 82편 6절에 대한 미드라쉬는 하

---

24) *Ibid.*, 647−649.
25) *Ibid.*, 655ff.
26) *Ibid.*, 663.
27) *Ibid.*, 655−659.

나님이 이스라엘을 신으로 불렀다는 것을 강조하고 있다는 것이다. 따라서 이 미드라쉬와 같은 전통에 서 있는 요한복음서 10장의 해당 단락에서도 예수가 스스로 하나님과 동등하다고 말했다는 유대인들의 고소는 잘못되었다는 것이다. 왜냐하면 오히려 하나님이 예수를 하나님의 아들로 삼았기 때문이라는 것이다.[28)]

그러나 요한 기자는 네이레이의 가설과는 달리, 예수가 스스로 하나님과 동등하다고 말했다는 유대인들의 시비 자체를 잘못된 것으로 보고 있지 않다. "나와 아버지는 하나이다"(10 : 30), 또는 "나를 본 사람은 아버지를 보았다"(14 : 9)는 구절들을 포함한 이와 유사한 수많은 예수 자신의 선언들은 유대인들의 시비의 그 부분이 잘못되지 않았음을 반증해 준다. 오히려 여기서 요한은 예수가 어떤 의미에서 자신이 하나님과 동등하다고 주장했는가를 밝히려 한다. 예수의 대답은 이러한 뜻을 담고 있다. 이스라엘의 판관들이 신들로 불려진 이유가 그들이 하나님의 말씀의 운반자들이었기 때문이었다면, 하나님이 성별하여 세상에 보낸 하나님의 말씀의 독특한 운반자인 자신이 하나님으로 불리는 것은 더욱 당연한 일이 아니냐는 것이다.[29)]

물론 시내산에서 율법을 받았을 때 이스라엘인들이 신들로 불려졌다는 네이레이의 분석은 개연성이 높다고 하겠다.[30)] 그러나 요한이 그러한 시편의 가정된 정황을 그대로 수용했는지의 여부는 확실하지 않다. 그러나 그러한 가정된 정황이 사실이었다 해도 요한의 강조점은 상당히 이동되어 있다. 말을 바꾸면, 요한은 율법을 받은 사람들이 아니라, "하나님의 말씀"을 받은 사람들을

---

28) *Ibid.*, 662.

29) R. E. Brown, *John*, I, p. 409이하를 참고하라.

30) J. H. Neyrey, "'I Said: You are Gods': Psalm 82: 6 and John 10," 648-649; C. K. Barrett도 이런 입장을 지지한다. 그의 *The Gospel According to St. John*, 2nd ed.(London: SPCK, 1978), p. 384를 보라.

"신들"로 규정한다. 여기서 요한의 전형적인 이중의미 구사 전략이 드러난다.[31] 율법은 물론 하나님의 말씀이었다. 그러나 하나님의 말씀(*logos*)은 서막의 로고스 기독론에 드러나 있듯이 예수에 대한 또 다른 표현이기도 하다. 곧 요한은 "예수"를 받은(영접한) 사람들을 "신들"로 새롭게 설정한다. 율법을 받은 사람들을 신들로 규정하는 것과 예수를 영접한 사람들을 신들로 규정하는 것과는 엄청난 차이가 있다. 지금까지 10장 34-36절을 다룬 네이레이나 필립스[32] 등 최근의 연구가들을 포함한 많은 학자들은 예수와 유대인들 사이의 논쟁에만 자신들의 관심을 집중한 나머지 이 단락에 반영된 요한공동체의 자기 이해, 곧 "신들"로 표현된 그 공동체의 자기 규정을 포착하지 못했다.

"신들"로 설정된 요한공동체의 자기 이해는 그 공동체 멤버들과 예수와의 상호 거주 또는 그들과 예수 및 하나님과의 상호 거주에 의해 보다 강화된다. A와 B가 동격이 되기 위해서는 A가 B를 포괄하고 동시에 B가 A를 포괄해야 가능하다. 곧 어느 한쪽에 대한 다른 한쪽의 일방적인 포괄만으로는 가능하지 않다. 예수는 자신에게 "하나님이 준 사람들"(17 : 6a) 곧 본래 아버지의 것이었고(17 : 6b), 지금도 그의 것(17 : 9)으로 설정된 사람들 안에 거한다(17 : 23, 26). 동시에 그들은 예수 안에 거한다(15: 6, 7). 결국 예수와 요한공동체 멤버들은 서로가 서로 속에 거한다. "내 살을 먹고 내 피를 마시는 이는 내 안에 거하고 나도 그 안에 거한다"(6 : 56). 더 나아가 하나님 안에 예수가 예수 안에 하나님이 거하는 것처럼 요한공동체 멤버들은 물론 그 멤버들의 활

---

31) 요한복음서의 이중의미 구사 전략에 관해서는 E. Richard, "Expressions of Double Meaning and Their Function in the Gospel of John," *NTS* 31(1985) : 96-112를 참고하라.

32) W. Gary Phillips, "An Apologetic Study of John 10:34-36," *BibSacra* 146(1989) : 405-419.

동을 통해 그들과 하나가 될 모든 믿는 사람들은 "우리"로 표현되는 예수와 하나님 안에 거할 것이다(17 : 21). 동시에 예수와 하나님이 예수를 사랑하고 그 말을 지키는 사람들 안에 거할 것이다(14 : 23). 하나님에 의해 예수 자신에게 주어진 영광이 이제 예수 자신의 주도에 의해 요한공동체 멤버들에게도 주어진다(17 : 22).[33] 이로써 예수의 영광은 요한공동체의 영광이 된다. 그러나 요한공동체는 이러한 영광을 예수의 주도와 매개의 통로를 통해서만 얻게 된다.

Ⅳ. 결어

요한복음서에서 예수는 "하나님의 아들"로서 만민을 다스리는 영광을 아버지에 의해 얻게 된다. 그러나 그 복음서에서 예수의 영광은 그가 신적 기원이나 신성을 지니고 있다는 수준으로 제한되지 않는다. 예수가 하나님으로 이해되고, 예수와 하나님은 서로가 서로를 통해 영화롭게 되는 것으로 제시된다. 하나님의 영광은 예수의 영광이 된다. 한편, 요한공동체 멤버들은 "하나님의 자녀"가 되는 영광을 예수에 의해 얻게 된다. 그러나 요한복음서에서 요한공동체 멤버들의 영광은 여기에 머물지 않는다. 예수를 영접한 그들은 "신들"로 불려진다. 예수는 하나님에게서 자신이 받은 영광을 자신의 주도와 매개를 통해 요한공동체에게 줄 뿐

33) 17 : 22에 사용된 "dedōkas"와 "dedōka"는 단순과거가 아니라 모두 완료시제로서, 예수는 아버지에게서 영광을 계속해서 받고, 그들은 예수에게서 영광을 계속해서 받는다는 뜻을 함축하고 있다. R. E. Brown, *John*, Ⅱ, p. 770 이하를 보라.

아니라, 그 자신이 요한공동체에 의해 영광을 얻는다. 예수의 영광은 요한공동체의 영광이 된다.

요한 기자는 예수가 본래 하나님이었으나, 육신을 입고 이 땅에 내려온 것으로 묘사한다. 예수의 영광은 그가 자신의 본래의 신분, 곧 하나님의 신분을 회복할 때 그 정점에 도달한다. 하향이동되었던 신분이 그 본래의 위치에 이르기까지 상향이동될 때 예수는 완전한 의미의 영광을 얻게 된다. 독특한 형태로 전개된 이러한 요한의 영광의 신학 사상 속에는 요한공동체가 처한 현실과 희망이 반영되어 있다. 말을 바꾸면, 요한의 영광사상은 유대교로부터의 축출로 인해, 사회적 신분의 현저한 하향이동을 겪은 요한공동체 멤버들의 불안한 현실과, 그 현실로부터의 상향이동에 대한 희망을 표출시키고 있다는 말이다.

물론 요한공동체의 상향이동의 목표는 과거 자신들이 누렸던, 유대교내의 안정권에 속했던 자신들의 사회적 신분을 모세로 대표되는 유대교적 통로를 통해 다시 회복하려는 것이 아니었다. "하나님의 자녀들", "하나님에게서 난 사람들", "예수의 친구들", "예수의 형제들", "신들" 등과 같은 요한공동체의 주요한 자기 규정들은 그 공동체의 사회적 신분의 상향이동 목표가 예수에 대한 믿음의 통로를 통해 하나님으로서의 예수와 하나가 되는 데에 있었음을 보여준다. 이것이 이루어질 때 요한공동체는 완전한 의미의 영광을 얻게 된다. 이것이 바로 유대교로부터 박해를 겪은 요한공동체 멤버들이 자신들의 좌절과 수치를 초극하고, 그 박해자들을 효과적으로 논박하기 위해 설정한 사회적 상징세계의 한 중요한 측면이라 하겠다.

□부 록

1. 신약전서 새번역 평가
   —복음서를 중심으로
2. 성서교육의 교재와 원리
3. 사회학적 신약해석의 동향

□부록1

신약전서 새번역 평가
—복음서를 중심으로

Ⅰ. 서 언

나이다(Eugene A. Nida)와 타버(Charles R. Taber)는 그들의 공동 저서인『번역의 이론과 실제』[1]에서 몇 가지 중요한 성서 번역 원칙을 세워 놓았다. 문자적인 일치에 대한 상황적 일치의 우선권, 형식의 동등성에 대한 내용의 동등성의 우선권, 문어체에 대한 청각체(들리는 형태)의 우선권, 그리고 전통적으로 익숙한 형태에 대한 번역 대상 위주 형태의 우선권 등등이 그것이다.[2] 이들은 이러한 원칙을 "dynamic equivalence"라 부르고 있다. 최근 이들은 그 용어를 "functional equivalence"라는, 보다 적절한 총칭으로 대치시키면서 이러한 원칙을 지속적으로 강화시켜 나가고 있다.[3]

---

1) *The Theory and Practice of Translation*(Leiden: E. J. Brill, 1969).
2) *Ibid.*, p. 14.

'형식 일치'보다 '내용 일치'를 내세우는 이러한 번역 원칙 자체의 정당성 여부를 점검하려는 것이 본 소론의 목적은 아니다. 그러한 문제에 관해서는 수많은 논의들이 있어 왔다.[4] 그 원칙에 대한 찬성이나 반대는 번역의 목적과 의도와 종류에 따라 달라질 수 있는 것이기 때문에 그 원칙 자체를 조건 없이 찬양하거나 반박하는 것은 어색한 작업이 될 것이다. 새로운 세대를 위해 새로운 표현을 사용하려 애쓴 『신약전서 새번역』(1967)은 그 의도로만 본다면 분명 "dynamic equivalence"에 가깝다 할 수 있다. 그러나 그 의도대로 실제에 있어서도 이러한 원칙이 철저히 지켜졌는지는 면밀한 점검을 필요로 할 것이다. 오히려 전체적인 인상으로 말한다면, 새번역은 직역에 가까운 번역이라 할 수 있다.[5]

본 소론의 목적은 대한성서공회가 준비하고 있는 새번역의 개정 작업에 즈음하여 그에 대한 문제 중심의 평가를 선행시킴으로써, 그 작업의 내용과 방향 설정에 부분적으로 기여하려는 것이다. 여기서는 주로 복음서를 점검 대상으로 삼고, 새번역의 공과를 평가해 나가고자 한다.

---

3) Jan De Waard and Eugene A. Nida, *Functional Equivalence in Bible Translating: From One Language to Another*(Nashville, Camden, New York: Thomas Nelson Publishers, 1986)를 참고하라.

4) 여기에 관해서는 Eugene H. Glassman, *The Translation Debate: What Makes a Bible Translation Good?* (Downers Grove: IVP, 1981); Mildred Larson, *A Manual for Problem Solving in Bible Translation*(Grand Rapids: Zondervan, 1975); Jack P. Lewis, *The English Bible from KJV to NIV: A History and Evaluation* (Grand Rapids: Baker, 1981) 등을 참고하고, 특히 "dynamic equivalence"의 문제점들을 지적한 논문으로는 D. A. Carson, "The Limits of Dynamic Equivalence in Bible Translation," *EvanRevTh* 9(3, 1985) : 200－213을 참고하라.

5) "공동번역성서평가－심포지엄," 『신학사상』 22(1978) : 497－512. 여기서 안병무는 새번역을 "직역으로는 놀랄 정도로 정확하게 참 잘했다"(*Ibid.*, 503)고 평가하고 있다.

Ⅱ. 다양한 번역

새번역은 상대적으로 덜 중요한 단어들, 가령 καί와 εὐθύς 등을 자유롭게 번역하고 있다. καί의 경우, 마가복음서 1장만 살펴보아도 여러 가지로 처리되고 있음을 알 수 있다. "그 무렵"(막 1 : 9), "그때"(1 : 11, 36), "그때에"(1 : 12, 26), "그러자"(1 : 42) 등이 그것이다. 정작 "그리고"는 마가복음 1장에서 오직 두번(1:10, 33)만 채택되고 있다. 그리고 많은 경우에 καί는 번역 대상에서 제외되고 있다.[6)]

εὐθύς도 마찬가지인데, 마가복음 1-4장만 살펴보면 "…하자마자"(1:10; 4:15), "곧"(1:18, 20, 28, 29, 42; 2:12; 4:5, 17, 29), "마침"(1: 23, 30) 등 자유롭게 처리되었고, 아예 생략된 것도 여러 번이다(1: 21, 43; 2:8; 3:6; 4:16).

이러한 자유롭고 다양한 번역 중 대표적인 것으로는 πόλις를 들 수 있는데, 이 단어는 "동네"(막 1:33, 45; 6:33), "읍내"(막 5: 14), "도시"(막 6:56), "성"(城)(막 11:19; 14:13, 16) 등 여러 가지로 번역되었다. κώμη의 경우도 비슷하다("촌", 막 6:6; "마을", 막 6:36, 56; 8:23, 26, 27; 11:2). ἀγρός도 다양하게 처리되었다("촌", 막 5: 14, 56; "농가", 막 6: 36; "토지", 막 10: 29, 30; "들", 막 11: 8; "밭", 막 13: 16; "시골", 막 16:12).

이러한 다양성이 새번역의 특징 중 하나인데, πόλις나 κώμη 또는 ἀγρός 등의 각 단어들을 엄격히 번역하지 않은 것은 대체로 이 단어들 중 어떤 한 단어가 여러 번 사용되었다 해도 똑같은 장소에 대한 지칭은 아니기 때문에, 그때그때 상황에 맞는 우리

6) 새번역 마가에서 καί가 문장 처음에서 생략된 곳은 1장만 해도 무려 21회나 된다(1:14, 15, 16, 17, 18, 19, 20, 21, 22, 25, 27, 28, 31, 34, 35, 38, 39, 40, 41, 43, 44).

말을 고르기 위한 적절한 조치였다 할 수 있다.

다만 이미 언급한 것 중 6장 6절이나 5장 14, 56절은 각기 κώμη와 ἀγρός라는 다른 용어들로 기술되어 있는데도 새번역에서는 이를 모두 같은 단어인 양 "촌"으로 번역해 놓은 바, 이는 개정의 대상으로 고려될 수 있을 것이다. 또 신약 전체를 통틀어 오직 마가복음 1장 38절 한 곳에만 등장하고 있는 κωμοπόλεις도 단지 "여러 마을"이라고 앞의 것만 번역해 놓아 뒤의 πολεις는 있으나마나 한 것이 되어 버렸다.

또 원문에서는 빠진 단어가 새번역에서는 보충을 위해 들어가기도 하고(가령 막 4: 35의 "바다"의 경우), 원문에는 있으나 새번역에는 빠지기도 한다(가령 θάλασσα라는 단어를 생략한 막 5: 21의 경우). 또는 원문의 단어가 다른 지시사로 대치되기도 한다(가령 λίμνη가 "거기"로 대치된 눅 5:2의 경우). 그러나 이러한 것들은 새번역의 결함이라기보다 오히려 특징으로 평가될 수 있을 것이다. 그럼에도 불구하고 다음의 경우들은 개정을 고려해 봄직한 것들이다. 사용 빈도수가 높은 한 중요한 단어가 불가피한 경우가 아닌데도 불구하고 여러 가지로 번역된 경우가 그것이다. 가령, 새번역은 θάλασσα를 일관성 있게 번역하지 못했다. 마가복음 1:6; 2:13; 3:7; 4:1; 7:31에서는 그 단어를 "호수"로 번역했으나, 같은 장소를 지칭하는 같은 단어를 같은 문서(마가)의 4:39, 41; 5:1, 13, 21; 6:47, 48, 49에서는 "바다"로 번역했기 때문에, 듣는 사람이나 읽는 사람 모두가 각기 다른 장소를 뜻하는 것으로 오해하기 쉽게 되어 있다. 물론 마가복음서 9장 42절과 11장 23절은 갈릴리와는 상관없는 일반적인 지칭이기 때문에 여기서는 논의의 대상에서 제외될 수 있으나, 그밖의 곳에서는 한 특정한 장소에 대한 지칭인 경우 이를 두 가지로 번역하는 것은 시정되어야 할 것이다. 누가복음서에서는 θάλασσα가 오직 17: 2, 6; 21:25 세 군데에서만 사용되고 있는데, 새번역 누가복음서에서는 세 번 다 "바다"로 번역되었다. 그러나 그 세 번의 경우가 모두 일반적인 지칭으로 갈릴리와는 상관이 없는 곳이었다. 누가는 갈릴리와 관련해서는 단 한 번도 *θάλασσα*를 사용하고 있지 않다. 대신 *λίμνη*가 채택되고 있는데, 새번역 누가복음서는 이를 모두 "호수"로 적절히 번역하고 있다.

*ὄχλος*의 경우, 새번역은 "군중"(막 2:4; 7:17; 8:6; 9:14, 15, 17; 11:32; 15:15)으로 또는 "무리"(3:9, 20, 32; 4:1, 36; 5:21, 24, 30, 31: 6:34, 45; 7:33; 8:1, 2; 9:25; 11:18; 15:8,11)로 일관성 없이 번역했을 뿐 아니라, 심한 경우에는 한 장면에서 그 똑같은 대상 *ὄχλος*를 "무리"와 "군중"으로 분별 없이 처리하고 있음을 볼 수 있다. 가령 마가복음서 8장 1, 2절에서의 "무리"가 8장 6절에서는 "군중"이 되고, 9장 14, 15, 17절의 "군중"이 9장 25절에서는 "무리"가 된다.[7]

요한복음서에 나오는 *παράκλητος*의 경우, 새번역은 개역처럼 "보혜사"로 번역했으나(요 14 : 16, 26 ; 15 : 26 ; 16 : 7), 이는 "변호자"가 훨씬 이해하기 쉬운 번역이 될 것이다. 실제로 그 단어를 같은 새번역 요한일서 2장 1절에서는 "변호해 주는 분"으로 처리하기도 했다. 그러나 "변호해 주는 분"보다는 간략히 "변호자"로 하는 것이 한결 적절할 것 같다.

다음은 2인칭 단수 주격의 문제인데, 우리말에는 2인칭 단수 주격의 높임말이 없기 때문에 새번역은 예수에 대한 지칭인 경우에는 그대로 "당신"(마 16:16; 막 8:29)으로 해놓았으나, 하나님에 대한 지칭인 경우에는 "아버지"(마 6:8, 9; 눅 11:2)로 바꾸어 놓고 있다. 그러나 "당신"은 우리말의 발전을 위해,[8] 그리고 분명

---

7) 이러한 현상은 다른 곳에서도 반복된다. 예수를 십자가에 못박으라고 외치는 장본인이 막 11:8, 11에서는 "무리"로, 같은 사람들이 그 다음 15절에서는 "군중"으로 된다. *ὄχλος*는 순수한 우리말인 "무리"로 통일하여 번역하는 것이 좋을 듯하다.

한 뜻의 전달을 위해, 과감히 계속 사용되어도 좋을 것 같다.

γυνή도 빈번히 문제가 되고 있는 단어들 중 하나이다. 여기서 여러 사람의 의견을 대표할 만한 하나의 대표적인 견해를 소개함으로써 이 문제를 다루어 나가려 한다.

> 희랍어 본문의 γυνή… 등의 명칭도 직역이 반드시 정확한 것이 아니다. …가령 어머니를 부를 때 γυνή는 우리말의 어머니에 해당할 것이다.[9)]

이것은 새번역이 아니라 공동번역을 평가하는 문맥에서 나온 지적이고, 바로 공동번역의 철저한 "dynamic equivalence"의 원칙을 따른 것임을 감안한다면 이는 적절한 진단이라고 할 수 있다. 그러나 이러한 진단이 어느 종류의 번역에나 다 적용되기는 어려울 것이다. 특히 '어머니를 부를 때 γυνή는 우리말의 어머니에 해당'된다는 그 원칙이 어떤 요한복음서 번역에도 일률적으로 해당될 수는 없을 것이다.[10)] 문제가 되는 요한복음 2장 4절이나 19장 26절을 "여자"로 번역한 개역과는 달리 새번역과 공동번역은 모두 "어머니"로 번역했다. 그러나 이러한 번역에서 문제가 되는 것은 왜 같은 문맥인 요한복음서 2장 1절에서 나오는 μήτηρ와는 다른 단어인 γυνή가 사용되었는지를 번역을 보고 독자 스스로가

---

8) 전경연, "공동번역 신약성서의 평가," 『신학사상』 22(1978) : 517.

9) 이상호, "공동번역 신약성서: 무엇이 문제인가?" 『신학사상』 22(1978) : 83

10) γυνή는 요한복음서에서만도 21회나 등장하고 있다. 사마리아 여인과의 관련에서 12번 (4:7, 9, 11, 15, 17, 19, 21, 25, 27, 28, 39, 42), 간음하다 잡힌 여인과의 관련에서 4번(8:3, 4, 9, 10), 일반적인 지칭으로 1번(16:21), 막달라 마리아에 대한 지칭으로 2번(20:13, 15), 그리고 예수의 모친에 대한 지칭으로 2번(2:4; 19:26) 등이다. 호칭으로 사용된 네 번의 경우 새번역 요한은 두 번(모친 마리아에 대한 호칭)은 "어머니"로, 다른 두 번은 "여인"으로 번역하고 있다.

의문을 가질 수 있도록 근거를 마련해 주지 못한다는 데 있다. 다시 말해서 요한복음서 2장 4절이나 19장 26절에서 모친에 대한 호칭으로 왜 "어머니"에 해당되는 μήτηρ가 아니라 "여자"에 해당되는 γυνή가 사용됐는지를 상상할 권리를 독자에게 부여해야 한다고 본다. μήτηρ를 γυνή로 부른 것 자체가 요한만이 갖고 있는 독특한 사상을 보여주고 있기 때문에 예수의 모친에 대한 호칭으로 사용된 γυνή는 "여자" 또는 "여인"으로 번역되어야 할 것이다. 이 점에서는 엄격하게 직역을 한 개역으로 돌아가야 할 것이다.

동사의 경우, παραδίδωμι는 "잡히다"(막 1:14), "배반하다"(막 3:19; 14:18, 21), "익다"(4:29), "물려받다"(7:23), "넘어가다"(9:31; 10:33; 13:9; 14:41), "내어주다"(13:12; 14:44; 15:15), 그리고 "끌어오다"(15:10) 등 여러 가지로 처리되어 있다. 마가에 있어서 중요한 이 용어는 "잡히다", "배반하다", "익다", "물려받다" 등을 제외하고, "넘어가다", "내어주다", "끌어오다" 등으로 번역된 것들은 일관성 있는 인상을 독자들에게 주기 위해 가능한 한 "넘겨주다"로, 수동태의 경우에는 "넘겨지다"로 번역되어야 할 것이다. 특히 마가복음서 15장 1절의 "예수를 결박하여 (a) 끌고 나가(ἀποφέρω) 빌라도에게 (b) 넘겨주었습니다(παραδίδωμι)"와 15장 10절의 "예수를 시기하여 자기에게 끌어온(παραδίδωμι) 것을 알고 있었습니다"를 대조해 보면, 후자(15 : 10)의 παραδίδωμι가 전자(15:1)의 (b)에 해당되나, 오히려 (a)에 해당되는 것으로 혼란을 가져올 수 있기 때문에, 후자의 "끌어온"은 "넘겨준"으로 개정되어야 할 것이다.

가장 번역하기 힘든 것 중 하나는 ἐπιτιμάω이다. 새번역에서 이 단어는 귀신 축출시에는 "꾸짖다"(막 1:25; 9:25)와 "엄하게 … 말하다"(막 3:12)로, 바람을 진압하는 경우에는 "꾸짖다"(막 5:39)로 번역되었다. 한편, 그 단어는 베드로의 고백과의 관련 속에서는 "엄하게 … 분부하다"(막 8:30)로, 바디매오의 외침을 억제시키는 장면과 그리고 어린이들에 대해 제자들이 부정적으로 반응하는 장면에서는 모두 "꾸짖다"(막 10:48; 10:13)로 처리되었다. 여기까지는 새번역이 적절한 수준이라 하겠다. 그러나 문제는 마가복음서 8장 32절과 33절에 있다.

> …이 말씀을 듣고 베드로가 예수를 따로 모시고 간했습니다(ἐπιτιμάω).
> 그러나 예수께서는 제자들을 돌아보시고 베드로를 꾸짖으시며(ἐπιτιμάω)…(33절).

여기서 베드로와 예수가 서로 똑같은 동사를 교환하고 있다는 점이 중요하다. 따라서 32절과 33절의 그 똑같은 단어를 우리말로도 하나의 단어로 번역해야 원뜻이 살아난다. 그러나 실제로 새번역은 이 점을 과감하게 살리지 못했다. 물론 32절을 "베드로가 예수를 …꾸짖었다"로 번역하기에는 동양적인 관습과 가치관이 차마 허락하지 않았을 것이다. 또는 독자들의 경악과 반발을 예상해서 내키지 않으면서도 "간했다"로 번역할 수밖에 없었는지도 모른다. 개역 역시 "간하매"(32절)와 "꾸짖어"(33절)로 번역되었는 바, 이 점에서 새번역은 개역으로 후퇴했다 할 수 있다. 공동번역은 "베드로는 예수를 붙들고 그래서는 안된다고 펄쩍 뛰었다.… 예수께서는 …꾸짖으셨다"로 번역하여 독자의 이해에는 전혀 무리가 없도록 꾸몄으나, 엄격한 의미에서 내용의 변경을 수반하고서야 가능했던 번역이 아닌가 싶다.

KJV이나 RSV또는 TEV는 모두 32절과 33절의 두 구절을 똑같은 동사 rebuke로 번역하여 원뜻을 생생하게 살리고 있다. 필자가 알기로는 이 두 구절에 대한 가장 탁월한 우리말 번역은 정양모 신부의 것이 아닌가 싶다. 『마르코 복음서: 한국 천주교회

200주년 신약성서 2』[11]에서 정양모 신부는 그 어려운 문제를 이렇게 해결하면서 원뜻을 뚜렷하게 살려 내고 있다.

… 베드로는… 그분을 나무라기 시작했다(32절).
… 예수께서는 베드로를 나무라며…(33절).

한편 이 곳 외에 다른 곳에서 그 똑같은 단어를 정 신부는 어린이에 대한 제자들의 자세와의 관련에서는 역시 '나무라다'로 번역하면서,[12] 귀신 축출이나 바디매오의 외침을 억제시키는 장면과의 관련에서는 "꾸짖다"로 번역한 바,[13] 이는 제자들과의 관련 속에서는 그 용어를 다소 부드럽게 처리하기 위한 의도가 아니었나 추정된다. 그러나 차라리 후자(1:25; 10:48)의 "꾸짖다"도 "나무라다"로 바꾸는 것이 공평한 번역이 아닐까 싶다. 필자는 8장 32절과 33절을 "비난하다"로 번역할 것을 제안한다. "나무라다"가 훌륭하긴 하나 다소 충격 완화적인 표현이라면, "비난하다"는 충격적인 표현이기 때문이다. 이런 충격적인 표현으로 번역함으로써 독자로 하여금 베드로가 왜 예수를 "비난"까지 하는 인물로 부각되었는지를 나름대로 물어보기 시작할 근거를 갖게 할 수 있기 때문이다. 만일 이를 지금의 개역이나 새번역처럼 "간하다"(32절의 경우)로 그대로 놔둔다면 원문의 충격적인 장면은 그 강도를 전적으로가 아니라면 적어도 현격히 잃게 될 것이다. 이런 뜻에서 마태복음서 16장 22절의 "간했다"도 "비난하다"로 번역되어야 할 것이다.[14]

---

11) 왜관: 분도출판사, 1981, pp. 96f.
12) *Ibid.*, p. 112.
13) *Ibid.*, p. 34, 122.
14) 마태의 경우에는, 예수가 베드로를 꾸짖는 장면이 생략되어 있고, 누가의 경우(눅 9:21 이하)에는 예수와 베드로가 서로 꾸짖는 장면 자체가 아예 생략되어 있다.

한편 새번역 마가는 *κωφός*를 "귀머거리"(7:37; 9:25)로, *ἄλαλος*를 "벙어리"(7:37; 9:17, 25)로 번역해 놓은 반면, *τυφλός*는 예외 없이 "맹인"으로 번역해 놓았다.[15] 순수한 우리말로 처리된 "귀머거리"나 "벙어리"처럼 *τυφλός*도 "맹인"이 아니라 "눈먼 사람"으로 번역되는 것이 바람직할 것이다.

Ⅲ. 청각체

성경 번역에 있어서 문어체보다 청각체(들리는 형태)가 우선적으로 고려되어야 하는 이유는 하나의 발음으로 여러 가지 다른 뜻을 나타내는 단어들이 종종 있고, 이런 경우에 야기될 혼란의 여지를 미리 제거해야 하기 때문이다.

새번역은 개역과 마찬가지로 *πάσχα*를 "유월절"로 번역하고 있다. 그러나 이것은 '六月'로 혼동될 소지가 많은 용어이다. 공동번역 초판에서는 "해방절"로, 공동번역 개정판에서는 "과월절"로 바꾸어 놓았는데, 새번역 개정판에서도 "과월절"이 적절하리라고 본다.

"내가 사자(*ἄγγελος*)를 보내어"(막 1:2)도 청중에게 들리는 형태의 우선권을 감안한다면 獅子나 死者로 들릴 위험이 있는 "사자"보다는 "소식을 전하는 사람"으로 번역하는 것이 더 좋을 듯하다. 물론 가능한 한 간결한 번역이 바람직하나, 이런 경우 청각체가 '간결' 때문에 희생될 수는 없을 것이다.

마태복음서 16장 18절의 경우, 성적(性的) 의미가 함축되어 있

---

15) 막 8:22, 23; 10:46, 49, 51.

는 것으로 오해되어 들리기 쉬운 개역의 "음부(ᾅδης)의 권세가 이기지 못하리라"에서 "음부"는 새번역에서는 "죽음"으로 보다 개선되었으나, 여기서는 죽음에 대한 가장 적합한 용어인 θάνατος와 구별한다는 뜻에서 "지옥"으로 번역되는 것이 보다 바람직할 것이다. 더구나 ᾅδης를 마태복음서 16장 18절에서 "죽음"으로 해놓은 새번역이 바로 그 똑같은 단어를 마 11:23; 눅 10:25; 16:23; 행 2:27, 31; 계 1:18; 6:8; 20:13, 14 등에서는 그대로 "하데스"라 음역해 놓는 불일치를 보여주고 있다. 또한 계시록 20장 13절과 14절에 걸쳐 ᾅδης가 θάνατος와 병행되어 두 번 언급되는 구절들, 곧 "ὁ θάνατος καὶ ὁ ᾅδης"를 새번역에서는 "사망과 죽음"이라고 해놓았으나 이는 실로 어설픈 번역이라 하겠다.

새번역의 마가복음서 9장 3절에서는 γναφεύς를 고어(古語)인 "마전장이"로 번역해 놓았으나, 이는 알아듣기 힘든 용어로, 새 세대를 위한 번역이라는 본래의 취지에도 맞지 않는다. 이를 차라리 개역 그대로 "빨래하는 자"로 하든가, 아니면 "표백사"로 하면 보다 이해하기 쉬운 번역이 될 것이다.

Ⅳ. 소제목

소위 "탕자의 비유"로 불리는 누가복음서 15장 11－32절의 소제목을 새번역은 "잃었던 아들의 비유"로 해놓았으나, 이 비유는 "탕자" 혹은 "잃었던 아들"의 행동이 아니라, 그러한 아들임에도 불구하고 끝까지 사랑한 "아버지"에 그 초점이 있기 때문에 이 소제목은 "아버지 사랑의 비유"라 해야 할 것이다. 마찬가지로 마태복음서 20장 1－16절을 새번역은 "포도원의 농부"라 해놓았는데, 이 역시 초점은 "농부"에게 있는 것이 아니라, 그러한 농부를 인과 법칙에 예속되지 않은 채 자유롭게 다루고 있는 "주인"에게 있기 때문에, 이 제목 역시 "포도원 농부"가 아니라 "자유로운 포도원 주인의 비유"로 처리되어야 할 것이다.[16] 마태복음서 25장 1-13절도 "열 처녀의 비유"로 되어 있으나, 여기서 강조하려는 것은 지체하는 신랑의 분명한 도래에 관한 확신에 있기 때문에, 이 비유는 "열 처녀의 비유"보다는 "신랑 도착의 비유"가 보다 적절한 제목이 될 것이다.

비슷한 전망으로 마가복음 4장 26-29절의 "자라나는 씨의 비유"는 "참고 기다리는 농부의 비유"로 바뀔 수 있을 것이다. 한편 지금 형태로는 "기도를 가르쳐 주신 예수"라는 제목 밑에 통합되어 있는 누가복음서 11장 5-8절은 "밤에 도움을 간청받은 친구의 비유"로, 그 다음에 나오는 11장 9-13절은 "간절한 간구와 확실한 응답"으로 각각 분리시켜 처리할 수 있을 것이다. 적절한 소제목이 중요한 이유는 그 제목이 내용에 대한 첫 인상을 결정해 주고, 이러한 인상은 별다른 충격이 없는 한, 변경되지 않

---

16) 예레미아스(J. Jeremias)는 이 비유가 실업의 공포가 지배하던 시대의 생활상을 반영하고 있기 때문에, 이 비유는 실업자들과 그 가족들을 동정한 포도원 주인처럼, 지극히 "자비로운 하나님의 무한한 사랑"을 이야기하려는 것이라고 주장한 바 있다. 그러나 이러한 제목은 빗나간 것이라 할 수 있다. 만일 이 비유가 하나님의 무한한 사랑을 강조하려는 것이었다면 결론 부분인 15절 전반부, 곧 "내가 내 것을 갖고 내 뜻대로 할 수 없다는 것이냐"는 걸맞지 않은 구절이 될 것이기 때문이다. 더구나 이 비유가 "무한한 사랑을 보여주려는 것이 아닌 이유는 모든 그룹이 한결같이 단지 하루를 연명하는 데 필요한 최소한의 금액만을 받았기 때문이다. 결국 이 비유는 하나님의 행위가 인간의 기준이 아니라 하나님 자신의 기준에 의존되어 있음을 보여주고 있기 때문에, "자비로운 주인의 무한한 사랑"보다는 "자유로운 포도원 주인의 비유"가 보다 더 적절한 제목이 될 것이다.

고 오래도록 지속되기 때문이다. 새번역의 경우 전반적으로 소제목들이 적절한 수준을 유지하고 있으나 지나치게 포괄적인 것들은 세분해도 좋을 것이다. 가령 마가복음서 7장 1-22절은 "장로들의 전통"이라는 제목 하나로 포괄하기에는 내용과 상황이 간단하지 않기 때문에 7장 13절과 7장 14-22절로 가르는 것이 바람직할 것이다.

V. 결 어

신약전서 새번역을 평가하기 위해 새번역 이전의 개역과 그 이후의 공동 번역을 비교 대상으로 선택한다면, 새번역은 개역에 비하면 자유스러운 "dynamic equivalence"에 가까우나, 공동번역에 비하면 보수적인 직역에 가깝다 할 수 있다. 새번역은 문체의 전면적인 변경과 함께 개역의 어려운 표현을 쉬운 표현으로 자유롭게 바꿈으로써 개역과는 전혀 다른 새로운 번역의 분위기와 가능성을 처음으로 제시하면서 한국 신·구약 번역사에 지대한 공헌을 했다. 그러나 새번역의 새로움은 단어 대 단어, 구절 대 구절의 변경 수준에 머물렀고, 공동번역이 보여준 '우리말다운 우리말'을 통한 자유스러운 문장 구성은 새번역에서는 비교적 억제되었다. 이러한 현상은 새번역의 특징일 뿐, 이것 자체가 새번역의 강점이나 약점이 되는 것은 아니다. 결국 새번역은 개역과 공동번역의 중감쯤에 놓여져 있는 번역으로 이는 출판 순서에도 걸맞는 위치라 할 수 있다.

새번역 개정판은 그 개정의 의도와 목적이 무엇이냐에 따라 개역에 가까운 것이 될 수도 있고, 공동번역에 가까운 것이 될 수도 있다. 곧 개정의 목적이 개정의 방향을 결정해 주기 때문에 분명한 목적 선정이 개정작업에 우선되어야 할 것이다. 그러나 대상에 따라 특징있는 여러 가지 번역들의 출간이 바람직하다고 볼 때, 새번역은 그 자체로 이미 하나의 독특한 위치를 점하고 있기 때문에, 대한성서공회가 계획하고 있는 새번역의 개정은 그 방향이 어느 쪽이든, 그 범위를 지극히 제한시켜야 할 것이다. 만일 개정의 범위가 지나치게 확대되어야 하는 상황이라면 차라리 개정을 포기하고, 또 다른 종류의 새로운 번역을 시도하는 것이 바람직할 것이다.

□ 부록2

성서교육의 교재와 원리

I. 서 언

이 소론의 목적은 우리 나라 말로 제작된 성서교육 교재들 중 대표적인 것들을 선택하여 그 유형에 따라 분류하고 각 교재들의 신학적 전제, 교육 방법, 제작 방향 등을 분석한 후, 성서교육의 기본 원리를 설정하려는 것이다. 대표적인 교재들에 대한 분석을 위해서는 교리적인 교재, 실험적 교재, 통전적 교재 등 세 종류별 범주를 사용하고, 성서교육 원리를 위해서는 형식일치와 내용일치, 본문과 상황, 통일성과 다양성 등 세 주제별 범주를 사용할 것이다. 각 교재들의 특징과 한계에 대한 분석은 성서교육 원리와의 밀접한 관련 속에서 제시될 것이다.

Ⅱ. 성서교육 교재

1. 교리적 교재

1) 『CCC 10단계 성경 교재』[1)]

한국대학생선교회가 펴낸 이 교재가 전제하고 있는 성서관은 교재 자체에는 명시적으로 나타나 있지 않으나, 그 연구 방법과 내용 전개들로부터 유추해 보면 세 가지로 대별된다.

첫째, 성서는 그 문자적 의미가 교회의 교의와 일치한다는 것이다. 이것은 18-19세기의 성서에 대한 역사-비평적 연구 이전의 개신교 정통주의와 같이 성서의 내용을 교리의 집대성 정도로 이해하고 있음을 보여준다. 곧 기독교의 중요한 교리적 개념들을 위한 증빙 구절들을 성서로부터 수집하는 방식으로 성서를 연구한다.

둘째, 성서의 내용은 역사적으로 정확하다는 것이다. 여기에는 역사적 예수와 신앙의 그리스도 사이의 간격에 대한 어떠한 인식도 나타나지 않는다.

셋째, 성서는 통일된 하나님의 말씀이라는 것이다. 성서의 각권 사이의 내용적 긴장과 다양성의 문제는 거의 취급되지 않고 있을 뿐 아니라, 각각의 책들이 갖고 있는 독특한 역사적 문맥은 무시되고, 성서는 단 하나의 색깔로 채색된 채, 기독교 교리를 정당화시키기 위한 한 권의 책으로 이해된다.

이 교재는 "성경연구의 올바른 자세"를 "기대와 경외감을 가지고 기도로써 성경에 임하는"[2)] 태도로 규정한다. 이러한 마음가짐을 권고하고 있는 이 교재는 기독교 신앙에 관계된 기본 주제들

---

1) 한국대학생선교회, 『CCC 10단계 성경 교재』(서울: 순출판사, 1985).

2) *Ibid.*, 제5권, p. 29.

을 선별하여 성경 구절들을 그 증빙 자료로 인용한다. 이 교재는 우선 그 기본 주제들의 내용을 설명한 후, 뒷부분에 "성경공부" 란을 두어 개인이 성경을 찾아가며 공부하도록 구성되어 있다. 곧 여기에는 성서의 내용과 기독교 교리는 일치한다는 전제가 깔려 있다. 가령, 제5권 『그리스도인과 성경』 중 제3과 "구약의 권위"[3]를 살펴보자. 이 과에는 구약 기자들의 증언, 그리스도의 증언, 사도들의 증언 등 세 주제들 밑에 "하나님께서 십계명을 친히 쓰셨다고 말한 모세의 두 가지 진술은 무엇인가?"(출 31:18; 32:16) 등 14항목의 공부 부문 질문들과, "시가서 다섯 권을 암송할 때까지 되풀이하여 외우고 여기에 적어보라" 등 3항목의 적용 부문 질문들이 제시되어 있다. 이 과에는 밀러(H. S. Miller)의 저서 속에 나오는 구약의 권위에 관한 특정 언급들이 이 과가 다루고 있는 주제의 중요성을 부각시키기 위해 소개되기도 한다. 문제 해답을 도와주기 위해 제시된 단서는 사무엘하, 이사야 등 구약 6권과, 누가복음, 요한복음 등 신약 10권의 특정 단락들이다. 바로 이런 점이, 이 교재가 해당 성서 단락들을 산출해낸 각기 다른 구체적인 역사적·사회적 문맥들을 생략하고 시공을 초월한 진리의 무시간성만을 전제하고 강조했다는 추정의 근거가 된다.

이 교재는 성서 자체를 교리에 예속시키는 결과를 초래하고 있다. 여기서 성서는 주요 교리들에 대한 요약된 교범으로 전락한다. 이 교재는 입문편부터 제10권까지 모두 11권으로 되어 있고, 이 모두를 한 권으로 합본한 책도 나와 있다. 입문에서 소개되는 예수의 유일성을 시작으로 각 권은 (1) 그리스도인의 출발, (2) 그리스도인과 풍성한 생활, (3) 그리스도인과 성령, (4) 그리스도인과 기도, (5) 그리스도인과 성경, (6) 그리스도인과 순종, (7) 그리스도인과 전도, (8) 그리스도인과의 청지기직, (9) 구약성경

---

3) *Ibid.*, 제5권, pp. 14－17.

의 중심점, (10) 신약성경의 중심점 등을 다루고 있다. 여기서 각 권은 '단계'라는 단위로 표시되어 있는데, 매단계는 6-7과 정도이고 첫 페이지에 예습 과제가, 끝부분에는 복습이나 요약된 내용들이 실려 있다. 몇몇 단계의 경우에는 보충자료들이 제공된다.

이 교재가 표시하고 있는 각권의 구성단위, 곧 '단계'의 성격은 모호하다. 각 단계 사이의 연관성이 뚜렷하게 부각되지 못하고 있고, 각 단계 사이의 일정한 구성원리도 설정되어 있지 않다. 곧 낱권 하나하나가 독립된 성격의 것일 뿐 아니라, 그 순서(단계)가 서로 뒤바뀐다 해도 전혀 문제가 될 것이 없기 때문에, 이 교재를 '10단계'로 표시한 것은 어색하기까지 하다. 이 교재는 어떤 주제에 대해 몇몇 성서의 특정 부분들만을 인용하고, 그것이 그 주제에 대한 성서 전체의 입장을 대변하는 것처럼 전제하고 있는 경우가 많다. 결국 이 교재는 '성경교재'라기보다 교리문제집의 범주로 분류되는 것이 더 적절할 것이다.

2) 『크로스웨이 성경연구』[4]

이 교재는 웬트(Harry Wendt)의 *Crossways*(1983)의 번역판이다. 이 교재는 "기독교 신앙의 기초를 이루고 있는 여러 가지 문제를 시각적 표현으로 알기 쉽게 해석한 성경연구 교재"[5]이다. 모두 30과로 구성되어 있는데, 1부는 1-15과로 구약의 중심주제를, 2부는 16-30과로 "전반부의 중심 내용을 꿰뚫고 있는 교리적인 주제들"[6]을 취급하고 있다. 마지막에는 총정리 문제가 수록되어 있다. 총정리 문제는 이미 취급되었던 내용들을 검토하여 스스로 해결하도록 짜여져 있고, 적용, 사색, 성경읽기, 성경찾기, 토의 등의 순으로 진행된다. 이 교재는 그림설명과 도표를 내용 전체

4) 해리 웬트, 『크로스웨이 성경연구』(서울 : 신망애출판사, 1985).
5) *Ibid.*, p. iv.
6) *Ibid.*, p. iv.

를 묘사하거나, 내용 파악을 돕는 수단으로 적절히 활용하고 있다. 그러나 지금보다 훨씬 더 많은 그림이 제작되고 소개된다면 내용 전달을 위한 보다 효과적인 지원이 될 것이다.

이 교재는 '기독교 중심적 사고'를 강조한다. 어떻게 하면 기독교를 다른 모든 일들에 맞출 수 있을까 하는 질문은 '잘못된 질문'으로 규정되는 반면, 어떻게 하면 다른 모든 일들을 기독교에 맞출 수 있을까 하는 질문은 '올바른 질문'으로 규정된다.[7] 리처드 니버(H. R. Niebuhr)가 소개하는 여러 기독교적 사상의 유형들 중 "문화 위에(above) 있는 그리스도"[8]의 전형적인 유형이라 할 수 있다.

이 교재는 성서의 두 중심 주제를 "출애굽 시내산 사건과 예수 그리스도의 사역"으로 설정하고,[9] 이것을 하나님의 구원 계획과 관련시킨 채, 성서의 내용을 가르친다. 그러나 이러한 기본적인 설정에도 불구하고, 그것을 교육시켜 나가는 방법은 고정된 패턴을 교리적으로 주입시키는 범주를 벗어나지 못하고 있다. 가령 16과 "성경"[10]의 내용 일부를 살펴보자.

질문: 누가 성경을 기록하였는가?
대답: "오직 성령의 감동하심을 입은 사람들이 하나님께 받아 말한 것임이니라"(벧후 1:21).
"모든 성경은 하나님의 감동으로 된 것으로…"(딤후 3:16).

질문: 성경은 누구에게 대하여 말하고 있는가?

---

7) *Ibid.*, p. 7.
8) H. R. Niebuhr, *Christ and Culture*(New York: Harper & Row Publishers, 1951), pp. 116-148.
9) 해리 웬트, 『크로스웨이 성경연구』, p. 17.
10) *Ibid.*, pp. 145-150.

대답: "…이 성경이 곧 내게 대하여 증거하는 것이로다"(요 5:39).

결국 이런 식의 기계적이고도 획일적인 대답 속에서는 독자들의 상상력과 참여가 철저히 거부되고 있을 뿐 아니라, 하나의 물음이 각기 다른 전망으로 다양하게 대답될 수 있다는 가능성이 철저히 차단되고 있다.

3) 『그리스도인의 생활연구』[11]

네비게이토 선교회가 펴낸 이 교재는 전 10권으로 구성되어 있다. 1-6권은 그리스도인의 기본 교리와 생활 지침에 대한 주제별 연구이다. 여기에는 신약의 특정 주제들이 연구 대상으로 지정되고 질문에 대한 답을 성서 구절에서 찾는 문답식이 가장 현저한 방법으로 부각된다. 그러나 주제 선정의 주체적 구도에 대한 설명도 없고, 신약성서만을 취급하는 이유에 대한 설명도 없다. 성서 인용의 경우에는 다른 교리적 교재들과 마찬가지로 하나의 주장을 지지하기 위한 증빙 자료식 방법으로 제시된다.

7-9권은 성서를 각 장별로 연구하여 그 중심 주제를 이해하고 그것들을 신앙 생활에 적용하려는 것이다. 데살로니가전서, 요한일서, 빌립보서에 각각 1권씩 할애하고, 각권에 "소망의 생활", "교재의 생활", "승리의 생활"이라는 권별 제목을 내걸고 있다. 여기서는 성경 풀어쓰기 방법, 요약 방법, 개요 파악 방법, 참조구절 발견 방법, 생활응용 방법, 어려운 문제에 대한 해답 발견 방법 등이 소개된다. 이 외에도 스스로 성서연구를 하기 위한 방법으로 정의, 주제파악, 비교, 적용 등의 방법을 제시하고 있다. 7-9권은 중심주제들을 이해하는 데 있어서 각 구절의 역사적 문

11) 네비게이토, 『그리스도인의 생활연구』(서울: 네비게이토 출판사, 1986).

맥을 도외시하고, 문자적 해석에 집착하고 있다. 10권은 이 교재가 제시한 원리와 방법에 따라 독자가 직접 성서를 연구하도록 되어 있는 일종의 "연습권"이다. 여기에는 신약성서 각권의 연구 순서와 성서연구를 위해 선택된 구약의 장들이 8부분 정도 제시되어 있는데, 이러한 순서와 구약 장들의 채택 근거에 대한 설명은 누락되어 있다.

이 교재는 순서에 따라 공부할 것을 권하고 있다.[12] 그러나 각권의 각과는 단계적 교육 과정을 효과적으로 드러내지 못하고 있다. 예를 들어, 제3권 『그리스도와의 동행』에서 제1과 "교회", 제2과 "성경이란 무엇인가?", 제3과 "당신의 삶에 미치는 하나님의 말씀", 제4과 "기도의 원리"는 각과 중 어느 것을 먼저 공부해도 무방한 내용들이다. 또한 제6권 3과의 "기도의 능력"과 제3권 4과의 "기도의 원리"는 함께 취급되는 것이 보다 적절할 것이다.

이 교재가 전제하고 있는 기본 신학은 '그리스도 중심 신학'이라 할 수 있다. 주요 주제들을 다루는 6권 중 하나님, 성령 등은 작은 소제목들을 겨우 차지하는 반면(제5권 제1과, 제2과), 그리스도와 관련된 주제들은 큰 단위들만 해도 네 권(1-4권)을 차지한다. 더 나아가 그리스도는 하나님이나 성령보다 훨씬 앞서 취급될 뿐 아니라, 집중적으로 취급된다. 심지어 1-4권 밖에서도, "그리스도"는 작은 과들의 독립된 항목으로 반복되어 취급된다(제5권 제5과, 제6권 제1과). 그리스도 중심 신학이 이 교재로 하여금 구약을 다루지 않게 한 이유 중 하나일 것이다.

그리스도 중심 신학을 전제하고 있는 이 교재가 "그리스도"를 취급하는 방법은 교리적 수준에 머물고 있다. 가령 제1권 제2과, "예수 그리스도께서 하신 일"[13]이라는 제목 아래에는 세 주제들

12) *Ibid.*, 제1권, pp. 3-4.
13) *Ibid.*, pp. 10-16.

이 제시되고 있다. ① 예수님이 우리 죄를 위해 죽으심, ② 부활하심, ③ 승천하심. 이중 첫째 주제만을 일례로 살펴보자. 첫째 주제에는 "예수님께서는 어떤 종류의 죽음을 당하셨습니까?"(마 27:35), 또는 "예수 그리스도께서는 하나님의 사랑을 어떻게 나타내셨습니까?"(롬 5:8) 등등 해당 구절들을 펴보면 손쉽게 해답이 나오도록 고안된 단답형의 질문 8개 항목과 네 개의 답 중 하나를 선택하는 사지선다형 1개 항목 등 모두 9개 항목이 소개되어 있다. 참고하도록 소개된 성서 본문은 마태복음, 로마서, 이사야, 베드로전서, 히브리서 등 다섯 가지로, 이것들은 모두 "예수는 우리 죄를 위해 죽었다"는 교리를 뒷받침하기 위한 전거로 소개된다. 이 교리를 위해 위의 성서 다섯 권이 모두 동일한 방향과 목적을 지닌 것으로 전제함으로써, 각 책들의 독특성을 상실시키고 있다. 따라서 여기서도 성서는 일종의 "교리 문제 해답집" 정도로 격하된다.

2. 실험적 교재

1972년 5월 크리스챤 아카데미가 주최한 한 모임에서 한스-뤼디 웨버(Hans-Ruedi Weber)가 강연한 성서연구 모형이 이 범주에 속한다.[14] 같은 해 크리스챤 아카데미가 발행한 웨버의 소책자 『성경연구 지도 지침』[15]도 같은 범주에 속한다. 이러한 내용은 다른 제목의 책에서 보다 구체적으로 적용되고 확대된다.[16]

---

14) 여기서 강연된 내용은 월터 라이스, "한스 웨버의 성서연구 방법론," 『기독교사상』(1972, 11월호) : 108-117; (1972, 12월호) : 142-149에 소개되어 있다.

15) 한스-뤼디 웨버, 『성경연구 지도 지침-성경공부는 왜 하며 어떻게 해야 하나』(서울: 크리스챤 아카데미, 1972).

한스 웨버는 성서연구를 하는 데 필수적으로 고려되어야 할 두 가지 사항을, "성서적 이야기 혹은 본문과 하나님이 성서를 통해 말씀하고 계신 것에 의해 도전받고 변화되고 위로받고 인도될 준비가 되어 있는 개인 혹은 보다 더 적절히 말하자면 개인들의 그룹"[17]이라고 설정한다. 곧 성서연구의 목적은 본문에 대한 독자의 이해와 그 이해를 통한 삶의 변화를 돕기 위한 것으로 규정된다. 이러한 목적 설정 때문에 전달을 위한 '방법'이 고려되게 마련이라는 것이다. '방법'이란 헬라어의 *methodos* 혹은 *methodeia*에서 나온 말로, 그 문자적 의미는 '다른 사람과 함께 길을 가는 것'을 뜻한다고 보고,[18] 개인의 참여와 토론을 통한 기여의 중요성을 강조한다.[19]

한스 웨버는 성서연구 방법을 세 가지로 분류한다. "문화적-역사적 연구"와 "신학적-명상적 연구" 그리고 "위기 의식과 회개를 가져오게 하는 연구"가 그것이다. 문화적-역사적 연구는 성서 자체에 대한 정확한 이해를 위한 것이다. 여기에는 성서 본문의 저자, 연대, 장소, 독자 등에 관한 물음에서 시작하여, 그 본문의 문학적 구조(주요 부분들, 절정 등의 파악)나 문학 형식 등을 묻고, 본문에서 사용되는 주요 용어와 이미지 및 본문의 메시지를 파악하는 작업이 포함된다. 신학적-명상적 연구는 본문의 신학적 경향(여러 종류의 신학적 전통들 가운데 본문이 속하고 있는 위치), 신앙고백, 기도, 성례전, 상징 등이 오늘의 교회에서 어떻게 적용될 수 있는지를 묻는다. 위기의식과 회개를 가져오게 하는

16) Hans-Ruedi Weber, *Experiments with Bible Study* (Geneva, Switzerland : W. C. C., 1981), 또 같은 저자의 마태복음 연구서인 *The Invitation: Matthew on Mission*(Geneva, Switzerland: W. C. C., 1971)을 참고하라.

17) Hans-Ruedi Weber, *Experiments with Bible Study*, p. 269.

18) *Ibid.*

19) *Ibid.*, pp. 270f.

연구는 성서 본문과의 직접적인 대면을 강조하고, 독자로 하여금 성서 본문의 극적인 사건의 한 부분으로 참여할 것을 권장하고 이러한 과정을 통해 자기 반성을 유도하려는 것이다. 가령 "우리가 살고 있는 시대와 분위기에 대해 본문 말씀에 내포되어 있는 위로와 약속은 무엇인가?" 또는 "이 본문을 통해 하나님께서는 나와 내가 살고 있는 사회에 무엇을 명하시는가?" 등등을 진지하게 묻게 하는 방법이다.[20] 웨버는 이 세 가지 방법은 상호 보완적인 관계에 있음을 강조한다.

이러한 방법을 기초로 웨버는 몇 가지 실험적인 사례를 제시한다. 가령 성경공부 참가자들이 그날의 본문에 대해 나름대로 그림을 그려 보게 한 후, 그것을 중심으로 토의를 한다든지[21] 본문을 기억나는 대로 먼저 각자가 나름대로 재구성하게 해본 다음 그것을 나중에 실제 분문과 비교하게 하고, 그후 분과 토의를 거쳐 전체 토의를 마무리짓게 하는 방법을 제안한다.[22] 이 분과 토의에서는 주로 1) 해당 본문이 원래 누구에게 행해졌던 것인가? 2) 그 본문의 인물들은 어떤 종류의 인간이었는가? 3) 그 본문의 중심 이미지는 무엇인가? 4) 그 본문의 중심 메시지는 무엇인가? 5) 그 본문은 그와 유사한 다른 본문과 어떻게 다른가? 6) 그 본문의 교훈은 현대 한국 교회 안에서 어떻게 적용될 수 있는가 등등이 집중적으로 논의되도록 고안된다.[23]

웨버가 제시하는 성경공부를 효과적으로 할 수 있는 이상적인 형태는 7명 이상 12명 이하로 구성된 작은 그룹이다.[24] 그러나 특정 사람들끼리만의 그룹화를 막기 위해 일단 형성된 그룹은 한

---

20) 한스-뤼디 웨버, 『성경연구 지도 지침』, pp. 7-17.

21) 월터 라이스, "한스 웨버의 성서연구 방법론," 『기독교사상』 (1972, 11월호) : 109이하 참조.

22) *Ibid.*, 111이하 참조.

23) *Ibid.*, 112 참조.

24) 한스-뤼디 웨버, 『성경연구 지도 지침』, p. 27.

과제가 끝이 나면 해산시킬 것을 권고한다. 그러나 이러한 이상적인 경우가 아니라 해도, 곧 수백 명, 수천 명이 되어도 성경공부 지도자는 본문이 갖고 있는 결정적인 문제를 제시한 후, 그것을 1, 2분 동안 각자 침묵 속에서 생각하게 하고, 그것을 각자 옆의 사람과 이야기하게 할 수 있다는 것이다. 혹은 참가자가 너무 많은 경우에는 여러 가지 타입의 견해를 대표할 수 있는 세 사람 정도의 패널 토의자를 뽑아 토론에 참여하게 할 것을 제시하고 있다. 물론 이 페널 토의는 예행연습이 없이 즉석에서 행해지도록 유도하라고 권고한다.

웨버의 실험적 방법[25]은 그것의 실험적 성격 때문에 그룹의 크기, 지도자의 역량, 모임의 장소나 조건에 따라 그 결과가 크게 달라질 것이다. 웨버의 실험적 방법의 현저한 특징 중 하나는 주로 지도자와 참가자, 또는 참가자끼리의 활발한 토론이 집중적으로 권장되고 있다는 점이다. 그러나 웨버의 실험적 연구의 문제점은, 복잡한 토론의 과정과 결과들을 적절히 분류하고, 평가하고, 통제할 수 있는 탁월한 능력의 성경 지도자(가령 한스 웨버와 같은)를 전제해야 한다는 데 있다. 그러나 현실적으로 이런 능력의 지도자는 흔하지 않다. 더구나 평신도들의 경우에도, 토론 자체에 덜 익숙한 것이 한국 교회의 실정임을 감안한다면, 이러한 토론 위주의 방법은 토론에 익숙한 서구 교회에서는 효과적이겠으나, 우리 나라에서는 그 효과가 어느 정도일지 미지수이다. 더 나아가 '토론'은 토론하는 사람들(평신도들)의 수준이 어느 정도 일정해야 하기에, 그 수준이 혼합되어 있는 그룹의 경우에는 이

---

25) 한스 웨버의 실험적 방법에 관한 자세한 소개와 논의를 위해서는, 민영진, "우리 나라 교회에서 실시하는 평신도를 위한 성서연구의 이론과 실제," 『신학과 세계』 8(감리교신학대학, 1982) : 354-417 중 특히 제3장과 4장과 문희석, "한스 웨버의 성서연구 방법론," 『기독교사상』 (1974, 2월호) : 136-143 등을 참고하라.

러한 방법은 적절하지 않을 것이다. 그럼에도 불구하고 현재 실시되고 있는 다른 성경교육 방법의 제한된 범위와 종류를 고려한다면 웨버의 실험적 방법은 특히 작은 그룹의 경우에는 실험해 볼 만한 훌륭한 가치가 있을 것이다.

3. 통전적 교재

1) 『베델 성서연구』[26)]

한국 루터 교회가 펴낸 이 교재는 성서의 근본 사상을 "구속사적 입장에서 개괄적으로" 소개하고 있다. 이 교재는 하나님의 구속사라는 커다란 줄기를 따라, 성서의 중심사상으로 여겨지는 주제들을 다루는 주제별 범주와, 성서 각권의 주요 장들을 다루는 각 권별 범주를 부분적으로 혼합하는 방식을 취하고 있다. 각과는 그림 설명과 주제에 따른 내용, 질문, 숙제로 구성되어 있다.

이 교재는 몇 가지 주요 특징들을 지니고 있다.

(1) 성서의 부분과 전체를 구속사라는 고리로 강력히 연결시키고 있다.

(2) 성서의 독특성을 다른 일반 철학, 종교사상들과의 폭 넓은 비교 속에서 제시하고 있다. 가령 은둔주의, 금욕주의, 스토아 철학, 영지주의, 이원론자, 계몽된 합리주의자, 인본주의자, 결정론자 등이 비교를 위해 소개된다.

(3) 하나의 주제에 대한 다양한 시각을 제시한다. 가령 제6과 "약속된 축복을 위한 통일"[27)]에서 통일은 꿈에 의한 통일과, 고난

---

26) 한국 루터 교회, 『베델 성서연구』(서울: 컨콜디아사, 1973).
27) *Ibid.*, pp. 41－46.

에 의한 통일, 시내산에서 받은 율법에 의한 통일 등 다양한 전망으로 해석되고 제시된다.

(4) 40여 장의 그림을 통해 해당 과의 이해를 돕게 한다. 여기 소개되는 그림은 예술 작품이 아니라 일종의 시청각 교재인데, 그림의 상징에 대한 해설이 비교적 상세히 제공된다.

(5) 각과의 본문 내용은 평신도들의 손쉬운 접근을 위해 평이하고 간결한 문체로 소개되고 있고, 질문과 숙제는 암기부분을 제외하면 간단한 단답형보다는 확장된 상상력을 동원해야 대답이 가능한 문제들로 짜여져 있다.

(6) 평신도가 일정 기간의 훈련을 받은 후, 다른 평신도들을 가르치도록 꾸며져 있다.

이 교재로 성서를 연구하는 평신도들은 정해진 자료에 따라 예습과 복습을 하도록 지시된다. 평신도들이 성서의 내용을 통괄하여 이해하도록 하는 이 교재는 획일적인 교리적 교재의 수준을 벗어난 일정한 폭과 깊이를 보여주고 있다. 이 교재의 특징 중 마지막 항이 이 교재를 단연 돋보이게 하는 점이다. 곧 이 교재는 평신도와 평신도간의 상호 거리를 축소시키는 잠재적인 기능을 수행한다. 평신도의 선교적·교육적 역할의 중요성을 극대화시켰다는 점도 이 교재의 독특한 공헌 중 하나라 하겠다.

그러나 미흡한 점은 신약의 경우, 성서 각권의 특징을 각기 다른 역사적 상황과의 관련 속에서 적극적으로 소개하지 못했다는 데에 있다. 가령 여섯 과에 걸쳐 할애된 복음서의 경우,[28] 각 복음서들이 지닌 독특한 역사적 문맥들이 간과된 채 혼합되어 소개되고 있다. 심지어 공관복음과 요한복음도 그들이 각기 지닌 독특성이 제거된 채 무시간적으로 처리되고 있다. 히브리서와 갈라

28) *Ibid.*, pp. 17－58.

디아서와 로마서는 "복귀"(제10과)라는 주제 밑에 평면적으로 소개되고 있고, 복음서와 에베소서 역시 "교회"(제15과)라는 주제 밑에 둘 다 똑같은 사상적 방향을 지시하고 있는 것으로 전제된 채 제시된다.

비중에 있어서도 각 권별에 대한 대우가 별근거 없이 차별되어 나타난다. 골로새서, 야고보서, 요한1서와 2서, 유다서 등 다섯 권은 오직 18과 한 과에 한데 묶여 부실하게 취급되고 있다. 데살로니가전·후서와 디모데전·후서가 13과와 16과 등 각각 독립된 과들을 비중있게 차지하고 있다는 점에 비추어볼 때, 18과의 다섯 권은 상대적으로 그 비중이 현격하게 축소된 것으로 볼 수 있다.

각과의 제목과 내용이 일치하지 않는 경우도 있다. 가령 제19과의 제목은 "성화－마태복음에서 계시록까지"로 되어 있다. 그러나 이 과에서 제시된 성경구절 중 마태복음과 요한계시록은 물론, 그밖에 마가복음과 사도행전 등은 단 한 번도 인용되고 있지 않다. 이것을 "마태복음에서 계시록까지"로 명명한 것은 적절치 않을 뿐 아니라 부정확하고 어색하다 하겠다.

2) 『TBC 성서연구－성서교육총체교재』[29)]

지금까지 소개한 교재들 중 가장 최근인 1990년에 "한국교회의 신앙화, 공동체화, 그리고 선교화를 위한 의도로 제작"된 이 교재는 교회의 교육적 사명의 회복을 위해 목회자와 평신도의 영적 교제와 공동작업을 강조하고 있다. 여기서 TBC는 성서교육총체교재를 뜻하는 Total Bible Curriculum의 약어로 사용된다. 이 교재의 특징은 몇 가지로 분류된다.

---

29) 한국교회교육목회협의회, 『TBC 성서연구－성서교육총체교재』(서울: 도서출판 교육목회, 1990).

(1) 신학적 구속사와 일반 세계사를 관련시키면서 성서 전체를 통일성 있게 구성하고 있다.

(2) 성서 각권의 독특성을 권별로 충분히 다루고 있다. 이 점은 통일성을 강조한 다른 교재들이 흔히 간과하고 있는 것이어서 더욱 중요한 의의를 지닌다.

(3) 외국자료의 번역이 아니라 국내 학자들에 의해 직접 공동으로 제작되었다. 많은 교재들이 외국 교재들에 대한 번역에 의해 비교적 손쉽게 제작되고 있고, 우리 힘으로 우리의 교재를 개발하려는 노력이 미비한 현실을 감안한다면, 이 점은 단연 높은 평가를 받을 수 있을 것이다.

(4) 신구약 성서와 교회사를 하나의 교육 체계로 통괄시켜 구성하고 있다. 이 점은 기존 교재가 시도하지 않았던 사항으로, 이를 통해 평신도들의 신학적 기반이 한결 폭 넓게 다져질 수 있는 기초를 마련하고 있다.

(5) 목회자용과 평신도용 교재를 구분하여 제작했다. 이러한 구분이 없는 단일 교재의 경우, 목회자가 성서 교육 준비에 투입하는 시간이 많아지게 되어, 목회의 다른 측면(설교, 심방, 상담 등)과의 균형이 깨지게 되는 경우가 허다하다. 이런 경우에는 다른 측면을 상대적으로 무시하고 성서 교육에 집중하거나, 반대로 성서 교육을 상대적으로 무시하게 마련이다. 따라서 두 교재의 구분은 목회자들에 대한 실제적인 지원이 된다.

(6) 104개의 영상 비디오 자료와의 상호 보완적 관련 속에서 성서를 시각적으로 이해하도록 제작했다.

이 교재가 지닌 몇 가지 미흡한 점이 지적될 수 있다.

우선 평신도용 교재의 경우에는 지금처럼 단행본과 함께 2권 혹은 3권으로 분리된 교재를 제작해, 평신도들이 스스로의 취향에 맞게 선택하도록 하는 것이 바람직할 것이다. 성경공부할 때마다 매번 그 두꺼운 교재를 갖고 다니는 것을 부담스러워할 평신도들도 있을 것이기 때문이다.

다음으로 여러 명의 집필자들이 설정한 피교육자들의 수준이 일정하지 않다는 것이다. 어떤 경우에는 신학적으로 지나치게 깊이 들어갔고, 다른 어떤 경우에는 피상적인 수준의 것들만 다루고 있다. 또한 지도 자료가 부정확한 경우가 여러 곳에서 발견된다는 점이다. 가령 평신도용 교재 299쪽에 나오는 지도의 경우, 예루살렘과 베들레헴의 위치가 사해 중간 서쪽 지점에 위치한 것으로 부정확하게 표시되어 있고, 이 위치 표시는 305쪽에서 제시된 위치와 다르다. 311쪽에서 예루살렘은 도시명이 아니라 유대나 사마리아 등 지방(역)명과 같은 범주로 표시되어 있다. 또 어느 곳에서는 "유대"가 다른 지도에서는 "유다"로 표기되어 있다.[30] 299쪽에서 나사렛은 갈릴리 바다에 더 가까운 곳에 위치되어 있으나, 329쪽에서 나사렛은 지중해에 더 가까운 곳에 위치된 것으로 표시되어 있다.

제46과의 본문은 "마가복음 1:9－9:13"으로 되어 있다.[31] 그 옆에 제공된 지도 안에 갈릴리 바다가 "디베랴 바다"로 표기되어 있는데, 마가의 해당 본문은 물론 마가복음서 전체에 "디베랴 바다"라는 용어는 단 한 차례도 언급되지 않기 때문에, 이는 "갈릴리 바다"로 표기되는 것이 정확하다. 수많은 지도들이 목회자용 교재에서는 일괄적으로 생략되어 있는데, 이것 역시 일률적으로 생략할 것이 아니라, 중요한 몇 가지 경우에는 부분적으로 삽입하는 것이 목회자와 평신도의 호흡을 위해 더 필요할 것이다.

마지막으로 이 교재는 현대 상황과 성서 본문과의 긴장 관계를 설정하고 있지 않다는 점이다. 상황에 의한 본문해석 또는 본문

30) *Ibid.*, p. 299와 p. 323 등을 비교하라.
31) *Ibid.*, p. 299.

에 의한 상황 규정의 긴장 관계가 교재 제작에 효과적으로 삽입되지 못하고, 주로 본문 자체에 집중하도록 제한되어 있다. 그러한 몇 가지 문제점들에도 불구하고 이 교재는 우리 나라 말로 우리 나라 학자들의 힘으로 방대한 영상자료와 함께 제작되었다는 점에서 앞으로의 성서교육 교재 개발을 위해 중요한 참고 모델로 현격히 부각될 것이다.

Ⅲ. 성서교육 원리

1. 형식일치와 내용일치

엄격한 의미의 성서교육은 성서 본문에 대한 번역에서부터 시작된다. 일군의 번역가들은 원문을 가능한 한 살려야 한다고 주장한다. 원문이 거칠고 어색하게 표현되어 있으면, 번역 역시 그래야 한다는 것이다. 원래 어색한 것을 매끄럽게 다듬어 놓으면 성서는 소설책이 된다고 경고한다. 이런 번역 원칙을 형식일치(Formal〔Concordant〕 Equivalence)의 원칙이라 한다. 반면, 다른 일군의 번역가들은 성서 원문의 언어와 사고 구조 못지않게 현대인의 언어와 사고 구조도 중시되어야 한다고 주장한다. 곧 "번역은 의미를 번역하는 것을 뜻한다"[32]는 것이다. 이러한 번역 원칙을 내용일치(Dynamic 〔Functional〕 Equivalence)의 원칙이라 한다.[33] 그

32) Jan De Waard and Eugene A. Nida, *Functional Equivalence in Bible Translating: From One Language to Another*(Nashville, Camden, New York: Thomas Nelson Publisher, 1986), pp. 60−77을 참고하라.

러나 이 두 대조적인 원칙들 중 어느 하나가 다른 하나보다 우월하다고 일률적으로 판정할 수는 없다. 그 판정은 독자들의 요구의 종류에 따라 결정되는 것이기 때문이다. 더 나아가 본문 자체의 성격에 따라 형식일치가 내용일치보다 더 적절한 경우가 있는가 하면 그 반대의 경우도 있기 때문이다. 영어의 *Revised Standard Version*은 형식일치에 가까운 번역이고, *Good News for Modern Man*은 내용일치에 가까운 번역이다. 우리 나라 말의 개역은 형식일치를, 공동번역은 내용일치를 대표한다. 새번역(1967)의 경우에는 개역에 비하면 내용일치에 가까우나, 공동번역에 비하면 형식일치에 가깝다. 새번역의 새로움은 단어 대 단어, 구절 대 구절의 변경 수준에 머물렀고, 우리말다운 우리말을 통한 자유스러운 문장 구성은 비교적 억제되어 있기 때문이다.[34)]

원전 성서가 아닌 번역 성서로 교육시킬 경우, 어떤 번역본에 의존할 것인가를 결정하는 일은 피교육자의 수준에 따라 달라진다. 그러나 빈도수가 높은 성서의 중요한 단어들에 대한 새로운 번역은 그 자체가 새로운 해석이 될 것이다. 이런 점에서 웨버가 '구원', '심판', '신앙의인', '성화', '부활', '구속', '속죄' 등 7개의 신학적인 주요 용어들에 대한 새로운 번역을 시도한 것[35)]은 설득력 있는 작업이라 하겠다. 지금까지 소개한 교재들이, 『성경연구 지도 지침』을 제외하고는 모두 일률적으로 개역성서만을 사용하고

---

33) 위의 책과 Eugene A. Nida and Charles R. Taber, *The Theory and Practice of Translation*(Leiden: E. J. Brill, 1969) 등을 참조하라. 이러한 내용일치의 원칙을 비판한 논문으로는 D. A. Carson, "The Limits of Dynamic Equivalence in Bible Translation," *EvanRevTh* 9(3, 1985) : 200－213을 참고하라.

34) 새번역에 대한 자세한 평가를 위해서는, 서중석, "신약전서 새번역 평가－복음서를 중심으로," 『기독교사상』(1988, 4월호) : 123－132를 참고하라.

35) Hans-Ruedi Weber, *Experiments with Bible Study*, pp. 119－128.

있다는 것은 피교육자의 수준에 따른 고려를 교재제작에 적극적으로 반영시키지 못했다는 것을 뜻할 뿐 아니라, 대부분의 교재들이 일률적으로 형식일치의 원칙에 집착하고 있음을 보여준다. 그러나 성서교육에 있어서 형식일치와 내용일치는 상호 보완적이기 때문에 어느 것 하나를 다른 것 위에 일률적으로 올려놓을 수 없다.

2. 본문과 상황

성서교육은 현대 상황에 관한 관심에서 출발하여 본문으로 들어가고, 다시 본문을 통해 현대 상황을 규정하고 방향을 제시하려는 인식 아래서 진행되는 것이 적절하다. 상황과 본문을 밀접히 관련시키려는 작업이 참여자들의 관심을 고조시키는 데 효과적인 방법 중 하나이다. 왜냐하면 자신의 현재 상황(삶)과 유리된 채 진행되는 성서에 대한 물음은 지적 호기심의 충족 이상의 것이 될 수 없기 때문이다. 더 나아가 그런 종류의 물음은 그 대답이 어느 쪽으로 제공되든 큰 문제거리가 될 수 없기 때문이다.

상황에서 출발하는 것이 과연 정당한가? 그 정당성의 근거를 신약성서 자체가 제시해 준다. 원시 기독교 공동체 멤버들의 구약에 대한 태도가 결정적인 근거를 마련해 준다. 그들은 구약 자체에 대한 관심에서 출발하지 않았다. 당시 자신들의 동시대 혹은 한 세대 전에 일어났던 십자가에 못박힌 예수, 그리고 부활한 예수를 어떻게 이해할 것이냐가 그들의 긴급한 과제였다. 그들은 이 과제를 이해하기 위한 방법의 하나로 구약에로 눈을 돌렸다.

가령 "베뢰아 사람들은 데살로니가에 있는 사람들보다 더 신사적이어서 간절한 마음으로 말씀을 받고 이것이 그러한가 하여 날마다 성경(구약)을 상고했다"(행 17:11)는 구절은 무엇을 뜻하는

가? 현재 상황에 대한 해석의 진실 여부를 가리기 위해 구약에로 돌아가 보았다는 이야기이다. 로마서의 첫 문장도 마찬가지이다. “예수 그리스도의 종 바울은 사도로 부르심을 받아 하나님의 복음을 위하여 택정함을 입었으니, 이 복음은 하나님이 선지자들로 말미암아 그의 아들에 관하여 성경에 미리 약속하신 것이라”(롬 1:1-2). 여기서 바울은 현재 자신의 복음의 진실성과 정당성의 근거를 확보하기 위해 과거의 구약성서에로 시선을 돌리고 있다. 고린도전서 15장 3-4절도 같은 입장을 보여준다. “성경대로 그리스도께서 우리 죄를 위하여 죽으시고 장사지낸 바 되었다가 성경대로 사흘 만에 다시 살아나사….” 여기서도 바울은 자신과 그의 교회들이 당면한 가장 중요한 관심사였던 그리스도의 죽음과 부활을 이해하기 위해 구약성서를 읽고 있음을 보여준다.[36)]

구약 인용도 문자적인 의미의 정확한 인용이 아닌 경우가 많이 있다. 곧 바울은 성경 글자 하나하나에 집착하지 않았다. 가령 고린도전서 2장 9절을 보자. “기록된 바 하나님이 자기를 사랑하는 자들을 위하여 예비하신 모든 것은 눈으로 보지 못하고 귀로도 듣지 못하고 사람의 마음으로도 생각지 못하였다 함과 같으니라.” 이 내용과 가장 가까운 구약의 구절은 이사야 64장 4절이다. “주 외에는 자기를 앙망하는 자를 위하여 이런 일을 행한 신을 예로부터 들은 자도 없고 귀로 깨달은 자도 없고 눈으로 본 자도 없었나이다.” 곧 고린도전서 2장 9절과 이사야 64장 4절은 서로 관심의 대상과 초점을 달리한다. 오직 몇 개의 단어들이 유사할 뿐이다. 심지어 다른 어떤 경우에는 구약에 있는 것으로 상정된 내용이 아예 구약에 없는 것도 있다. 가령 “기록된 바 첫 사람

---

36) 바울의 구약 사용법의 특징과 그것에 관한 상세한 논의를 위해서는 이 방면의 탁월한 저서인 E. Earle Ellis, *Paul's Use of the Old Testament*(Grand Rapids, Michigan: Baker Book House, rep. ed., 1981)를 참고하라.

아담은 산 영이 되었다 함과 같이 마지막 아담은 살려주는 영이 되었나니…"는 구약 어디에도 나타나 있지 않다. 이러한 현상은 구약 본문에 대한 정확한 반복 자체가 인용의 목적이 아니었음을 보여준다.

신약 기자들은 자신들의 상황에서 출발했다. 그러나 동시에 그들은 자신들의 성서 해석을 자신들의 현재 상황을 통제하는 규범으로 삼고 있다. 자신들의 상황에 관한 물음을 묻고, 그 대답을 성서에로 돌아가서 찾아내고 거기서 찾아진 대답으로 다시 자신들의 상황을 제어하고 있다. 그들은 '상황으로부터 출발해서 본문에로'(*eisegesis*) 들어갔으나, 본문 자체에 머물지 않고 그 '본문에서 상황에로'(*exegesis*) 다시 나왔다. 성서교육 교재들이 상황에 관한 물음으로 출발하여 본문에로 들어가고, 다시 그 본문의 대답으로 현대 상황에 방향을 제시하려는 방법으로 제작된다면, 성서를 자신의 삶과 유리된 대상으로 이해하려는 피교육자들의 습관이 교정될 가능성은 그만큼 높아질 것이다. 기존 교재들 중 이런 전망에서 제작된 것으로 웨버의 실험적 교재가 단연 높은 위치를 차지하게 될 것이다.

3. 다양성과 통일성[37)]

성서 기자들의 증언들은 다양한 형태로 제시되어 있다. 그 이유는 그들이 속한 공동체의 규범과 크기와 이상이 각기 달랐기 때문이다. 이러한 다양성의 현상을 도외시한 채, 성서 전체를 평

---

37) 신약 통일성과 다양성의 긴장 관계를 다룬 것으로서 단연 돋보이는 저서는 James D. G. Dunn, *Unity and Diversity in the New Testament*(Philadelphia: The Westminster Press, 1977)이다.

면적으로만 다루고 있는 성서교육 교재들이 전체 교재들 중 높은 비율을 점하고 있다. 특히 교리적 교재들은 통일성만을 강조한 나머지 성서의 다양한 색깔을 무시하고, 그 전체를 하나의 색깔로 채색하고 있다. 복음서만 해도 각 복음서가 그리고 있는 예수에 대한 지배적인 이미지는 대단히 다양하다. 이러한 다양성을 제거시킨 채 성급하게 획일화시키려는 교육은 피교육자의 사고를 경직시킬 뿐 아니라, 한 번 습득된 지식을 고정관념화하는 비적절한 습관을 심어주게 될 것이다.

신약 기자들의 성서(구약) 해석 자체가 다양하다. 심지어 서로 상반되는 것으로 여겨지는 해석들이 제시되기도 한다. 대표적인 한 예로 구약의 아브라함 전승에 대한 로마서와 야고보서의 해석은 그 차이가 자못 심각한 것처럼 보일 정도이다. 바울은 "아브라함이 하나님을 믿으며 이것이 저에게 의로 여기신 바 되었느니라"(롬 4:3; 갈 3:6)고 이야기하나, 야고보는 "우리 조상 아브라함이 그 아들 이삭을 제단에 드릴 때에 행함으로 의롭다 하심을 받은 것이 아니냐"(약 2:21)고 이야기한다. 이러한 다양한 해석의 가능성을 열어 놓고 있다는 것 자체가 성서의 특징이다. 만일 한 본문이 하나의 해석만을 허락하는 고정된 것이라면, 그와 같은 해석의 상황에 처해져 있지 않은 사람들에게는 적어도 그 본문은 그 의의를 현저히 상실하게 될 것이다.

그러나 성서는 이러한 다양성 속에서도 통일성을 드러내고 있다. 이 다양성 전체를 엮는 중심주제가 있다는 말이다. 그러나 주의를 요하는 사항은 이러한 다양한 증언들을 하나로 통제하기 위해 중심주제를 단 하나로 설정하려는 작업이 위험하다는 점이다. 일군의 학자들에 따르면, '구속사'가 중심주제가 된다. 『베델 성서연구』나 『TBC 성서연구』가 이러한 입장을 대변한다. 그러나 다른 학자들에 따르면 '하나님의 나라'가, 또는 '기독론'이, 또는 '믿음으로만'이 중심주제로 부각된다.

성서의 증언들이 다양할 뿐 아니라 그러한 다양성을 통괄할 수 있는 주요 중심주제 자체가 다양하다. 이 점에 대한 명확한 이해는 자신의 해석의 제한적이고도 잠정적인 성격을 적절하게 부각시켜 준다. 곧 이러한 인식은 자신의 해석의 한계를 엄격하게 자각하도록 인도해 준다.

Ⅳ. 결 어

지금까지 출판된 성서교육 교재들이 지닌 중요한 문제점들 중 하나는 그 대상에 대한 구분이 세분화되지 못했다는 점이다. 단순히 평신도 전체를 대상으로 삼고 있으나, 평신도들의 수준에 따라 입문편에서 중급편을 거쳐 고급편에 이르기까지 단계별로 제작되지 못하고 있다. 몇 가지 교재들은 '단계'를 표방하고 있으나, 그 경우 단계와 단계 사이의 설정이 모호할 뿐 아니라, 어느 권을 먼저 보아도 무방할 정도로 각 단계가 독립적으로 처리되어 있고, 또 각권의 수준 역시 비슷하다.

평신도의 수준에 따른 구분만이 아니고 그들의 그룹의 크기에 따른 구분 역시 교재 제작에 반영되어 있지 않다. 열 명 미만의 소그룹을 대상으로 하든 천 명 이상의 대그룹을 대상으로 하든 똑같은 교재를, 그것도 개역성경에 대한 일률적인 집착을 고수한 채 제작되어 있다. 더 나아가 비기독교인이면서 다른 종교도 갖고 있지 않은 사람들(선교의 주요 대상)을 위한 본격적인 교재도 제작되지 않고 있다. 이 경우, 교리적인 교재들이 그러한 요구를 제한적으로 해소시켜 줄 수 있으나, 비기독교인들에게 처음부터 교리적 도그마를 주입식으로 교육시키는 것은 오히려 역효과를 초래할 수 있다.

성서교육 교재들이 지닌 또 다른 문제점은 한스 웨버의 실험적 교재를 제외하고는 대부분이 피교육자들의 상황에서 출발하여 본문을 해석하고, 본문을 통해 상황을 제어하려는 인식 아래서 제작되지 않고 있다는 점이다. 성서 따로, 상황 따로가 되기 쉬운 이러한 교재를 통한 교육은 성서 자체에 대한 이해의 확장에는 도움이 되나, 그 이해가 자신의 삶과 분리된 지식으로 남게 될 위험 또한 크다.

한편 성서교육은 다양성과 통일성을 밀접히 관련시킨 채 진행되는 것이 적절하다. 이러한 측면의 요구는 『베델 성서연구』가 소극적으로, 『TBC 성서연구』가 보다 적극적으로 충족시켜 준다. 통일성의 경우, 단 하나의 중심주제, 단 하나의 신학사상만을 고집한 채 그것을 성서의 유일한 중심점으로 내세우면, 그 주장은 도그마로 전락하게 될 것이다. 중심주제 자체가 하나로 고정될 수 없을 뿐 아니라, 지금까지 발견하지 못했던 어떤 주제가 새로운 중심주제로 부각될 가능성이 여전히 남아 있기 때문이다.

성서교육 교재들은 앞으로도 대상별, 수준별, 그룹별 등 다양한 형태로 개발될 수 있을 것이다. 그 어느 형태에나 꼭 맞는 이상적인 만병통치식 교육 교재나 교육 방법이란 있을 수 없다. 어떤 성서연구도 진리의 한 측면만을, 그것도 제한적으로만 보여 줄 수 있을 뿐이다. 성서교육 교재들이 이러한 인식론적 한계에 대한 자각에 기초한 채 제작된다면, 피교육자들은 고정관념을 넘어서서, 성서를 다양한 측면에서 이해할 수 있는 능력을 얻게 될 뿐 아니라, 자신들의 어떤 특정한 해석을 절대화하고 싶은 유혹에서 벗어날 수 있는 '혜택'을 누리게 될 것이다.

□ 부록3

사회학적 신약해석의 동향

Ⅰ. 서 언

신약성서에 대한 사회학적 해석은 1970년대 초부터 본격적으로 확산되기 시작했다. 사회학이란 인간의 사회적 상호작용과 가치체계에 의해 산출되는 사회적 행위의 의미와 그 패턴들에 관심을 집중시키는 사회과학의 한 분야를 지칭하는 좁은 개념으로 사용되기도 하고, 바로 이러한 좁은 의미의 사회학을 비롯하여 경제학, 정치학, 인류학 등 인간의 사회에 관해 연구하는 사회과학의 모든 분야를 포괄하는 넓은 개념으로 사용되기도 한다. 사회학적 신약해석이란 신약성서 본문에 나타나는 사상들이나 행위들을 그 본문 배후를 이루고 있는 팔레스타인이나 로마 제국 사회라는 폭 넓은 사회적 준거틀 속에 위치시키거나, 원시그리스도교 공동체들이라는 보다 구체적인 작은 단위의 사회적 준거틀 속에 위치시킨 채 해석하려는 하나의 전망 혹은 상상력의 한 형태이다. 따라서 사회학적 신약해석의 관심은 성서 본문의 신학적·윤리적 진술들 자체에 있지 않고, 그 진술들과 그것들의 사회적 상황들과의 관계에 있다. 여기서 '사회적'이라는 용어는 인간의 사상들 또는 행위들의 상호작용을 위한 하나의 범주로 사용되고, '사회학적'이라는 용어는 그 사상들 또는 행위들의 상호작용을 조직적으로 기술하는 방법들과 이론들을 위한 하나의 범주로 사용된다. 사회학적 신약해석 연구들의 관심과 방향은 크게 세 가지 범주로 분류된다. 첫째는 원시그리스도교의 사회적 정황에 집중하는 방향이고, 둘째는 원시그리스도교의 사회적 조직에 초점을 맞추는 방향이며, 셋째는 원시그리스도교의 사회적 세계를 규명하려는 방향이다.

원시그리스도교의 사회적 정황에 관한 연구는 신약문서들의 신학적 사상들 또는 윤리적 규범들의 기원과 특징을 원시그리스도교 공동체들의 정황 또는 그 공동체가 속한 주변세계의 정황과의 관련 속에서 이해하려는 작업에 강조점을 둔다. 그러나 원시그리스도교의 사회적 정황 자체에 관한 연구는, 엄밀한 의미에서 신약에 대한 사회학적 연구가 아니라, 사회적 연구라 할 수 있다. 원시그리스도교의 사회적 조직에 관한 연구는 시간을 고정시키고 한 특정한 시대의 여러 그리스도교 공동체들을 비교하여 그것들의 사회적 상호작용을 연구하는 방향으로 진행되기도 하고(공시적 접근), 각 공동체들의 사회적 변천사를 각각 혹은 상호관련시켜 추적하는 사회사적 관심 아래서 진행되기도 하다(통시적 접근). 그러나 엄격히 말하자면 '사회사적' 연구는 사회학 분야라기보다는 역사학 분야에 속한다. 한편 원시그리스도교의 사회적 세계에 관한 연구는 신약 인물들과 그들이 속한 공동체들이 사회적으로 구성한 상징적 세계들의 독특한 모습이나 전형적인 모습들을 규명하려는 데 주력하기도 하고, 그 상징적 세계들의 사회적 기능들을 밝히려는 작업에 집중하기도 한다.

Ⅱ. 원시그리스도교의 사회적 정황

신약문서들의 '사회적 정황'에 관한 연구의 기원은 양식비평(Form Criticism)의 '삶의 정황'(Sitz-im-Leben)을 확장시키려는 작업과 관련이 되어 있다. 양식비평의 전제들 중 하나는, 신약 기자들이 사용한 전승자료들(traditional materials)은 그들이 그것들을 사용하기 이전에 이미 고정된 문학적 양식으로 존속해오면서 그리스도교 교회의 삶 속에서 기능하고 있었다는 것이다. 그러나 이러한 적절한 착안에도 불구하고 양식비평가들은 양식의 정황을 교회의 예배가 중심이 되는 종교적인 정황으로 축소시켰다.

사회학적 신약해석은 신약문서들의 형성과 기원을 규명하려는 작업에 있어서 종교적 요인들보다는 사회적 요인들에 더 관심을 기울인다. 신약문서들의 사회적 정황이란 넓게는 원시그리스도교의 주변세계를 지칭하고, 좁게는 원시그리스도교 자체의 사회적 수준을 지칭한다.

1. 원시그리스도교의 주변사회

원시그리스도교의 주변세계에 관한 연구에는 주후 1세기의 비그리스도교인의 일상적인 삶을 제한시키고 있었던 사회적 조건들이 당시 원시그리스도교인들의 삶도 제한시켰으리라는 가정이 담겨 있다. 이러한 연구들로는 헹엘(M. Hengel), 예레미야스(J. Jeremias), 그란트(R. M. Grant), 호크(R. F. Hock) 등의 저서들이 있다.[1]

---

1) M. Hengel, *Judaism and Hellenism: Studies in their Encounter in Palestine during the Early Hellenistic Period* (Philadelphia: For-

헹엘은 『유대교와 헬레니즘』에서 팔레스타인의 유대교와 헬라 세계의 유대교를 구분하는 것이 더 이상 의미가 없다고 주장하고, 그 이유를 둘 다 깊은 헬라 사상의 영향을 받았기 때문이라고 설명한다. 헹엘은 주로 주전 330년부터 주전 168년에 이르기까지 유대교에 끼친 헬레니즘의 영향을 다루었기 때문에 그가 다룬 시기 자체만으로 판단한다면, 신약의 배경과는 무관한 것처럼 보인다.

그러나 이 연구가 신약의 배경 연구를 위해 의의가 있는 것은, 헹엘에 따르면, 이와 같은 헬라화가 주후 1세기 이후까지 지속되어 결국 고도로 헬라화된 유대교가 신약시대의 직접적인 배경이 되고 있기 때문이라는 것이다.[2] 헹엘은 여기서 성서 안팎의 방대한 자료를 동원하여 유대교에 대한 헬라 사상의 결정적인 영향의 범위를 무제한으로 확장시켜 놓았다. 그러나 이와 같은 시도는 지나친 일반화 작업으로 보인다. 가령 쿰란공동체의 창조질서에 대한 강조 역시 제우스신에 대한 찬양시의 영향을 받은 것이라는 그의 주장[3]은, 쿰란공동체가 다른 모든 이교적 영향을 거부하고 순수한 유대교적 유산을 고수했던 그룹이었음을 감안한다면, 적어도 이 경우에는 유지되기 어렵기 때문이다.[4]

---

tress Press, 1981) ; J. Jeremias, *Jerusalem in the Time of Jesus: An Investigation into Economic and Social Conditions during the New Testament Period*(Philadelphia : Fortress Press, 1969) : R. M. Grant, *Early Christianity and Society: Seven Studies* (New York : Harper & Row, 1977) ; R. F. Hock, *The Social Context of Paul's Ministry: Tentmaking and Apostleship*(Philadelphia : Fortress, 1980).

2) M. Hengel, *Judaism and Hellenism*, p. 1.

3) *Ibid.*, pp. 218–247.

4) Hengel은 유대교에 대한 헬라 사상의 영향이라는 이 주제를 그의 다른 저서에서 더 확장시키고 있다. 그의 *Jews, Greeks, and Babarians: Aspects of the Hellenization of Judaism in the Pre-*

이와는 달리, 예레미아스는 예수와 동시대의 상황에 집중한다. 그는 예수 당시 예루살렘의 주민들의 직업들과 무역 상황 등을 밝히는 구체적인 경제적 상황과 그들의 복잡한 계층 및 서열 등을 밝히는 세밀한 사회적 정황을 풍부한 고대문헌들의 증거를 제시하면서 규명하고 있다. 이러한 연구의 결과는 신약 본문들의 난해한 단락들을 부분적으로 해결해 주는 데 기여했다. 가령 "인자가 많은 고난을 받고 장로들과 대제사장들에게(*tōn arxiereōn*) …"라는 예수의 수난예고 단락(막 8: 31; 10:33 등) 가운데 나오는 대제사장이 복수 형태로 표현되고 있다는 난해한 점이 해결된다. 예레미아스의 연구는 기름부음받은 한 명의 대제사장과 오직 서품만을 받은 대제사장 등 두 종류의 대제사장들이 있었음을 밝혀냈기 때문이다.[5]

그란트도 『초기 그리스도교와 사회』라는 저서 속에서 원시그리스도교의 사회적 배경을 연구했다.[6] 그러나 그란트의 저서는 사회에 집중한 나머지 초기 그리스도교는 거의 취급하지 않았다. 오히려 그 내용은 "초기 그리스도교의 사회"에 관한 것이다. 호크는 바울 선교의 사회적 상황과 그의 계층을 연구했다. 여기서 호크는, 자신의 생계는 스스로의 힘으로 꾸려나가야 한다고 주장한 바울의 태도가 유대교의 랍비적 관습에서 나온 것이 아니라, 오히려 당시 그레코-로만 세계의 헬라 철학자들의 생활 관습에서 나온 것이라고 분석한다.[7] 사회적으로 상류계층에 속했던 바울이 스스로 천막제조 노동을 고수한 것은 독립적인 생계 수단을 강조한 스토익-시닉 철학자들의 정신을 반영하고 있다는 것이다.[8]

Christian Period (London: SCM, 1980)를 참고하라.

5) J. Jeremias, *Jerusalem in the Time of Jesus*, pp. 147-180.

6) 주 1)에 소개된 Grant의 저서를 참고하라.

7) R. F. Hock, *The Social Context of Paul's Ministry*, pp. 16-19.

8) R. F. Hock, "Paul's Tentmaking and the Problem of His Social

헹엘, 예레미아스, 그란트, 호크 등의 연구들은 사회적 사실들 자체를 밝히려는 것들이나, 그 사회적 사실들을 신약 본문들의 형성과 거의 관련시키지 않았다는 점에서 엄격한 의미의 신약에 대한 사회학적 연구라기보다는 일종의 사회적 연구로서, 사회학적 연구를 위한 기초작업으로 평가될 수 있다.[9)]

2. 원시그리스도교의 사회적 수준

원시그리스도교 공동체들 자체의 사회적 수준에 관한 연구는 다이스만(A. Deissmann)과 저지(E. A. Judge), 말허브(A. Malherbe)와 믹스(W. A. Meeks)에 의해 전개되었다. 다이스만은 원시그리스도교의 구성원들은 주로 가난한 하류계층 출신이었다고 주장했고,[10)] 타이센(G. Theissen)과 게이저(J. G. Gager)의 지원을 받았

Class," *JBL* 97(1978): 562–564, 특히 562f를 참조하라.

9) Malherbe는 "초기 그리스도교에 관한 사회학적 연구는 문학비평을 무시할 수 없다"고 주장한다. 그의 *Social Aspects of Early Christianity*(Baton Rouge and London: Louisiana State University Press, 1975), p. 15. 그는 한걸음 더 나아가 "초기 그리스도교에 관한 사회학적 묘사는 사회적 사실들에 집중할 수도 있고…"(*Ibid.*, p. 20)라고 주장하기도 한다. 여기서 그는 '사회학적'이라는 용어를 '사회적'이라는 용어와 동의어로 혼동하고 있다. 그러나 사회적 사실들 자체에 집중하는 것은 일종의 사회적 연구로서 사회학적 신약 연구가 아니라 그것을 위한 기초작업이다. 주후 1세기의 팔레스타인과 로마 제국의 도시들의 정치적·경제적·사회적 특징들을 다룬 J. E. Stambaugh와 D. L. Balch의 공저, *The New Testament in It's Social Environment*(Philadelphia: Westminster Press, 1986)도 사회적 연구에 속한다.

10) G. A. Deissmann, *Paul: A Study in Social and Religious History*, 2d ed. (New York: Harper & Row, 1957), p. 495.

다.[11] 저자는 원시그리스도교를 지방후원자들에 의해 도움을 받은 운동으로 규정하면서 그 운동의 지속을 위한 상류계층의 역할의 비중을 강조했고,[12] 말허브와 그란트의 지원을 받았다.[13] 그러나 이러한 규명들은 막연한 것들이다. 왜냐하면 '하류'와 '상류'가 어떤 의미로 사용되고 있는지가 규정되지 않았고, 그러한 신분 규정을 위한 여러 항목들, 가령 직업, 교육수준, 가문, 권력, 재산상태 등의 항목들 중 어떤 항목을 어떤 이유로 중요하게 선정했는지가 밝혀지지 않았기 때문이다. 한 항목에서 상류에 속하는 사람이 다른 항목에서 하류에 속할 수도 있기 때문이다.

한편 믹스는 원시그리스도교 공동체들 중 바울의 공동체로 범위를 좁히고, 그 멤버들의 사회적 수준을 규명하고 있다. 믹스에 따르면, 바울의 공동체들에는 "그레코-로만 세계의 사회적 수준으로 볼 때 극단적인 상류와 하류는 빠져 있다"[14]는 것이다. 귀족들이나 원로들도 없고, 농부나 농사노예들도 없다는 것이다. 그

11) G. Theissen, *Sociology of Early Palestinian Christianity*(Philadelphia: Fortress Press, 1978), pp. 10-14; J. G. Gager, "Shall We Marry Our Enemies? Sociology and the New Testament," *Int* 36 (1982): 256-265, 특히 262를 보라.

12) E. A. Judge, "The Early Christians as a Scholastic Community," *JRH* 1 (1960): 125-137.

13) A. Malherbe, *Social Aspects of Early Christianity*, p. 11: R. M. Grant도 원시그리스도교 운동을 프롤레타리아 운동이 아니라 중산계층 출신의 작은 그룹들의 운동으로 이해한다. 그의 *Early Christianity and Society*의 제2장, 특히 마지막 부분을 보라. 그란트의 이러한 주장에 대해 Gager는 그란트가 선택한 주제들은 그 자신과 그의 독자들의 넉넉하고, 온건한 북미 중산계층의 사회적 위치를 반영해 준다고 평가한다. 그란트에 대한 보다 자세한 평을 위해서는 *Rel Stud Rev* 5 (1979): 197-180에 실린 Gager의 서평을 참고하라.

14) W. A. Meeks, *The First Urban Christians: The Social World of the Apostle Paul* (New Haven and London: Yale University Press, 1983), p. 47.

멤버들은 두 극단을 제외한 계층에 속하나, 각 개인마다 고정된 신분을 갖고 있는 것이 아니라, 각 개인이 각각 다양한 신분들을 갖고 있는 '신분의 불일치'를 보여준다는 것이다.[15] 이러한 주장은 비교적 안전한 진단에 속한다. 그러나 이러한 주장을 원시그리스도교 공동체들 전체에로 확장시킬 수는 없다. 가령 마가공동체는 여러 항목들에서 주로 낮은 평가를 받게 될 멤버들로 구성되어 있는 반면, 마태공동체는 마가공동체와 비교하면 여러 항목들에서 상대적으로 높은 평가를 받을 수 있는 멤버들을 다수 포함하고 있기 때문이다.[16] 따라서 원시그리스도교 공동체들이나 그 멤버들의 사회적 수준은 일률적으로 결정될 수 없다.

Ⅲ. 원시그리스도교의 사회적 조직

사회적 조직이란 규범, 힘, 권위, 그룹 등의 개념들을 담고 있는 포괄적인 개념이다. 모든 사람들은 개인 상호간의 또는 그룹

---

15) *Ibid.*, pp. 51-73, 특히 73.

16) 이러한 추정은 마태복음서에만 나오는 "너희를 위하여 보물을 땅에 쌓아두지 말라"(6: 19)와 같은 종류의 여러 구절들을 통해 뒷받침을 받는다. 마태공동체내에 보물을 땅에 쌓아둘 정도의 재력가들이 존재하고 있었다는 것을 상정하지 않는다면, 이와 같은 구절들은 달리 이해하기 어렵기 때문이다. R. H. Smith도 마태공동체내에 상대적으로 부유한 상인들과 사업가들로 구성된 상당한 규모의 그룹이 포함되어 있었을 것으로 상정하고, 이런 추정은 초기 그리스도인들의 사회적 수준에 대한 상식적인 묘사를 재고하게 만든다고 주장한다. 그의 "Were the Early Christians Middle-Class? A Sociological Analysis of the New Testament," *CTM* 7(1980) : 266.

상호간의 관계들로 복잡하게 얽혀 있다. 사회학적 신약해석의 주요한 공헌 중 하나는 원시그리스도교의 사회적 조직들의 복잡성을 부각시켰다는 데 있다. 사회학에서 규범들이 특별한 관심의 대상이 되는 이유는 그것들이 사회적 구조의 기초를 구성하고 사회적 질서를 유지하는 데 기여하기 때문이다. 규범들이 없다면 사회적 상호작용들은 위험하고 어려워질 뿐 아니라, 그 사회의 구성원들은 나날의 삶 속에서 매번 힘겹게 결정해야 할 수많은 경우에 봉착하게 된다.

규범들과 함께 사회적 조직의 다른 중요한 개념들은 힘과 권위이다. 모든 사회는 한 사람이 모든 사람에 대해 행사하는 힘의 관계들을 통해 움직인다. 이 힘은 모든 사회적 상호작용 속에 나타나는 하나의 보편적인 현상이다.[17] 권위도 힘의 한 종류이다. 권위는 기구화된 힘 외에 다른 것이 아니다.[18] 사회의 모든 연합체는 그 자체의 독특한 권위의 구조를 갖고 있다. 한 힘이 그 힘을 거부하는 다른 힘을 만날 때 갈등이 일어난다. 힘의 구조가 한 공동체의 성격과 형태를 결정한다. 힘의 구조의 변화는 공동체의 성격과 형태의 변화를 수반한다. 원시그리스도교의 사회적 조직에 관한 연구는 원시그리스도교 공동체들의 규범들과 통제와 형태들에 관심을 집중한다.

1. 원시그리스도교 공동체들의 규범

사회학적 신약해석은 신약의 윤리나 규범들을, 그것들을 산출한 공동체들과 분리시켜 이해하려는 방향을 거부한다. 믹스는

17) R. Bierstedt, *The Social Order*, 4th ed.(New York: McGraw-Hill Book Company, 1974), pp. 350−366.

18) *Ibid.*, pp. 337−349.

『첫 그리스도인들의 도덕적 세계』[19]에서 원시그리스도교인의 윤리적 교훈들 자체보다는 그러한 가르침들을 배태시키고 세련시킨 공동체들의 정신과 성격에 집중한다. 믹스는 각 그리스도교 그룹들의 경계선과 그 그룹들의 외부 세계와의 상호작용들을 분석하면서 원시그리스도인들의 도덕적 세계는 사회적 세계들과 예수의 정체 사이의 종합의 산물이었다고 강조한다. 따라서 원시그리스도인들의 윤리는, 그것의 새로움이 무엇이었는가에 초점을 맞춘다거나 그 윤리의 본질 규명에 집착한다면 적절히 이해될 수 없다는 것이다.[20] 케엑(L. E. Keck)은 이러한 입장과 방향을 명료하게 밝히고 있다.

> "신약 윤리학은 더 이상 직설법과 명령법의 변증을 구체적으로 드러내는 방법들에 대한 분석에로 제한되지 않을 것이다.… 그리스도교 공동체들의 실제적인 삶의 양식들이 선명하게 부각되면 될수록 우리는 그것들[공동체들] 속에서 산출되고 정제된 윤리적 교훈을 보다 더 잘 이해할 수 있을 것이다. 신약신학 자체는 더 이상 사회학과 윤리학으로부터 독립된 채 쓰여질 수 없을 것이다. 왜냐하면 신약의 신학들은 다양한 위기들을 체험한 정신의 모체 속에서 산출되었다는 것이 분명하게 드러날 것이기 때문이다."[21]

홀슬리(R. A. Horsley)와 브라운(R. E. Brown)과 키이(H. C. Kee)가 신약의 규범들을 원시그리스도교 공동체들과 관련시켜 해석하는 것은 이러한 분위기에 대한 적절한 표출이다. 홀슬리는 "원수들을 사랑하라"는 명령을 보편적인 윤리가 아니라, 마태공동체의

---

19) W. A. Meeks, *The Moral World of the First Christians* (Philadelphia: The Westminster Press, 1986).

20) *Ibid.*, pp. 161f.

21) L. E. Keck, "On the Ethos of Early Christians," *JAAR* 42 (1974) : 435–452, 특히 451 참조.

내부질서 유지를 위한 규범으로 해석한다.[22] 브라운은 요한복음서와 요한 서신들에 나타난 윤리들의 변화를 요한공동체의 변화사와 관련시켜 해석한다.[23] 키이는 엄격한 가족 유대와의 단절 요구라든지 소유에 대한 신뢰의 포기 요구, 기성 권위에 대한 당당한 대면 요구 등, 마가복음서의 일련의 윤리적 규범들을 마가공동체의 사회적 삶과의 관련 속에서 이해하고 있다.[24]

한편 신약의 규범들을 통해 원시그리스도교 공동체들의 사회적 성격을 규명하려는 학자들은 더글라스(M. T. Douglas)의 '그룹'(group)과 '그리드'(grid) 모델[25]을 이용한다. '그룹'은 사회적 규범들에 순응하도록, 한 특정한 사회적 단위(개인이나 그룹)에게 가해지는 사회적 압력의 정도를 나타내는 용어로, '그리드'는 사회에서 통용되는 어떤 기준들(인식과 평가의 패턴들)에 대한 개인별 적합성의 정도를 나타내는 용어로 사용된다. '강한 그룹'은 강한 압력을 '약한 그룹'은 약한 압력을 표시하는 반면, '높은 그리드'는 높은 적합성을, '낮은 그리드'는 낮은 적합성을 표시한다. 이것을 수직(그리드)과 수평(그룹)으로 교차시키면, 약한 그룹과 높은 그리드, 강한 그룹과 높은 그리드, 약한 그룹과 낮은 그리드, 강한 그룹과 낮은 그리드 등 네 가지 그룹 모델이 생긴다.

이러한 더글라스의 모델을 이용한 학자들로는 말리나(B. J. Malina), 화이트(L. J. White), 네이레이(J. H. Neyrey) 등이 있다. 말리나는 요한복음서를 제외한 모든 신약 문서들은 사회적으로나 감

---

22) R. A. Horsley, "Ethics and Exegesis: 'Love Your Enemies' and the Doctrine of Non-Violence," *JAAR* 54(1986) : 3-31.

23) R. E. Brown, *The Community of the Beloved Disciple*(New York: Paulist Press, 1979), pp. 93-144.

24) H. C. Kee, *Community of the New Age: Studies in Mark's Gospel* (The Westminster Press, 1977), pp. 151-161.

25) M. Douglas, *Natural Symbols*(New York: Pantheon Books, 1982), pp. 54-64.

정적으로 강한 그룹과 약한 그리드 체제에 소속된 사람들로부터 나왔다고 주장한다. 예수 운동그룹은 물론 바리새파 그룹이나 열심당원 그룹 등 팔레스타인의 여러 분파들도 이 체제에 속한다는 것이다.[26] 말리나는 자신의 관심을 이 인류학적 모델 자체에 지나치게 집중시킨 나머지, 정작 그 모델의 적용을 통해 새로운 각도로 조명해 보아야 할 신약본문들을 거의 도외시하고 있다. 아홉 개의 장(章)들 중 오직 마지막 한 장만이 이러한 모델을 통한 신약해석에 할당되고 있다. 말리나와는 달리, 더글라스의 모델을 화이트는 마태공동체에, 네이레이는 요한공동체에 적용하여 그 성격들을 각각 해당 본문들과 구체적으로 관련시켜 규명하고 있다.

화이트는 마태복음서의 산상수훈의 규범들을 분석하면서 마태공동체의 성격을 강한 그룹과 낮은 그리드 체제로 설명한다. 산상설교의 규범들은 우선은 마태공동체의 내부 관계에, 그 다음으로는 외부 사회와의 관계에 집중하면서, 그 공동체의 명확한 그룹경계를 설정할 뿐 아니라, 그 공동체 멤버들을 외부사회의 불의한 사람들과 대조시키고 그 멤버들을 의로운 사람들로 부각시킨다는 것이다(강한 그룹). 그러나 산상설교의 규범들은 일상생활에서 외부 사회의 가치들을 실현하기 위한 수단제시가 불충분하다는 것이다(약한 그리드). 결국 산상설교의 규범들을 통해 마태공동체 멤버들은 사회적인 박탈감 속에서도 자신들의 고유하고 신성한 의로움을 주장함으로써 자신들에 대한 외부의 평가를 역전시키고 있다는 것이다.[27] 한편 더글라스의 모델을 요한복음서 해석에 이용한 네이레이는 요한공동체의 발전단계를 셋으로 나눈

26) B. J. Malina, *Christian Origins and Cultural Anthropology* (Atlanta: John Knox Press, 1986), pp. 37−44.

27) L. J. White, "Grid and Group in Matthew's Community: The Righteousness/ Honor Code in the Sermon on the Mount," *Semeia* 35(1986) : 61−90, 특히 88f.

뒤, 첫째 단계는 강한 그룹과 낮은 그리드로, 둘째 단계는 강한 그룹과 상승하는 그리드로, 셋째 단계는 약한 그룹과 낮은 그리드로 그 그룹의 성격이 시기별로 변화되었다고 주장한다.[28] 더글라스의 모델을 사용하는 학자들에게 있어서 그룹 성격 분류를 위한 기준이 되는 것들은 정결, 제의, 개인의 정체성, 몸, 죄, 우주론, 고난 등 일곱 가지 항목이나, 각 항목별 비중은 학자들에 따라 달리 주어지고 있다.

2. 원시그리스도교 공동체들의 통제

원시그리스도교 공동체들이 어떠한 타입의 지도자들에 의해 통제되어 왔는가를 조사하는 학자들은 베버(M. Weber)의 카리스마적 리더쉽에 관한 고전적 연구를 기초 자료로 사용한다. '카리스마'는 신적 권능을 부여받은 것으로 간주되는 특별한 자질을 소유한 개인에게 적용되는 용어이다. 카리스마적 리더쉽은, 개인이나 그룹이 보다 큰 사회가 제공하는 여러 종류의 권리를 그 사회가 인정하는 소위 정상적인 방법으로는 획득할 수 없다고 스스로 무기력하게 느끼고 있는 상황에서 발생한다. 카리스마적 지도자는 전통적인 종교적·정치적 리더쉽을 인정하지 않는 사람들에게 옛 전통을 새롭게 해석하거나 그것과의 급격한 단절을 요구하면서 그들에게 자신들의 정체를 새롭게 규정할 수 있는 세계를 제시한다. 그러나 카리스마적 지도자의 권위의 유지는 그 자신의 능력이 아니라 오직 그 권위에 복종하는 추종자들 그룹, 베버의 표현으로는 '카리스마적 공동체'의 '인정'에 전적으로 의존되어 있다.[29]

---

28) J. H. Neyrey, *An Ideology of Revolt: John's Christology in Social-Science Perspective*(Philadelphia: Fortress Press, 1988), pp. 115－150.

이러한 카리스마적 리더쉽에 관한 베버의 개념은 원시그리스도교의 지도자들의 활동을 묘사하는 데 적절한 모델을 제공해 준다.

이 모델을 이용한 대표적인 신약 학자는 타이센이다. 타이센은 주후 30년과 주후 70년 사이에 시리아와 팔레스타인에서 있었던 예수 운동을 방랑하는 카리스마적 지도자들에 의해 주도되고, 여러 지역에 정착해서 살고 있던 동조자들의 집단에 의해 지원을 받은 운동으로 규정한다.[30] 타이센에 따르면 카리스마적 지도자들의 역할은 제도적인 생활 형태와는 부합되지 않는다는 것이다.[31] 결국 타이센에게 있어서 방랑하는 카리스마적 예언자들은 예수 운동의 지도자들이었을 뿐 아니라 예수 운동 그 자체로 이해된다. 예수 운동의 형태와 기능을 집중적으로 연구했음에도 불구하고 타이센은 이 운동 자체가 집단적 성격을 띠고 있다는 점을 간과하고 있다. 곧 그가 묘사하는 원시그리스도인들의 예수 운동은 소종파의 모델보다 훨씬 더 유동적'[32]이라 할 수 있다.

타이센의 이해와는 달리 카리스마란 타고난 지도자의 자질을 갖고 있는 '개인'이라는 측면만으로는 충분히 설명될 수 없다. 카리스마는 다른 사람들이 인정하는 권위에 기초되어 있기 때문에 카리스마는 추종자들의 집단이 있어야만 유지된다. 이런 점을 베버와 더불어 명확히 지적한 학자는 워슬리(P. Worsley)이다. 워슬리에 따르면 지도력의 근거를 강제력이나 법률적 권위나 전통적인 지배권 등에 두고 있는 다른 종류의 지배자들과는 달리, 카리

29) Max Weber, *The Sociology of Religion* (Boston: Beacon Press, 1963), pp. 1－9, 46－59. 또한 그의 *Economy and Society*, Vol. I, ed. G. Roth and Claus Wittich(Berkeley, Los Angeles: University of California Press, 1978), pp. 241－245를 참조하라.

30) G. Theissen, *Sociology*, pp. 8－23.

31) *Ibid.*, p. 8.

32) Robin Scroggs, "Sociology and the New Testament," *Listening* 21 (1986) : 138－147, 특히 144를 보라.

스마적 지도자는 그의 지도력의 근거를 추종자들의 인정에 전적으로 의존하고 있다는 것이다.[33] 타이센은 예수의 부활 이후 카리스마적 지도자들에 의해 주도된 예수 운동 자체를 공동체 운동으로 인식하지 못했다. 방랑하는 카리스마 지도자들에 대한 연구와 그들을 추종하는 사람들의 공동체에 대한 연구는 분리될 수 없는데도, 그는 전자를 후자와의 관련 속에서 적극적으로 이해하지 못했다. 따라서 타이센의 묘사는 "그가 의도했던 십자가 처형 이후의 시대보다는 오히려 예수의 선교 시기에 보다 더 적합하다"[34]고 할 수 있다. 한편 타이센은 예수 운동에 끼친 사회의 영향을 사회-경제적, 사회-생태학적, 사회-정치적, 사회-문화적 요인 등 네 가지 균형잡힌 분류를 통해 분석하고 있다.[35] 그러나 이러한 모범적인 분류는 산업화 이전의 고대 농경사회보다는 산업화 이후의 사회의 특징을 분석하는 데 보다 더 적절한 범주가 될 것이다. 더구나 공격에 대한 보상, 공격의 양도, 공격의 역전, 공격의 상징화 등 타이센의 심리학적 모형은 적어도 사회적 현상을 설명하는 데 있어서 다른 방법에 비하여 더 적합한 방법이라 할 수 없다. 그룹 운동을 개인의 심리적 특성들로 축소시키는 것은 설득력이 없다.[36]

전승자료의 분류에 있어서도 타이센의 구분은 설득력을 결여하고 있다. 그는 공관복음 전승 자료를 '팔레스타인적'인 것과 '헬레

33) P. Worsley, ***The Trumphet Shall Sound: A Study of 'Cargo' Cults in Melanesia***(New York: Schocken, 1968), p. xiii.

34) O. C. Edwards, Jr., "Sociology as a Tool for Interpreting the New Testament," *ATR* 65(1983) : 436.

35) G. Theissen, *Sociology*, pp. 31-98.

36) 타이센의 모델에 관한 상세한 비판을 위해서는 J. H. Elliott, "Social-Scientific Criticism of the New Testament: More on Methods and Models," *Semeia* 35 (1986) : 1-33; B. J. Malina, "Review of G. Theissen's Sociology of Early Palestinian Christianity(1978)," *CBQ* 41 (1979) : 176-178을 참고하라.

니즘적'인 것으로 구분하고 논의를 시작하나, 그러한 분류는 이미 헹엘의 연구가 보여준 것과 같이 적절하지 않다. 상당한 기간 동안 팔레스타인 안팎에 걸쳐 이미 헬라화 작업이 진척되었기 때문에, 헬라 사상에 영향을 받은 전승의 기원을 팔레스타인 밖으로만 돌리려는 것은 단순한 발상이다.

홀름버그(B. Holmberg)도 베버의 카리스마적 리더쉽에 관한 연구를 바울 서신 해석에 이용했다.[37] 그러나 그는 베버의 이론을 다소 수정했다. 카리스마적 지도자의 의도가 제도화의 과정 속에서 퇴색한다는 베버의 명제와는 달리 홀름버그는 오히려 카리스마적 지도자의 의도가 제도화의 과정 속에서 실현된다고 주장한다. 카리스마적 지도자들은 자신들의 사명이 과거의 이상적인 상태를 회복하는 데 있다고 이해했기 때문에 그러한 상태의 제도화는 모든 카리스마적 운동의 본질적인 사명이라는 것이다. 이러한 홀름버그의 주장은 카리스마적 운동의 순수한 형태를 그 운동 초기에만 제한시키지 않았다는 점에서 타이센의 입장과 비교한다면 진일보한 것이다. 그러나 그의 주장은 새로운 것이 아니다. 왜냐하면 그것은 이미 모든 제도들의 존속을 위해서는 어느 단계에서도 카리스마가 그 기본적인 토대가 된다고 주장한 쉴즈(E. Shils)에 의해 천명된 것이기 때문이다.[38]

한 공동체를 통제하는 주요 힘이 다른 힘에 의해 도전받을 때, '갈등'이 일어난다. 갈등은 힘, 신분, 부족한 자원들을 먼저 확보하려는 요구들의 상충을 전제한다. 갈등하는 그룹들은 원하는 가치들을 획득하려 할 뿐 아니라, 그들의 상대편들을 무력화시키거나 제거시키려 한다.[39] 갈등론은 구조-기능주의와 함께 사회학의

---

37) B. Holmberg, *Paul and Power: The Structure of Authority in the Primitive Church as Reflected in the Pauline Epistles*(Philadelphia: Fortress, 1978).

38) E. Shils, "Charisma, Order, and Status," *ASR* 30 (1965) : 199

커다란 두 흐름들 중 하나를 이루고 있다. 갈등론적 사회학은 '균형'의 측면을 거부하고, 갈등을 사회현상들 전체를 규정하는 결정적인 요인으로 부각시킨다. 마르크스(K. Marx)의 계급갈등론이나 베버(M. Weber)의 권력갈등론이 여기에 속한다. 갈등론은 주로 종교에 대한 사회의 작용을 강조한다. 반면, '균형'의 측면을 중시하는 기능주의적 사회학은 의도와 기능을 구분한다. 기능주의자들은 한 인물이나 그룹의 행동과 사상은 그것이 본래 의도되었던 것과는 다르게 작용하게 되는 경우에 주목한다. 의도와 기능의 구별은 사회학적 신약해석이 신약의 신학적 진술들의 가치들을 사회적인 차원으로 축소시키고 있다는 일방적인 비난에 대한 효과적인 방어가 된다. 갈등론과는 달리 기능론은 주로 사회에 대한 종교의 작용을 강조한다.

이 갈등론과 기능론의 두 흐름을 갈등론의 입장에 서서 부분적으로 겹치게 만든 것은 짐멜(G. Simmel)[40]과 그의 이론을 발전시킨 코우저(L. Coser)[41]의 공헌이다. 이들이 갈등의 적극적인 기능들을 부각시켰다는 점에 있어서 이들을 '갈등론자들'로 단순히 분류하기보다는 '기능주의적 갈등론자들'로 명명하는 것이 보다 적절할 것이다.

벨로(F. Belo)는 예수 시대의 갈등 양상을 수평적인 야훼전승적

—213.

39) L. A. Coser, "Conflict: Social aspects," in *International Encyclopedia of the Social Sciences*, Vol. 3, ed. D. L. Sills(New York: MacMillan and Free Press, 1986), pp. 232—236.

40) G. Simmel의 기본적인 입장은 그의 *Conflict and the Web of Group-Affiliation*(New York: Free Press, 1955)에 잘 나타나 있다.

41) L. Coser의 기능론적 갈등론을 위해서는 그의 *The Function of Social Conflict*(Glencoe, Ill: The Free Press, 1956); *Continuities in the Study of Social Conflict*(New York: The Free Press, 1967)를 참조하라.

규약과 수직적인 사제전승적 규약의 대립으로 분석한다.[42] 벨로는 예수를 종교, 정치 지도자들의 규약에 반기를 든 야훼전승적 규약의 상속자로 설정하고 이를 토대로 마가복음서를 해석해 나간다. 여기서 벨로는 마가복음서에 대한 관념론적 해석을 거부하고 물질주의적 해석을 제안한다. 물질주의적 관점으로 보면 예수는 메시아적 실천의 행위자로 부각된다는 것이다. 이 실천은 사회의 지배적인 전통적 규약에 대한 전복이자 일종의 계급투쟁이라는 것이다.[43] 이러한 벨로의 입장은 마르크스의 계급갈등론에 기초한 것으로, 사회적 갈등 현상의 다양한 동인을 계급투쟁이라는 지극히 제한된 범위로 축소시켜 놓은 해석이라 할 수 있다. 더구나 예수의 행위는 벨로의 주장과는 달리 전통에 대한 전복이라는 개념만으로는 설명될 수 없다. 오히려 마가가 본 예수는 적지 않은 경우에, 전통에 대한 전복이 아니라 전통에 대한 새로운 해석을 제시하고 있기 때문이다.

타이센은 고린도 교회에서 약한 자들과 강한 자들이 벌였던 신학적 논쟁을 분석하면서, 그러한 논쟁의 배후에는 서로 상이한 사회적 습관들과 계층들의 갈등이 놓여져 있다고 주장한다.[44] 사회계층적 차이는 식생활의 패턴과 사교형태와 신분공인 형식에서 드러난다는 것이다. 두 상이한 그룹에 대한 바울의 해결은 양편을 공평하게 고려하는 '사회적 통합'의 방향을 지시하고 있다는 것이다. 바울은 이러한 갈등을, 사회적 계층을 초월하고 형제애적

---

42) F. Belo, *A Materialist Reading of the Gospel of Mark*(Maryknoll, N. Y.: Orbis Books, 1981), pp. 35－86.

43) *Ibid.*, pp. 87－240; 사회학적 해석에 있어서 벨로가 차지하는 위치에 대한 소개를 위해서는 R. Scroggs, "The Sociological Interpretation of the New Testament: The Present State of Research," *NTS* 26(1980) : 164－179, 특히 177－179를 참고하라.

44) G. Theissen, *The Social Setting of Pauline Christianity: Essays on Corinth*(Philadelphia: Fortress, 1982), pp. 121－144.

연대감을 불러일으키는 성례전을 통해 조정하려 했다는 것이다.[45] 이러한 타이센의 분석의 공헌은 고린도 교회에 각기 상이한 경제적 계층들이 존재하고 있었다는 점을 명확하게 부각시켜 그것을 통해 고린도 교회의 신학적 논쟁을 새롭게 조명했다는 데 있다.

화이테이커(R. A. Whitacre)는 요한공동체의 갈등상황을 요한공동체의 내부갈등(요한복음서)과 외부갈등(요한일서)으로 세분하여 분석하고 있고,[46] 슈나이더(G. F. Snyder)는 베드로전승과 반베드로전승(요한전승)의 갈등을,[47] 월(D. B. Woll)은 요한복음서의 고별연설에 나타난 카리스마적 권위와 반카리스마적 권위의 갈등[48]을 각각 다루고 있다. 한편, 마가복음서의 갈등 연구의 경우, 위든(T. J. Weeden)은 그것을 주로 기독론적 갈등으로, 켈버(W. Kelber)는 주로 종말론적 갈등으로 이해했다.[49] 그러나 이들은 갈등 자체에만 집중한 나머지 그 갈등이 마가공동체에 긍정적으로 작용하고 있는 측면에는 거의 관심을 돌리지 못했다.

갈등의 양기능에 주목한 대표적인 신약 학자는 게이저이다. 게이저는, 짐멜의 명제들을 갈등의 기능에 적용시킨 코우저의 갈등론을 도입하여 갈등을 사회화의 한 형식으로 취급할 뿐 아니라,

---

45) *Ibid*, pp. 145－174.

46) R. A. Whitacre, *Johannine Polemic: The Role of Tradition and Theology*, SBL DS 67(Chico, California: Scholars Press, 1982).

47) G. F. Snyder, "John 13:16 and the Anti-Petrinism of the Johannine Tradition," *BR* 16(1971) : 5－15.

48) D. B. Woll, *The Johannine Christianity in Conflict: Authority, Rank, and Succession in the First Farewell Discoures*, SBL DS 60 (Chico, California: Scholars Press, 1981).

49) T. J. Weeden, *Mark. Traditions in Conflict*(Philadelphia: Fortress Press, 1971); W. H. Kelber, *The Kingdom in Mark* (Philadelphia: Fortress Press, 1974). 위든과 켈버는 넓은 의미의 '편집 비평가'에 속하는 학자들이나, 이들의 연구들은 자신들이 의도했든 의도하지 않았든지 간에 사회학적 요소들과 전망들을 부분적으로 보여준다.

갈등을 집단 생활의 지속을 위한 본질적인 요소로 규명한다. 게이저는 이것을 원시그리스도교의 그룹내적 갈등과 그룹외적 갈등 분석에 이용하여 원시그리스도교의 갈등이 심화되는 '유사성의 조건'과 그 갈등의 '결속 기능' 등을 명료하게 제시하고 있다.[50)]

3. 원시그리스도교 공동체들의 형태

원시그리스도교 공동체들의 형태들에 관한 규정은 다양하게 제시되고 있다. 원시그리스도교 공동체들 중 일부가 '학교'의 형태로 존속했다는 것은 슈텐달(K. Stendahl)의 저서 『마태 학파』 속에서 지적되었다. 그는 마태공동체를 쿰란공동체와 대비시키면서 마태공동체는, 그 공동체의 조직적인 교육방법과 전승을 새로운 상황에 적용시키려는 관심과 정교한 구약해석 방법으로 미루어 보아, 학적인 활동이 왕성했던 학파였다고 주장했다. 마태공동체는 랍비들과 그 제자들의 사회적 패턴을 따랐다는 것이다.[51)] 코프(O. L. Cope)는 이러한 슈텐달의 주장을 더 철저히 밀고 나간다. 코프에 따르면 마태 12장과 이사야 42장 1-4절, 마태 15장 1-20절과 이사야 29장 13절, 마태 11장 7-15절과 말라기 3장 1절, 마태 10장 34-39절과 미가 7장 6절을 비교해 보면, 마태 기자 자신이 치밀한 주석학자였으며 "하늘나라를 위해 훈련받은 율법학자"(마 13:52)였다고 규정한다.[52)] 쿨페퍼(R. A. Culpepper)는 이

50) J. G Gager, *Kingdom and Community. The Social World of Early Christianity* (New Jersey: Prentice Hall, 1972), pp. 79-88.

51) K. Stendahl, *The School of Matthew*(Uppsala: C. W. K. Gleerup, 1954=Philadelphia: Fortress, 1968).

52) O. L. Cope, *Matthew. A Scribe Trained for the Kingdom of Heaven*, CBQ Monograph Series(Washington, D. C.: The Catholic Biblical Association of America, 1976), 특히 pp. 121-130.

러한 '학파'의 가설을 그의 저서 『요한 학파』에서 요한공동체에 적용시키고 있다. 그는 피타고라스 학파, 플라토 학파, 아리스토틀 학파 등 고대 여러 학파들의 성격을 분석한 후, 요한공동체 전체가 이러한 학파들의 범주에 속한다고 주장한다.[53] 여기에 대하여 브라운(R. E. Brown)은 '요한 학파'를 요한공동체내의 한 핵심 그룹으로 축소시키고 있다.[54]

한편 바울의 공동체들은 주로 '가정교회들'로 이해된다.[55] 뱅크스(R. Banks)의 『바울의 공동체 개념: 역사적 배경 속에서 본 초기 가정교회들』[56]이 이러한 이해의 대표적인 예가 된다. 뱅크스는 쿰란공동체와 회당들, 스토익과 시닉 철학자들 또는 신비종교들의 공동체 개념을 살피면서, 가정교회를 바울의 공동체 개념의 특징으로 요약하고, 그러한 개념을 위한 중요한 신학적 근거들 중 하나로 "그리스도를 통한 자유"를 내세운다. 뱅크스의 주장이 문제가 되는 것은 그러한 주장 자체에 있는 것이 아니라, 그 주장을 위해 그가 사용한 자료와 방법에 있다. 뱅크스는 에베소서와 골로새서를 순수한 바울 서신들과 동격의 수준으로 놓고 다루고 있으나, 이것은 정당한 것이 아니다. 더구나 자신의 주장의 근거를 확보하기 위해 바울의 여러 서신들을 그것들이 각각 지니고

---

53) R. A. Culpepper, *The Johannine School*, SBL DS 26(Missoula: Scholars Press, 1975).

54) R. E. Brown, *The Community of the Beloved Disciple*(New York: Paulist Press, 1979), pp. 99−103을 보라.

55) F. V. Filson, "The Significance of the Early House Churches," *JBL* 63(1939) : 105−112; D. Luhrmann, "Neutestamentliche Haustafeln und antike Ökonomie," *NTS* 27(1981) : 83−97; W. A. Meeks, *The First Urban Christians*, 제3장을 참조하라: "초기 그리스도인의 그룹들의 지역적인 구조는 흔히 사회의 기본 단위로 여겨졌던 것과 연결되어 있다." p. 75.

56) R. Banks, *Paul's Idea of Community: The Early House Churches in Their Historical Setting* (Grand Rapids: Eerdmans, 1980).

있는 독특한 상황에 대한 구분없이 임의로 선택하여 사용하는 그의 방법도 결코 추천할 만한 것이 아니다.

휘오렌자(E. S. Fiorenza)는 이 가정교회들이 소종파적 경향을 갖고 있다고 주장했고,[57] 믹스는 그것들이 소종파적이기도 하고 아니기도 하다고 주장했으나,[58] 고린도 교회에 나타난 갈등을 소종파적 경향과 반소종파적 경향의 갈등으로 볼 수 있다는 점을 고려한다면 믹스의 주장이 보다 설득력이 있다. 스크로그스(R. Scroggs)는 원시그리스도교의 특징을 소종파적 운동으로 요약한다.[59] 그러나 이것은 지나친 일반화라 할 수 있다. 물론 원시그리스도교 공동체들을 유대교로부터의 파생이라는 점에서 이해한다면, 스크로그스의 주장대로 그 공동체들 전체가 소종파적인 요소들을 담고 있는 것이 분명하나, 소종파에 대한 개념 설정에 따라 이 범주에서 벗어나게 될 공동체도 있기 때문이다. 가령 소종파의 특징을 세상에 대한 적대적 태도로 설정한다면, 적어도 세상에 대해 포괄적인 입장을 견지한 누가공동체는 소종파적 입장과는 단연 거리를 두고 있는 공동체로 이해될 수 있다. 그러나 어떤 공동체들은 소종파적 요소들을 뚜렷이 담고 있다. 그 대표적인 공동체들은 마가공동체와 요한공동체이다. 키이는 마가공동체의 사회적·문화적 배경을 밝히면서 비밀집회의 성격을 지닌 마가공동체를 유대교적 소종파의 모델들과 관련시켜 이해하고 있고,[60]

57) E. S. Fiorenza, *In Memory of Her*(New York: Crossroads, 1984), pp. 68－95.

58) W. A. Meeks, "'Since Then You Would Need to Go Out of the World': Boundaries in Pauline Christianity," in *Critical History and Biblical Faith: New Testament Prespectives*, ed. T. Ryan (Villanova: The College Theology Society, 1979), pp. 4－29.

59) R. Scroggs, "The Earliest Christian Communities as Sectarian Movement," in *Christianity, Judaism and Other Greco-Roman Cults*, ed. J. Neusner, 4 vols (Leiden: Brill, 1975), 2: 1－23.

60) H. C. Kee, *Community*, pp. 77－105.

믹스는 요한복음서에서 구속사적 사고 패턴이 이원론적 사고 패턴으로 변경된 점에 주목하면서 요한공동체의 성격을 소종파적 모습으로 묘사한다.[61] 이와 비슷하게 세고비아(F. F. Segovia)는 예수의 사랑과 미움에 관한 언어들이 믿는 자들을 세상으로부터 분리시키는 데 기여한다고 보고 요한복음서를 소종파적 문서로, 요한공동체를 소종파적 그룹으로 규정한다.[62]

일군의 학자들은 원시그리스도교 공동체들의 형태를 농촌 배경이나 도시 배경 등 그 주요 근거지들을 중심으로 연구한다. 이러한 연구들의 결과로, 마가공동체는 키이(H. C. Kee)에 의해 남부 시리아에 있는 한 작은 농촌 마을을 배경으로 하고 있는 시골 공동체로 추정되고,[63] 마태공동체는 스미스(R. H. Smith)에 의해 농촌보다는 도시를 배경으로 하고 있는 도시공동체로 추정된다.[64] 실제로 마가복음서에 8번밖에 나오지 않는 '도시'(polis)가 마태복음서에는 26번이나 등장하는데, 이는 결코 우연이 아니다. 누가공동체 역시 콘(H. M. Conn)에 의해 도시선교를 하고 있는 도시공동체로 밝혀지고 있고,[65] 바울의 공동체들은 믹스에 의해 예외없이 모두 도시들에 기반을 둔 도시공동체로 규정된다.[66] 믹스의 다음과 같은 지적은 마가공동체와 같은 특수한 경우를 제외한다면,

---

61) W. A. Meeks, "The Stranger from Heaven in Johannine Sectarianism," *JBL* 91(1972) : 44－72.

62) F. F. Segovia, "The Love and Hatred of Jesus and Johannine Sectarianism," *CBQ* 43(1981) : 258－272.

63) H. C. Kee, *Community*, pp. 174－177.

64) R. H. Smith, "Were the Early Christians Middle Class? A Sociological Analysis of the New Testament," 266; J. D. Kingsbury, "The Verb Akolouthein("To Follow") as an Index of Matthew's View of His Community," *JBL* 97 (1978) : 56－73.

65) H. M. Conn, "Lucan Perspectives and the City," *MIR* 13 (1985) : 409－428.

66) W. A. Meeks, *The First Urban Christians*, pp. 9－50.

대단히 적절한 것이다.

"예수의 처형 후 십년 이내에 팔레스타인의 농촌문화는 뒷전으로 밀렸고, 그레코-로만 도시가 크리스천 운동의 현저한 환경이 되었다."[67]

Ⅳ. 원시그리스도교의 사회적 세계

'사회적 세계'란 사회적으로 구성된 세계를 뜻하는 사회학적 용어이다.[68] 한 사회의 정상적인 어른들은 자신들의 사회를 '당연한' 현실로 받아들이고 다른 사람들도 그 사회를 자신들과 똑같이 체험하리라고 가정한다. 이들은 자신들의 일상적인 삶의 주관적인 경험들을 전형적인 패턴들로 이해할 뿐 아니라, 자신들을 공동의 가치들과 상징들에 위탁함으로써 사회를 안정시키고 유지시킨다. 그 공동의 세계관에 참여함으로써 그 사회의 멤버들은 사회화된다. 바로 이러한 개인들의 공통된 가정들과 경험들이 일상적인 세계를 상징적으로 구조화시킨다.[69]

---

67) *Ibid.*, p. 11.

68) '사회적 세계'(Social World)는 '삶의 세계'(Life World)와 동의어로 사용된다. '삶의 세계'에 관해서는 A. Schutz and T. Luckmann, *The Structures of the Life-World*(Northwestern University Press, 1973)를 참고하라.

69) P. L. Berger, *The Sacred Canopy: Elements of a Sociological Theory of Religion*(New York: Doubleday & Company, Inc., 1969), p. 21; H. C. Kee, *Christian Origins in Sociological Perspective: Methods and Resources*(Westminster Press, 1979), 제2장 "우주의 구성"을 참조하라.

지식의 사회적 기원을 다루는 지식사회학적 전제에 따르면,[70] 인간의 지식은 사회적으로 획득되고 사회적으로 제한된다는 것이다. 실제로 지식의 전달이나 전수도 언어와 상징들을 통해 이루어지기 때문에 사회적 성격을 벗어날 수 없다. 사회 속에서 산다는 것은 그 사회의 지식을 공유한다는 것 곧 사회의 질서 속에 함께 참여한다는 것을 의미한다. 때때로 창조적인 개인들이 나타나, 당연시되고 있는 사회적 지식의 체계를 거부하고 새로운 지식의 체계를 제시한다.

이러한 사회학적 인식이 신약해석에 의의가 있는 것은 신약의 주요 인물들의 생애와 사상이 그들이 속한 사회적 그룹을 통제하고 있는 사회적 상징 세계 혹은 사회적 세계관을 반영해 주고 있는 것으로 이해할 수 있기 때문이다. 더 나아가 원시그리스도교와 당시 지배적인 주변세계와의 갈등을 각기 다른 '사회적 세계들'의 갈등의 결과로 해석할 수 있기 때문이다. 따라서 신약해석자는

> "신약문서들 속에 분명하게 언급되고 있는 것을 고려해야 할 뿐 아니라, 그 표면 배후로 돌아가 그 본문들 속에 함축된 가정들과 가치들과 동경들도 관찰해야 한다."[71]

본문에 감추어진 상징세계들에 대한 규명이 신약해석을 위한 중요한 의의를 갖게 된다. 그러나 원시그리스도인들의 삶을 특징

---

70) R. K. Merton, *Social Theory and Social Structure*(New York: Free Press, 1968), pp. 543－562; P. L. Berger and T. Luckmann, *The Social Construction of Reality*(New York: Doubleday & Company, 1967), pp. 19－46.

71) H. C. Kee, "Sociology of the New Testament," in *Harper's Bible Dictionary* ed. P. J. Achtemeier (San Francisco: Harper & Row, 1985), pp. 961－968.

지어주고 제한시킨 사회적 상징세계들 자체가 다양하기 때문에, 가령 그 세계를 게이저(J. G. Gager)처럼 획일적으로 일반화시키는 작업은 설득력이 없다.

1. 원시그리스도교의 종말론적 세계

원시그리스도교의 현저한 상징 세계 중 하나는 묵시사상이다. 묵시사상은 신학적 개념일 뿐 아니라, 사회학적 의미를 함축하고 있는 개념이기도 하다.[72] 묵시사상은 주로 정치적·사회적 박해나 절망의 상황에서 확산되기 때문이다. 묵시사상적 전망에 따르면 지상의 핍박자들의 배후로 상징되는 모든 악의 세력들이 임박한 장래에 신적 권능에 의해 제거되고 핍박받는 자들은 결국 최후의 변호를 받게 되리라는 것이다. 이러한 전망을 갖고 있는 사람들은 역사 진행에 대한 신적 계획과 관계된 이 지식이 오직 자신들에게만 비밀로 주어졌다고 믿는다. 마가복음서, Q, 쿰란문서들, 요한계시록 등에 반영된 공동체들이 이러한 상징세계를 공유한 그룹들이라 할 수 있다.

키이는 마가공동체의 상징세계를 묵시사상적 세계로 해석한다. 키이에 따르면 마가복음서에는 옛시대와 하나님의 백성들이 변호받게 될 새 시대의 날카로운 단절이 강조되고 있다는 것이다. 마가공동체 멤버들은 새 시대의 도래에 관한 비밀에의 접근이 자신들에게만 허락되었다고 믿고 있었다는 것이다(막 4:10f.). 사회적인 핍박의 상황이 그들로 하여금 이러한 묵시사상적 상징세계를 구성하게 했고, 일단 확립된 이 상징세계는 역으로 그들로 하여금 과거 예수의 삶과 가르침 속에서 자신들의 상호자치적인 삶과

72) '묵시사상' 개념에 관해서는 서중석, "마가복음서 13장의 묵시사상," 『현대와 신학』 12(1989) : 21－39 중 서언부분을 참고하라.

극심한 핍박의 결과로 겪게 될지도 모르는 순교를 위한 모델들과 지침들을 보게 함으로써 그들의 삶을 통제했다는 것이다.[73] 마가복음서에 대한 키이의 사회학적 연구는 그 이후 다른 학자들의 복음서 연구방향과 방법에 괄목할 만한 영향력을 끼쳤다.

게이저는 원시그리스도교의 종말론적 상징세계의 특징을 천년왕국 사상으로 설정하고, 훼스팅거(L. Festinger)의 '인지적 부조화'[74]의 이론적 모델을 이용하여 원시그리스도인들이 그 상징세계를 어떻게 유지했는지를 독특하게 파악한다. '인지'(Cognition)란 환경이나 자기 자신 또는 자신의 행동에 관한 모든 지식, 견해, 신념을 뜻하는 용어로 사용된다. 인지적 부조화 이론에 따르면 이러한 부조화가 있을 때는 부조화를 저감시키거나 제거시키려는 압력이 생기는데, 그 압력의 강도는 부조화의 크기에 좌우된다는 것이다. 가령 세계의 종말이 어느 특정한 날에 온다고 예언한 종교집단은 그 정한 날에 종말이 오지 않을 때 인지적 부조화를 갖게 된다는 것이다. 그러나 이 부조화 때문에 그 집단이 해체되기는커녕 오히려 이러한 부조화를 줄여나가기 위해 더욱 왕성한 선교활동을 하게 된다는 것이다. 그 이유는 그 집단에 속한 사람들이 선교활동을 통해 더 많은 사람들을 설득시킨다면 그들은 자신들의 신념 체계의 정당성이 입증된다고 가정하기 때문이라는 것이다.

게이저는 훼스팅거의 이론적 모델을 원시그리스도교의 종말론과 선교의 관련성을 이해하는 데 이용한다. 그는 원시그리스도교의 선교활동을 예수의 죽음이나 종말의 지연으로 생긴 부조화를 감소시키려는 하나의 시도로 해석한다.[75] 그는 천년왕국 운동은

73) H. C. Kee, *Community*, pp. 162—177.

74) L. Festinger, *A Theory of Cognitive Dissonance*(Stanford: Stanford University Press, 1957).

75) J. G. Gager, *Kingdom and Community*, pp. 45—48.

엄격한 의미에서 실현되지 않았고, 결국은 수정되거나 포기되었지만 적어도 요한계시록을 산출해낸 그리스도인들은 성례전과 명상과 금욕주의와 신비적 환상을 통해 천년왕국의 꿈이 자신들에게 부분적으로 성취된 것으로 이해했다고 주장한다.[76] 요한계시록이 위기상황에서 제공하는 위로의 메시지는

> "가까운 미래에 순교자를 위한 행복한 운명이 약속되어 있다는 것뿐 아니라, 그 미래가 현재 속에서 신화적으로 재현되고 있다는 것이었다. 곧 '시간의 진압'을 통한 위로의 메시지이다."[77]

> "시간의 극복은 … 일시적이다. 현실세계는 그리스도교 공동체들에게 집요하게 박해를 가했다. … 이 책[요한계시록]의 독자들에게는 천년왕국의 찰라적인 경험조차 그 짐승의 박해를 견디어 내는데 필요했던 힘을 공급해 주었을 것이다."[78]

결국 게이저의 주장은 '사회적 세계'라는 주제와 관련시켜 이해한다면 요한계시록의 천년왕국은 핍박 속에 있는 그리스도인들에게 현실을 감내하게 하는 독특한 상징 세계의 기능을 효과적으로 수행했다는 것이 된다.

게이저의 연구는 신약성서 해석에 있어서 시회학의 위치를 설득력 있게 부각시켰다. 그러나 그는 『왕국과 공동체』라는 그의 균형잡힌 제목과는 달리, 왕국을 지나치게 부각시킨 반면, 공동체에 대한 분석은 피상적으로 처리하고 있다. 곧 그는 원시그리스도교 공동체들 전체가 마치 하나의 통일된 사상적 전망을 갖고 있는 것으로 전제하고 있으나, 각 공동체들의 상징체계와 동경과 삶의 형태들이 저마다 달랐다는 것을 감안한다면, 그의 전제는

76) *Ibid.*, p. 495.
77) *Ibid.*, p. 50.
78) *Ibid.*, p. 56.

성급한 일반화로 평가될 수 있다. 더구나 그는 원시그리스도교 운동 전체의 특징을 천년왕국 운동으로 요약하고 있으나, 천년왕국 사상의 본격적인 근거는 신약에서는 요한계시록으로 제한되어 있기 때문에, 오히려 천년왕국 사상은 원시그리스도교의 종말사상의 한 갈래 정도로 이해하는 것이 보다 더 적절한 것이다.[79)]

게이저 외에도 일군의 학자들이 요한계시록의 상징세계에 집중했다. 휘오렌자는 요한계시록을 그 당시 역사적 핍박 상황에 걸맞는 '상징세계'를 시적으로 구성한 작품으로 해석하고, 콜린스(A. Y. Collins)는 이 상징세계가 로마의 사상체계에 대한 반대적인 대치로 기능한다고 해석한다.[80)] 톰프슨(L. Thompson)은 "요한계시록의 환난에 대한 사회학적 분석"이라는 논문에서[81)] 사회적 상황과 상징세계의 관계를 하나의 커다란 범주 속에 통합시킨다. 그는 위기 이론만으로 요한계시록의 상징세계를 해석하려는 입장을 거부하고, 요한계시록의 상징세계는 통합적이라고 주장한다.[82)] 그 문서에 나오는 '환난', '핍박', '억압'과 같은 단어들은 신앙과 정치사회적 실재들 사이의 긴장에 대한 반영이 아니라, 요한의 통합적 세계와 로마의 통합적 세계라는 두 세계들 사이에서 그 저자가 인식한 갈등의 표현으로 기능한다는 것이다. 곧 두 세계

---

79) 게이저에 대한 다른 시각의 비판을 위해서는 B. J. Malina, "Normative Dissonance and Christian Origins," *Semeia* 35 (1986) : 35－59; P. J. Richter, "Recent Sociological Approaches to the Study of the New Testament," *Religion* 14(1984) : 81－83을 보라.

80) E. S. Fiorenza, *The Book of Revelation: Justice and Judgment* (Philadelphia: Fortress Press, 1985), p. 183, 192; A. Y. Collins, "Reading the Book of Revelation in the Twentieth Century," *Int* 40(1986) : 299－242, 특히 241.

81) L. Thompson, "A Sociological Analysis of Tribulation in the Apocalypse of John," *Semeia* 36(1986) : 147－174.

82) *Ibid.*, 165f.

들의 대립은 로마를 하나님의 충실한 추종자들과 맞서는 악마적 세력과 일치시킴으로써, 요한의 상징들 속에서 신화적으로 표현되고 있다는 것이다.[83] 톰프슨이 요한의 사회적 정황과 요한의 상징세계의 관계를 두 개의 분리된 원이 아니라 하나의 통합된 원으로 처리함으로써, 요한의 상징세계 개념을 포괄적으로 확장시켜 놓은 것과 이 포괄적인 상징세계를 로마 제국의 상징세계에 대조시킨 것은 하나의 새로운 시각이라 하겠다.

2. 원시그리스도교의 교회론적 세계

원시그리스도교의 상징세계를 교회론적 입장으로 이해한 학자는 엘리오트(J. H. Elliott)이다.[84] 엘리오트는 베드로전서의 상징세계를 연구했다. '사회학적 주석'이란 용어를 처음으로 만들어 자신의 연구에 사용한 엘리오트는 베드로전서가 한 가정이나 한 가족으로서의 교회라는 교회론적 상징세계를 수신인들에게 제공하고 있다고 주장했다. 엘리오트는 "*paroikoi*"(나그네)와 "*oikos*"(하나님의 집)라는 두 용어들을 자신의 주장의 기조용어로 삼고, 이 두 용어를 밀접하게 상호 관련시킨다. 그는 이 서신이 소아시아 지방의 그리스도교 거주민들에게 보내진 것으로 보고, 그리스도인이 된 이후 사회적으로 차별을 받고 있던 그 사람들을 "*oikos*를 갈망하고 있는 *paroikos*"[85]로 규정한다.

엘리오트에 따르면 *paroikoi*의 사회적 정황은 시골이었고, 그들 대부분은 소작인, 농부, 노예, 장인들이었는데, *paroikoi*라는 용어

83) *Ibid.*, 166, 170.
84) J. H. Elliott, *A Home for Homeless: A Sociological Exegesis of 1 Peter, its Situation and Strategy*(Philadelphia: Fortress, 1981).
85) *Ibid.*, p. 49.

자체가 지리적인 이동만이 아니라, 그러한 이동을 가져오게 한 정치적·법적·사회적·종교적 핍박과 불이익을 반영한다는 것이다.[86] 베드로전서 저자의 전략은 그 *paroikoi*들에게 가해졌던 사회적 차별로 인한 충격과 분열로부터 그들을 막아주고, 그들의 독특한 종교적 정체감을 하나의 거대한 가정교회라는 교회론적 상징세계를 통해 재확인시켜 주려는 데 있었다는 것이다.[87]

베드로전서의 저자가 하나의 커다란 가정교회라는 상징세계를 제시했다는 엘리오트의 지적은 베드로전서에 대한 기존연구에서는 언급되지 않았던 새로운 주장이다. 곧 여기서 엘리오트가 주장하는 가정교회 혹은 가족교회는 소아시아를 근거로 하고 있는 구체적인 사회적 실체가 아니라 하나의 사회적 상징이다. 그렇다면 그 상징세계와 정신적 유대관계를 갖고 소아시아라는 광대한 지역에 흩어져 살았던 상당한 숫자의 *paroikoi*들은 구체적으로 어떤 종류의 그룹을 이루고 있었는가? 그 그룹의 형태와 규모와 규범들은 모두 동일했는가 아니면 다양했는가? 엘리오트는 이런 점들을 면밀히 밝히지 못했다.

V. 결 어

신약성서에 대한 사회학적 연구방법은 지난 20여 년에 걸쳐 신약해석을 위한 주요방법들 중 하나로 급격히 부상되어 왔다. 이 방법을 채택한 상당한 양의 연구들은 다양한 주제들과 관심들을

86) *Ibid.*, p. 48.
87) *Ibid.*, pp. 148f.

보여주고 있다. 그러나 그것들은 원시그리스도교의 사회적 정황, 사회적 조직, 사회적 세계 등 크게 세 가지 범주로 분류된다. 각 범주들은 여러 작은 항목들을 포괄하고 있다. 사회학적으로 신약을 해석하는 한 학자가 한 범주에 속한 특정한 항목 하나에만 집중하는 경우는 거의 없다. 학자들은 여러 항목들에 각각 관심을 분산시켜 연구하고 있다.

사회학적 전망으로 신약을 해석하는 학자들 중 현저한 연구결과를 내놓고 있는 주도적인 학자들은 타이센(하이델베르크 大), 키이(보스턴 大), 믹스(예일 大), 게이저(프린스턴 大), 스크로그스(뉴욕, 유니온신학교) 등이다. 이들의 연구는 역사 비평학적 방법(양식사학, 편집사학)과는 관심과 전망을 달리한다. 그러나 사회학적 방법과 역사학적 방법은 상호 배타적인 것이 아니라, 상호 보완적인 것이다. 둘은 모두 각기 다른 측면에서 원시그리스도교의 삶을 구성하려 한다. 사회학적 접근은 신약해석을 위한 하나의 방법이다. 사회학적 이론들과 모델들 자체가 이미 완결된 것이 아니라 계속 수정되고 보완될 여지를 갖고 있다. 더구나 지금까지 사회학으로부터 차용해온 이론들과 모델들은 제한되어 있다. 이러한 상황은 아직도 채택되고 개발될 이론들과 모델들이 많이 남아 있다는 것을 뜻한다.

사회학적 방법이 신학적 진술들을 인간적 수준으로 축소시킬지도 모른다는 우려의 비판은 공정한 것이 아니다. 그러한 비판이 공정성을 확보하려면, 역사학적 방법을 포함한 그 어떠한 과학적 학문적 방법에도 그와 같은 똑같은 우려가 공평하게 적용될 때 가능하다. 사회학적 방법은 다른 학문적 방법의 차용과 마찬가지로 신약성서 해석을 위해 차용되는 하나의 전망, 그 이상도 이하도 아니다. 그러나 신약해석을 위한 방법들 자체가 숫자적으로 극히 제한되어 있다는 점을 감안한다면, 사회학적 신약해석의 출현과 확산은 고무적이고도 괄목할 만한 전조라 하겠다.

참 고 문 헌

Achtemeier, P. "'And He Followed Him' : Miracles and Discipleship in Mark 10 : 46−52." *Semeia* 11 (1978) : 115−145.

____________. "An Exposition of Mark 9:30−37." *Int* 30 (1976) : 178−183.

____________. "Toward the Isolation of Pre-Markan Miracle Catenae." *JBL* 89(1970) : 265−291.

Ambrozic, A. M. *The Hidden Kingdom : A Redaction Critical Study of the References to the Kingdom of God in Mark's Gospel.* CBQ Monograph Series Ⅱ. Washington, D. C. : The Catholic Biblical Association of America, 1972.

Anderson, H. *The Gospel of Mark.* Grand Rapids : Wm. B. Eerdmans Publishing Company, 1976.

Aschton, J. "The Transformation of Wisdom : A Study of the Prologue of John's Gospel." *NTS* 32 (1986) : 161−186.

Banks, R. *Paul's Idea of Community : The Early House Churches in Their Historical Setting.* Grand Rapids : Eerdmans, 1980.

Barrett, C. K. *The Gospel According to St. John.* 2d ed. London : SPCK, 1978.

Barth, G. "Matthew's Understanding of the Law." In G. Bornkamm, G. Barth, and H. J Held, *Tradition and Interpretation in Matthew,* pp. 58–164. Translated by Percy Scott. Philadelphia : The Westminster Press, 1963.

Bassler, J. M. "The Galileans : A Neglected Factor in Johannine Community Research." *CBQ* 43(1981) : 243–257.

Beasley-Murray, G. R. *Jesus and the Future.* London : MacMillan & Co., Ltd., 1954.

__________. *John.* Waco, Texas : Word Books, Publisher, 1987.

Becker, J. "Die Abschiedsreden Jesu im Johannesevangelium." *ZNW* 16(1970) : 215–246.

Beckwith, R. T. "Daniel 9 and the Date of Messiah's Coming in Essene, Hellenistic, Pharisaic, Zealot and Early Christian Computation." *RevQum* 11(4, 1981) : 521–542.

Belo, F. *A Materialist Reading of the Gospel of Mark.* Maryknoll, N. Y. : Orbis Books, 1981.

Berger, P. L. *The Sacred Canopy : Elements of a Sociological Theory of Religion.* New York : Doubleday & Company, Inc., 1969.

Berger, P. L., Luckmann, T. *The Social Construction of Reality.* New York : Doubleday : Company, 1967.

Best, E. "Mark's Use of the Twelve." *ZNW* 69(1–2, 1978) : 11–35.

Betz, H. D. *Essays on the Sermon on the Mount.* Philadelphia : Fortress Press, 1985.

__________. "Jesus as Divine Man." In *Jesus and Historian*, pp. 114－133. Edited by F. F. Trotter. Philadelphia : The Westminster Press, 1968.

Betz, O. *Der Paraklet.* Leiden : E. J. Brill, 1963.

Bierstedt, R. *The Social Order.* 4th ed. New York : McGraw-Hill Book Company, 1974.

Boismard, M. E. *St. John's Prologue.* London : Blackfriars Pub., 1957.

Bornkamm, G. "Der Paraklet im Johannes Evangelium." In *Geschichte und Glaube.* Part I. Collected Essays, Vol. 3. München : Chr. Kaiser Verlag. 1968.

Brandon, S. G. F. "The Date of the Markan Gospel." *NTS* 7(1960－1961) : 126－141.

__________. *Jesus and the Zealots.* New York : Charles Scribner's Sons, 1967.

Brown Schuyler. "The Matthean Community and the Gentile Mission." *NovTest* 22(1980) : 193－221.

Brown, R. E. *The Community of the Beloved Disciple.* New York : Paulist Press, 1979.

__________. *The Gospel According to John.* 2vols. New York : Doubleday & Company, Inc., 1966, 1970.

__________. "The Pater Noster as an Eschatological Prayer." *TS* 22(1961) : 175－208.

__________. Donfried, K. P. and Reunann, J. eds. *Peter in the New Testament.* Minneapolis : Augsburg Publishing House, 1973.

Brown, R. N. "Jesus and the Child as a Model of Spirituality." *IrBibSt* 4(14, 1982) : 178－192.

Brooks, S. H. *Matthew's Community. The Evidence of His Special Sayings Material.* Sheffield : Sheffield Academic Press, 1987.

Bultmann, R. "Die Frage nach dem messianischen BewusstSein

Jesu und das Petrus-Bekenntinis." *ZNW* 19 (1919/20) : 165-174. -s

___________. *The Gospel of John.* Philadelphia : The Westminster Press, 1971.

___________. *The History of the Synoptic Tradition.* New York : Harper & Row, 1963.

Burkill, T. A. "The Hidden Son of Man in St. Mark's Gospel." *ZNW* 52(1961) : 189-213.

___________. *Mysterious Revelation.* New York : Cornell University, 1963.

Cadbury, H. J. *The Making of Luke-Acts.* New York : MacMillan, 1927.

Cahill, L. S. "The Ethical Implications of the Sermon on the Mount." *Int* 41(1987) : 144-156.

Caird, G. B. "The Glory of God in the Fourth Gospel : An Exercise in Biblical Semantics." *NTS* 15(1969) : 265-277.

Callus, T. *Die Mutter Jesu im Johannesevangelium.* Klagenfurt, 1963.

Carrington, P. *Mark.* Cambridge : University Press, 1960.

Carroll, R. P. *When Prophecy Failed : Cognitive Dissonance in the Prophetic Traditions of the Old Testament.* New York : The Seabury Press, 1979.

Carson D. A. "The Limits of Dynamic Equivalence in Bible Translation." *EvanRevTh* 9(3, 1985) : 200-213.

Catchpole, D. "The Fearful Silence of the Women at the Tomb." *JTSA* 18(1977) : 3-10

Collins, A. Y. "Reading the Book of Revelation in the Twentieth Century." *Int* 40(1986) : 229-242.

Conn, H. M. "Lucan Perspectives and the City." *MIR* 13(1985) : 409-428.

Conzelmann, H. *An Outline of the Theology of the New Testament.*

London : SCM ; New York : Harper & Row, 1969.

_________. *The Theology of St. Luke*. New York : Harper, 1960.

Cook, W. R. "The 'Glory' Motif in the Johannine Corpus." *JETS* 27(1984) : 291–297.

Cope, O. L. *Matthew. A Scribe Trained for the Kingdom of Heaven.* CBQ Monograph Series. Washington, D. C.: The Catholic Biblical Association of America, 1976.

Coser, L. A. "Conflict : Social aspects." In *International Encyclopedia of the Social Sciences*. Vol. 3, pp. 232–236. Edited by D. L. Sills. New York : MacMillan and Free Press, 1968.

_________. *Continuities in the Study of Social Conflict*. New York : The Free Press, 1967.

_________. *The Functions of Social Conflict*. Glencoe, Ill. : The Free Press, 1956.

Court, J. M. "Right and Left : The Implications For Matthew 25: 31–46." *NTS* 31(1985) : 223–233.

Cousar, C. B. "Eschatology and Mark's Theological Crucis." *Int* 24(1970) : 321–335.

_________. *The Johannine Circle*. Philadelphia : The Westminster Press, 1976.

Culpepper, R. A. *Anatomy of the Fourth Gospel : A Study in Literary Design*. Philadelphia : Fortress Press, 1983.

_________. *The Johannine School*. SBL DS 26. Missoula : Scholars Press, 1975.

_________. "Mark 10:50 : Why Mention the Garment?." *JBL* 101(1, 1982) : 131–132.

_________. "The Pivot of John's Prologue." *NTS* 27(1981).

Dahl, N. A. "The Purpose of Mark's Gospel." In *Jesus in the Memory of the Early Church*, pp. 52–65. Minneapolis : Augsburg, 1976.

Danker, F. W. *Luke*. Philadelphia : Fortress Press, 1976.

Dauer, A. *Die Passiongeschichte im Johannesevangelium*. Munich : Kösel, 1972.

Davies, W. D. *The Setting of the Sermon on the Mount*. Cambridge : University Press, 1966.

Deissmann, G. A. *Paul : A Study in Social and Religious History*. 2d ed. New York : Harper & Row, 1957.

Derrett, J. D. M. "'Where two or three are convened in my name…' : a sad misunderstanding." *ExpTim* 91 (1979) : 83－86.

Dibelius, M. *From Tradition to Gospel*. New York : Charles Scribner's Sons; London : Iror Nicholson & Watson, 1934.

Dietzfelbinger, C. "Die Gröβeren Werke(JoH 14. 12f.)." *NTS* 35 (1989) : 27－47.

Dodd, C. H. *Interpretation of the Fourth Gospel*. Cambridge : Cambridge University Press, 1953.

Douglas, M. *Natural Symbols*. New York : Pantheon Books, 1982.

Dunn, J. D. G. "The Messianic Secret in Mark." In *The Messianic Secret*, pp. 116－131. Edited by C. Tuckett. Philadelphia : Fortress Press, 1983.

__________. *Unity and Diversity in the New Testament*. Philadelphia : The Westminster Press, 1977.

Edwards, O. C. Jr. "Sociology as a Tool for Interpreting the New Testament." *ATR* 65(1983) : 431－448.

Ellingworth, P. "How Soon is 'Immediately' in Mark." *BibTr* 29 (4, 1978) : 414－419.

Elliott, J. H. *A Home for the Homeless : A Sociological Exegesis of 1 Peter, its Situation and Strategy*. Philadelphia : Fortress Press, 1981.

__________. "Social-Scientific Criticism of the New Testament : More on Methods and Models." *Semeia* 35

(1986) : 1－33.

Ellis, E. E. *The Gospel of Luke*. London : Nelson, 1966.

__________. *Paul's Use of the Old Testament*. Grand Rapids, Michigan : Baker Book House rep. ed., 1981.

Evans, C. A. "On the Prologue of John and the Trimorphic Protennoia." *NTS* 27 (1981) : 305－401.

Festinger, L. *A Theory of Cognitive Dissonance*. Stanford : Stanford Universtity Press, 1975.

Filson, F. V. "The Singnificance of the Early House Churches." *JBL* 63(1939) : 105－112

__________. "Who Was the Beloved Disciple." *JBL* 68(1949) : 83－88.

Fiorenza, E. S. *The Book of Revelation : Justice and Judgment*. Philadelphia : Fortress Press, 1985.

__________. *In Memory of Her*. New York : Crossroads, 1984.

Fitzmeyer, J. A. *The Gospel According to Luke* Ⅰ－Ⅸ. New York : Doubleday and Comany, Inc., 1981.

Fleddermann, H. "A Warning About the Scribes(Mark 12 : 37b－40)." *CBQ* 44(1982) : 52－67.

Fortna, R. T. "Theological Use of Locale in the Fourth Gospel." *ATRSup* 3(1974) : 58－95.

Gager, J. G. *Kingdom and Community. The Social World of Early Christianity*. New Jersey : Prentice Hall, 1972.

__________. "Shall We Marry Our Enemies? Sociology and the New Testament." *Int* 36(1982) : 256－265.

Georgi, D. *The Opponents of Paul in Second Corinthians*. Philadelphia : Fortress Press, 1986.

Giles, K. N. "The Church in the Gospel of Luke." *JTS* 34(1981) : 121－146.

Glassman, E. H. *The Translation Debate : What Makes a Bible Translation Good?*. Downers Grove : IVP, 1981.

Glasson, T. F. *The Second Advent*. London : The Epworth Press,

1963.

Grant, R. M. *Early Christianity and Society: Seven Studies.* New York : Harper & Row, 1977.

Gundry, R. H. "In my Father's House are many Mona(John 14^{2})." *ZNW* 58(1967) : 68−72.

__________. *Matthew: A Commentary on His Literary and Theological Art.* Grand Rapids, Michigan : Wm. B. Eerdmans Publishing Company, 1982.

Gunther, J. J. "The Relation of the Beloved Disciple to the Twelve." *TZ*(1981) : 129−148.

Hadidian, D. Y. "The Lord's Prayer and the Sacraments of Baptism and of the Lord's Supper in the Early Church." *StudLit* 15(1982−83) : 132−144.

Haenchen, E. *A Commentary on the Gospel of John.* Vol. Ⅱ. Philadelphia: Fortress Press, 1984.

Hanson, P. D. *The Dawn of Apocalyptic: The Historical and Sociological Roots of Jewish Apocalyptic Eschatology.* Philadelphia : Fortress Press, 1979.

Hare, Douglas R. A. and Harrington, Daniel, J. "Make Disciples of All the Gentiles." *CBQ* 37(1975) : 358−369.

Hartman, L. *Prophecy Interpreted.* Sweden : C. W. Gleerup, 1966.

Hengel, M. *Jews, Greeks, and Babarians: Aspects of the Hellenization of Judaism in the Pre-Christian Period.* London : SCM, 1980.

__________. *Judaism and Hellenism: Studies in their Encounter in Palestine during the Early Hellenistic Period.* Philadelphia : Fortress Press, 1981.

Hiers, R. H. "'Binding' and 'Loosing' : The Matthean Authorizations." *JBL* 104(2, 1985) : 233−250.

Hill, D. "False Prophets and Charismatics : Structure and Interpretation in Matthew 7 : 15−23." *Biblica* 57 (3, 1976) : 327−348.

Hock, R. F. *The Social Context of Paul's Ministry : Tentmaking and Apostleship.* Philadelphia : Fortress Press, 1980.

Holladay, C. *Theios Aner in Hellenistic Judaism : A Critique of the Use of this Category in New Testament Christology.* SBL DS 40. Missoula Mt. : Scholars Press, 1977.

Holmberg, B. *Paul and Power : The Structure of Authority in the Primitive Church as Reflected in the Pauline Epistles.* Philadelphia : Fortress Press, 1978.

Horsley, R. A. "Ethics and Exegesis : 'Love Your Enemies' and the Doctrine of Non-Violence." *AARJ* 54(1986) : 3－31

Jackson, F. *Josephus and the Jews.* London, 1930.

Jeremias, J. *Jerusalem in the Time of Jesus : An Investigation into Economic and Social Conditions during the New Testament Period.* Philadelphia : Fortress Press, 1969.

__________. *Jesus' Promise to the Nations.* Philadelphia : Fortress Press, 1982.

__________. *New Testament Theology : The Proclamation of Jesus.* Translated by J. Bowden. New York : Charles Scribner's Sons, 1971.

__________. *The Prayers of Jesus.* Philadelphia : Fortress Press, 1978.

__________. *The Social Setting of Pauline Christianity : Essays on Corinth.* Philadelphia : Fortress Press, 1982.

Jervell, J. *Luke and the People of God : A New Look at Luke-Acts.* Minneapolis : Augsburg Publishing House, 1972.

Johnson, E. S. Jr. "Mark 10 : 46－52 : Blind Bartimaeus." *CBQ* 40(1978) : 191－204.

Johnson, L. T. *The Literary Function of Possessions in Luke-Acts.* SBL DS 39. Missoula : Scholars Press, 1977.

Johnson, N. E. "The Beloved Disciple in the Fourth Gospel." *CQR* 167(1966) : 278–291.

Josephus, *The Jewish War.* Edited by G. Cornfeld. Grand Rapids, Michigan : Zondervan Publishing House, 1982.

Judge, E. A. "The Early Christians as a Scholastic Community." *JRH 1*(1960) : 125–137.

Karris, R. J. "Missionary Communities: A New Paradigm for the Study of Luke–Acts." *CBQ* 41(1979) : 80–97.

________. "Poor and Rich : The Lukan Sitz im Leben." In *Perspectives on Luke-Acts,* pp. 112–125. Edited by C. H. Talbert. Danville Va : Association of Baptist Professors of Religion, 1978.

Kazmierski, C. R. "The Stones of Abraham : John the Baptist and the End of Torah(Matt 3:7–10 par. Luke 3:7–9)." *Biblica* 68(1, 1978) : 22–40.

Kealy, S. P. *Mark's Gospel : A History of Its Interpretation.* New York, Ramsey : Paulist Press, 1982.

Keck, L. E. "The Introduction to Mark's Gospel." *NTS* 12 (1966) : 352–370.

________. "Mark 3:7–12 and Mark's Christology." *JBL* 84 (1965) : 341–358.

________. "On the Ethos of Early Christians." *JAAR* 42 (1974) : 435–452.

Kee, H. C. *Christian Origins in Sociological Perspective : Methods and Resources.* Philadelphia : The Westminster Press, 1979.

________. *Community of the New Age : Studies in Mark's Gospel.* Philadelphia : The Westminster Press, 1977.

________. "The Function of Scrpitural Quotations and Allusions in Mark 11–16." In *Jesus and Paulus,* pp. 165–188. Edited by E. E. Ellis and E. Graesser. Göttingen : Vandenhoeck and Ruprecht, 1975.

_________. "Mark's Gospel in Recent Research." *Int* 32(4, 1978.) : 353–368.

_________. "Myth and Miracle : Isis, Wisdom, and the Logos of John." In *Myth, Symbol, and Reality*, pp. 145–164. Edited by A. M. Olson. Notre Dame & London : University of Notre Dame Press, 1980.

_________. "Sociology of the New Testament." In *Harper's Bible Dictionary*, pp. 961–968. Edited by P. J. Achtemeier. San Francisco : Harper & Row, 1985.

Kelber, W. H. *The Kingdom in Mark*. Philadelphia : Fortress Press, 1974.

_________. *Mark's Story of Jesus*. Philadelphia : Fortress Press, 1979.

Kermode F. *The Genesis of Secrecy : On the Interpretation of Narrative*. Cambridge, Mass. : Harvard Univ. Press, 1979.

Kilpatrick, G. D. *The Origins of the Gospel According to St. Matthew*. Oxford : Clarendon Press, 1946.

Kingsbury, J. D. "The Gospel of Mark in Current Research." *RelRev* 5(2, 1979) : 101–107.

_________. *Matthew As Story*. Philadelphia : Fortress Press, 1986.

_________. "The Place, Structure, and Meaning of the Sermon on the Mount Within Matthew." *Int* 41(2, 1978) : 131–143.

_________. "The Verb Akolouthein("To Follow") as An Index of Matthew's View of His Community." *JBL* 97(1978) : 56–73.

Koch, K. *The Rediscovery of Apocalyptic*. In Studies in Biblical Theology 2d Series 22. Translated by M. Kohl. London : SCM Press, 1972.

Käsemann, E. *New Testament Questions of Today*. Philadelphia :

Fortress Press, 1979.

LaVerdiere, E. A. and Thompson, W. G. "New Testament Communities in Transition : A Study of Matthew and Luke." *TS* 37(1976) : 567–597.

Lachs, S. T. "On Matthew iv. 12." *NovTest* 17 (1975) : 6–8.

Lambrecht, J. "The Christology of Mark." *BTB* 3(1973) : 256–273.

____________. *Die Redaktion der Markus–Apocalypse.* Rome : Pontifical Biblical Institute, 1967.

Lane, W. L. "The Gospel of Mark in Current Study." *SwJT* 21(1, 1978) : 7–21.

Larson, M. *A Manual for Problem Solving in Bilble Translation.* Grand Rapid : Zondervan, 1975.

Laymon, C. M. *The Lord's Prayer in Its Biblical Setting.* New York : Abingdon Press, 1968.

Lewis, J. P. *The English Bible from KJV to NIV : A History and Evaluation.* Grand Rapids : Baker, 1981.

Lieu, J. M. "Blindness in the Johannine Tradition." *NTS* 34 (1988) : 83–95.

Lightfoot, R. H. *The Gospel Message of St. Mark.* Oxford University Press, 1952.

Lloyd–Jones, D. M. *Studies in the Sermon on the Mount.* Vol. 2. Grand Rapids, Michigan : WM. B. Eerdmans Publishing Company, 1960.

Luhrmann, D. "Neutestamentliche Haustafeln und antike Ökonomie." *NTS* 27(1981) : 83–97.

Luz, U. "The Secrecy Motif and the Marcan Christology." In *The Messianic Secret,* pp. 75–96. Translated by C. Tuckett. Philadelphia : Fortress Press, 1983.

Maddox, R. *The Purpose of Luke-Acts.* Edinburgh : T. & T. Clark, 1982.

Malherbe, A. *Social Aspects of Early Christianity.* Baton Rouge and London : Louisiana State University Press, 1975.

Malina, B. J. *Christian Origins and Cultural Anthropology.* Atlanta : John Knox Press, 1986.

____________. "Normative Dissonance and Christian Origins." *Semeia* 35(1986) : 35–59.

____________. "Review of G. Theissen's Sociology of Early Palestinian Christianity(1978)." *CBQ* 41(1979) : 176–178.

Malone, D. "Riches and Discipleship : Mark 10 : 23–31." *BTB* 9 (2, 1979) : 78–88.

Marsh, J. *Saint John.* Baltimore : Penguin, 1968.

Marshall, I. H. *Luke : Historian and Theologian.* Grand Rapids : Zondervan, 1971.

Martin, J. P. "The Chuch in Matthew." *Int* 29(1975) : 41–56.

Martyn, J. L. *The Gospel of John in Christian History.* New York : Paulist Press, 1979.

____________. *History and Theology in the Fourth Gospel.* 2d ed., rev and enl. Nashville : Abingdon Press, 1979.

Marxsen, W. *Mark the Evangelist.* Translated by Harrisville et al. Nashville, Tenn. : Abingdon Press, 1969.

Matera, F. J. "The Plot of Matthew's Gospel." *CBQ* 49(1987) : 233–253.

Matsunaga, K. "The Galileans in the Fourth Gospel." *AJBI* 2 (1976) : 135–158.

Maynard, A. H. "The Role of Peter in the Fourth Gospel." *NTS* 30(1984) : 531–548.

Meeks, W. A. "Am I a Jew?–Johannine Christianity and Judaism." In *Christianity, Judaism, and Other Greco-Roman Cults* : Studies for Morton Smith. Part One : New Testament, pp. 163–186. Edited by J. Neusner. Leiden : E. J. Brill, 1975.

__________. *The First Urban Christians : The Social World of the Apostle Paul.* New Haven and London : Yale University Press, 1983.

__________. "Galilee and Judea in the Fourth Gospel." *JBL* 85 (1966) : 159–169.

__________. *The Moral World of the First Christians.* Philadelphia : The Westminster Press, 1986.

__________. "The Man from Heaven in Johannine Sectarianism." *JBL* 91(1972) : 44–72.

__________. "'Since then You Would Need to Go Out of the World' : Boundaries in Pauline Christianity." In *Critical History and Biblical Faith : New Testament Perspectives.* Edited by T. Ryan. Villanova : The College Theology Society, 1979.

Merton, R. K. *Social Theory and Social Structure.* New York : Free Press, 1968.

Metzger, B. M. "Seventy or Seventy–two Disciples?." *NTS* 5 (1958–59) : 229–230.

__________. *A Textual Commentary on the Greek New Testament.* London, New York : United Bible Societies, 1975.

Miller, E. L. "The Logic of the Logos Hymn : A New View." *NTS* 29(1983) : 552–561.

Minear, P. S. "Audience Criticism and Markan Ecclesiology." In *Neues Testament und Geschichte,* pp. 79–89. Oscar Cullmann zum 70. Geburtstag : Zürich und Tübingen, 1972.

__________. "The Beloved Disciple in the Gospel of John : Some Clue and Conjectures." *NovTest* 19 (1977) : 105–123.

__________. "Jesus' Audiences according to Luke." *NovTest* 16 (1974) : 81–109.

Morris, L. *Studies in the Fourth Gospel.* Grand Rapids, 1969.
Munro, W. "Women Disciples in Mark?." *CBQ* 44(2, 1982) : 225 −241.
Müller, U. B. "Die Parakletenvorstellung im Johannesevangelium." *ZTK* 71(1974) : 31−77.
Neyrey, J. H. "'I Said : You Are Gods' : Psalm 82:6 and John 10." *JBL* 108(1989) : 647−663.
__________. *An Ideology of Revolt : John's Christology in Social-Science Perspective.* Philadelphia : Fortress Press, 1988.
Nida, E. A. and Taber, C. R. *The Theory and Practice of Translation.* Leiden : E. J. Brill, 1969.
__________ and Waard, Jan De. *Functional Equivalence in Bible Translating : From One Language to Another.* Nashville, Camden, New York : Thomas Nelson Publisher, 1986.
Niebuhr, H. R. *Christ and Culture.* New York : Harper & Row Publishers, 1951.
Nineham, D. E. *Saint Mark.* Philadelphia : The Westminster Press, 1963.
Painter, J. "The Farewell Discourses and the History of Johannine Christianity." *NTS* 27(1981) : 525−543.
Pamment, M. "The Fourth Gospel's Beloved Disciple." *ExpTim* 94 (1983) : 363−367.
Percy, E. *Die Botschaft Jesu.* Lund : Gleerup, 1953.
Perrin, N. "The Interpretation of the Gospel of Mark." *Int* 30(2, 1976) : 111−124.
__________. *The New Testament. An Introduction.* New York : Harcourt Brace Jovanovich, Inc., 1974.
Pesch, R. *Der Markusevangelium* II. Freiburg : Herder, 1977.
__________. *Naherwartungen,* Düsseldorf : Patmos Verlag, 1968.

Phillips, W. G. "An Apologetic Study of John 10:34–36." *BibSacra* 146(1989) : 405–419.

Pobee, J. "The Cry of the Centurion–a Cry of Defeat." In *The Trial of Jesus*, pp. 91–103. Edited by E. Bammel. London : SCM Press, 1970.

Powley, B. G. "Revisiting Mark." *ScripBull* 12(2, 1981) : 40–45.

Pryor, J. W. "Of the Virgin Birth or the Birth of Christians? The Text of John 1:13 Once More." *NovTest* 27 (1985) : 296–318.

__________. "John 4:44 and The Patris of Jesus." *CBQ* 49 (1987) : 255–263.

Reese, J. M. "Literary Structure of JN 13:31–14:31; 16:5–6, 16–33." *CBQ* 34(1972) : 321–331.

Richard, E. "Expressions of Double Meaning and Their Function in the Gospel of John." *NTS* 31(1985): 96–112.

Ringe, S. H. "The Jubilee Proclamation in the Ministry and Teaching of Jesus : A Traditional-Critical Study in the Synoptic Gospels and Acts." Ph. D. dissertation, Union Theological Seminary, 1980.

Robinson, J. A. T. *Jesus and His Coming*. Philadelphia : The Westminster Press, 1957.

__________. *Redating the New Testament*. Philadelphia: The Westminster Press, 1976.

Robinson, W. C. "The Quest for Wrede's Secret Messiah." *Int* 27 (1973) : 10–30.

Rowland, C. "The Visions of God in Apocalyptic Literature." *JSJ* 10(2, 1979).

Russell, B. *Why I Am Not a Christian*. New York : A Touchstone Book, 1957.

Russell, D. S. *The Method and Message of Jewish Apocalyptic*. Philadelphia : The Westminster Press, 1964.

Räisänen, H. "The 'Messianic Secret' in Mark's Gospel." In *The*

Messianic Secret, pp. 132–140. Edited by C. Tuckett. Philadelphia : Fortress Press, 1983.

Sanders, J. T. *The New Testament Christological Hymns*. Cambridge : Cambridge University Press, 1971.

Schnackenburg, R. *The Gospel according to St. John*. Vol. I. New York : The Seabury Press, 1980; Vol. Ⅱ. New York : Crossroad, 1982; Vol. Ⅲ. New York : Crossroad, 1987.

Schottroff, L. "Women as Followers of Jesus in New Testament : An Exercise in Social-Historical Exegesis of the Bible." In *The Bible and Liberation*, pp. 418–428. Edited by N. D. Gottwald. Marynoll, N. Y. : Orbis Books, 1983.

Schutz, A. and Luckmann, T. *The Structures of the Life-World*. Northwestern University Press, 1973.

Schweitzer, A. *The Quest of the Historical Jesus*. London : Black, 1954.

Schweizer, E. *The Good News According to Mark*. Richmond : John Knox Press, 1970.

__________. "Observance of the Law and Charismatic Activity in Matthew." *NTS* 16(3, 1970) : 213–230.

__________. "The Quest of the Messianic Secret in Mark." In *The Messianic Secret*, pp. 65–74. Edited by C. Tuckett. Philadelphia : Fortress Press, 1983.

__________. *The Good News According to Matthew*. Atlanta : John Knox Press, 1975.

Schürmann, H. *Ursprung und Gestalt*. Düsseldorf : Patmos, 1970.

Scroggs, R. "The Earliest Christian Communities as Sectarian Movement." In *Christianity, Judaism and Other Greco-Roman Cults*, Vol. 2, pp. 1–23. Edited by J. Neusner. Leiden : Brill, 1975.

__________. "The Sociological Interpretation of the New Testament : The Present State of Research." *NTS* 26 (1980) : 164－179.

__________. "Sociology and the New Testament." *Listening* 21 (1986) : 138－147.

Segovia, F. F. "John 14:18－16:4a:A First Addition to the Original Farewell Discoures?." *CBQ* 45(1983) : 209－231.

__________. "The Love and Hatred of Jesus and Johannine Sectarianism." *CBQ* 43(1981) : 258－272.

__________. "'Peace I Leave with You : My Peace I Give to You':Discipleship in the Fourth Gospel." In *Discipleship in the Testament*, pp. 76－102. Edited by F. F. Segovia. Philadelphia : Fortress Press, 1985.

__________. "The Structure, Tendenz, and Sitz im Leben of John 13 : 31－14 : 31." *JBL* 104(3, 1985) : 471－493.

Selvidge, M. J. "'And Those Who Followed Feared'(Mark 10: 32)." *CBQ* 45(3, 1983) : 369－400.

Shils, E. "Charisma, Order, and Status." *ASR* 30(1965) : 199－213.

Simmel, G. *Conflict and the Web of Group-Affiliation.* New York : Free Press, 1955.

Smith, C. F. W. "The Mixed State of the Church in Matthew's Gospel." *JBL* 82(2, 1963) : 151－168.

Smith, G. "The Matthean 'Additions' to the Lord's Prayer." *ExpTim* 82(1970) : 54－55.

Smith, R. H. "Were the Early Christians Middle-Class? A Sociological Analysis of the New Testament." *CTM* 7 (1980) : 260－276.

Snyder, G. F. "John 13:16 and the Anti-Petrinism of the Johannine Tradition." *BR* 16(1971) : 5－15.

Stambaugh, J. E. and Balch, D. L. *The New Testament in It's Social Environment.* Philadelphia : The Westminster Press, 1986.

Stendahl, K. "Your Kingdom Come." *CC* 32(1982) : 257-266.

__________. *The School of Matthew.* Uppsala : C. W. K. Gleerup, 1954=Philadelphia : Fortress, 1968.

Strecker, G. "The Concept of History in Matthew." In *The Interpretation of Matthew*, pp. 67-84. Edited by G. Stanton. Philadelphia : Fortress Press, 1983.

__________. "The Theory of the Messianic Secret in Mark's Gospel." In *The Messianic Secret*, pp. 49-63. Edited by C. Tuckett. Philadelphia : Fortress Press, 1983.

__________. *Der Weg der Gerechtigkeit: Untersuchung zur Theologie des Matthäus.* FRLANT 82. Göttingen: Vandenhoeck & Ruprecht, 1962.

Swetnam, J. "Hallowed Be Thy Name." *Biblica* 52(1971) : 556-563.

Suetonius. *Lives of the Caesars.* Translated by J. C. Rolfe. Cambridge, Mass. : Harvard University Press, 1914.

Tagawa, K. "People and Community in the Gospel of Matthew." *NTS* 16(1970) : 149-162.

Taylor, V. *The Gospel According to St. Mark.* London : MacMillan Publishing Co., 1963.

Theissen, G. *The Social Setting of Pauline Christianity: Essays on Corinth.* Philadelphia : Fortress Press, 1982.

__________. *Sociology of Early Palestinian Christianity.* Philadelphia : Fortress Press, 1978.

Thompson, L. "A Sociological Analysis of Tribulation in the Apocalypse of John." *Semeia* 36(1986) : 147-174.

Tiede, D. L. *The Charismatic Figure as Miracle Worker.* SBL DS 1.

Missoula, MT : Scholars Press, 1972.

Tilborg, S. Van. "A Form-Criticism of the Lord's Prayer." *NovTest* 14(1972) : 94−105.

Titus, E. L. "The Identity of the Beloved Disciple." *JBL* 69 (1950) : 323−328.

__________. *The Message of the Fourth Gospel.* N. Y. : Abingdon Press, 1957.

Trocmé, E. *The Formation of the Gospel According to Mark.* Philadelphia : The Westminster Press, 1975.

__________. "Is there a Markan Christology?." In *Christ and Spirit in the New Testament,* pp. 3−13. Edited by B. Lindars and S. S. Samalley. Festschrift for C. F. D. Moule. Cambridge Univ. Press. 1973.

Viviano, B. T. "Where Was the Gospel According to St. Matthew Written?." *CBQ* 41(1979) : 533−546.

Walker, R. *Die Heilsgeschichte im ersten Evangelium.* FRLANT 91. Göttingen : Vandenhoeck & Ruprecht, 1967.

Walker, W. O. "The Lord's Prayer in Matthew and in John." *NTS* 28(1982) : 237−256.

Weber, Hans-Ruedi. *Experiments with Bible Study.* Geneva, Switzerland : W. C. C., 1981.

__________. *The Invitation : Matthew on Mission.* Geneva, Switzerland : W. C. C., 1971.

Weber, M. *Economy and Society.* Vol. I. Edited by G. Roth and Claus Wittich. Berkeley, Los Angeles : University of California Press, 1978.

__________. *The Sociology of Religion.* Boston : Beacon Press, 1963.

__________. *The Theory of Social and Economic Organization.* Glencoe, Illinois : Free Press, 1964.

Weeden, T. J. *Mark. Traditions in Conflict.* Philadelphia : Fortress Press, 1971.

Weinert, F. D. "Luke, the Temple and Jesus' Saying about

Jerusalem's Abandoned House(Luke 13:34–35)." *CBQ* 44(1982) : 68–76.

__________. "The Meaning of the Temples in Luke-Acts." *BTB* (1981) : 85–89.

Whitacre, R. A. *Johannine Polemic : The Role of Tradition and Theology.* SBL DS 67. Chico, California : Scholars Press, 1982.

White, L. J. "Grid and Group in Matthew's Community : The Righteousness/Honor Code in the Sermon on the Mount." *Semeia* 35(1986) : 61–90.

Wilson, B. "Becoming a Sectarian : Motivation and Commitment." In *Religious Motivation : Biographical and Sociological Problems for the Church Historian,* pp. 481–506. Edited by D. Baker. Oxford : Blackwell, 1978.

__________. "Foreword." In *Kimbangu : An African Prophet and his Church.* Edited by M. L. Martin. Oxford : Blackwell, 1975.

__________. *Magic and the Millennium : A Sociological Study of Religious Movements of Protest among Tribal and Third World Peoples.* London : Heinemann, 1973.

__________. *Religion in Sociological Perspective.* Oxford : Oxford University Press, 1982.

__________. "Them Against Us." *TwenCen* 27(1963) : 6–17.

Wilson, S. G. *The Gentiles and The Gentile Mission in Luke-Acts.* Cambridge : University Press, 1973.

Windisch, H. *The Spirit Paraclete in the Fourth Gospel.* Translated by J. W. Cox. Philadelphia : Fortress Press, 1968.

Winnett, A. R. "The Breaking of the Bread : Does it Symbolize the Passion?." *ExpTim* 88(1977) : 181–182.

Woll, D. B. *The Johannine Christianity in Conflict : Authority,*

Rank, and Succession in the First Farewell Discoures. SBL DS 60. Chico, California : Scholars Press, 1981.

Worsley, P. *The Trumphet Shall Sound : A Study of 'Cargo' Cults in Melanesia.* New York : Schocken, 1968.

Wrede, W. *The Messianic Secret.* Translated by J. C. G. Grieg. London : Jamei Clarke, 1971.

정양모. 『마르코 복음서: 한국 천주교회의 200주년 신약성서 2』. 왜관: 분도출판사, 1981.

* 이 목록은 한 번 이상 인용된 문헌들 중에서 간추린 것임.

인 명 색 인

복음서해석

1991년 9월 30일 초판 1쇄
2016년 9월 10일 초판 15쇄

지은이/서중석
펴낸이/서진한
펴낸곳/대한기독교서회

등록/1967년 8월 26일 제1967－000002호
주소/서울시 강남구 테헤란로 103길 14(삼성동)
전화/편집 553－0873～4 영업 553－0870～7
팩스/편집 3453－1639 영업 555－7721
e-mai/cls1890@chol.com
edit1890@chol.com
http://www.clsk.org

직영서점/기독교서회
종로5가 기독교회관, 전화 744－6733 팩스 745－8064

책번호/1801
ISBN 978－89－511－0022－2 93230

The Christian Literature Society of Korea, Seoul
Printed in Korea

*책값은 뒤표지에 있습니다.